Teşkilat'ın İki Silahşoru

Biri Meşrutiyet'in Silahşoru Dede Yakub Cemil
Diğeri Cumhuriyet'in Silahşoru Torun "Yakub Cemil"

TEŞKİLAT'IN İKİ SİLAHŞORU
Biri Meşrutiyet'in Silahşoru Dede Yakub Cemil
Diğeri Cumhuriyet'in Silahşoru Torun "Yakub Cemil"

Yazan: Soner YALÇIN

Yayın hakları: © Doğan Kitapçılık AŞ
1. baskı / mayıs 2001
4. baskı / mayıs 2001 / ISBN 975-6612-13-4

Kapak tasarımı: Dipnot
Baskı: Altan Matbaacılık

Doğan Kitapçılık AŞ Hürriyet Medya Towers, 34544 Güneşli-İSTANBUL
Tel. (212) 677 06 20 - 677 07 39 Faks (212) 677 07 49

Teşkilat'ın İki Silahşoru

Biri Meşrutiyet'in Silahşoru
Dede Yakub Cemil

Diğeri Cumhuriyet'in Silahşoru
Torun "Yakub Cemil"

Soner Yalçın

Gazeteci Zekeriya
Sertel'in anısına

"Dört kez hapse girdim. Yüzlerce kez gazetem kapandı. Sonsuz kayıplara katlandım. Tehdit gördüm, tahkir gördüm. Ben bütün gazetecilik hayatımda hep dikenli yolda savaştım. Onun zevkini ve acısını duydum. Fakat hiçbir gün yılmadım, mücadele yolundan ayrılmadım. Ne çektimse bu yüzden çektim, ne gördümse bu yüzden gördüm..."

Zekeriya Sertel

Giriş

"Soner Bey beni arıyormuşsunuz!"
Tanışmamız telefonda bu cümleyle başladı...
Tarih 16 haziran 1999.

"Sizi tanımıyorum, gazeteci ağabeyin ısrarıyla arıyorum.
O ağabeyime güvenimden dolayı konuşuyorum. Size bazı
bilgiler vereceğim. Sadece bir tek isteğim var; adımı, kim ol-
duğumu sormayacaksınız. Sanırım siz de o gazeteci ağabe-
ye güveniyorsunuzdur."

Doğan Yurdakul'la birlikte *Bay Pipo* kitabı üzerinde çalı-
şıyorduk. Hiram Abas'ın ASALA operasyonlarında görev al-
dığını öğrenmiştik. Fakat elimizdeki bilgiler kısıtlıydı.
Hürriyet gazetesindeki ağabeyimiz sayesinde Torun "Ya-
kub Cemil"e ulaştım. Daha doğrusu o beni buldu.
O gün telefonda yirmi dakika konuştum.
"Sizi bir daha aramayacağım. Lütfen siz de beni bulmaya
çalışmayın. Söylediklerime inanırsanız yazarsınız, yoksa siz
de diğer meslektaşlarınız gibi birkaç çapulcunun halkı kan-
dırmasına alet olursunuz" dedi.
Söylediklerinin bir bölümünü *Bay Pipo* kitabında yazdık.
O yirmi dakikalık telefon görüşmesinden sonra bir daha
aramadı.
Bay Pipo kitabı çıktı.

Bir akşam yine telefonla aradı.

"İlginç bir kitap yazdığınız söyleniyor. Bana bir tane gönderir misin?" dedi.

PTT'den kiraladığı posta kutusuna gönderdim.

O günden sonra kitapla ilgili konuşmaya başladık. Söylediklerini yazmamak üzere anlaşmıştık.

Bu görüşmelerde beni en çok şaşırtan yanı, onun Yakub Cemil'in torunu olduğunu öğrenmem oldu.

Bir telefon görüşmemizde, "Beyrut'ta ben neden Yakub Cemil kod adını kullandım, biliyor musun?" diye sordu.

"İttihat ve Terakki'nin yiğit bir silahşorunun adı olduğu için" dedim.

"Sence yiğit biri miydi?" dedi.

Ne demek istediğini anlamamıştım. Sorusuyla bir yere gelmek istiyordu ama...

"Hayatı konusunda fazla bir bilgim yok, ama yiğit biri olduğunu biliyorum" dedim.

Sonra anladım ki "yiğit" lafı çok hoşuna gitmişti.

"Yakub Cemil benim dedemdir, o nedenle adını kullandım" dedi.

Aklıma faili meçhul cinayete kurban giden Binbaşı A. Cem Ersever geldi.

Ankara'da Zafer Çarşısı'nda oturup sohbet ederken, "Biliyor musun biz Arnavut göçmeniyiz, Resneli Niyazi yakın akrabamızdır" demişti.

Aldırmamıştım, aslında doğru veya yalan olup olmadığını bile araştırmamıştım. Bu nedenle yazdığım *Binbaşı Ersever'in İtirafları* adlı kitabıma da sohbetin bu bölümünü koymadım.

Sekiz yıl sonra, Bedrettin Dalan'la yediğimiz bir öğle yemeğinde konu Binbaşı Ersever'e geldi. Dalan, Ersever'i tanıyordu. "Ben araştırdım Ersever'in Resneli Niyazi'nin soyundan olduğunu öğrendim. Kan davası nedeniyle Rumeli'den göçüp Erzurum'a yerleşmişler" dedi.

Resneli Niyazi, meşrutiyet için dağa çıkmış, 31 Mart gerici ayaklanmalarını bastırmak için İstanbul'a gelmiş, hiçbir makam, rütbe istememiş, çiftliğine çekilmiş ve orada hasımları tarafından kan davası nedeniyle öldürülmüştü.

1908 yılında Resneli Niyazi gibi Enver Paşa da dağa çıkmıştı. Yakub Cemil her daim olduğu gibi yine bu macerada da Enver'in yanındaydı.

O tarihte dağa çıkan Resneli Niyazi'nin torunu Binbaşı Ersever'in anlatımlarını kitap yapmıştım.

Şimdi Yakub Cemil'in torununun anlattıklarını neden kitap yapmayayım diye düşünmeye başladım.

Binbaşı Ersever anlattıklarının yazılmamasını istemişti. Öyle yapmıştım. Ancak o öldürüldükten sonra yazdım. Öyle yapmak zorundaydım, bu her gazeteci için tarihsel bir sorumluluktur.

Torun "Yakub Cemil"de durum daha farklıydı.

Bırakın söylediklerinin yazılmasını, benimle yüz yüze gelmek bile istemiyordu.

Telefon numarasını bile vermiyordu.

Aramak istediğinde akşamları işyerime değil evime telefon ediyordu.

Belki bir gün ikna ederim diye, telefon sohbetlerini ayrıntılarıyla not almaya başladım.

Bu arada Dede Yakub Cemil'i araştırmaya başladım.

Artık telefon sohbetlerinde Dede Yakub Cemil'le ilgili sorular da soruyordum. Çok hoşuna gidiyordu.

Bir gün dedim ki: "Yakub Cemil'in hayatını yazmak istiyorum, bana yardımcı olur musunuz?"

Çok sevindi.

2000 yılının nisan ayı sonları.

Ankara'da buluşmaya karar verdik.

Sözleştik, lüks bir otelin lokantasında akşam yemeği yiyeceğiz...

"İriyarı gövdesi, geniş omuzları, kırmızı yüzü, kimi zaman saf ve temiz, kimi zaman sert ve ateşli bakışları, şiddetli imanlı konuşmaları ve ataklığı ona arkadaşları arasında özel bir yer sağlamıştı."

Yakub Cemil'i anlatan kitaplar söz birliği etmişçesine onu bu cümlelerle tanıtır.[1]

---

1 Hasan İzzettin Dinamo, Kutsal İsyan, 1. cilt, s. 533.

O gece Ankara'da, Yakub Cemil sanki o tarihî kitapların sayfalarından çıkıp karşıma gelivermişti! Tıpkı dedesine benziyordu.

Takım elbiseliydi.

Tedirgindi. Ben de öyleydim.

İlk dakikalarda ikimiz de hissettirmeden birbirimizi inceliyoruz.

Benim gibi onun da kafasında aynı soru vardı: ne kadar güvenilir?

Bunu zaman gösterecekti.

Rakı içmeye karar veriyoruz.

Ve gece yarısına kadar sürecek sohbetimiz başlıyor.

Kâh Dede Yakub Cemil'in, kâh Torun Yakub Cemil'in hikâyesini konuşuyoruz.

Yüzündeki tebessüm sadece bir konuya geldiğinde asılıyor: "ASALA'yı biz bitirdik" diyen eski Ülkücülere. Bazen kendini tutamayıp küfür bile ediyor.

Ben inadına üzerine gidiyorum: "Siz susarsanız, meydanı onlar doldurur." Susuyor.

Tekrar aile hikâyesine dönüyoruz. Her cümlesi beni şaşırtıyor. Örneğin, babasının eski bir subay olduğunu öğrendiğimde olduğu gibi. Üstelik babası da, 27 Mayıs (1960) ve 22 Şubat (1962) askerî hareketlerine karışmıştı. Türk Silahlı Kuvvetleri'nden atılmıştı. Ama istihbarat servisinde çalışmaya başlamıştı.

Sohbetten oldukça keyifli hale gelmişti. Ancak saatler gece yarısını geçmişti ve lokantada bizden başka kimse kalmamıştı.

Kahvelerimizi içerken evinin telefon numarasını verdi. Anlaşılan artık bana güveni gelmişti.

İstanbul'a döndüğümde telefonla sohbetlerimiz sürdü.

Ankara'ya gittiğimde kafelerde, lokantalarda, otel lobilerinde görüşüyoruz. Ama geceleri mutlaka bir lokantaya gidip rakı içiyoruz...

Bir gün evine misafir oldum.

Ev askerî müze gibiydi. Her duvarında babasının, dayısının ve özellikle dedesi Yakub Cemil'in fotoğrafları, beratları, ödülleri, kamaları, porselen tabakları asılıydı.

Salonda Yakub Cemil'den kalma iki adet kahve fincanı ve likör bardakları vardı. O tarihî fincanlar ve bardaklarla Türk kahvesi ve likör içtik.

Ve beklediğim gün geldi.

Ankara'da, Anayasa Mahkemesi binasının bulunduğu semtteki ünlü bir lokantada yemek yerken onu ikna ettim.

Dedesi Yakub Cemil'i anlatırken, bazen torununun katıldığı operasyonlardan da kısaca bahsedebilecektim. Ancak ismini saklayacaktım.

Bir kamu kuruluşunda çalışıyordu, emekliliğine az bir süresi vardı. Başına "çorap örülsün" istemiyordu. Ayrıca anlatmayı övünme sayıyor ve bunun ayıp olduğunu söylüyordu.

İkna olacağını hiç düşünmemiştim. Son dönemlerde de umudum iyice azalmaya başlamıştı. Ama "izni koparabilmiştim" işte.

Aylardır yaptığım uğraşın mükâfatını almıştım. Keyifle İstanbul'a döndüm.

Telefonda ve sohbetlerde anlattıklarını bilgisayara aktarıyordum. Notları yazdıkça heyecanlanmaya başladım.

Bu arada sohbetlerimiz derinleşti. Güvendiği kadarıyla her olayın ayrıntısını anlatmaya başlamıştı. Kitabın sonunda hâlâ kendine sakladığı, söylemeye çekindiği anıları var. Ancak kitabın tümünü okuduğunuzda da bunların sadece bir teferruat olduğunu göreceksiniz...

Torun Yakub Cemil'in anlattıklarının ne kadarı doğru, ne kadarı abartılı ve ne kadarı yalan? Karar okuyucunun!

Ama şundan eminim; ASALA'ya karşı yapılan eylemler bir devlet operasyonuydu ve o, bu operasyonun bir parçası olarak görev almıştı.

Belki haklı olarak kimliğinin ortaya çıkmaması için zaman, mekân ve isimleri değiştirmiş olabilir. "Olabilir" diyorum çünkü kendisi gerçeği olduğu gibi anlattığını belirtiyor. Belki de benimki salt gazetecilik kuşkuculuğu!

Öyle veya böyle, bence bunun pek önemi yok.

Olayın "biçimi" değil, "özü" önemli.

O da bunu anlattı.

Gelelim kitapla ilgili bazı notlara. Öncelikle diline. Torun Yakub Cemil olayları nasıl anlattıysa, sözcüklerini bile değiştirmeden olduğu gibi yazdım. Anlatımlarına katkıda bile bulunmadım. Kitabı önceden okuyan bazı arkadaşların "Olayları biraz süsleyerek anlat" ikazlarına rağmen bunu yapmadım. Yaşanan olayları ben nasıl dinledimse, okuyucunun da öyle doğal okumasını istedim.

İstedim ki, okuyucu bu anlatımdan ve onun kendi dilinden Torun Yakub Cemil'in kişiliği hakkında bilgi sahibi olsun.

Dede Yakub Cemil'in anlatımlarına gelince... Okuyucuyu o günlere götürmek için elimden geldiğince "eski Türkçe"yi kullanmaya çalıştım. Ancak yine de anlaşılır olmaya gayret ettim. Örneğin, zaman, mekân ve uzunluk birimi gibi ölçütlerde günümüz dilini kullandım.

Dede Yakub Cemil'in yaşamöyküsünü, torunun anlatımlarından ve o dönemle ilgili kitaplardan derledim.

Dede Yakub Cemil'in anlatımlarında olayların arkasındaki İngiliz, Fransız, Rus ve Alman "parmaklarını" göremeyeceksiniz. Örneğin Sadrazam Mahmud Şevket Paşa'nın suikast sonucu öldürülmesinde, İngilizlerin muhaliflere yardım ettiği iddiaları o günlerde ve o günleri yaşayan kişilerin anılarında fazlasıyla yer alır. Bunlara yer vermedim. Çünkü Dede Yakub Cemil'in donanımı bunları anlamaya müsait değildi. O sadece bir silahşordu. Siyasetle ilgili değildi. Onun ağzından paylaşım kavgalarının iç siyasetteki izdüşümünü anlatmak abartılı olacaktı. Bu konulara hiç girmedim. Sadece bir silahşorun gördüklerini yazmaya çalıştım.

Torun Yakub Cemil'de de benzer üslubu kullandım. Bu kitap Dede Yakub Cemil ve Torun Yakub Cemil'in bakış açılarıyla kaleme alındı. Benim katılmadığım, hatta beni zaman zaman rahatsız eden bölümler, olaylar oldu. Ancak bunları yine de yazdım. Benim görevim yaşananları değiştirmek değil, olduğu gibi, aktarıcıların anlatımıyla sizlere sunmaktır. Kızalım, üzülelim, beğenelim, karşı çıkalım, ne yaparsak yapalım, o hayat onların hayatı. Ve bunlar yaşamın, tarihin katı gerçekleri...

Bu kitap ne bir öykü, ne de bir roman.

Bir akademisyenin çalışması hiç değil.

Bu bir gazeteci kitabı...

Gazeteci bu kitapta tarihsel gerçeklerden yola çıkarak, yaşadıkları dönemin önemli tanıkları, dede-torun iki silahşorun yaşamöyküsünü yazmaya çalışmıştır.

Yazarın kuşkusuz bir iddiası vardır; rejimler, sistemler ve isimler değişse de, hep bir "Teşkilat" vardır! Bunun adı Teşkilatı Mahsusa da olur, Özel Harp Dairesi de!.. Bugün bu iki teşkilat tarihteki yerlerini alsalar da, onların görevini başka devlet birimleri yerine getirmektedir...

Objektif olmaya çalıştım; Türk, Kürt, Ermeni, Rum, Müslüman, Hıristiyan, Musevî kimliklerden sıyrılmaya gayret ettim. Ne derece başardım bilmiyorum.

Yazarın bazen duygusallaştığı anlar olmadı değil. Belki bu da, yazarın "1908 Devrimi"ne (İkinci Meşrutiyet) inanmasından ileri gelmektedir.

Bu tür tartışmalara girmeden sizleri kitapla baş başa bırakıyorum.

Takdir kuşkusuz okuyucunun...

Gelelim teşekkür safhasına... Feza K. Yalçın, bazı bölümlerin yazılmasını bizzat üstlendi. Özellikle Dede Yakub Cemil'in Rumeli'de, Trablusgarp'ta, Kafkasya'da süren ve Kâğıthane'de biten yaşamöyküsünün yazılmasında büyük katkıları oldu,

Beste Önkol, "Kim kimdir" bölümünün yazılmasına ve kaynak araştırılmasına yardımcı oldu. Cihan Yavuz, başta Cemal Kutay olmak üzere bazı "tarihi kaynaklarla" görüştü. Bir teşekkür de Bahadır Özdener'e yardımlarından dolayı.

Ve Cüneyt Özdemir. Herhalde o olmasıydı kitabı yazmak için gerekli zamanı bulamazdım. Ayrıca sürekli teşvik etti, moral verdi.

Bir teşekkür de tüm Doğan Kitapçılık çalışanlarına.

Artık söz, Teşkilat'ın iki silahşorunda!..

Soner YALÇIN

Makedonya'da
dede Yakub Cemil

Benim hikâyem 1319 (1903) senesinde başlıyor...
20 yaşındaydım...
Pangaltı'da, Mektebi Harbiye'nin müdürü Albay İbrahim
Bey, "Mülazım[1] Yakub Cemil, Manastır, 6. Nizamiye Piyade
Tümeni Makineli Bölük Komutanlığı'nın emrine" diye bağı-
rınca neredeyse esas duruşu bozup havaya fırlayacaktım...

Nihayet ben de silah kuşanıp savaşacaktım...

Künyem hemen yazılmıştı deftere: "Ahmed oğlu Yakub
Cemil; İstanbul Yenibahçe. 1319-Manastır."
Yapılan törenlerden sonra, askerî rüştiyeden beri birlikte
olduğumuz arkadaşlarla hep bir ağızdan üç defa "Padişahım
çok yaşa" diye bağırıp okula veda ettik.
Arkadaşlarla ayrılmamız güç olmuştu. Ama çoğunluğu
Makedonya'ya geliyordu. Mektepten arkadaşlarla hafta sonu
gizlice gittiğimiz Beyoğlu'ndaki Alman Zeuve Birahanesi'nde
değil, eşkıya takiplerinde karşılaşacak, hasret giderecektik!..
Ailemle de vedalaşmak için doğup büyüdüğüm Yeni-

1 Harp Okulu'ndan mezun olunca mülazımı sani (teğmen), Harp Akademisi birinci sı-
nıfına geçince mülazımı evvel (üsteğmen), Harp Akademisi'ni bitirince erkânıharp (kur-
may) yüzbaşı rütbeleri alınırdı. Harp Okulu'nu iyi dereceyle bitirenler Harp Akademisi'ne gi-
rebiliyordu.

köy'deki evimizin yolunu tuttum. O gün nereden bilebilir-
dim, bunun babam Ahmed'le son görüşmemiz olacağını...

Babama "Ayıngacı" (tütün kaçakçısı) derlerdi.

Bursa'dan, Manisa'dan kaçak yollardan İstanbul'a tütün
getirirdi. Düyunu Umumiye[2] devletten alacağı borçlarına
karşı köylünün ekim sahasına ve mahsulüne el atmıştı.
Kontrol için, bizim jandarmaya güvenmeyip, Hıristiyan ekal-
liyetten seçtikleri ceberut, insafsız kolcuları kullanıyorlardı.
Türkler, başta tütün olmak üzere mahsullerini hep kaçak
yollardan elde ediyordu.

Ben Makedonya'da eşkıya takibindeyken Düyunu Umu-
miye'nin inzibatları babam ve arkadaşlarıyla çatışmaya giri-
yorlar. Zavallı babam vuruluyor. Bana çok sonradan haber
verdiler. Söylemekten çekinmişler; İstanbul'a gelip intikamı-
nı alırım diye korkmuşlar.

Ailemizin yükünü kardeşim Mehmed Hüsnü çekiyordu.

Babamın ikinci eşinden de Sabri adında oğlu vardı. Aslın-
da üvey oğlu da sayılmazdı. Babamın tütün kaçakçılığı yap-
tığı günlerde en yakın arkadaşı Sabri isminde biriymiş. O da
Düyunu Umumiye inzibatlarınca öldürülünce, babam yakın
arkadaşının hamile eşini yanına alıyor. İşte o hanımdan do-
ğan çocuğa da babasının ismi olan Sabri[3] veriliyor.

Ben Manastır'a giderken Sabri çok küçüktü.

Annem Nazik Hanım ile babam Ahmed'in elini öpüp, kar-
deşim Mehmed Hüsnü ve kız kardeşim Edare'yle vedalaştık-
tan, Sabri'yi ise kucağıma alıp biraz okşadıktan sonra Ma-
nastır'ın yolunu tuttum.

Eve üç beş kuruş para bırakmayı ne çok istemiştim. Ma-
aşım 250 kuruştu. Yalnız bunun 12,5 kuruşu kesintiye gi-
diyordu. Fakat o günlerde ara ki maaşı bulabilesin. Sadece

---

2 1881 yılında kurulan ve tamamı yabancı yedi üyeden meydana gelen, Osmanlı
Devleti'nin dış borçlarının tahsilini güvence altına almayı amaçlayan kuruluş. Bu yabancı
kuruluş Osmanlı'nın birçok önemli gelir kaynağına el koymuş, bunların toplanma yetkileri-
ni almıştı.

3 Mustafa Ragıp Esatlı, *İttihat ve Terakki* adlı kitabında Yakub Cemil'in kardeşinin adı-
nın Mehmed Seyid olduğunu yazıyor (s. 467). Keza, Tarık Zafer Tunaya da, *Türkiye'de Si-
yasal Partiler* adlı kitabının 3. cildinde, Yakub Cemil'in kardeşinin adının Seyid olduğunu
belirtiyor (s. 765). Torun "Yakub Cemil" ise ısrarla üvey kardeşinin adının Sabri olduğunu,
öz kardeşinin adının Mehmed Hüsnü olduğunu söylüyor.

birkaç kuruş harcırah vermişlerdi...

Bir hafta sonra birliğime teslim oldum.

Rumeli barut fıçısı gibiydi.

Makedonya kaynıyordu: Sırp, Bulgar, Yunan, Karadağ komitacıları her yanı sarmıştı.

Mektepte (Harp Okulu) cephane ve tam teçhizatlı silahların bulundurulmasını Zatı Şahane II. Abdülhamid yasaklamıştı. Dersler tahtaya çizilen şekiller yahut numunelik malzeme ve vasıtalar üstünden yürütülüyordu. Top atışı yapamadan mezun olmuştuk! Sadece mektep avlusunda birtakım eski Mantelli toplarla talim görmüştük.

Şimdi ateşin ortasındaydım. Makedonya'da hayat hiç de tahtaya çizilenlere benzemiyordu!

Kefenimi boynuma dolamıştım...

Komutanım Enver Bey benden tam bir yıl önce 23 ekim 1902'de Manastır'da 13. Topçu Alayı 6. Batarya Komutanlığı'na gelmişti.

Belki talihim, belki talihsizliğim bilemiyorum, göreve yeni başladığım günlerde, Makedonya İhtilal Komitesi 1903 yılını, ihtilalin başlangıç tarihi seçmişti. Bu nedenle çatışmalar çoktan kızışmıştı.

Hayatım savaşlar içinde geçti ama ilk girdiğim çatışmayı hiç unutamadım.

Enver Bey'in komutasında, 18 kişilik Bulgar çetesini tamamen yok ettik. Mektepteki noksanlıklarımızı burada Enver Bey gibi komutanlar sayesinde hemen gideriyorduk. Ben silahlara karşı zaten oldum bittim her zaman becerikliydim. Harp Okulu'nda öğretmediler, ama babam sayesinde küçüklüğümden beri silah kullanıyordum. İyi atıcı olduğum söylenirdi hep.

Enver Bey'le tam bir ekip olmuştuk. Artık hep onunla beraberdik. Yediğimiz içtiğimiz ayrı gitmiyordu. Kendisini bize sevdirmesini bildi. Bizimle birlikte oturup kalkması çok hoşumuza gidiyordu. Askerlik kademelerini hak etmeden yüksek yerlere getirilen Saray uşaklarına, şakşakçılarına ve casuslarına kin doluyduk.

Makedonya topraklarında; Üsküp, Koçana, İşti, Ohri, Cuma, Osmaniye, Çarova'da ayak basmadığımız yer kalmamıştı. Çete takiplerinin bazen bir, bazen iki ay sürdüğü oluyordu.

3. Ordu birliklerine "avcı taburları" denirdi. Makedonya'yı saran çetecilere karşı mücadele ettiğimiz için bu ad bize uygun düşüyordu.

Giritli Kaptan Skalidis'in, Bulgar Petso'nun, Rum Pirlepe'nin, Arnavut Istaryalı Kâmil Bey'in ve "Vardar Güneşi" denilen Apostol'un çetesini de yok eden bizdik.

Bazen kar altında kalmaktan ayaklarımız donardı. Bazen güneşte kavrulurduk. Kurşun yediğimiz de olurdu. Yılmadan mücadele ederdik.

Biz kim miydik?

Biz, Ohrili Binbaşı Eyüp Sabri, Binbaşı Hakkı Bey, Resneli Kolağası Niyazi, Albay Selahaddin, Cafer Tayyar, Sapancalı Hakkı, Mülazım Atıf, Mustafa Necib, Yenibahçeli Şükrü, ağabeyi Nail, Kuşçubaşızade Eşref, Süleyman Askerî Bey, Filibeli Halim Cavid, Halil Bey ve niceleri...

Makedonya bize bir şey öğretmişti: gerilla savaşı!

Mektepte hep cephe savaşları anlatılırdı. Halbuki Makedonya dağlarında çete savaşı yapılıyordu.

Çete savaşında istihbaratın ne kadar önemli olduğunu da biz, bu topraklarda öğrendik.

Makedonya'da üç vilayet vardı: Selanik, Manastır ve Kosova.

Nüfusu çok karışıktı. İslam, Rum, Bulgar, Ulah ve Sırp yaşardı. Manastır'da 260 000 İslam, 291 000 Rum, 188 000 Bulgar ve 30 000 Ulah ile Sırp vardı.[4]

Çeteler aynı zamanda birbirleriyle de savaşıyorlardı: Bulgarlar ile Sırplar; Bulgarlar ile Yunanlılar; Sırplar ile Arnavutlar...

Bulgarlar kendi aralarında da ikiye bölünmüşlerdi: Makedonya'nın Bulgaristan'a ilhakını isteyenler; Makedonya'nın istiklalini savununlar.

Birinci grubun başında Teğmen Boris Saranov ve yardımcısı Gavranov vardı. İkinci grubun reisliğini ise General Zen-

---

4 Arnavutlar listeye dahil edilmemiş, İslam tasnifine tabi tutulmuştur.

çev ile Mihaylovski yapıyordu.

İkinci grup komünistti. Bunlar Türkleri, Müslümanları bile kandırmaya başlamışlardı.

Her iki grubun da ortak sloganı şuydu:

"Her yerde ve hiçbir yerde!"

Bence bu söz, gerilla savaşının ne olduğunu çok güzel anlatıyordu.

Çeteler, Makedonya'yı beş bölgeye ayırmışlardı: Üsküp, Manastır, Serez, İstımoca, Pirlepe. Her bölgenin bir komitesi vardı.

Başta biz Osmanlı zabitleri olmak üzere, yabancı konsoloslara, demiryollarına, köprülere, köylere, kasabalara, şehirlere saldırılar düzenliyorlardı. Akla gelecek her yöntemle suikast yapıyorlardı.

Mesela, Fransız bandıralı yolcu gemisini içindekilerle birlikte batırdılar. Grand Otel, Yorgi Boğdan ve Yeni Konak gazinolarını bombaladılar. Tüm bunların zararını Osmanlı Hazinesi ödüyordu.

Fransız maden müdürü Chevalier'yi güpegündüz kaçırdılar, 15 000 altın fidye istediler. Tabiî hemen ödeniyordu, çünkü çıkan para Osmanlı'nın kasasındandı. Keza İngiliz rahibe Miss Stene için ödenen 16 000 altın gibi.

Biz ise artık 250 kuruşluk maaşımızı alamaz olmuştuk. Ama parayı kim düşünürdü.

Gece gündüz, dağ taş demeden komitacıların peşinde dolaşıyorduk. Yakaladığımız eşkıyaların hepsinin bize tek söylediği, "Neznam"dı. Yani "Bilmem".

Türkçe biliyor musun?

"Neznam!"

Silahlar nerede?

"Neznam!"

Özellikle kiliseler ve papaz evleri komitacıların silah deposuydu. Ancak biz ne zaman silah ele geçirsek, Rus Konsolosluğu anında müdahale ediyordu. Üstelik yakaladıklarımızı gelip cezaevinden çıkarıyordu. Bu komitacılar evlerine, davul zurna eşliğinde bizim Türk mahallelerinden oynayarak dönüyorlardı!

Rusların gücü şuradan geliyordu:

İngiltere Kralı VII. Edward, Avusturya-Macaristan Hükümdarı Franz-Joseph ve Alman İmparatoru II. Wilhelm, "Mürzsteg Programı" denilen bir anlaşmaya imza atmışlardı. Anlaşmaya göre, üç Makedonya vilayetine bir Osmanlı umum müfettişi tayin edildi. Bunun yanında da, biri Rus, diğeri Avusturyalı iki müşavir yardımcı olarak verildi.

Bütün Makedonya, tıpkı Bulgar komitacılarının yaptığı gibi, beş bölgeye bölünmüş ve jandarma ıslahı için her bölgeye bir yabancı uzman verilmişti.

Tüm jandarma bölgelerinin komutanlığını ise bir İtalyan general yapıyordu. Onun yanında 25 yabancı subay bulunuyordu.

Vilayet bütçesini Osmanlı Bankası kontrol ediyordu. Anlaşıldığı gibi Makedonya'daki Osmanlı toprağı en geniş bir şekilde yabancı kontrolüne bırakılmıştı.

II. Abdülhamid bu istekleri hemen kabul etmişti.

Bölgeye Osmanlı umum müfettişi olarak Hüseyin Hilmi Paşa gönderilmişti.

Paşa gelir gelmez ne yapmıştı dersiniz?.. Biz Türk zabitleriyle uğraşmaya başlamıştı... Paşa, Bulgar, Yunan, Arnavut, Sırp komitacılarıyla uğraşma yerine İttihat ve Terakki Cemiyeti üyelerinin peşine düşmüştü.

Yıldız Sarayı, İttihat ve Terakki Cemiyeti'ni[5], hayatı için en tehlikeli varlık görüyordu.

Ama Zatı Şahane bilmiyordu ki, artık uyanmıştık.

Biz Osmanlı zabitleri artık Zatı Şahane'nin emir kulları değildik.

Onun her isteğine köleler gibi gözü kapalı boyun eğemezdik... Artık kul olmak istiyorduk...

Korkulan cemiyet İttihat ve Terakki her geçen gün büyüyordu. Makedonya'da bulunan zabitlerin gönüllü, koşarak cemiyete girmemizi hızlandıran olay, 1903 yılının mayıs ayında meydana geldi.

Manastır'daki Rus başkonsolosu Rostkovkiy her zaman

---

5 İttihat ve Terakki Cemiyeti hakkında ayrıntılı bilgi için kitabın sonundaki "Kim kimdir" bölümüne bakabilirsiniz.

âdeti olduğu üzere, elinde kamçısıyla cadde ve sokaklarda dolaşırdı. Rastladığı Türk askerlerine hakaret ederdi. Hatta döverdi.

Bir gün, bir resmî binanın kapısında nöbet bekleyen Türk askerine saldırdı. Askeri kamçıyla dövmeye başladı. Sebebi kendisine selam verilmemesiydi. Bizim asker dayanamadı, silahını çekip başkonsolosu öldürdü. Aslında asker vazifesini yapmıştı!

Fakat ne oldu dersiniz?.. Harp Divanı kuruldu; hem başkonsolosu vuran Halim adındaki asker, hem de o sırada kapıda bulunan diğer Türk asker idama mahkûm edildi.

Üzerinde Osmanlı üniforması bulunan ve hakarete uğradığı, dövüldüğü için kendisini savunan Türk askerini, bizim yüce Osmanlı Devletimiz, yabancılardan çekindiği için darağacına gönderdi. Harp Divanı'nda Enver Bey de görevliydi. Hiçbir şey yapamamanın ezikliğini, o da, o gün gördü.

Ve iki Türk askeri asıldı...

Haksızlıklardan ve hakaretlerden kurtulmalıydık.

"Dinimiz, vatanımız ve milletimiz" için çarpıştığımızı sanıyorduk.

Ama bu vatan neresiydi?

Milleti Osmaniye kimdi?

Dindaşlarımız kimlerdi?

Bırakın diğer cepheleri, Makedonya'da, Rumeli'de çarpıştıklarınız, düşmanlarımız kimlerdi?

Ordu, Makedonya'da milleti Osmaniye'nin bir parçasıyla savaşmıyor muydu? Bulgar, Sırp, Rum bizim milletimiz miydi? Arnavutlar bizim dindaşımız değil miydi?

Onlar bizi, bizim gördüğümüz gibi görmüyordu.

"Vatanı Osmanî", "milleti Osmaniye" hatta "din birliği" kavramlarında bir yanlışlık yok muydu?

Arap Araplığını, Yunan Rumluğunu, Yahudi Museviliğini, Bulgar Bulgarlığını korumuştu. Biz kendi benliğimizden uzaklaştırılmıştık.

Kafamızın karışıklığı hepimizi korkutuyordu.

Makedonya dağlarında kimliğimizi arıyorduk...

Dağ başlarında, çete savaşlarında soluk aldıkça bu düşüncelerimizi tartışıyorduk. Kurtuluşu İttihat ve Terakki Cemiyeti'nde görüyorduk. Biliyorduk ki, yönetimdeki kötülük devleti yönetenlerden çok yönetim biçimindeydi.

Rumeli'de İttihat ve Terakki'nin ilk tohumları 1900 yılında atılmıştı.

Cemiyet'in bölgedeki en güçlü ismi Talat Bey'di. Ben tanıdığım zaman Selanik- Manastır seyyar posta memurluğu yapıyordu.

Yıldız Sarayı, İttihat ve Terakki Cemiyeti'nin Hıristiyan dinine mensup, hatta çoğunun Allahsız, İslamiyet düşmanı olduğu dedikodularını yayıyordu.

Bunların doğru olmadığını biliyordum. Cemiyet'e girmek için sabırsızlanıyordum.

İttihat ve Terakki'ye girmemde, birlikte görev yaptığım zabit arkadaşım Sapancalı Hakkı'nın etkisi oldu.

Ve o beklediğim gün geldiğinde ne kadar heyecanlanmıştım.

Sapancalı Hakkı'yla Selanik'e gitmiştik.

Tahlif (yemin) merasimi için geceyi beklemek gerekiyordu. Bekledik. Hava karardı.

Namzet (aday) gözleri bağlı olarak arka sokaklardan yemin töreninin yapılacağı eve faytonla götürülürmüş; bana da aynen öyle yaptılar, gözlerimi bağladılar.

Burada koluma arkadaşım Sapancalı Hakkı girdi. O, bana kefil olmuştu.

Arabadan inmiş, biraz yürüdükten sonra bir evin önünde durmuştuk. Gözlerim bağlı olduğu için etrafı göremiyor, ama hissediyordum. Yıllar sonra gittiğim evin adresini öğrendim. Burası Selanik'te Yalılar denen mahallede Baron Hirş Hastanesi'nin yanındaki iki katlı evdi. Evin sahibi Midhat Şükrü'ydü! Kapı iki kez çalınırdı. Parola böyleydi. İçerden "Kimsiniz?" sualini duymuştum.

Sapancalı Hakkı, "Halas" (kurtuluş) cevabını vermişti. "Demek parola buydu" demiştim içimden.

İçeriden, "Nereye, niçin geldiğinizi biliyor musunuz?" sualine, bu kez, "Evet, bir cemiyeti mukaddeseye vatan ve millet için hizmete geldik" karşılığını verdi Sapancalı Hakkı. Kapının arkasındaki sesin, "Bu cevabınızın doğruluğuna yemin eder misiniz?" sualine de, Sapancalı Hakkı, "Allah, bayrak, namus üzerine yemin ederim" tasdikini verince kapı açılmıştı.

Holden geçip bir odaya girince yemin merasimine geçildi.

"Yakub Cemil, sağ elini Kuranı Azîmüşşan'a, sol elini tabancanın üzerine koy."

Gözlerim hâlâ bağlıydı. Sapancalı Hakkı'nın yardımıyla istenileni yapmıştım.

Yemin merasimi bitince gözlerimin bağını çözdüler. Karşımda siyah peçeli, kırmızı örtülü üç kişi bulunuyordu. Oda yarı aydınlıktı.

Cemiyet'in gizli işaretlerini, parolalarını söylemişlerdi. Verilen vazifelerin yerine getirilmemesi, bir sırrın ifşası veya ihanet hallerinde Cemiyet'in âli makamlarının kararıyla ölüme kadar uzanan cezaların tatbikinde hiçbir haksızlık isnat edilmeyeceğini dair taahhütte bulunmamı istemişlerdi. Hepsini tek tek kabul etmiştim!..

Cemiyet'in silahşor üyelerden meydana gelen fedaî şubeleri vardı. Ben bunların arasındaydım. Fedaîlik, idare heyetlerinin denetimi altında yapılıyordu. Bunların gösterdikleri süre içinde görev mutlaka, ne pahasına olursa olsun yerine getiriliyordu.

Fedaî olmak gönüllülüğe bağlıydı, ama gönüllü olduktan sonra görevi yapmak zorunluydu. Hürriyet ve eşitlik için ölüm, ölümlerin en şereflisiydi bizim için. İlk kez bir iç meselede milletin çıkarı için ölüme koşuyorduk.

Yemin merasiminin ardından gururumu okşayan sözleri dinledikten sonra evden çıkmıştık.[6]

İçim içime sığmıyordu. Bağırmak istemiştim:

Yaşasın vatan!.. Yaşasın millet!.. Yaşasın hürriyet!..

Bizim içimizden Cemiyet'e ilk giren kişi Enver Bey olmuştu. Hiç unutmam, kod adı "Suavi"ydi.

---

6 Kimi tarihçilere göre, İttihat ve Terakki'nin yemin merasiminin şekli ve metni 1789 Fransız İhtilali'nde Jakobenlerin yaptığının bir benzeriydi. Kimi tarihçiler de bu yemin merasiminin masonlardan kopya edildiğini iddia ederler. Kimi tarihçilere göre ise, İttihat ve Terakki bu yemin merasimini, Bulgarların Makedonya'daki ünlü İç Örgüt (İMRO) adlı kuruluşundan esinlenmişti.

Manastır'da onun liderliğinde örgütlenmiştik. Aramızda kimler yoktu ki; Erkânıharp Yüzbaşı Kâzım (Karabekir), Mıntıka Erkânıharp Reisi Hasan Bey, Manastır cemiyetinin en önemli isimleriydi. Resneli Niyazi de bu merkeze bağlıydı.

1906'dan sonra oldukça ünlü isimler de Selanik'te teşkilata kaydoldu; Erkânıharp Kolağası (Önyüzbaşı) Mustafa Kemal (Atatürk), Erkânıharp Kolağası Ali Fuat (Cebesoy) gibi...

Selanik, İttihat ve Terakki'nin fikir gücünü, Manastır ise vurucu gücünü oluşturuyordu.

Selanik teşkilatının reisliğini Talat Bey, Manastır'ın liderliğini ise Enver Bey yapıyordu.

Her ikisi de Selanik'te, Musevî iken Müslüman olmuş davavekili Emmanuel Karasu Efendi'nin yazıhanesinde buluşuyorlardı.[7]

Biz o tarihte, gerek Talat Bey'in gerekse Emmanuel Karasu Efendi'nin masonluğun üstatlarından olduklarını bilmiyorduk.

2. Ordu'nun merkezi Edirne'deydi. Makedonya bölgesinde bulunan 3. Ordu'daki gizli örgütlenme çalışmalarının 2. Ordu'ya da sıçramaması düşünülemezdi. Cemiyetin 2.Ordu'daki örgütlenmelerini Kolağası İsmet (İnönü) Bey yapıyordu.

Meşrutiyet talepleri neden en çok 3. Ordu zabitlerince isteniyordu dersiniz? Kuşkusuz bunun bir nedeni vardı.

Osmanlı ordusunda iki tür subay vardı: mektepliler ve alaylılar.

İstanbul'daki Hassa Ordusu'na (1. Ordu) alaylı subaylar atanıyordu. Çünkü bunlar Saraya sadık, kapıkulu zihniyetindeydiler. II. Abdülhamid'in güvendiği subaylar bunlardı. Terfi ve nişanlar da her zaman bunlara düşüyordu. Aralarında bir tane bile mektepli subay yoktu. Çoğu okuma yazma bile bilmezdi.

Harbiye'yi bitiren mektepli bizler, adeta İstanbul'dan sü-

---

7 İttihat ve Terakki'nin en önemli isimlerinden Emmanuel Karasu, yazar Bilge Karasu'nun babasıdır.

rülürdük. Bu çıkışın dönüşü de öyle kolay olmazdı. Ancak Mabeyin'den (Saray Genel Sekreterliği) yapılacak güçlü bir torpille mümkündü.

Tabiî ki hürriyet istekleri alaylı subaylardan çıkacak değildi!

Ancak sadece talep etmekle, gizli toplantılarda konuşma yapmakla bu iş olmazdı. Harekete geçmek gerekiyordu.

Ve harekete geçilmişti.

Yıldız Sarayı'nın has adamı Selanik Merkez Kumandanı Kaymakam (Yarbay) Nâzım Bey, Enver Bey'in kız kardeşi Hasene'yle evliydi.

Saray'a bildirmek üzere çoğumuzun adının bulunduğu 397 kişilik tevkif listesi hazırladığını, listeyle birlikte İstanbul'a gideceğini öğrenmiştik. Bunu önlemeliydik. Nâzım Bey'in ortadan kaldırılmasına karar vermiştik. Enver Bey bu görevi kendisinin yapacağını söyledi. Ancak Enver'i aile buhranına sürüklememek için vazifeyi başka bir arkadaşımız üzerine aldı.[8]

Fedaî grubundan arkadaşımız Mustafa Necib sıradan bir zabit değildi. En bilgili arkadaşlardan biriydi. Üstelik iyi nişancıydı...

Mustafa Necib, 29 mayıs 1908 akşamı İsmail Canbulat ve Enver Bey'in yardımıyla, Nâzım Bey'i vurdu ama öldüremedi. Yaralanan Nâzım Bey İstanbul'a götürülürken, Enver Bey Tikveş'e kaçıp saklandı. Çünkü olay sırasında Nâzım Bey kayınçosunu görmüştü!

Gemileri yakmıştık ve artık geriye dönüş yoktu.

8 haziran 1908'de Estonya'nın Reval şehrinde, İngiltere Kralı VII. Edward ve Rus Çarı II. Nikolay'ın, "hasta adam" Osmanlı'nın mirasını paylaşmak için anlaştıkları haberi Makedonya'da bomba gibi patladı.

Osmanlı topraklarının milletlerarası idareye bırakılmasını, örneğin Irak'ın İngiltere'ye, Boğazlar'ın Ruslara verilmesini istiyorlardı.

---

8 Sina Akşin, *Jöntürkler, İttihat ve Terakki* adlı kitabında, Nâzım Bey'in kumar oynadığını, gazinolardan para aldığını ve Enver Bey'in kız kardeşi Hasene'yi boşamak üzere olduğunu yazmaktadır (s. 102).

Hızlı hareket etmemiz gerekiyordu ve öyle de yapmıştık. 25-30 haziran 1908 tarihleri arasında, beş gün, Manastır'da geceli gündüzlü gizli toplantılar yapıldı. Başlatılacak harekâtın planı inceden inceye gözden geçirildi.

Önce Makedonya'daki tüm posta merkezleri kontrol altına alınarak işe başlandı. Sonra, 3 temmuz cuma sabahı şafakla birlikte, Kolağası Resneli Niyazi Bey, "Resne Millî Taburu" adını alacak 200 kişiyle dağa çıktı. Millet malı tabur silahlarını da almışlardı!..

Hürriyeti sadece biz değil, daha birkaç ay önce çete savaşı yaptığımız Bulgar, Yunan, Sırp komitacıları da istiyordu.

Sırp, Bulgar, Yunan, Karabağ komitacılarıyla bizimkiler arasında adeta barış yapılmış gibiydi. Komitacılar silah bırakmışlardı!

Resneli Niyazi'yle birlikte dağa çıkanlar arasında kimler yoktu ki... Ünlü Sırp komitacı Circis, Arnavut beyi İsa Bolatin (üç yıl sonra Arnavutluk ayaklanmasında, Sırp Circis, İsa Bolatin'i öldürecektir), Yunanlı kaptan Kleftus Kontaris ile Bulgar komitacı Sandanski. Bir de Resneli Niyazi Bey'in uğur getirdiğine inandığı geyiği...

Resneli Niyazi'yi birkaç gün arayla, 200 kişilik "Manastır Millî Taburu"yla Binbaşı Enver Bey ve "Ohri Millî Taburu" adını alacak 300 kişiyle Binbaşı Eyüp Sabri Bey takip etti.

Ben Enver Bey'in yanındaydım.

Başta Enver Bey olmak üzere tüm zabitler apoletlerimizi söküp atmıştık.

Ağladığımızı göstermemek için birbirimizin yüzüne bakmamaya çalışıyorduk. Sonumuzun ne olacağını hiçbirimiz bilmiyorduk. O sıcak saatlerde nereden bilirdik, yirmi gün sonra memlekette doğan çocuklara, "Enver", "Niyazi" adlarının verileceğini...

O ne büyük bir gündü. Bir kutsal amaç uğruna yan yana gelmiş kitleleri hiçbir gücün yok edemeyeceğini ben o gün gördüm. Dağlar, tepeler, ovalar sanki bize o gün daha farklı geliyordu.

Enver Bey üniformayı çıkardı. Beyaz potur, kırmızı kuşak, mintan ve başındaki fesiyle tam bir köylü gibiydi.[9] Boynunda Fethi (Okyar) Bey'in dağa çıkarken hediye ettiği dürbün vardı.

Biz de çetecilere benzemiştik. Bıyıklarımızı bile düzeltmiştik.[10] Tabiî çetecilerden farkımız vardı. Özellikle emrimizde bulunan birliklerin ırz ve namus yolunda dikkatli olmaları şarttı. Kimseye yan gözle bakılmayacaktı.

Yenice'de Binbaşı Cemal Bey'le[11] karşılaşmıştık. Biraz erzak yardımı aldık, karşılığında senet veriyorduk. Senet para yerine geçiyordu. Kabul etmeyen devlet memuru İttihat ve Terakki fedaîleri tarafından şiddetle cezalandırılacaktı. Sonra Karacaova'da Enver Bey'in amcası Halil Bey'in birlikleriyle buluşmuştuk. Gittiğimiz yerlerde İttihat ve Terakki'ye adam kazanıyorduk. Özellikle Müslüman Arnavutların hemen hepsi Bektaşîydi. Bizi gönülden, yürekten destekliyorlardı. Talat Bey gibi İttihat ve Terakki'nin önde gelen bazı isimlerinin Bektaşî olmalarının da bunda rolü vardı.

Tikveş'te Mustafa Kemal (Atatürk) Bey'le buluştuk. Bize cemiyetin verdiği genel yetkileri kapsayan bir mektup getirmişti. Geceyarısına kadar bütün meseleleri konuşmuştuk. Hepimizin yolu aynıydı: Ya hürriyet, ya ölüm!

Bizi dağdan indirmek için, Müşir (Mareşal) Şemsi Paşa'nın emrindeki 80 taburla Makedonya yolunda olduğunu öğrenince dehşete kapıldık. Biliyoruz ki oluk gibi kan dökülecekti ve akan kan kardeş kanı olacaktı! Şemsi Paşa okuması yazması olmayan alaylı sert bir komutandı. Zatı Şahane kendisine çok güveniyordu.

---

9 Enver Paşa'nın dağa çıktığı günlerde çektirdiği bir fotoğraf Cemal Kutay'ın, *Talat Paşa'nın Gurbet Anıları* kitabının 1. cildinin 208. sayfasında bulunabilir. Meşrutiyet ilanından sonra Enver Bey ile Resneli Niyazi'nin fotoğrafları kapışıldı. Ancak Enver Paşa, özellikle etekliği andıran kıyafeti nedeniyle bu fotoğrafının pek ortalarda dolaşmasını sevmezmiş!

10 Yeniçeri Ocağı'nın kaldırılmasından sonra orduda modernleşme çabaları başlamış, Fransa ve Almanya'dan kurmay subaylar getirilmişti. Ordu daha çok Fransız öğrenim metotlarıyla eğitilmişti. 1877-1878 Osmanlı-Rus Savaşı (93 Harbi) aleyhimize sonuçlanınca Fransız askerî sisteminin yetersiz olduğu belirtilerek, Alman (Prusya) ekolüne geçilmiştir. Alman ekolüyle yetişen subayların ilk yaptıkları Prusyalı subaylar gibi bıyıklarının uçlarını yukarıya doğru burmaktı.

11 İleriki yıllarda İttihat ve Terakki'nin üç önemli isminden biri olan Cemal Paşa, gazeteci-yazar Hasan Cemal'in dedesidir.

Dağ başında karar verildi: çok kan döküleceğine bir kişinin kanı dökülmeliydi.

O da Şemsi Paşa'nın kanı olacaktı.

Göreve dört kişi talip oldu. Mülazım Atıf Bey'in[12] yapmasına karar verildi. İyi nişancıydı. Eşkıya takiplerinde çok başarılar göstermişti. Ali Fethi (Okyar) delaletiyle İttihat ve Terakki'ye girmişti. Cemiyet'in bizim gibi fedaîler grubunda yer alıyordu.

Mülazım Atıf herkesle kucaklaştı ve "Bir dakika" deyip, Nâzım Paşa'yı vuran Mustafa Necib'i dışarıya çağırdı. Öğrendik ki, Osmanlı-Yunan Savaşı'nda şehit düşen babasından kalan hatıra saatin, vazifesinden sağ dönemezse annesine verilmesini rica etmiş...

Vedalaşırken, "Hangimizin yaşaması memleket için hayırlıysa hayatta o kalsın" dedi...

7 temmuz 1908.

Manastır'daki postaneden çıkan Müşir Şemsi Paşa, kendisine yaklaşan mahallî giysili, orta boylu, esmer yüzlü, kıvrık bıyıklı gence dikkat bile etmemişti. İki kurşun yiyince, o da anlamıştı İttihat ve Terakki'nin gücünü.

Mülazım Atıf kardeşimiz kargaşadan kurtulup kaçmayı başardı. Ancak böğründen yaralanmıştı. Teğmen Mahmut Bey'in[13] evinde tedavi edildikten sonra kadın kıyafetiyle Manastır'dan Resne'ye kaçırıldı.

Şemsi Paşa'nın öldürüldüğü ve katilinin yakalanamadığı haberi Yıldız Sarayı'na bildirilence Zatı Şahane'nin vesvese ve heyecanı daha da artmıştı. Etrafındakilere, "Demek ki, İttihat ve Terakki söyledikleri gibi müthiş bir cemiyetmiş, bir gün bizi de oturduğumuz yerde öldürebilir!" dediği kulağımıza geldi.

O sıcak günlerde kimler vurulmadı ki! 10 temmuzda, Saray'a sürekli jurnaller gönderen Manastır Topçu Alayı Müftüsü Mustafa Şevket Efendi, 17 temmuzda, Zatı Şahane'nin

---

12 Atıf Kamçıl; TBMM'nin 6. ve 7. dönemlerinde Çanakkale milletvekilliği yaptı.

13 Mahmut Soydan; daha sonraki yıllarda sırasıyla, Atatürk'ün yaverliğini, Siirt milletvekilliği, İş Bankası Yönetim Kurulu başkanlığı ve *Milliyet* gazetesinin başyazarlığını yaptı.

fermanını okurken, Manastır Mıntıka Kumandanlığı erkânı-harbiyesinden Osman Hidayet Paşa ve Cemiyet'e düşman oldukları bilinen, Debre Mutasarrıfı Hüsnü Bey, Polis Müfettişi Sami, Avukat Sabir Efendi, Kanun (İnzibat) Yüzbaşısı İbrahim, Süvari Yüzbaşı Ali tek tek öldürüldü.

Bu arada, öldürülen Şemsi Paşa'nın yerine bölgeye gönderilen Müşir Osman Paşa, Manastır'da Resneli Niyazi Bey'in kuvvetleri tarafından dağa kaldırılıp esir alındı.

Kazanmıştık!

23 temmuz 1908 günü Manastır'da 21 pare top atışı yapılarak İttihat ve Terakki Cemiyeti tarafından Meşrutiyet ilan olunmuştu.[14]

Biz bir gün sonra Köprülü'den Tikveş'e ulaştığımızda Selanik merkez hcyetinden bir telgraf almıştık. Meşrutiyet'i ilan ettiklerini duyuruyorlardı.

Kansız bir ihtilaldi bu!..

Zamanında zulüm görmüş, tevkif edilmiş, hapsedilmiş, sürgünlere gönderilmiş, öldürülmüş ama yılmamış, korkmamış İttihat ve Terakki Cemiyeti zoru başarmıştı!

Başta Enver Bey olmak üzere hemen, "hürriyetin kâbesi" Selanik'e gelmemiz isteniyordu. Artık üzerimizde üniformalarımız vardı. Saat bire doğru Selanik'e vardığımızda bütün şehir halkı tren istasyonundaydı. Tren, coşkun haykırışlar, sevinç çığlıkları içinde istasyona girmişti.

Herkes hep bir ağızdan bağırıyordu:

"Yaşasın hürriyet... Yaşasın müsavat (eşitlik)... Yaşasın adalet... Yaşasın uhuvvet (kardeşlik)..."

"Kalkın ey ehli vatan" diyenler yanılmamıştı. Millet ayağa kalkmıştı...

---

14 Amerikalıların 4 Temmuz'u; Fransızların 14 Temmuz'u olduğu gibi bizim de 23 Temmuz'umuz vardı. 8 temmuz 1909'da kabul edilen yasayla, 23 Temmuz "Hürriyet Bayramı" olarak kutlanırdı. 13 mayıs 1935'te bu bayram kaldırıldı! 27 Mayıs 1960 Askerî İhtilali de "Hürriyet Bayramı" olarak kutlanmaya başlandı. Bu bayram da 12 Eylül Askerî Darbesi'nden sonra kaldırıldı!

Herkes Enver Bey'i görmek için birbirini eziyordu, istasyonda tam bir izdiham vardı. Bizleri karşılayanlar arasında Talat Bey, Cemal Bey gibi İttihat ve Terakki'nin önemli şahsiyetleri de bulunuyordu.

Cemal Bey, Enver Bey'in kulağına eğilerek, "Sen artık Napolyon oldun Enver" dedi.

Enver Bey "Hürriyet Kahramanı" olmuştu!

İstasyona geldiğini duyan bağırıyordu: "Yaşasın Hürriyet Kahramanı Binbaşı Enver Bey!"

Talat Bey, Enver Bey'e kırmızı ciltli bir "Kanunuesasî" hediye etmişti.

O gün Selanik'in iki alanına, "Hürriyet Meydanı" ve "İttihat Meydanı" adı verildi. Hamidiye Caddesi'nin adı "Terakki Caddesi" olarak değiştirildi.

Selanik'ten İstanbul'a hareket etmiş, gösteriler nedeniyle İstanbul'a 3 ağustosta ancak varabilmiştik.

İstanbul'a gelmemizin nedeni şuydu: İttihat ve Terakki'nin Merkezi Umumîsi, Binbaşı Cemal Bey idaresindeki birkaç arkadaşı hükûmetle temasları yürütmek üzere İstanbul'a göndermişti. İşte bu heyeti takviye ve icabında silahlı müdahalede bulunmak üzere bir fedaî müfrezesini de İstanbul'a gönderme kararı aldı.

Bu müfrezenin başında Enver Bey'in amcası Halil Bey bulunuyordu. Ayrıca ekipte benden başka, Mülazım Hilmi, Mustafa Necib ve Arnavut Ali vardı.

İstanbul'da Sirkeci İstasyonu'nda trenden inmiştik.

İstanbul hürriyetin keyfi içinde yüzüyordu.

Bahçekapı'da bulduğumuz mütevazı Meriç Oteli'ne giderek Rum sahibinden bir oda istemiş, "Buyrun Paşam" ağırlamasıyla odamıza çıkmıştık. Pelerinlerimizin altında ikişer parabellum tabanca ve el bombaları asılıydı. Pelerinlerimizi çıkardığımız vakit Rum otelcinin gözleri yuvalarından fırladı ve yanımızdan dehşete kapılarak uzaklaştı. Adama aldıracak durumumuz yoktu, yol yorgunluğumuzdan sıyrılmak için başlarımızın altına koyduğumuz tabancalarla derin bir uykuya daldık.

Sabahleyin uyandığımızda telaşlı Rum'un böyle bir zor zamanda başımıza iş açacağını düşünüp Babıâli Yokuşu'ndaki Meserret Oteli'ne yerleştik. Otelin Babıâli'ye yakın olması da bizim için iyiydi. Zaten bizden sonra bu otel ve Meserret Kıraathanesi biz fedaîlerin mekânı oldu.

İstanbul Makedonya'dan farklıydı.

Milletin çoğunluğu ne olup bittiğinin farkında değildi. Bazı vatandaşlar Makedonya'dan gelecek "Hürriyet"i karşılamak için rıhtıma gitmişlerdi! "Hürriyet"in kadın mı, erkek mi olduğu bile tartışılmıştı...

Ne yalan söyleyeyim kafam karışmıştı.

Zaten oldum olası bu siyaseti anlamamışımdır.

Kanunuesasî ilan edildi. Tamam.

Peki Kanunuesasî'yi ortadan kaldıran, Kanunuesasi'yi hazırlayan Midhat Paşa'yı öldürüp, yardımcısı Namık Kemal'i zindana atan kimdi? II. Abdülhamid...

Peki, Kanunuesasî kabul edildiğine göre, Zat-ı Şahane ve onun adamları tam kadro nasıl iktidardaydı?

Dağa çıktığımız için bizlere küfreden başta Ferid Paşa olmak üzere, vezirler nazır olmuştu. Eski Sadrazam Kâmil Paşa bile "hürriyet kabinesinde" Meclisi Vükela memuruydu (devlet bakanı).

Sadrazam koltuğunda yine Said Paşa oturuyordu. Şeyhülislam aynı şeyhülislamdı!..

Hamdi Bey gibi Saray hafiyeleri Zaptiye Nezareti'ne atanıyorlardı.

II. Abdülhamid'in meşrutiyeti bizim zorumuzla kabul ettiğini millet bilmiyordu. Duyuramamıştık. Zaten 25 temmuz tarihli *İkdam* gazetesi "Padişahım Çok Yaşa" başlığıyla çıkmıştı. Gazeteler bile bilmiyordu, Meşrutiyet'in nasıl ilan edildiğini!

Gazetelerin haberinden bir gün sonra, Türk'ü, Ermeni'si, Rum'u, Musevî'si, Kürt'ü, Arnavut'u, Arap'ı, İstanbul'da 50 000 kişi "Padişahım çok yaşa" diye Yıldız Sarayı'nın önünde gösteri yaptı. İçlerinde kadınlar bile vardı...

Düşünün ki İstibdat döneminde, kadınların işlek caddelere çıkmaları yasaktı. Kapalıçarşı girişinde, köprübaşlarında polisler ellerinde makasla çarşaf keserlerdi. Bunun nede-

ni aranan erkek zanlıların çarşafla dolaşmaları ihtimaliydi!
Meşrutiyet kadınlara hürriyet getirmişti.

Selim Sırrı (Tarcan), Rıza Tevfik (Bölükbaşı) gibi arkadaş-
lar at sırtında, İstanbul'u dolaşarak millete meşrutiyeti ve
hürriyeti öven nutuk atıyorlardı.

Tabiî 33 yıllık acılı dönemin faturası birilerine çıkmalıydı.
II. Abdülhamid, "Hainler beni bugüne kadar kandırmış-
lar" diyerek suçu, Başkâtip Tahsin Paşa, Mektepler Nazırı
Zeki Paşa, Ebülhüda Efendi, Bahriye Nazırı Hasan Rami Pa-
şa, Dahiliye Nazırı Memduh Paşa, Mabeyinci İzzet Paşa gi-
bi adamlarının üzerine attı.

Bunların bir bölümü de ya Avrupa'ya kaçtılar ya da İtti-
hat ve Terakki'ye servetlerinden büyük paralar bağışlayarak
kurtuldular.

Kurtulamayanlar da vardı...

Hafiye teşkilatının başındaki Fehim Paşa, 5 ağustosta ül-
keyi terk etme hazırlığı yaparken Yenişehir kazasında millet
tarafından tanınıp linç edildi.

Biz niye dağa çıkmıştık, sadece birkaç kişiyi yok etmek
için mi?

Deniyordu ki, İttihat ve Terakki'nin, Osmanlı Devleti'ni
idare edecek kadroları yok. Güya benim gibi küçük rütbeli
subaylar, kıdemsiz memurlar devleti yönetemezdi. Bunun
için yaşlı başlı devlet adamları gerekiyordu!

Bunu söyleyenler arasında bizim arkadaşlar da vardı.
Onlara göre de, ihtilal yapmıştık ama ihtilal hükûmeti nasıl
kurulur bunu bilmiyorduk.

Hayatımızda bir kere olsun bir meclis nasıl toplanır, na-
sıl karar alır görmemiştik.

İttihat ve Terakki Cemiyeti, bu nedenlerle, geçici bir süre,
yıpranmış, hayatiyeti bitmiş, meşrutiyeti kalmamış iktidarla
işi götürmeye karar verdi.

Biz fedaîler nasıl şaşırmıştık? Dedim ya biz siyasetten an-
lamıyorduk!

İkinci Meşrutiyet'in ilk Mebusan Meclisi 17 aralık 1908
perşembe günü II. Abdülhamid'in Nutkı İftitahîsi'ni (açış ko-

nuşmasını) ayakta saygıyla dinledi!

Bizi de gösteriş için götürmüştü Cemiyet. Silahşorlarını göstermek istiyorlardı!

Hakkımızda jurnal düzenleyenlerle aynı çatı altındaydık. II. Abdülhamid polis ve cinayet romanlarına bayılıyordu. Sarayda, içinde çoğunlukla yabancı polis romanlarının bulunduğu dört kütüphanesi vardı. Bu kitapların etkisiyle, olur olmaz jurnallere inanırdı. Bu nedenle, bir gün sarayı havaya uçururlar endişesiyle, İstanbul'a elektrik tesisatı yapılmasını, telefon şebekesi kurulmasını istemedi. Hatta Terkos suyunun saraya verilmesi için borular döşenirken de jurnaller yapılmış, ihbarlar üzerine, içlerinde bomba veya suikastçı var mı diye, borular didik didik edilmişti...

Kayıtlara göre Saray'a günde ortalama 5-6 bin jurnal geliyordu. Jurnalcilik en makbul ticaret halini almıştı.[15]

Peki bu jurnalleri yapanlara cezalarını vermeyecek miydik?

2 ocak 1909.

Yıldız Sarayı'nın has hafiyelerinden İsmail Mahir Paşa, Zatı Şahane'nin fermanı üzerine Yıldız Sarayı'na gelirken öldürüldü. Aslında Saray'dan böyle bir davet yoktu. Beşiktaş Postanesi'nden "Kadim ehibba (eski dost), yarın sabah teşrifiniz" diye gönderilen şifreli telgrafı alan İsmail Mahir Paşa hiçbir şeyden şüphelenmemişti.

Sabah Saray'a geldiğinde arabasından çıkar çıkmaz iki kurşunla yere serilivermişti.

Bu olaydan sonra, Talat Bey'in bizi, yani fedaileri öğleyin İttihat ve Terakki'nin merkezine çağırdığı söylendi. Telaşla gitmiştik.

Talay Bey uzun uzun nasihat verdi. Kati olarak mesuliyetsiz kan dökülmesine mâni olunmasını şahsî cinayet, cürüm, günah işleyenler hakkında Meclis dahil hatırlanan bütün tahkikatın yapılacağını, kanunun ve meşru kuvvetlerin hâkimiyetini hedef almış bizlerin bu gibi hadiselerle kendi

---

15 Jurnaller Cumhuriyet Dönemi'nde incelendi. Kurulan komisyonda görev yapan Asaf Togay (emekli süvari yüzbaşısı) jurnal envanterlerinden bir defteri saklamış ve bunları *İbret* adı altında iki cilt halinde yayımlamıştır (Yürük Matbaa ve Yayınevi, 1962, İstanbul).

kendimizi tekzip ve itibarımızı kaybetmekten başka bir netice alamayacağımızı, kanı kanın kovalayacağını söyledi.

Bir daha benzer olaya neden olmayacağımıza dair bizden yemin etmemizi istemişti. Biz de etmiştik!

Sanki masum bir vatandaş öldürülmüştü. İsmail Mahir'in yaptığı muhbirlikle kaç kişi darağacında sallandırılmıştı...

Ne çabuk unutmuştuk bunları!..

Bu olay sonra Meclis'e intikal etti. Ruzname (gündem) harici söz alan Erzurum Mebusu Karakin Pastırmacıyan, "Memlekette huzur ve asayişin zorlukla kurulmaya çalışıldığı günlerde, faili bulunamayan ve bulunmayacak olan cinayetlere esef etmemek kabil değildir" dedi.

Biz bu mebusla çok değil birkaç yıl sonra yine karşılaşacaktık. Bu mebus, Karakin Pastırmacıyan, Ermeni Taşnak Komitesi'nin önde gelen şahsiyetlerindendi. Dünya Harbi çıkınca Rusya'ya kaçtı ve orada başına topladığı Ermeni komitacılarla bize savaş açtı. Kafkasya'da karşı cephelerde çarpıştığımızda yandaşları bu adama "Armen Garo" (Ermeni kahramanı) diyorlardı.

Bu adamın Kafkasya'da yaptığı zulüm, İsmail Mahir Paşa'nın öldürülmesi yanında hiç kalır! Aslında bu adamı da vurmak gerekiyordu! Ama gel de İttihat ve Terakki Cemiyeti'ne laf anlat!

O günlerde saf ve temizdik. Henüz siyasetin ayak oyunlarının farkında değildik. Başta Talat Bey olmak üzere bizden kurtulmak isteyen İttihat ve Terakki yöneticileri, bazı arkadaşlarımızı politikanın dışında tutmak için, ihtisas yaptırma gerekçesiyle dış ülkelere gönderdiler.

Denizciler İngiltere'ye, havacılar Fransa'ya, karacılar Almanya'ya gitti.

Bizim kaderimize düşe düşe İran düştü.

Ancak biz ihtisas için değil, ihtilal için yola çıkmıştık...

Atina'da
torun "Yakub Cemil"

30 ekim 1984. İstanbul Çınar Oteli'ndeyiz.

Otelde son iki hafta hedefin fotoğrafları üzerine yoğunlaştık. Saçında kaç tel var, hangi peruğu kullanırsa yüzü ne hal alır, gözlüklü gözlüksüz montajlı fotoğrafları...

Favorili favorisiz, bıyıklı bıyıksız, saçları yandan ayrılı, ortadan ayrılı, kâküllü, akla gelebilecek her hali...

Ne yer ne içer, içkiden hoşlanır mı, nerelere gider, ne giyer?.. İstihbaratı yapılan tüm bilgileri kafamıza kazıdık...

Hedefin analizi yapıldıktan sonra iş bize geliyor.

Kimlikler, pasaportlar, uçak biletleri, otel rezervasyonları, oda numaraları, gidilecek lokantalar, gece kulüpleri, barlar, otele hangi misafirlerin geleceği, tanışma kodları... Hepsini son olarak bir bir gözden geçirdik.

Ankara'da çalışmıştık. İstanbul'da bir daha gözden geçirdik.

Gerginliğimiz her saat her dakika biraz daha artıyor.

Bugün artık son konuşma toplantısı.

Odada; Yılmaz Ağabey, Mehmet Ali Ağabey[1], "Akrep"[2] ve ben varız. Dört kişiyiz...

---

1 Torun "Yakub Cemil", "Mehmet Ali Ağabey"in gerçek adının kesinlikle yazılmamasını istedi. Ben de buna uyuyorum. Ancak *Bay Pipo* kitabında "Mehmet Ali"nin gerçek kimliğini yazmıştık (s. 352).

2 Torun "Yakub Cemil" halen görevde olduğu için "Akrep"in isminin de yazılmasını istemedi.

"Bu adam bunların beyni, her şeyi. Bu tavşanlar[3] bunsuz hiçbir şey yapmıyorlar. Topal'ın (Murat Topalyan) bütün parası bunda. Örgütün paralarını idare eden Topal bunu ABD'ye istemiyor. O da bunun farkında. Orly Katliamı'ndan sonra Fransa da bunu istemiyor. Avrupa'da da barınamayacağını anladı. Artık oranın tamamen kontrolümüze girdiğinin farkında. Tek istediği Atina'daki oteli almak ve sevgisiyle birlikte işletmek. Hesapları bu. Kadın Pire'de oturuyor."

Yılmaz Ağabey günlerdir söylediklerini bıkmadan usanmadan bir kez daha tekrar ediyordu. Ancak son sözlerini ilk kez söylüyordu:

"Bu senedin ödenmesi gerekiyor. Yukarısı 'Her ne pahasına olursa olsun' diyor. Gerekirse üçünüz de gömülün orada, ama borcu ödeyin. Bu son işiniz. Allah kolaylık versin."

Yaşlı kurdu o güne kadar bir konuyu bu şekilde kesin istiyor havasında görmemiştim. Hep "Bizim için sizin canınız her şeyden önemli" diyen adam bu değildi sanki.

Üçümüzü de öperek gitti. Kapıdan çıkarken alışkanlıkla, asker selamını vermeyi de ihmal etmedi!

Planı ezberledik artık.

Birer gün arayla ineceğiz Atina'ya.

Hepimizin "efsanesi"[4] hazır.

İlk "Akrep" gidecek, uçağa pazar günü binecek.

Irak pasaportunu kullanıyor. Tıbbî alet alım satımıyla uğraşan bir tüccar o.

Pazartesi ben, salı günü Mehmet Ali Ağabey binecek.

Mehmet Ali Ağabey'de Libya pasaportu var. Büyük tankerlerin mazot depolarını temizleme işi yapıyor.

Ben, ayçiçeği tüccarıyım. Ürdün pasaportu taşıyorum. Beyrut, Paris, Suriye, Amsterdam ve birçok Avrupa şehrine hep "Yakub Cemil" isimli pasaportla giriş yaptım. Pasaportumda yine aynı isim var.

---

3 ASALA militanlarına kendi aralarında tavşan diyorlar.
4 Gerçek kimliğini saklayan kişinin sahte kimliği.

Niye "Yakub Cemil?"

Çünkü o benim dedem!

"Yakub Cemil" isimli pasaportun cebimde olması bana manevî bir güç veriyor...

Mehmet Ali Ağabey en kıdemlimizdi.

Biz ona "Büyük Çiftçi" derdik.

Kelle alana, yani tetiği çekene biz "Teğmen" veya "Çiftçi" deriz.

Bu isimler bizlere yıllar öncesinden miras kalmıştır. İttihat ve Terakki'nin vurucu gücü, fedaîler müfrezesi Teşkilatı Mahsusa'ya[5] biz kısaca "TM" derdik. "Teğ-Men" kodu oradan geliyor.

Teşkilatı Mahsusa'nın ambleminde çift ay vardır. "Çiftçi" adı da buradan kaynaklanıyordu.

Mehmet Ali Ağabey kıdemlimiz olduğu için ona "Büyük Çiftçi" derdik.

Bana ise takılırlardı, biraz kilolu olduğum için "Irgat" derlerdi!

Bazen takılmak için Teşkilatı Mahsusa'nın amblemindeki ay nedeniyle, "Büyük Ayı" dedikleri de oluyordu. Bu da iri cüssemden kaynaklanıyordu!

"TM"nin bizim için ikinci anlamı ise "Türk Malı"ydı!

Avrupa'da Ermenilere ait işyerlerinin kepenklerine boyayla "TM" yazardık. Nasıl korkarlardı. Anlarlardı ki, ASALA'ya yardım ettiklerini biliyoruz ve enselerindeyiz. Günlerce dükkânlarını, mağazalarını açamazlardı.

Bir gün Viyana'da, "Büyük Çiftçi"yle birlikte sağlık malzemeleri satan bir mağazadan protez aldık, yani plastik takma ayak. Bir benzin istasyonuna gidip oradan da yağ aldık. Sırada lokanta vardı. Avusturyalılar az pişmiş bifteğe bayılırlar. Biz de az pişmiş bir biftek aldık, etin üzerinde daha kanları duruyordu. Yağ ve bifteği, protezin etrafına sarıp Viya-

5 Teşkilatı Mahsusa: 5 ağustos 1914 yılında Osmanlı İmparatorluğu'nun topraklarını elde tutmak amacıyla, Enver Paşa tarafından kurulan yarı resmî gizli örgüt. Dede Yakub Cemil bu örgütün en önemli isimlerinden biriydi.

na'da çıkan bir Ermeni gazetesine gönderdik. Tabiî paketin üzerinde "TM" yazılıydı.

Bu Ermeniler abartmayı çok severler, haberi manşetten verdiler, "Türkler bize kopmuş ayak gönderdiler" diye!..

Avrupa ülkelerinin bazı istihbarat örgütleri yazışmalarında, Teşkilatı Mahsusa'nın yeniden kurulduğunu bildiriyorlardı...

Avrupa günlerini daha ayrıntılı anlatacağım. Çok komik olaylar da başımıza gelmedi değil. Paris'te istihbarat örgütlerinin yapamadığını, Mazhar-Fuat-Özkan adlı grubun solisti Mazhar Alanson yaptı; bir lokantada bizim Türk olduğumuzu anlayıverdi!

Hatırladıklarımın hepsini anlatacağım.

Şimdi tekrar İstanbul'daki Çınar Oteli'ne dönelim.

"Büyük Çiftçi" yani Mehmet Ali Ağabey, düğmeye basıldıktan sonra babasını bile tanımazdı. Her şeyi unuturdu. Ne olduğumuzu, kim olduğumuzu, her şeyi... Biz öyle değil miydik sanki?.. Biz de aynen onu taklit ederdik, her şeyi unutmaya çalışırdık. Bundan önce bir hayatımız olmamış gibi.

Operasyonun düğmesine basıldıktan sonra yeni bir hayata başlıyorduk, sıfırdan.

Mehmet Ali Ağabey dizime vurarak yanımdaki koltuktan kalktı. Ben de hemen toparlandım.

Veda zamanı gelmişti. Yine yan yana olacaktık ama birbirimizi tanımayacaktık.

Sadece mesajlarla haberleşeceğiz.

"Akrep" de ayağa kalktı. Duygusal bir ortam oluştu. Bu işin ucunda ölüm de var, birbirimizi bir daha hiç görmeme de.

Sarıldık öpüştük.

Sağ ellerimizi kalbimizin üzerine koyduk. Bu Teşkilatı Mahsusa'nın selamıdır; "Ölünceye kadar beraberiz" demektir.

Sanki ilk eyleme gidiyormuşuz gibi heyecanlandığımı hissettim.

Mehmet Ali Ağabey, tam kapıdan çıkarken her zaman yaptığı gibi döndü, "Allah utandırmasın!" dedi ve kapıyı kapatıp gitti.

Odada "Akrep"le ikimiz kalmıştık.

"Akrep" gülerek, "Ben ABD'de bir yıla yakın kaldım. Adamların amiri de, memuru da makine gibi. Bir de bize bak, çocuk gibiyiz" dedi.

"Öyle" dedim, sesim titreyerek.

"Akrep" bizden daha soğukkanlıydı, ne de olsa o temelden askerî bir eğitim almıştı.

Sonra hep yaptığımız seremoniye başladık; tıpkı İttihat ve Terakki Cemiyeti'nin üyeleri gibi.

Küçük bayraklarımızı çıkardık. "Akrep" asker Beretta'sını bayrağın üzerine bıraktı. Ellerimizi silahın üzerine koyduk. Ant içtik:

"Bütün TM'ler için, bütün Kuvvacılar için; ya bitireceğiz, ya gömüleceğiz Atina'ya..."

"Akrep" de benim gibi "belci" !

Bizde gelenektir, Teşkilat-ı Mahsusa'dan kalmadır; iyi silahşorlar tabancalarını, -hani pehlivanların güreşirken ellerini soktukları- kuyruksokumunda bulundururlar. Bunlara "belci" denir.

"Belci" her daim tabanca çekmez. Bir kere çeker ve mutlaka gereğini yapar.

Mehmet Ali Ağabey boyun, omuz ve koltuk altından geçen üçlü askıyı kullanıyor. Yani "diplomat".

Tabancası da benden farklı. Toplu tabancaları seviyordu. Smith Wesson kullanırdı. Kolay kolay tutukluk yapmaması hoşuna giderdi. Hiç üşenmez, mutlaka her 24 saatte bir temizlerdi. Bu temizleme işi Beyrut'ta az kalsın başımızı belaya sokacaktı...

Ben baba yadigârı Browning'i tercih ederim. Şarjörü, biçimi kuyruksokumuna uygundur, tam oraya oturur yani.

"Akrep"le de vedalaştık.

Odanın köşesinde duran Mehmet Ali Ağabey'in valizi ile kendi valizini aldı. Ben de benim küçük valizi öpüp, alnıma koyduktan sonra "Akrep"e uzattım.

Valizlerde operasyonda kullanacağımız silahlarımız vardı.

Benim valizde bir de dedem Yakub Cemil'den miras kalan kama bulunuyordu.

"Malzemeleri" koyduğumuz valizlerle gitmeyecektik tabiî ki Atina'ya.

Onları bize "çöpçüler" ulaştırırdı.

Operasyondaki silahşorlara lojistik desteği sağlayanlara biz "çöpçü" deriz. Bilgi toplama ve yorumlama işi de onlardadır. Haberleşmeyi de onlar aracılığıyla yaparız.

Bunlar bizim peşimizden hiç ayrılmaz. Bir günde neler olduysa mutlaka bunun "ceride"sini, yani raporunu yazıp merkeze bildirirler.

Hayatın onlara emanettir. Mehmet Ali Ağabey Beyrut'ta yaralandığında bir "çöpçü" onu hayata döndürdü, doktor gibi baktı.

Gurbette ölürsen sana yine "çöpçü" sahip çıkar, sıradan bir vatandaş gibi kimsesizler mezarlığında nereye gömüldüğünü takip eder. Çünkü ailelere şehit arkadaşın yerini söylemek gerekir.

Kaç arkadaşımız dünyanın birçok yerindeki kimsesizler mezarlığına defnedilmiştir bilir misiniz? Kaç aile yılda bir kere şehitlerinin mezarlarını ziyaret için yurtdışına çıkar? Bunları kimse bilmez, en yakın aile dostları bile...

"Çöpçüler" tek gezerler. Tıpkı silahşorlar gibi, "çöpçüler" de kendi aralarında örgütlenirler, görev bölümü yaparlar. Biz onlarla çoğu zaman sadece parolalarla anlaşırız.

KGB "çöpçü"ye "dubok" der. Onlardaki adlandırması bu. Sanıyorum CİA ve MOSSAD'da "çöpçü" yok.

"Akrep" valizleri İstanbul'da "çöpçü" bir arkadaşa verecekti. Valizleri her zaman olduğu gibi onlar getirecekti. Onların bazen diplomatik dokunulmazlıkları oluverirdi!

Pazar günü sessiz sedasız uğurladım "Akrep"i Yeşilköy'den. Birbirimizi sadece uzaktan gördük. Bir kez göz göze geldik. Yurtdışında olsa böyle bir şeyi imkânı yok yapmayız. Ama ülkemizde olduğumuz için rahattık. Ekibin birbirine böyle duygusal yönden bağlanmaları her zaman iyidir aslında.

Otele döndüm. Yemek yemeyi çok seven biriyim. Ama iştahım yoktu, biraz atıştırdım. Odama çıktım. Marmara Denizi'ni seyrettim, sahilde kimsecikler yoktu. Hava pusluydu. Sonra televizyon seyredip uyudum.

Pazartesi günü öğleden sonra bindim Atina uçağına. İstanbul aktarmalı bir Arap uçağıydı. "Çöpçü"ler bu işi hakikaten iyi biliyor. Eh bende de Ürdün pasaportu var, Atina'da fazla başımız ağrımaz. Ama ben oldum olası ne bu Arapları, ne de uçaklarını sevdim. Uçağa girer girmez, başımı dayadım koltuğa, biraz dalmışım, kemer takmam için ikaz ettiler.

Adım gibi biliyordum. Uçağa binene kadar "Büyük Çiftçi" havaalanındaydı. Bizim görmemizi istemez ama illa ki kuytu bir köşeden sessizce uğurlardı.

Ölürsem diye hiç düşünmedim ne Beyrut'ta, ne Paris'te ne de Avrupa'nın yukarılarında. Bu sefer bir şeyler var içimde, hissediyorum. Ama ne bilmiyorum. Bir şeyler olacak gibi...

Kapadım gözlerimi. Hiç aklımdan çıkaramadığım rahmetli babam ve dedem Yakub Cemil geldiler gözlerimin önüne.

Yakub Cemil Dedem az konuşurmuş, Mısırçarşısı'ndan Fatma diye bir kadını sevmiş, ölesiye. Evlenmişler ama çocukları olmamış, ayrılmışlar. Yakub Cemil Dedem kahretmiş, Fatma Hanım da öyle.

Çok sonra Fatma Hanım'ı babam bulmuş Çengelköy'de; sonradan bir başkasıyla evlenmiş, çocukları olmuş. Babama demiş ki: "Yakub gibi mert, sözünün eri bir yiğit bir daha dünyaya gelmez."

Dedem de sonra Nevver'le evleniyor. İki kızı oluyor.

Babam, "Korktum da" derdi, "senin adını Yakub koymadım. Kaderin benzesin istemedim".

"Nüfusta adım Yakub değil ama, bak her yere 'Yakub Cemil' kimliğiyle girip çıkıyorum baba" diye mırıldandım kendi kendime.

Gözlerim kapalı ama ağzımda hep bir cümle var. Yakub Cemil Dedem kapatıldığı Bekirağa Bölüğü'nden gönderdiği son mektuplarında hep bu cümleyi yazıyormuş:

"Ölüme yaklaşmasını bilirim, çünkü ölüm yaklaştıkça kaçar."

Lisede, üniversitede herkes Che Guevara'nın "Ölüm nereden ve nasıl gelirse gelsin..." sözlerini ağzından düşürmezken, ben o sözlere hiç alışamadım. Özellikle üniversitede okurken cenaze törenlerinde kim Che'nin sözünü haykırsa benim aklıma hep Yakub Cemil Dedemin sözü gelirdi:

"Ölüme yaklaşmasını bilirim..."

Atina Havaalanı'na indiğimde havada hiç de ölüm kokusu yoktu. Havaalanı mevsimin son günlerini kaçırmak istemeyen turistlerle doluydu.

Artık kendimi zorlamadan rahat bir görüntü sergiliyorum.

Pasaport kontrol kuyruğu oldukça uzun. Esmer memur pasaporta doğru dürüst bakmadan damgayı vuruyor.

Havaalanından çıktım. Ne yapacağım ezberimde. Taksi çağırıp, gideceğim otelin adını söyledim.

Hilton Athena.

Rezervasyonum yapılmıştı. Odam bile belliydi. Temiz yüzlü bir Yunan delikanlısıyla çıktık odaya. Çocuğa ne iyi ne de kötü sayılabilecek bir bahşiş verdim.

Alışkanlık işte, sağı solu iyice yokladım. Sonra pencereyi açıp bağırmak geldi içimden: "Akrep burası temiz!"

Çantamı açtım, hem garsonlar hem gelecek temizlikçiler görsün diye evrakları masanın üstüne yaydım.

Belgeler ayçiçeği üzerine. Aslında şaka maka derken iyi bir ayçiçeği uzmanı olmuştum.

Karadeniz'in şirin şehri Ordu'da on beş gün bir soya fabrikasında "kurs" görmüştüm. İlk gün öğrendiğimde bayağı şaşırmıştım, ayçiçeği yağının ayçiçeğinden değil fındıktan üretildiğini. Fındık çamurunun ne olduğunu bile bilmiyordum. Hey gidi günler...

Odadaki masanın üzerine, "numune tahlilleri", "protein durumları", Ürdün'deki fabrikanın banka dekontları vb her şeyi yaydım. Yunanistan'daki bağlantılar olmazsa Bulgaristan'dan bile yağ talebim olacaktı.

Odanın sağlam olduğuna karar getirip bir sigara yaktım. Televizyon seyretmeye başladım.

Yatakta ne kadar kaldım hatırlamıyorum, geceyarısını biraz geçe beklediğim telefon geldi.

"Akrep" gayet güzel İngilizce'siyle, "Room servis iyi geceler... 609 numaraya, portakal suyu ve bir karışık sandviç..." dedi.

Ben o daha sözünü bitirmeden sinirli bir ses tonuyla hemen cevap verdim: "Beyefendi yanlış numarayı çevirdiniz, burası 504 numaralı oda."

"Affedersiniz" dedi.

"Önemi yok" dedim bozuk İngilizce'mle.

"Akrep" geldiğimi ve oda numaramı teyit etmişti. Ben de onunkini.

Plan şimdilik eksiksiz uygulanıyordu.

Salı sabahı kahvaltıdan hemen sonra otelden çıktım. Cuma günü toplanılacak yeri görecek, hem de "Doktor V."yle tanışacaktım.

Evegelismos Hastanesi otele çok uzak değildi. Kolay buldum. Ankara'daki saha çalışmalarında bunların hepsini numaralamıştık.

"Doktor V." hastane kapısında bekliyordu. Otelden çıkmadan sağ elimin avucuna küçücük bir yıldız çizmiştim.

"Doktor V." "Hoş geldiniz" deyip elini uzatırken avucunu özellikle bana doğru tutarak hilali gösterdi.

"Hoş bulduk" deyip elini sıktım. Ay-yıldız avuçlarımızdaydı.

Hastanenin ana binası dışında, bahçe içinde, küçük bir yer vardı, oraya girdik. "Doktor V." cebinden aceleyle, üzerinde "National Technical University" yazısı bulunan kimlik kartına benzer bir şey çıkardı.

Kartta ayrıca, "Tıbbî malzemeler ithal ve alım satımı" gibi İngilizce bir şeyler de yazılıydı.

"Doktor V." kartı uzatırken, "Akrep, cuma günü bu kartvizitle gelsin" dedi. "Sen bir daha hastaneye gelme, Akrep, bu kartla istediği gibi gelebilir" diye ekledi.

Kartı aldım. "Çantayı gör" dedi. Siyah, orta boy bir doktor çantasıydı. Kesik kesik konuşmaya başladı. "Bana iyice bak" dedi; baktım, beynimde resmini çekmiştim. "Tavşan Pire'de bir tavernada şarkı söyleyen kadına âşık. Aslında iki kadını birden idare ediyor ama bu şarkıcıya tutkun. Her salı günü mutlaka geliyor. Ben de Pire de oturuyorum. Tavşan'la çoğu zaman birlikte yolculuk yapıyoruz. Hep birinci vagona biniyor. Tavşan'ın kadından dönüşü 16.05 treniyle. Saat 17.00'de Atina'daki otele yetişiyor. Son duyduğuma göre örgütünün uyuşturucu parasıyla Atina veya Pire'den otel alacakmış. Pire onlar için çok önemli, limanı kontrol etmek istiyorlar. Kıbrıs'tan gelen beyaz (uyuşturucu) direkt buraya geliyor. Tavşan, işin buradaki beyni."

Hedefin operasyondaki kodu "Tavşan"dı!

"Tavşan'ın saatleri hiç değişmiyor mu?" diye sordum.

"Bugüne kadar hiç aksatmadı. Saat 17.00-17.30 arası Beyrut'la konuşuyor."

"Peki tren o saatlerde kalabalık olmuyor mu?"

"Tren şefi tamam, o artık bizim adamımız. O peron o gün arızalı gösterilecek. Ama Tavşan bunu göremeyecek!"

"Her şey tamam" dedim. Kelimesi kelimesine olmasa bile bütün konuştuklarımız Ankara ve İstanbul Çınar Oteli'ndeki son çalışmalarımızdaki gibiydi.

El sıkıştık. Giderken, "Paris işi çok iyiydi" dedi.

Güldüm, "Atina da çok iyi olacak Doktor" dedim, hastaneden ayrıldım.

Otele geldiğimde resepsiyondaki delikanlı bana bir not olduğunu söyledi. Daha doğrusu bir resim galerisinin kartıydı bu. Mesajı almıştım.

Yürüyerek hemen galeriye gittim. Zaten otele yakındı.

"Akrep" oradaydı. Ancak birbirimizi tanımıyor gibi davrandık. O sağdan, ben soldan galeriyi gezerken bir ara bir tablonun önünde yan yana geldik. Bu ara doktorun verdiği kartı teslim ettim.

Ayrı ayrı çıkıp otele geldik.

Çarşamba dinlenme günümüz. Herkes kendi çapında,

takipte miyiz diye çevresini kollayacak.

Çıktım, Atina sokaklarında dolaştım, turiste benziyorum. Gözlerim de radar gibi. Bir iki numara çektim, takip ediliyor muyum diye.

Temizdim.

Atina'nın Plaka diye bir semti var, genelde gece kulüpleri falan buradadır. Plan gereği, perşembe akşamı saat 22.00 gibi Byzantino isimli kulüpten içeri girdim. Baktım, Mehmet Ali Ağabey tiril tiril takımları çekmiş, bıyıklar gitmiş, bir köşeye kurulmuş.

İnsan nasıl bu kadar değişir fizik olarak, o akşam şahit oldum. Mehmet Ali Ağabey'in başının iki yanındaki kalan saçları artık beyaz değil simsiyahtı. Kalın çerçeveli simsiyah gözlükleri, alınmış kaşları ve çekilmiş gibi duran gözleriyle Çinlilere benziyordu. Çinlilere özenen bir Arap! Pasaportunda Libya vatandaşı olduğu yazılıydı çünkü.

Kulüp çok kalabalık değildi. Yanına yaklaşıp bozuk İngilizce'mle "İyi akşamlar" deyip yanına çöktüm.

"Ne iş Ağabey, bu ne hal?.." dedim.

"Bir zamanlar çok gezdim buralarda" dedi, "ne olur ne olmaz."[6]

Az sonra "Akrep" kulüpten içeri girdi. Güzel İngilizcesiyle "Merhaba" deyip yanımıza oturdu. Atina'da tanışmış üç Arap turist gibiydi görünümümüz.

"Büyük Çiftçi" konyak ve çerezini söylemişti. "Ne alacaksınız?" dedi, ikimiz de "Uzo" dedik. "Şekerli gelir size" dedi. "Ağzımız tatlanır" dedim.

Başladık Atina'nın güzelliklerinden konuşmaya. Daha çok Mehmet Ali Ağabey ile "Akrep" konuşuyordu. İngilizcem yeterli olmadığı için ben ara sıra giriyordum sohbete.

Laf aralarında Mehmet Ali Ağabey ne yapılacağını fısıldıyordu:

"Yarın öğlene kadar Pire-Atina tren hattında iki üç defa gidin gelin. Öğleden sonra ortalıkta gözükmeyin, otelde kalın.

---

6 "Mehmet Ali Ağabey" Yunanistan'a yıllar önce "ikinci kâtip" unvanıyla gelmişti. Yunanistan'daki maceraları için bakınız: S. Yalçın-D.Yurdakul; *Bay Pipo*, s. 138-141.

Cumartesi günü öğlen arkeoloji müzesinin kafeteryasına gelecek bir 'çöpçü' arkadaş alışveriş saatini ve gününü söyleyecek."

Geceyarısına doğru dağıldık. Fazla içmemiştik ama sarhoş olmuş gibi davrandık. Üç Arap turist sallana sallana kulüpten çıktık.

Cuma günü gittik geldik Pire-Atina hattında. Atina'nın merkez istasyonundan bir önceki istasyonda inecektik. Deligianni diye bir yer. Alışveriş oraya gelmeden önce bitmiş olacaktı.

Pire-Atina arasında gide gele yoldaki ağaç sayısını bile ezberledim. Üstelik matematiğim de hiç iyi değildir.

Öğleden sonra, söylendiği gibi otelden çıkmadım, balkonda, cılız güneş altında bira içtim. Akşam yemeği için otelin lokantasına indim sadece.

Cumartesi sabah erkenden kalktım. Kahvaltımı yaptım. Odama çıkıp öğle olmasını bekledim.

Öğle saatlerinde "Akrep"le arka arkaya otelden çıktık. Omonia Meydanı'ndaki üniversitenin hemen üzerinde, hastane yakınındaki arkeoloji müzesine gittik.

"Çöpçü"yle tanıştık. Yanımıza geldi ve parolaları nereye koyacağını söyleyerek çekip gitti. Düzgün bir adamdı. Yunanlı gibiydi. Zaten Yunanistan'da çalışmak hep kolay olmuştur. Fiziksel olarak birbirimize çok benzeriz!

Pazar günü erken saatte Pire'ye gittim. "Çöpçü"nün bıraktığı mesajı alacaktım. Astarya Oteli'nin karşısındaki merdivenden inip oradaki umumî tuvalete girecektim. Dördüncü kabinin içine girip, duşu sökerek içindeki mesajı alacaktım.

Öyle de yaptım. Aceleyle mesajı okudum ve şaşırdım: "Namazdan sonra!"

Ne demekti şimdi bu?.. Hani salı günü geliyordu Pire'ye. Mesaja göre cuma günü öğleden sonra geliyordu. Bizde "namazdan sonra" demek" "cuma öğleden sonra" demektir.

Döndüm otele. Haberi ulaştırdım, Mehmet Ali Ağabey ile "Akrep"e.

Hangi işimiz doğru gitmişti ki!

Bekleyecektik. Dikkat çekmemek için Yunanistan'ın çeşitli yerlerine dağıldık. Kimimiz Pire'ye, kimimiz biraz yol kat edip Selanik'e...

Belirlenen günlerde o umumî tuvalete gidip mesaj alıyorduk "çöpçü"den.

En büyük korkumuz doğal olarak, takip edilmemizdi. Bunun kursunu da görmüştük yıllar önce. Arkasından birinin gelip gelmediğini öğrenmek için postaneye veya pastaneye gireceksiniz. Aniden taksiye bineceksiniz veya otobüse. İnip tekrar bineceksiniz. Karşıdan karşıya geçerken çevrenize pür dikkat olmanız gerekiyor. Biz gördüğümüz şahsı kolay unutmayız.

Caddede yürürken aniden dönüp ters istikamette gidebilirsiniz. Ama hiç unutmamak gerekir ki sizi takip edenler grup gruptur. Biri bırakır, biri alır.

Tüm dünyada şirketlerin (istihbarat servislerinin) en önemli bölümüdür, kontrespiyonaj. Yani karşı casusluk birimi.

Atina'da dikkat çekmeden dolaşırken, fotoğraflarını bile görmediğim iki kişinin adı hep aklımdaydı. Atina Büyükelçiliğimizin idarî ataşesi Galip Özmen ve 14 yaşındaki gencecik kızı Neslihan Özmen. 1980 yılının 31 temmuzunda Atina'da ASALA tarafından öldürülmüşlerdi. Ataşenin eşi Sevil Özmen de ağır yaralanmıştı. Akşam yemeğinden dönen Özmen ailesi evlerine girecekleri sırada, çoluk çocuk kurşun yağmuruna tutulmuşlardı. Belki bu iki ismi sürekli hafızamda tutmamın nedeni kendimi operasyona hazırlamak içindi, bilemiyorum... Belki de aklıma hep kızım geliyordu ondandır. Hep kendime telkinde bulunurdum, "duygusal olma" diye...

Ermeniler konusunda, dilleri, dinleri, kendi aralarındaki farklılıkları, illegal ve legal örgütleri, onların tezleri, bizim antitezlerimiz, yani bu konuyla ilgili bir üniversite hocası kadar bilgi sahibiydim. Aldığımız eğitimin bir parçası da tarihle ilgiliydi.

Aslında her konuda eğitim aldık diyebilirim. Belki bir başka gruba kurs verdiğini sanan Özcan Köknel Hoca'dan psikoloji eğitimi bile aldık... Hemen merak etmeyin, yeri gelince anlatacağım...

O kadar yer gördüm Avrupa'da, beni en çok Yunanistan etkilemişti, Atina, Pire sanki Anadolu'da bir şehirdi. Bizden o kadar çok şey vardı ki Yunanistan'da. Örneğin Atina'nın mahallelerinin adları... Nea Smyrna Yeni İzmir demekti, Kaisareia Kayseri, Sourmena Sürmene demekti. Pire'deki Nea İkonia Yeni Konya demekti. Örnekler o kadar çok ki, benim aklımda sadece bunlar kalmış.

Ve cuma günü geldi.

Planı "Doktor V."nin kiraladığı yazlık evinde gözden geçirdik.

"Doktor V." ve Mehmet Ali Ağabey 1 nolu vagonda, "Akrep" ile ben 2 nolu vagonda olacaktık. Aslında ben tam da 2 nolu vagonda olmayacaktım, vagonun koridorunda sigara içer bir konumda bulunacaktım.

Bol lacivert takımımı ve alışveriş (operasyon) pardösümü giydim. Malzemeler (silahlar) "Doktor V."nin doktor çantasında olacaktı. Malzemeleri Mehmet Ali Ağabey kullanacaktı. Garantiye almak istiyordu işi. Bu nedenle "Doktor V." ile "Büyük Çiftçi" aynı vagonda olacaklardı.

Pire'ye ayrı ayrı gittik.

Saat 15.40.

Pire istasyonundayız. Peronlara dağıldık. Hepsini onar metre arayla görüyorum. Pire'nin istasyonu pek büyük değil. Biz günlerce Ankara'da, Kayaş-ana istasyon arasında bunun tatbikatını yapmıştık.

"Tavşan" gözükmüyor. Pire-Atina hattında saatte üç sefer var. Birinci sefere binmemişti.

Saat 16.02.

Saati iyi biliyorum. Çünkü gözüm hep saatte. Görünürde hâlâ kimse yok. "Çöpçü" geldi yanıma, "Seninkiler arkadan ayrılıyorlar siz de inin, herhalde bu gece "Doktor V.'desiniz" dedi.

Mehmet Ali Ağabey, -istasyonun yerin altından karşı tarafa geçen merdiveni var-, oradan geçip büfenin yanına gitti. Onu "Akrep" takip ediyordu ki, gözüm birden istasyondaki "çöpçü"ye takıldı. "Çöpçü"nün ağzı burnu oynamaya başladı. Mehmet Ali Ağabey büfenin yanındaydı, o da işaretler yapmaya başladı. Bir şeyler oluyordu, ama ne?

Kafamı istasyondan cadde tarafına çevirince ne olduğunu anladım: "Tavşan" istasyona doğru yürüyordu, ama yolunu değiştirmiş cadde tarafından geliyordu. Trene hep 5 dakika kala biniyordu. Bu kez 2 dakika gecikmişti. Bu gecikme onun hayatını kurtaracaktı. Çünkü Mehmet Ali Ağabey ile "Akrep"in trene yetişmelerine imkân yoktu. Ben trene binebilirdim ama malzemeler "Doktor V."nin çantasıydı.

İşte o anda ne olduğunu anlamadan kendimi vagona attım. Bu arada "çöpçü"nün sesini duydum:

"Ön tarafı iptal ettim, bu tarafı da ediyorum."

"Çöpçü" bir şeyler daha söylüyordu ama tren istasyondan çıkmıştı artık.

Vagon tenhaydı, "Tavşan" ise tedirgin.

Kendini acele vagona attığı için, "arızalıdır" yazısını görmemişti. Vagonun ön tarafında sadece yaşlı bir adam oturuyordu. Herhalde o da yazıyı okumamıştı.

Vagonda yavaş yavaş ilerleyip tam "Tavşan"ın karşısına oturdum.

Rahatsız oldu.

Latince bir atasözü vardır, "Et post eoticem seda atracura" diye; yüzüne baktım ve gayet soğukkanlılıkla Latince olarak bu atasözünü söyledim. Anlamı şuydu: "Ve kader atımızın kuyruğuna bağlıdır."

Suratıma tuhaf tuhaf baktı. Belki de ne konuştuğumu anlamaya çalışıyordu.

"I don't understand" (Anlamadım) dedi.

"Now, you understand" (Şimdi anlarsın) dedim bozuk İngilizcemle.

Ve tam bu arada ışıklar hafif karardı...

Bu bir his midir nedir bilmem, operasyonlarda karşı karşıya gelen taraflar göz göze bakınca işin mahiyetini anlarlar. Bu Paris'te de, Beyrut'ta da böyle oldu. "Tavşan" benim o vagonda neden bulunduğumu ben girer girmez anlamıştı...

İş o raddeye gelince ben Türkçe küfrederim. Elini ceketinin yanına getirdiğini gördüğümde, üzerine atladım. Çelimsiz görünüyordu ama bayağı güçlü çıktı. Ama yumruğu suratına indirdim. Sersemledi ama o da bana vurdu. Boğuşurken kafası cama çarptı, camlar ikimizin de suratına geldi. Fırsatını bulup jartiyerimdeki kamayı çekmem saniye sürmedi.

Üzerine çöktüm...

Annem evin tek erkek çocuğu olduğum için, babamın çarşıdan aldığı tavukları kesmem için bana verirdi. Kıyamazdım tavukları kesmeye. Götürüp bakkala kestirirdim...

Göklere çıkarılan ASALA'nın bir numaralı lideri Agop Agopyan boğazı kesilmiş bir halde vagonun köşesinde öylece yatıyordu.

Bir ara gözüm ihtiyarı aradı, yoktu, herhalde saklanmıştı.

Zaten gözlerim onu görecek durumda değildi, cam parçaları alnımı kesmiş, başımdan kan fışkırıyordu.

Vagon kan gölüne dönmüştü.

Son kez Agop Agopyan'a baktım, "Döktüğün kanlara say" dedim içimden.

Her tarafım kan olmuştu. Ne kadarı benim kanım, ne kadarı onun kanıydı?..

Kapıya koştum, imdat frenini çekip atladım. İki taklada doğruldum. Trenin son vagonu yanımdan hızla geçip gitti. Atina'daki ana istasyona az bir mesafe kalmıştı. Ceset birkaç saniye sonra bulunabilirdi. Hızlı hareket etmem gerekiyordu.

Kamayı pardosümün cebine koymuştum, çıkardım, tren raylarına uzunlamasına koydum. Bir sonraki tren onu dümdüz edecekti.

Kama benim uğurumdu, dedem Yakub Cemil'in hatırasıydı. Raylara bıraktım diye hiç üzülmedim, sadece biraz içim burkuldu.

Kama vatan yolunda kullanılmıştı yıllar sonra...

Pardösümün astarını yırttım. Elimi ve başımı olabildiğince sildim. Yetmezdi biliyorum. Ne olur ne olmaz diye kolumdaki siyanürleri kontrol ettim. Kavga sırasında düşmemişlerdi. Eğer yakalanırsam kullanacaktım. Bir ısırıklık işi vardı. Hacettepe Üniversitesi Hastanesi'nde siyanürleri koluma takan doktor "İnşallah bunları sen değil, yine ben çıkarırım" demişti. Bunu yakında göreceğiz.

"Çöpçü"nün beni alacağı durağa 10 dakikalık yürüyüş mesafesi vardı. Başımdan akan kanları sile sile güçlükle yürüyordum. Havanın puslu olması işime yaramıştı. Çünkü günlerce çalıştığımız planda küçük bir değişiklik olmuş, tombala bana çıkmıştı.

Ana istasyonda bekleyen "çöpçü" trenin tuhaf halinden anlamıştı "senedin" ödendiğini. Telaşla beni aramaya çıkmıştı.

Koyu yeşil otomobili ve yanan farları görününce ölmüş babamı görmüş gibi sevindim. Farların yanması parolaydı. Büyük bir Amerikan arabasıydı bu. Arabaya doğru hamle yaptım.

"Çöpçü" ve tanımadığım şoför beni hemen koltukların aşağısına yatırdılar. Üzerime kalın bir şeylerle örttüler, sonra gene bir ağırlık, üzerime son koyduklarının ayakları olduğunu anladım.

Otomobil hızla hareket etti.

Ne kadar gittik hatırlamıyorum, durduğumuzda başımdan akan kanların da durduğunu gördüm.

Larissa veya İskeçe taraflarıydı herhalde. Ağaçlıklı bir yerdi ve hava soğuktu. Yol tenhaydı, belki bir köy yoluydu.

Beni bir titreme aldı, ne olduğunu hissetmiyordum. Belki de sahiden üşüyordum. Üstümü başımı değiştirdiler. "Çöpçü"nün yanındaki arkadaş bagajdan aldığı benzini kanlı giysilerimin üzerine dökerek yaktı.

Şans benden yanaydı, kimliklerime kan bulaşmamıştı.

O arada "çöpçü" başıma kalın bir tampon koyup sardı.

İştahım yavaş yavaş yerine geliyordu, bir iki lokma bir şeyler yedim.

"Çöpçü"yle hiç konuşmuyorduk, sadece bana,"Yirmi dakika sonra seni anayolda bir TIR'a emanet edeceğiz" dedi.

Otomobilde açık seyahat etmem doğru bulunmadı, yine sakladılar beni. Üzerimi örttüler yine pis kokulu battaniyelerle. İlkinde bir şey hissetmemiştim, belki o telaşla, ama şimdi fare gibi saklanmak bana acı veriyordu. Dedem Yakub Cemil, Harbiye'den mezun olduktan sonra ilk görev yeri olarak Makedonya'ya gitmişti. Onun ve arkadaşlarının, yüzyılın başında eşkıya peşinde koştukları, hürriyet için dağa çıktıkları bu topraklarda şimdi ben kaçak durumundaydım.

Yola çıktık. Kısa bir süre sonra bu kez bir TIR'daydım.

TIR'ın içi bayağı karanlık ve soğuktu.

Altımdaki, üstümdeki yumuşak şeylerin salam ve sosis olduğunu anladım.

"Çöpçü"nün TIR'a binerken söylediğine göre, İskeçe'deki Fatih Camii müftüsünün lojmanında yirmi dört saat misafir edilecektim.

"Tavşan" zamanında gelseydi, herhalde bu yollardan Mehmet Ali Ağabey geçecekti. Şans işte.

Onlar ne yaptı acaba?..

Hava iyice kararmıştı TIR'dan indiğimde. Bu kez traktör arkasında kısa bir yolculuk yaptım. Ve nihayet lojmandaydım.

Birkaç saat sonra lojmana gelen tanımadığım bir "çöpçü" alnımdaki yarığı kendi yöntemiyle dikti.

Ben acıyla kıvranırken, o bana espri yapıyordu: "Merak etme 'T' şeklinde dikiyorum. Bir sonraki işinde de bu kez 'M' şeklinde dikerim" diyordu.

Hayat bazen çok acı geliyor, bu "çöpçü" arkadaş daha sonra yakalandı, bir dönem Yunanistan cezaevlerinde çok ıstırap çekti...

Yirmi dört saat dinlendikten sonra gece beni Meriç Nehri'ne götürdüler. Aslında Selanik'ten küçük motorla bizim adalardan birine çıkaracaklardı, ancak "tehlikeli olur" diye vazgeçtiler.

"Çöpçü"ye yüzerek geçebileceğimi söyledim. Israrım üzerine istemeyerek kabul etti.

Meriç'in bir tarafı çok durgundur. Oradan nehre girdim. Gece 01.30'dan 04.20'ye kadar yüzdüm.

İzmir'deki eğitimde en iyi yüzen bendim. İyi de dalarım. Ancak belki de çok kan kaybettiğim için gücüm kalmamıştı ki, ayağımın toprağa değdiğini hissettim.

Daha ben Meriç'e girmeden önce mesaj zaten ulaşmıştı karşıya. Beni hemen alıp götürdüler, Edirne'deki devlet hastanesine kaldırdılar...

Hastanede bizimkilerin ne yaptıklarını öğrendim.

Mehmet Ali Ağabey ve "Akrep" olayı öğrenir öğrenmez hemen İtalya'ya gitmişler, sonra gemiyle İstanbul'a gelmişler. Hiçbir zorlukla karşılaşmamışlar. Çünkü, peronda boğazı kesili olarak bulunan cesedin kimliğini Atina polisi bir süre teşhis edememişti. Bunun nedeni Agop Agopyan'da sahte kimlik bulunmasıydı.

Olayın üzerinden dört gün geçtikten sonra Pire'deki sevgilisi teşhis etmişti. Yunanlılar önemli bir ASALA elemanının öldürüldüğünü, hem de Atina'nın göbeğinde öldürüldüğünü öğrenince olayı sakladılar. Zaten istihbarat örgütlerinin de numarasıdır bu, ellerindeki teröristlerin öldüğünü pek söylemezler. ASALA üst birimi de sempatizanlarının moralleri bozulmasın diye ve ayrıca uyuşturucu trafiğinde sorun çıkmaması için öldüğünü yıllarca sakladılar. Ancak ona ihtiyaçları kalmayınca, 1988 yılında öldüğünü kabul ettiler. Bazı ASALA militanları adamın hâlâ ölmediğini söyler.

Ama daha o yıl, önce CİA, arkasından Batılı servisler Agop Agopyan'ın öldüğünü öğrendiler. Hepsi adamın ismi ve fotoğrafı üzerine X koydu.

Ama ASALA söylenti çıkardı işte, "Agop Agopyan ölmedi" diye.[7]

Yani şimdi biz, tavuk mu kestik o peronda?.. Tövbe tövbe...

Yani kafamızdaki "T" şeklindeki dikişin izi boşuna mı duruyor?

---

7 Atina'da 28 nisan 1988 tarihinde sabaha karşı havaalanına giderken bir kişi, kimliği belirsiz kişi veya kişilerce öldürüldü. Atina polisi öldürülen kişinin Yemenli işadamı Muhammed Kasım olduğunu açıkladı. Bunun üzerine Fransız Haber Ajansı'nın Paris bürosunu arayan bir kişi öldürülen kişinin Agop Agopyan olduğunu ve eylemin rakip bir Ermeni örgütü tarafından gerçekleştirildiğini bildirdi. Fransız Haber Ajansı bu bilgiyi abonelerine duyurunca Yunan gazeteleri bu kez "Türk ajanları Atina'nın göbeğinde Ermeni lider Agopyan'ı vurdular" başlıklarıyla haberi verdiler. Türk gazeteleri haberi manşetlerinden "Agop Agopyan öldürüldü" başlıklarıyla verdi.

Bu arada ABD'de yayımlanan *Washington Post*'ta Jack Anderson imzasıyla çıkan bir makalede CİA'nın 1982'de Türkiye'nin Avrupa'da bazı Ermeni liderlerini öldürmeyi planladığını öğrendiğini, bu nedenle Agopyan olayının arkasında da büyük ihtimalle Türkiye'nin olabileceğini belirtti.

Bazı yayın organlarına (*2000'e Doğru* dergisi, 15-21 mayıs 1988) göre ise, "Agopyan'ı MOSSAD öldürdü. ABD İsrail'i perdelemek için MİT öldürdü haberini imal etti!"

Asıl adı Vasken Sakasesliyan olan ASALA lideri Agop Agopyan'ın ne zaman öldürüldüğü kimileri için hâlâ bir muammadır. Ancak görünen o ki, Agopyan konusunda istihbarat örgütleri arasında tam bir dezenformasyon yaşanmıştır.

1981 yılında Agop Agopyan'ın yardımcısı Agop Tarakçı-
yan öldüğünde de önce kabul etmek istememişlerdi. Sonra
"eceliyle" öldüğünü açıkladılar. Hep aynı taktiği yapıyorlar.
Amaçları sempatizanlarının morallerini güçlü tutmak.

Mehmet Ali Ağabey Türkiye'ye gelince havaalanından ilk
işi telefonla beni aramak oldu. "Ne haber kocaoğlan?" dedi.
"Testicalos haberet bene pendentes" dedim Latince.
Yani "Her şey yerli yerinde" dedim.
Bir şekilde Atina'yı hatırlatmak istiyordum. Mesajı aldı,
telefonda bir kahkaha attı.

Atina bizim en kolay operasyonumuz oldu.
Herhalde en zoru, Beyrut'tu!..
İki taraftan da çok kan akmıştı...

İran'da
dede Yakub Cemil

İttihat ve Terakki Cemiyeti'nin başarısı, İran'daki hürriyet hareketlerine yine hız vermişti. 1906 yılındaki Meşrutiyet ilanını Şah tıpkı bizde olduğu gibi rafa kaldırmıştı. Ancak yine de İran'da Şah ve istibdat aleyhindeki hareketler artıyordu.

İran İnkılap Cemiyeti, İttihat ve Terakki'den yardım istedi. İran'daki meşrutiyetçi arkadaşların çoğuyla Harp Okulu'ndan arkadaştık. Bizdeki sorunların benzeri onlarda da vardı. Onlar da istibdat yönetimini yıkmak istiyorlardı. Hürriyet uğruna savaşan İran'daki Meşrutiyet hareketinin lideri Settar Han'ı öğrencilik yıllarımızda hepimiz örnek alırdık.

İranlı arkadaşların isteği İttihat ve Terakki merkezince uygun bulundu. İranlı mücahitlerin de silahlı fedaî müfrezeleri vardı. Biz onlara katılacaktık.

Yüzbaşı Halil Bey başkanlığında fedaîlerden oluşan bir heyetin İran'a gizlice gitmesine karar verildi.

Halil Bey'in, Enver Bey'in amcası olduğunu söylemiştim. Ancak aralarındaki yaş farkı sadece ikidir.

Halil Bey dinç, yakışıklı, hareketli ve cesurdur. İttihat ve Terakki'ye Enver Bey ve bizden önce girmiştir. Gözü karadır.

Makedonya dağlarında da birlikteydik.

Ve yine aynı ekip yollara düşmüştük.

Ekip, Sapancalı Hakkı, İzmitli Mümtaz, Mülazım Hilmi,

Mustafa Necib, Ömer Naci, Mehmet Emin (Yurdakul, şair), Abdülkadir, Kuşçubaşı Çerkez Eşref, kardeşi Selim Sami ve bizim mahalle Yenibahçe'den Şükrü ile ağabeyi Nail'den oluşuyordu.

İranlı subay arkadaşlarımız da vardı aramızda; Mehdî Bey, Said Selman gibi.

Vapurla Trabzon'a indik. Trabzon üzerinden Erzurum'a gittik. Yorucu bir yolculuk oldu. Deniz çok hareketliydi.

Erzurum'da Yüzbaşı Kâzım, Topçu Musa ve iki üç subay arkadaşın seçtiği asker ve dadaşlarla sayımız 30'u buldu.

Kuvveti ikiye böldük.

Bir kısmı Van'a gitti. Halil Bey'in komutasında biz 6 kişi ise, Beyazıt-İran hududu üzerinden, Ağrı eteklerinde oturan Celalî Kürt aşiret liderlerini ziyaret ederek hudut boyunca ilerledik.

Bunu yapmaktaki amacımız İran hududunda oturan aşiretleri İran İnkılap Cemiyeti'ne kazandırmak ve ileride bu aşiretlerden İran içlerinde faydalanmaktı.

Hazeranlı, Haydarhanlı, Yezidî, Takorî, Şemsikî ve Milan aşiretleriyle dostluğu ilerlettik. Yardıma hazır olduklarını söylediler, yemin verdiler.

Van'a geçip arkadaşlarla buluştuk.

Bir iki gün dinlendikten sonra, gerekli cephane ve teçhizatı alıp gizlice İran'a girdik...

Sınıra yakın bölgedeki en kuvvetli aşiret Abdüvî aşiretiydi. Merkezleri Kotur'du.

Kotur'da Abdüvî reisi Simko denilen İsmail Ağa'yla ahbap olduk.[1]

Aşiret reisi Simko genç, akıllı ve iki gözü açık olarak silah kullanabilen usta bir silahşordu.

Kotur Deresi'ne yukarıdan bakan şatoya benzer bir ko-

---

1 Yıllar sonra, bu aşiretin Simko denilen Askar Simitko adlı bir üyesi, 14 ocak 1995 tarihinde İstanbul'da öldürüldü. İddiaya göre uyuşturucu kaçakçısı Simko haraç vermediği için Susurluk çetesi tarafından öldürülmüştü (S. Yalçın-D. Yurdakul, *Reis,* s. 308-310,378).

nakta oturuyordu. Şato gibi konağın etrafında eli silahlı aşiret mensupları nöbet tutuyordu.

Misafirliğimizin ilk günü akşam üzeri konağında oturmuş çay içerken, Simko dereden su doldurup getirmekte olan bir genç kızın başındaki su testisine ateş edip parçaladı. Genç kız korkudan ne yapacağı bilemedi, ama Simko kahkahalarla güldü.

Bize gösteriş yapıyordu.

Uyardık; silahının namlusundaki barut hatalı imal edilmiş olsa kurşun kızın başına gelebilirdi.

Nişancılığına güveniyordu. Bu sözlerimiz üzerine, "Dere kenarına bir Abdüvî külahı koyalım bakalım kim vuruyor?" dedi. Madem istiyordu, kabul ettik.

Önce Hilmi nişan alıp ateş etti, külahı bir metre sola fırlattı. Hilmi henüz mavzerini indirmemişti ki, ben silahımı ateşledim, külah eski yerine geldi!

Benden sonra Mustafa Necib mavzerini ateşledi, külah bir metre geriye gitti. Tetiğe son olarak Halil Bey bastı, külah parçalandı.

Simko şaşırdı ve "İran'da bulunduğunuz müddetçe ne olursa olsun size karşı bir müdahalede bulunmayacağım" dedi. Silahlı 600 adamı bulunan bir aşiret reisiyle anlaşmak bizim için oldukça keyifli olmuştu.

Abdüvîlere veda ederek İran mücahitlerinin bulunduğu Selmas vilayeti merkezinin Dilman kasabasına gittik.

Burada mücahitlerin lideri Hadümil'le tanıştık. Kendisinden Şah kuvvetleri ile mücahitlerin gücü hakkında bilgi aldık.

Dilman'da iki gece kaldık. Zor durumdaydılar. Bizden yardım istiyorlardı. Halbuki biz İran'ın daha içlerine doğru gitmeyi planlamıştık. Mücahit arkadaşlarla buluşmamız gerekiyordu.

Yine de yalvarmalarına dayanamadık. Bir anlaşma yaptık: Şah kuvvetlerinin kuşatması altında bulunan Hay Kalesi'nin kurtarılmasına yardımcı olacaktık. Sonra onlar kendi başlarının çaresine bakacaklardı.

Kaleyi savunanlara haber gönderdikten sonra, gece yürüyüşe geçerek sabaha karşı gizlice kaleye girdik. Kaledeki kuvvetlerin sayısı 1 000'e yakındı.

Halil Bey kaleyi gezerken ambarda dört tane tunçtan yapılmış eski kale topu görmüş. Bunları işe yaramaz diye bir kenara atmışlar.

Nuh Nebî'den kalma tunç topları güçlükle kale burçlarına çıkarttık. Mücahitlerden küçük bir grup benim emrime verildi. Onlara iki gün top talimi yaptırdım.

Aldığımız bilgilere göre Şah ordusu Hay Kalesi etrafında üç grup halinde ordugâh kurmuştu. 3 000'e yakın askerleri vardı. Direkt karşı saldırıya geçemezdik. Cephe savaşı yapacak gücümüz yoktu. Halil Bey Şah kuvvetlerine geriden bir baskın yapmamızın doğru olacağını söyledi. Hak verdik. Makedonya'da, Rumeli'de benzer baskınları çok yapmıştık.

Tan yeri ağarırken kaleden küçük bir grup çıktık. Haşerut Çayı'nın üç dört kilometre güneyindeki köprüden geçtik. Sabaha karşı taarruzu başlattık. Şah kuvvetleri kaleden bir karşı saldırı beklemiyordu, şaşkınlık içinde üzerimize ateş yağdırmaya başladı. Karşılıkta bulunduk. Şah kuvvetleri beş on ölü verince panikleyip kaçmaya başladı. Ancak dağda tekrar buluştular, geniş bir daire çizerek üzerimize doğru ilerlemeye başladılar. Önlemimizi almıştık, Karslı İbrahim Ağa kumandasındaki bir birliği tepelere göndermiştik. Aksilik, bunlar sırtlarını düşmana çevirerek büzülüp oturmuşlar. Şah kuvvetlerine bir ateş bile açmadan teslim olmuşlardı. Eh, iki günlük askerî talimden sonra ancak bu kadar olur!

Biz yılmadık, Şah kuvvetlerini kırmaya başladık. Bir kısmı tüfekleriyle teslim oldu. Fakat yardımlarına süvari birlikleri yetişti. Yapacak bir şey yoktu, Halil Bey ve ben arkada kalarak vuruşa vuruşa çekildik. Çok arkada kalmıştık. Geldiğimiz köprüye ulaşmamıza imkân yoktu. Bu sırada sahibi vurulmuş bir atın üzerine atladım, Halil Bey de atın kuyruğuna yapıştı. Dereyi geçtik. Kendimizi bir hendeğin içine fırlattık. Tekrar ateşe başladık. Cephanemiz bitmek üzereydi. Ama her tetiğe basışımızda Şah kuvvetlerinden biri yere düşüyordu. Bu adamları korkuttu, dereyi geçmeye cesaret edemediler.

Tam kurtulduk diye düşünürken, sekiz on atlının dolu dizgin üzerimize doğru geldiğini gördük. Cephanemiz bunları bitirmeye yeter miydi? Telaşlandık...

Halil Bey'le göz göze geldik, mavzerlerimizi doğrulttuk. Biraz daha yaklaşmalarını bekledik. Mesafe kısalınca gelen askerlerin başlarında fes olduğunu gördük. Atlılar iyice yaklaşınca başlarındaki müfreze komutanını tanıdık: Başkale Mutasarrıfı Cevdet Bey!

Fakat ne arıyordu ki İran topraklarında? Öğrendik; bizi aramak, gerekirse yardım etmek için yola çıkmışlardı.

Hep birlikte ateş mıntıkası dışına çıktık. Yolda bir Ermeni köyünde müfrezemizin büyük kısmıyla buluştuk.

Bir gece önce bu köyde bulunan Taşnakyan çetesini yardıma çağırmıştık. Ancak kabul etmemişlerdi. Mücahitlere dost, Şah kuvvetlerine karşı tarafsız kaldıklarını söylemişlerdi.

Ermenilerle iyi geçiniyoruz. Birbirimize zarar vermek istemiyoruz.

Zayiatımız azdı; yalnız bizi üzen bir olay olmuş, Harp Okulu'nda birlikte okuduğumuz İranlı Said Selman ölmüştü. Üç de yaralımız vardı.

Ermeni köyünde bir müddet kaldık. Aldığımız istihbarata göre saldırıdan korkan Şah kuvvetleri Tebriz istikametine doğru gitmişti. Böylece Hay Kalesi etrafındaki abluka kalkmış oluyordu. Biz görevimizi yapmıştık.

Eksilen cephaneleri tamamlamak üzere Ömer Naci'yi Van'a göndermiştik.

Ömer Naci sıradan bir kişi değildi. Benden iki yaş büyüktü. Harp Okulu'nu 1902'de bitirmişti. O, Mustafa Kemal başta olmak üzere birçok zabit yoldaşı İttihat ve Terakki Cemiyeti'ne katmıştı. Şair ve hatipti aynı zamanda. Adı efsane gibiydi. Vatan, hürriyet aşkıyla yaptığı konuşmalarla herkesi kendine hayran bırakırdı. İdealistti. Bu nedenle aramıza katılıp İran'a kadar gelmişti... Yani anlayacağınız silahşorluğu da vardı!..

Bir sabah Ömer Naci'nin mektubu geldi:

"İstanbul'da henüz mahiyeti anlaşılmayan karışıklıklar baş göstermiştir. İran'ı muvakkaten bırakarak Van'a gelmeniz daha münasip olacaktır. Ömer Naci."

İran'daki faaliyetlerimize son verdik.

Hemen Van'a geçtik.

Karargâha gider gitmez, Halil Bey'e Selanik'ten çekilmiş bir telgraf verdiler:

"İstanbul'da ayaklanma başlamıştır. İttihat ve Terakki Merkezi Umumîsi bu sebeple Selanik'e nakledilmiştir. İsyanın Şark vilayetlerine sirayeti ihtimali vardır. Şark vilayetlerinin idaresini Cemiyet namına ele almanız zarureti hâsıl olmuştur. Talat."

Halil Bey süratle telgrafhaneye giderek bilgi topladı.

İstanbul'da "Şeriat isteriz" bahanesiyle, mektepli zabitan ile İttihat ve Terakki mensupları katledilmişti.

Van sakindi. Erzurum'da askerler mektepli subaylar aleyhine harekete geçmiş, bir kısmını öldürmüş, bir kısmını da kaleden çıkarmıştı.

Halil Bey hemen Erzurum'a gideceğimizi söyledi.

Kuşandık ve yola düştük.

Hasankale üzerinden Erzurum'a hareket ettik.

Hasankale'de bir süvari alayı vardı, daha isyan etmemişlerdi ama bize ters bakıyorlardı.

Erzurum'a ulaştığımızda Halil Bey, ben dahil bazı arkadaşları kalenin dışında bıraktı.

Giderken dedi ki: "Ben Kale Komutanı Yusuf Paşa'yla görüşeceğim. Kendisiyle anlaşamadığım haberi gelirse kale dışına çıkarılmış zabitleri de yanınıza alarak şehre baskın yapacaksınız. Baskın sırasında kimseye acımayacaksınız!.."

Halil Bey gitti. Aradan epey zaman geçti. Akşama doğru meraklandık, Erzurum'a gitmeye karar verdik. Kalenin açık kapısında başıboş otuz kırk asker vardı. Bizi görünce ürküp seslerini çıkaramadılar.

Halil Bey'in nerede olduğunu sorduk. Erzurum'un tanınmış inkılapçı arkadaşlarımızdan Akif Dadaş'ın yanında olduğunu söylediler. Gittik, sahiden oradaydı.

Akif Dadaş, bizi Taş Han'a götürdü.

İşin mahiyetini İnkılapçı arkadaşımız Akif Dadaş'tan öğrendik:

30 martı 31 marta bağlayan gece İstanbul'da Taşkışla kaynıyor. İlk ayaklanan Hamdi Çavuş komutasında 4. Avcı Taburu oluyor. Bunları diğerleri takip ediyor. Çavuşlar ve alaylı bazı subaylar kapıları tutuyorlar. Mektepli (Harbiyeli) subay avına çıkıp, bulduklarını ağaçlara bağlıyorlar.

İşin garip yanı, isyandan bir hafta önce, bize bağlı Arnavut taburu trenle Selanik'e, Arap taburu vapurla Suriye'ye gönderilmişti!

Güçsüz düşen Taşkışla'yı hâkimiyetlerine alan isyancılar, askerleri de silahlandırıp Ayasofya'ya doğru harekete geçiyorlar. Yolda kendilerine yeşil bayraklı, sarıklı mollalar ekleniyor. Sürekli "Gâvurluk istemeyiz, şeriat isteriz", "Padişahım çok yaşa" diye bağırıyorlar.

En sık bağırdıkları, "Mektepli zabit istemeyiz, alaylı zabit isteriz" sloganı! İstanbul'da yolda buldukları askerlere, "Alaylı mısınız, mektepli misiniz?" diye soruyorlar. Mektepli olanları öldürüyorlar.

Asarı Tevfik zırhlısı süvarisi Binbaşı Ali Kabulî Bey, Yüzbaşı Sparati Bey, Mülazım Muhiddin, Yüzbaşı Nail Bey, Yüzbaşı Selahaddin ve kardeşi Nureddin Bey hemen o gece öldürülüyor.

Galata Köprüsü'nde öldürülen Mülazım Selim'in cesedi iki gün kaldırılmıyor.

En az 20 subay katledilmişti.

31 Mart'ta Ayasofya Meydanı'nda toplananlar, sadece mektepli subayları değil, mebusları da öldürüyorlar.

Lazikiye Mebusu Emir Arslan Bey, bizim muharrir Hüseyin Cahit'e (Yalçın) benzetilip linç ediliyor. İsyancılar Hüseyin Cahit'in yayımladığı *Tanin* gazetesini de yerle bir ediyorlar.[2]

İsyancılar Adliye Nazırı Nâzım Paşa'yı da Meclisi Mebusan Reisi Ahmed Rıza'ya benzeterek öldürüyorlar.

Bahriye Nazırı Rıza ise öldü sanılarak bırakılıyor. Herhal-

---

2 Tarihin bir garip cilvesi; "Şeriat isteriz" diyenler tarafından gazetesi ve matbaası yakılıp yıkılan gazeteci Hüseyin Cahit (Yalçın) yıllar sonra, kışkırtıcı yazılarıyla gazeteci Zekeriya Sertel'in *Tan* gazetesi ve matbaasının tahrip edilmesini sağlayacaktı! Hüseyin Cahit'e göre *Tan* gazetesi Moskova'dan emir alıyordu! Heyhat! Kendisi 31 Mart Ayaklanması'nda Rusya Sefareti'ne saklanarak hayatta kalmıştı!

de suçu, gemilerde namaz kılınmasını yasaklamak, Frenkçe'den çevrilen kitaplarla talim yapılacağını söylemekti!

Derviş Vahdetî gibi bir kışkırtıcının başında bulunduğu İttihadı Muhammedî Cemiyeti meydanı boş bulup, İstanbul'u kana buluyor.

Akif Dadaş'ın anlattıkları hepimizi deliye çevirdi. Biz bu isyancıları aslında iyi tanıyorduk.

İsyancılar Meclisi Mebusan'a karşıydılar. Bu nedenle Ayasofya'da Mebusan Meclisi binası önünde toplanmışlardı.[3]

Nasıl "93 Harbi" bahane edilip Meclis kapatıldıysa, şimdi de 31 Mart Ayaklanması'nı sebep göstererek yine Meclis'i kapatacaklardı. Kanunuesasî'yi rafa kaldıracaklardı. Çünkü, Meclis-i Mebusan, ne Zat-ı Şahane'ye, ne de Şeyhülislam'a karşı sorumluydu, sadece millete karşı sorumluydu.

Onlar bunu hazmedemiyorlardı.

Bunlar, okullarda derslerin Türkçe yapılmasına, resmî yazışmaların Türkçe olmasına, yeni okulların açılmasına karşıydılar!

Bunlar, medrese öğrenciliği sıfatıyla artık askerlikten kaçamayacak softalardı.

Bunlar, askerî mekteplere de sızmak istemişler, bu yıl başında (23 ocak1909) 60'ı askerî okullardan atılmıştı. Sırada, ordudan atılacak 7 000 alaylı subay daha vardı. Bunu önlemek istiyorlardı.

Bunlar, 2 000-3 000 bin evin yandığı İstanbul'daki büyük yangını (23 ağustos 1908), "Allah'ın, Meşrutiyet ilanı üzerine Osmanlı'yı cezalandırmak için çıkardığı" yalanını utanmadan söyleyenlerdi.

Bir büyük yalanları daha vardı;

1876 Anayasası'nın 35. Maddesi Meclis'i feshetme yetkisini Zatı Şahane'ye tanımıştı. İttihat ve Terakki Fırkası

---

3 Ayasofya'daki ilk Mebusan Meclisi binası, İstanbul Adliye Sarayı olarak kullanılırken 3-4 ocak 1933 pazar-pazartesi gecesi; 31 Mart Ayaklanması'ndan sonra Meclisi Umumîyi Millî'nin toplandığı Yeşilköy'deki Yat Kulübü ocak 1947'de; Çırağan Sarayı 19 ocak 1910 tarihinde; Fındıklı'daki Meclisi Mebusan binası da Güzel Sanatlar Akademisi olarak kullanılırken 1 nisan 1948 gecesi yanmıştır. Ne garip tecelli!

35. Madde'yi kaldırmak istiyordu.

Bu isteğimizi millete şöyle anlatıyorlardı: "35. Madde ne demek; 30 ramazan, 5 de, beş vakit namaz demek. İttihat ve Terakki dinsizlerin partisi olduğu için ramazanı ve namazı kaldırmak istiyor!"

Bunlara inananlar da yok değildi...

Ne yazık ki bunları destekleyen bazı subaylar da vardı. Bize karşı Halaskâr Zabitan (Kurtarıcı Subaylar) diye ordu içinde gizli bir örgüt kurmuşlardı.

İstanbul ve Erzurum'daki olayları ayrıntılarıyla öğrendikten sonra Taş Han'da savunmaya elverişli üç odaya yerleştik. Yorgunluktan bitkin atlarımız ve bizler, günler sonra ilk kez dinlenecektik. Silahlarımızı doldurup koynumuza aldıktan sonra yatıp uyuduk.

Sabahın erken saatinde Halil Bey, Yusuf Paşa'nın yanına çıktı.

Aradan epey zaman geçti, Halil Bey'den cevap alamadık.

"En iyisi", gidip bakalım dedik.

Kara Yusuf Paşa'nın konağının önünde bir manga nöbetçi vardı. Açık kapıdan içeride de üç manganın silahlarını çatmış olduklarını gördük.

Nöbetçiler içeriye girmemize izin vermek istemeyince, küçük bir hareketlilik yaşandı. Ben konağın üst katına çıktım. Kara Yusuf Paşa'nın bulunduğu odaya hızla girdim. Baktım Halil Bey ile Kara Yusuf Paşa sohbet ediyorlardı.

"Nerde kaldın be Halil Bey! Sana bir şey oldu diye arkadaşlarla meraktan çatladık!" dedim.

Biraz sertçe konuşmuştum. Odanın havası değişmişti.

Halil Bey biraz mahcup, "Paşa Hazretleri'ni selamlasana" dedi. Öylesine bir selam verip sandalyeye çöktüm.

Halil Bey'in anlattığına göre, benim odaya giriş biçimim, Paşa'ya davranışlarım ve sandalyeye oturmam adamcağızın aklını başından almıştı.

"İyi olmuş" dedim. Zaten Kara Yusuf Paşa İstanbul'a çağırılıp Divanıharp'te yargılanarak idam edildi.

Hâlâ isyanın yaşandığı İstanbul'a bir an önce varmak için Erzurum'dan Trabzon'a hareket ettik. Burada İstanbul'daki gelişmelerin ayrıntılarını da öğrendik...

Meydanı çapulculara bırakmamak için, bizimle aynı anda, yurtdışında ataşe militer görevinde bulunan Enver Bey Berlin'den, Fethi (Okyar) Bey Paris'ten, Ali Fuat (Cebesoy) Bey Roma'dan yola çıkmışlardı...

Selanik çevresinden İstanbul'a hemen yürümek için müfrezeler tertiplenmişti. Bu kuvvetlerin başına Hüseyin Hüsnü Paşa geçmişti.[4] Kurmay başkanlığını gönüllü olarak Kolağası Mustafa Kemal Bey almıştı. Cemal Bey, Kâzım (Karabekir) Bey, Kolağası Resneli Niyazi, Kolağası Eyüp Sabri, İkinci Ordu'dan İsmet (İnönü) Bey hepsi İstanbul yoluna düşmüşlerdi. Bunlara sivil gönüllüler de katılmıştı.

Selanik'ten hareket eden Hareket Ordusu'nun komutasını Yeşilköy'de Mahmud Şevket Paşa ve Enver Bey almıştı.

Meşrutiyet'i ilan edenler bu kez onu korumak için İstanbul'a gelmişlerdi.

Trabzon'da atlarımızı satıp, vapur parasını temin ettikten sonra İstanbul'a doğru yola çıktık. Yola çıkmadan önce hatıra fotoğrafı çektirdik!.. Bu benim hayatım boyunca çektirdiğim ender fotoğraflardan biridir.

Bizden birkaç gün önce Hareket Ordusu İstanbul'a ulaştı. 24 nisan sabaha karşı özellikle Taşkışla'da büyük çatışmalar oldu. Önce mitralyözler taradı, arkasından top mermileri dövdü Taşkışla'yı.

Hamdi Çavuş, Kamacı Emin, Bölük Emini Mehmed gibi isyancılardan 13 kişi hemen ipte sallandırıldı. Örfi İdare Mahkemesi toplam 43 isyancıya idam verdi.

İdamlar daha çok cürümlerin işlendiği yerlere yakın 11 meydanda infaz edildi.

---

4 Hüseyin Hüsnü Paşa, Mehmet Ali Aybar'ın dedesi, Nâzım Hikmet'in annesi Celile Hanım'ın dayısıdır. Paşa aynı zamanda Ali Fuat Cebesoy'un da dayısıdır.

Hareket Ordusu'ndan 3 subay, 68 asker şehit oldu.[5]

Bu arada istenmeyen olaylar da meydana geldi. II. Abdülhamid'in bulunduğu Yıldız Sarayı yağmalandı. Saraydaki birçok tarihî eşya çalınıp götürüldü. Zat-ı Şahane'nin saraydaki marangozhanede elleriyle yaptığı birbirinden güzel oymalar tahrip edildi.

Biz İstanbul'a ulaştığımızda olaylar yatışmıştı.

27 nisan 1909 günü II. Abdülhamid Meclisi Mebusan tarafından hal edildi.

Sarayın yeni Zatı Şahanesi, Sultan Reşad'dı.

Veliaht Reşad Efendi'nin asıl adıyla değil, ismine eklenen "Mehmed" adıyla tahta çıkarılması kararlaştırıldı.

Bu isim değişikliğinin gerekçesi II. Mehmed'in (Fatih) İstanbul'a girişiyle, Hareket Ordusu'nun girişi arasında bir benzerlik kurulmasıydı!..

Sultan Reşad (V. Mehmed), Yıldız Sarayı'na değil, babası Abdülmecid'in yaptırdığı Dolmabahçe Sarayı'na yerleşti. Mabeyin başkâtibi (saltanat genel sekreteri) ise yakından tanıdığımız bir arkadaşımızdı: Halit Ziya (Uşaklıgil). Seryaveri Binbaşı Remzi Bey de İttihat ve Terakki'nin Manastır heyeti içinde yer almıştı.

32 sene 7 ay 27 gün süren dönem sona ermişti.

II. Abdülhamid İttihat ve Terakki'nin en güçlü olduğu Selanik'e sürgüne gönderildi. O, tahttan indirildikten sonra İstanbul dışına çıkarılan ilk padişahtı.

Refakatçileri bizden iki kurmay arkadaştı: Rauf (Orbay) ve Ali Fuat (Cebesoy).

Bu arada bana yine yol gözükmüştü...

Sadece hareketli günler yaşayan bölge İstanbul değildi.

---

5 Bu şehitler için, Şişli'de Hürriyeti Ebediye Tepesi'nde Mimar Muzaffer Bey tarafından bir anıt (Abidei Hürriyet) yapıldı. Anıtı, 1908 Devrimi'nin üçüncü yıldönümünde, 23 temmuz 1911 tarihinde Enver Paşa törenle açtı. Ne hazindir ki, İttihat ve Terakki'nin önde gelen üç paşası, Enver, Talat ve Cemal şimdi burada yatmaktadır.

31 Mart Ayaklanması'ndan bir gün sonra Adana'da Ermeniler isyan bayrağını açmışlardı.

Meşrutiyet'ten sonra silah bulundurma yasağı kaldırılmıştı. Bunu fırsat bilen Adana Ermeni Başpiskoposu Muşeg mühim miktarda silah ve teçhizatı kilise ve Ermeni mekteplerine depo ettirmişti. 31 Mart Ayaklanması'nı fırsat bilen Ermeniler ayağa kalkmıştı. Tarsus, Erzin, Misis, Dörtyol, Mersin ve Antakya'ya kadar uzanan saha dahilinde isyan bir anda patlamıştı. Sivas, Erzurum,Van, Elazığ, Bitlis ve Muş'un da isyana destek vermesi bekleniyordu.

Müslümanlar ve Ermeniler arasında savaş başlamıştı.

Olaylar durulur gibi olmuş ama, 11 gün sonra bazı Ermeni gençlerin bir ordugâha ateş açmasıyla olaylar büyümüştü.

Önce Karaisalı Redif Taburu güvenliği sağlamak için bölgeye gönderildi. Ancak askerler kendi aileleri ve köylerinin yardımına koştuklarından karışıklık daha da arttı. 17 000 Ermeni, 1 850 Türk hayatını kaybetmişti. Köyler, evler, dükkânlar yakılmıştı.

Asırlardır komşuluk yapanlar birbirine düşman edilmişti.

Sonunda hükûmet, ağustos ayı başında Kaymakam (Yarbay) Cemal Bey'i valiliğe, İttihat ve Terakki Cemiyeti de, beni "müfettişi umumî" olarak Adana'ya gönderdi.

Görevim, İttihat ve Terakki Cemiyeti'nin maksat ve gayeleri haricinde hiçbir işin yapılmasına meydan vermemekti.

Müfettişler, inkılaba fiilen karışmış genç zabitler arasından seçiliyordu. İnkılap ruhunun her yana hâkim olmasını istiyorduk.

Mutlak selahiyetli Divanıharp de bizimle beraber Adana'ya geldi.

Ermeniler dünyayı ayağa kaldırmışlardı. Güya Ermenilere ırk imhası yapılmıştı.

Dünya basını veryansın ediyordu.

Olaylar sonunda kurulan Divanıharp kararını verdi: 48 i-
dam!

Bunlardan 47'si Türk, 1'i Ermeni'ydi! Suçu sabit görülen
740 Ermeni ve Başpiskopos Muşeg kaçmıştı.

Tıpkı 31 Mart Ayaklanması'nda olduğu gibi Adana'daki
olayların da sonuna yetişebildim.

Olaylar yatıştıktan sonra günlerim sıkıcı gitmeye başla-
dı. Şurası bir gerçekti ki, benim yazıyla çiziyle ilgim yoktu.
Halbuki bu şehirde yaptığım tek iş imza atmaktı. Cemiyet'e
üye kazandırmaktı. Ben ise cephede görev almak istiyor-
dum. Bu nedenle tayinimi çıkarmak için sık sık İstanbul'a
gidiyordum.

İstanbul'da olduğum bir gün başım az kalsın belaya gire-
cekti...

9 haziran 1910 gecesi.

İstanbul Bahçekapı'da, Kasapyan Eczanesi karşısındaki
börekçi fırını önünde arkadaşı şair Fazıl Ahmet (Aykaç)
Bey'le kol kola yürüyen gazeteci Ahmed Samim Bey çok ya-
kından ensesine sıkılan kurşunla öldürüldü.

Samim Bey'in öldürülmesi büyük gürültü kopardı.
Çünkü Samim Bey aynı zamanda Kâmil Paşa Hükûmeti'n-
de Harbiye nazırlığı görevinde bulunan Ali Rıza Paşa'nın
kardeşiydi. Ahrar Fırkası'nın da önde gelen isimlerinden
biriydi.

Ahmed Samim'i gazeteci olduğu için herkes yazıları nede-
niyle öldürüldüğünü söylüyordu. Kim bilir belki de harbiye
nazırını yola getirmek veya muhalefet partisine gözdağı ver-
mek isteyenler tarafından öldürülmüş olabilirdi.

Ben bilmiyorum!..

Bildiğim, suikast benim üzerime atılmak istendi.

31 Mart'ın intikamını almak için komitacılık metoduna
başvurmuşuz!

Bu iddiayı ortayan atan ise gazeteci Refii Cevad'dı (Ulu-
nay). Delil olarak da, Ahmed Samim'in tek kurşunla öldü-
rülmesinin benim tarzım olduğunu yazdı! Güya bu suikast
metodunu biz Makedonya'da öğrenmişiz.

Kendisine "iyi bir cevap" verecektim, ama hükûmet bu suikast haberlerine sansür koydu.[6]

Eğer o tarihte (6 nisan 1909) İran'da değil, İstanbul'da olsaydım, hiç kuşkunuz olmasın, Galata Köprüsü üzerinde üç kurşunla öldürülen gazeteci Hasan Fehmi'yi de benim vurduğumu söylerlerdi!

Onun suçunu da Makedonya'da Nâzım Bey'i vuran, kardeşim gibi sevdiğim Mustafa Necib'in de üzerine atmaya kalkıştılar.

Artık canım sıkılmıştı.

İtalyanlar Trablusgrap'a asker çıkarmışlardı.

Benim yerim ne Adana, ne de İstanbul'du.

Benim yerim cepheydi...

---

6 Talat Paşa anılarında bu konuya değiniyor: "Ahmed Samim'i, sabık Düyunu Umumiye komiserlerinden Maliye Mütehassısı Zeki Bey'in Bakırköy'deki evinin civarında geceyarısı yine benzer tarzda kurşunlanarak öldürülmesi takip etti. Selanik'te çıkardığı gazeteye verdiği *Silah* ismine izafetle "Silahçı Tahsin" olarak anılan bu aşırı gözü pek, atılgan, yakın arkadaşı Yakub Cemil gibi her şeyi silahla halletmeyi kestirme ve emin yol telakki eden komitacının, Ahmed Samim'e ve daha sonra Zeki Bey'e tehdit mektupları gönderdiği iddia edilince, cinayetlerin faili olma töhmetiyle adalete sevki istenildi. Müstantik tahkikatında kâfi delil bulunamadı, fakat sıyrılamadı ve onunla arkadaşları üzerinde toplanan şüpheler İttihat ve Terakki'nin manevî şahsiyetinde noktalandı." (Cemal Kutay, *Talat Paşa'nın Gurbet Hatıraları*, s. 686.)

Beyrut'ta
torun "Yakub Cemil"

Beyrut benim ilk işimdi...

1982 eylül ayının ilk hafta sonunda Beyrut'a gitmemiz için hazır olmamız emredildi.

Emrin o tarihte çıkmasının nedeni, 27 ağustos 1982 tarihinde Türkiye'nin Ottawa Büyükelçiliği'nde (Kanada) görevli Kıdemli Askerî Ataşe Hava Kurmay Albay Atilla Akat'ın, Ermeni Adalet Komandoları örgütü tarafından vurularak öldürülmesiydi. ASALA ilk kez bir Türk subayını hedef almıştı. Bu son olay bardağı taşırmıştı.

Bir başka neden ise 29 haziran 1982 tarihinde İsrail'in Lübnan'a girmesi ve Türkiye'nin başta Bekaa olmak üzere ASALA'nın da bulunduğu kamplara yapılacak operasyonlara davet edilmesiydi.

Beyrut'un o günlerde operasyon için uygun bir atmosferi vardı. Bu fırsat bir daha ele geçmeyebilirdi.

Ağustosun son günü.

Ankara Aşağıayrancı Hoşdere Caddesi'nde bir kamu kuruluşunun kullandığı lojmana kapandık. Burası resmî sivil herkesin gelip gittiği, yenilen içilen bir misafirhaneydi. Binanın gizli, daha doğrusu gelenin gidenin pek bilmediği bölümleri de vardı. Biz bu tür bir odaya kapandık.

O güne kadar görmediğim, 45 yaşlarında, gayet resmî ve

kibar konuşan sivil bir kişi ve Mehmet Ali Ağabey'in katıldığı üç kişilik toplantılar yaptık. Saha çalışmalarında bulunduk. Harita üzerinde nokta yerler belirledik.

"Çöpçü"lerin kodları, fotoğrafları önden, yandan slaytlarla gösterildi. Kalacağımız yerler, giriş ve çıkışlarımız, neredeyse yüzlerce detay üzerinde üç gün saatlerce çalıştık.

Beyrut'taki gelişmeler hakkında da epey bilgi sahibi olduk.

İsrail'in Lübnan'a girmesinden sonra Filistinlilerle beraber birçok ASALA militanı da Güney Kıbrıs'a gitmişti. Ancak lider kadrosunun önemli isimlerini Beyrut'ta bırakmışlardı. ASALA, Lübnan'ın yeni konuklarıyla (Amerikan ve Fransız askerleri) ilişki kurmaya çalışıyordu. Ayrıca boşluktan yararlanıp Avrupa'ya silah ve uyuşturucu ticaretini kolaylaştırmıştı.

O dönemde Libya'yla ilişkilerimiz çok iyiydi. Türk müteahhitleri gemilerle Libya'ya demir, çimento ve kiremit taşıyorlardı. Gümrük Müdürlüğü'nün haberi var mıydı bilmem, bu gemilerin bir bölümü Libya yerine Beyrut'a gidiyordu. Çünkü insan dışında Beyrut'ta hemen her malın taklidi yapılıyordu.

Sigaralar, viskiler, silahlar ve tabiî uyuşturucu bu gemilerle taşınıyordu.

Bir detay daha vereyim: İzmir Limanı'ndan çıkan gemi Beyrut'a gidiyor, malı alıyor, gemiyi bir gecede boyuyorlar, evraklarını değiştirip tekrar Türkiye'ye sokuyorlardı. Aynı gemi bir iki gün içinde, Panama bandıralıyken, İtalya veya bir başka ülkenin gemisi oluveriyordu. Beyrut o günlerde bu tür sahtecilik için çok elverişliydi. Sahte malların Türkiye'de alıcısı da çoktu.

Biz de içinde çalıntı ve sahte malların bulunduğu bu gemilerle iş yapan işadamları olacaktık.

Mehmet Ali Ağabey daha önce Beyrut'ta iki yıl kalmıştı.[1]

Beyrut'a gitmemizin nedeni, ASALA militanı Levon Ek-

---

[1] "Mehmet Ali Ağabey" 30 eylül 1968-1 kasım 1970 tarihleri arasında Beyrut Türk Büyükelçiliği'nde ikinci kâtip olarak görev yaptı. Buradaki ilişkileri ve "maceraları" için bakınız: *Bay Pipo*, s. 140-167.

mekçiyan'ın verdiği bilgilerdi.

Biliyorsunuzdur, ASALA militanları Levon Ekmekçiyan ve Zohrap Sarkisyan, 7 ağustos 1982 tarihinde, Ankara Esenboğa Havaalanı'nda, bekleme salonundaki yolcular üzerine bomba atıp otomatik silahlarla ateş açtılar. Kısa süreli bu saldırıda 9 kişi öldü, 78 kişi yaralandı. ASALA militanlarından Zohrap Sarkisyan da havaalanındaki görevlilerin açtığı ateş sonucu öldürüldü. Diğer militan Ekmekçiyan yaralı olarak ele geçirildi.

Ekmekçiyan iyileşti, resmen dilekçeyle başvurup itirafçı oldu. ASALA konusunda bildiği her şeyi anlattı.

Ben o günlerde bilmiyordum, sonra öğrendim.

1982 yılının ağustos ayının son günü, Cumhurbaşkanlığı Güvenlik İstihbarat Daire Başkanı Erkan Gürvit, Ankara Emniyet Müdürü Ünal Erkan, Siyasî Şube Müdür Yardımcısı Cevdet Saral, Levon Ekmekçiyan'ı Mamak Askerî Cezaevi'nden alıp Ankara Emniyet Müdürlüğü'ne götürüyorlar.

Ekmekçiyan'ın Emniyet Müdürlüğü'ne getirilmesinin nedeni, daha önce Beyrut'ta bulunan, Lübnan'ı iyi tanıyan Mehmet Ali Ağabey tarafından da sorgulanmasıydı.

Kamu misafirhanesindeki gizli odada, Mehmet Ali Ağabey ve yanındaki sivil giyimli 45 yaşındaki kişi muhtemelen Ekmekçiyan'dan edindikleri bilgileri değerlendiriyorlardı. Ben de Ekmekçiyan'ın bizimkiler tarafından da sorgulandığını bilmediğimden her konuda sorular yöneltiyordum.

Bu toplantıların bir özelliği de şudur, burada her soruyu, kafanızın basmadığı her ayrıntıyı sorarsınız. Toplantılar bittikten sonra, özellikle operasyon sırasında artık hiç soru sorulmaz. En ince ayrıntılarına kadar anlatılan operasyonun kurallarına artık harfiyen uymak gerekir.

Özellikle "çöpçü"lerin kodlarının iyi ezberlenmesi lazım. Yoksa tim içine girecek sızmaları kesinlikle anlayamazsınız. Ayrıca gittiğin ülkede de tek başına kalıverirsin. "Çöpçü"leri iyi tanımak gerekir, çünkü onlar senin cankurtaranındır.

Yeni kimliğimi beynime kazıdım.

Çerkez asıllı Ürdün vatandaşıyım. Sıvıyağ ticareti yapıyorum. Şirketin merkezi Amman'da. Aynı zamanda Antakya'daki yağ fabrikasının ve Akdeniz Bölgesi'nin sorumlusuyum.

İki evliyim, eşlerimin biri Antakya'da, diğeri Amman'da oturuyor.

Genellikle Antakya'da yaşıyorum vs., vs.

Bana Beyrut'ta yardımcı olacak kişi de Çerkez asıllıydı: Bahri Bey.

Onun gerçekten yağ fabrikası vardı. Daha doğrusu yağ fabrikasının ortaklarından biriydi. Mehmet Ali Ağabey onu daha önceki yıllarda görev yaptığı Beyrut'tan tanıyordu. Türkiye'yi çok seven ve her fırsatta bizimkilere yardım eden biriydi. En önemlisi güvenebileceğimiz insandı. Hâlâ Osmanlı kalmış, yiğit insanlardan biriydi.

Ankara'da özel odadaki sivil kampımızın son günü üçümüz de birbirimize sarıldık, helalleştik. Mehmet Ali Ağabey'in her operasyon öncesi vedalaşırken söylediği bir söz vardır: "Allah utandırmasın!"

Sivil giyimli, 45 yaşındaki, askerî komutlar verir gibi konuşan arkadaş odadan bizden önce çıktı. Odadan üçümüz hep birlikte çıkacaktık, ama adam tam kapıdan çıkarken Mehmet Ali Ağabey, "Biz beş dakika sonra çıkalım" dedi. O da özel konuşacağımızı anladı, veda edip çıktı.

Dediğim gibi bu benim ilk görevimdi. Mehmet Ali Ağabey son kez moral vermek istiyordu herhalde...

Bana "Kocaoğlan" derdi.

"Gel Kocaoğlan" dedi, salondaki masaya oturduk.

Gözlerini gözlerime dikerek konuşmaya başladı; "Baban hep anlatırdı, deden Yakub Cemil hayatı boyunca hep çift tabanca taşımış. Birini sağ, diğerini sol tarafına koyarmış. Sağ tarafına koyduğu tabancayla ilgili olarak, 'Bu İtilafçılar içindir, namussuzluk yapıp arkadan vurabilirler, bu sol taraftaki ise göğüs göğüse çarpışmayı göze alanlar için' dermiş. Sen de silahını kime doğrultacağını iyi belirle" dedi.

Benim biraz delidolu bir halim vardı; hemen alevlenip silaha sarılmamdan çekiniyordu. Bu nedenle dedem Yakub Cemil'in adını vererek tam kalbimden vuruyordu beni. İçimden, "İlk işim olduğu için bana tam güvenmiyor" diye geçirdim.

"Bunlar Taşnak'ı[2] hortlatıyorlar, biz de Teşkilatı Mahsusa'yı dirilteceğiz" dedi.

Bunlar bilmediğim konular değildi. Yine de beni motive etmek için söylüyordu. Dedem Yakub Cemil'in kahramanlıklarını anlattıktan sonra vedalaştık.

Birkaç saniye birbirimize sarılı durduk, sırtıma vurarak, "Milletinin yüzünü kara çıkarma genç Yakub Cemil" dedi.

Helalleştik. "Allah utandırmasın" dedi...

Hava kararmıştı, ancak Ankara'da ılıman bir hava vardı. Rüzgâr hafif esiyordu. Onun deyimiyle hava "şurup gibiydi". Türkiye'nin havası ise hiç iyi değildi.

ASALA eylemleri konusunda bir şeyler yapamayan devlete karşı güvensizlikler oluşmaya başlamıştı. Gazeteler 12 Eylül sansürünü aşıp eleştirisel yazılar kaleme alıyordu. Anlattıklarına göre ordunun özellikle alt kadroları sitem etmeye başlamışlardı.

Ve şimdi bu görev bize verilmişti. Omzumdaki yükü taşımak hiç kolay olmayacaktı. Tarihsel bir görevdi bu.

"Şurup gibi" havaları ben de seviyordum. Eve yürüyerek gittim. Saat epey geç olmuştu. Anacığım uykuya dalmıştı. Zavallı, kefen parasını bankere kaptırmıştı.

Küçük kızımla birlikte aynı odada kalıyorlardı. Uyandırmamaya çalışarak gidip kızımın gümüş saçlarını öptüm. Boğazıma bir şeyler tıkandı sanki. Bir yaşını henüz bitirmişti.

Odanın kapısının önünde duran eşimle salona geçtik. Ruhsal durumumu göstermemek için hemen türkü söylemeye başladım. Bizim, eşimle bir türkümüz vardı, Giresun türküsü:

"Yaz geldi bahar geldi/Açtı yeşil yapraklar/Ben sana doyamadım/Doysun kara topraklar..."

---

2 Taşnaksutyun: 1890 yılında, Osmanlı İmparatorluğu sınırları içindeki Ermenilerin siyasî ve ekonomik bağımsızlığını elde etmek için kurulan silahlı milliyetçi örgüt.

Ancak eşim her şeyi anlamıştı. Ama o da bana hissettir-miyordu endişesini. Soru da sormuyordu. Belki de yalan konuşmamı istemiyordu. Operasyon için Beyrut'a gittiğimi nasıl söyleyebilirdim!..

Sabahleyin herkes uyurken sessizce çıktım evden. Esenboğa Havaalanı yolunda artık hiçbir şeyi düşünmü-yordum. Geçmişimi silmiştim. Aslında şöyle söylemeliyim, "silmeliydim". Yoksa biliyordum ki, başarısız olur herkesi yakardım.

Üniversite yaşantımda kahramanım olan Ebu Ammar'ın, yani Yaser Arafat'ın el-Fetih gerillalarının henüz birkaç gün önce terk ettikleri Beyrut'a gidiyorum!.. Üniversite yıllarında birkaç arkadaşımızı uğurlamıştık Filistin'e. Şimdi ben aynı topraklara gidiyordum. Ama artık köprünün altından çok sular akmıştı...
Şimdi ben ne Arafat'ı ne de el-Fetih'i düşünüyordum...

Dün gece sabaha karşı Ankara'ya yağmur yağmıştı. Ha-vaalanı yolunda toprak mis gibi kokuyordu. Buraları bir da-ha görebilecek miydim? Böyle düşünmem canımı sıkıyordu. Bu ruh halinden kurtulmalıydım. Beyrut'u, Lübnan'ı dü-şünmeye başladım.
Beyrut'ta işimiz rahat olacaktı. Çünkü İsrail, ASALA'nın Batı Beyrut'taki ofisini de bombalamış, yerle bir etmişti. Fi-listin Kurtuluş Örgütü gibi ASALA da Lübnan'ı terk etmişti. Ama geride bıraktığı birkaç kilit adamı vardı!
Biz de zaten onları "görmeye" gidiyorduk... "Hasret gider-menin" zamanı gelmişti.

Ürdün Havayolları'nın jetiyle uçuyorduk.
Mehmet Ali Ağabey arka koltuklarda oturuyordu. Biliyor-dum ki, bir süre birbirimizle göz göze bile gelmeyecektik.
Saat 11.50'de İstanbul'a vardık. Aktarmalı bir uçaktı. Bir saat havaalanında bekledik.
İstanbul'dan Beyrut'a ulaştığımızda, o kadar karışıklığa, yani iç savaşa rağmen bu kente geldiğime memnundum. Ne yalan söyleyeyim niye mutlu olduğumu bilmiyordum. Belki

de macerayı seviyordum.

Belki de tarihsel nedenlerden dolayı mutluydum.

Öyle ya, bu topraklar yüzlerce yıl bizim değil miydi? Birinci Dünya Savaşı'nda Lübnan'ı, dolayısıyla Beyrut'u da kaybetmiştik. Ama biliyordum ki, 500 yıl süren dostluk ilişkisi bazı ailelerle hâlâ devam ediyordu. Onlar hâlâ bizlerin, Türklerin dostuydu...

Havaalanına indiğimizde pasaport kuyruğunda Mehmet Ali Ağabey hemen benim arkamdaydı. Onun çok iyi Arapçası vardı. Çocukluğunda dadısından öğrenmişti.

Bir aksilik çıkarsa hemen müdahale edecekti. Çünkü ben ancak birkaç sözcük Arapça biliyordum.

Pasaport kontrolünden çok rahat geçtik. İlk noktadan çok rahat geçmiştim. Kendime iyice güvenim geldi.

Havaalanının çıkış kapısında beni Bahri Bey karşılayacaktı. Bir aksilik çıkıp gelmezse, gideceğim oteli biliyordum. "İnşallah bir terslik çıkmaz da gelir" diye düşünüyordum ki, Bahri Bey'i, kahverengi yakalı beyaz ceketiyle karşımda gördüm.

Gülümseyerek tokalaştık. Biraz yüksek sesle Arapça hoşbeş ettik. Çünkü ben ancak o kadar Arapça biliyordum.

Otomobiline bindik. Şoför koltuğuna Bahri Bey oturdu. İlk engeli oldukça rahat atlatmıştım.

Biz yola çıktığımızda Beyrut Havaalanı'na birkaç kilometre uzaklıktaki tepelerden ara sıra bomba sesleri geliyordu.

Bahri Bey oralı bile değildi. Savaşın merkezi haline gelmiş bu kentte, anlaşılan herkes alışmıştı bomba seslerine.

Caddelerde, sokaklarda çok az otomobil ve insan vardı. Bol olan ise kum torbalarıydı. Neredeyse her apartmanın önüne kum torbaları yığılmıştı. Bazen kendinizi cephede gibi hissediyorsunuz.

Bahri Bey yolda, "Bagajda valiz hazır. Numunelik yağlar ve belgeler de var. Yarın otele yağlarla ve numunelerle ilgili belgeleri de getireceğim" dedi.

Beyrut'un ilginç bir havası vardı; rutubetten mi bilmiyorum çok boğucuydu. Nefes almakta zorlanıyordum. Belki de heyecandan öyle hissediyordum. Otomobilin camını hep açık tuttum. Ter içindeydim.

Otel, denize paralel büyük bir bulvarın üzerindeydi. Apart otel dediklerinden. Adı el-Hayat gibi bir şeydi. Ne çok iyi ne de çok kötüydü. Duvarlarında kurşun izleri vardı.

Otelin resepsiyon bölümüne Bahri Bey'le birlikte girdik. Odam zaten ayrılmıştı. Valizleri otel görevlisi odama çıkardı. Biz biraz otelin barında oturup bir iki yudum içki aldık ve sonra ayrıldık.

Odama çıktım. Bahri Bey'in getirdiği valizdeki evrakları ve yağları odamdaki masanın üzerine yaydım. Yağ tüccarı olduğumun bilinmesi gerekiyordu!..

Plana göre Mehmet Ali Ağabey bana yakın otellerden birinde kalacaktı. Uzaktan, çaktırmadan gözetlediğim kadarıyla havaalanından bir taksiye binip uzaklaşmıştı. Bakalım bir daha ne zaman görüşeceğiz?

Yarın öğleye doğru Bahri Bey'le otelin resepsiyonunda buluşacaktık.

Hem yol, hem de stresten çok yorgun düşmüştüm, hemen yattım. Uyku tutmadı. Balkona çıkıp bir sigara yaktım. Beyrut karanlığa gömülmüştü. Kent bütün ışıklarını söndürmüş gibiydi. Tek tük ışıklar yanıyordu.

İçimden "Oh olsun" diye geçirdim. Böyle konuştuğuma birden şaşırdım. Ama içimden gelen ses haklıydı. Bu toprakları korumak için Birinci Dünya Savaşı'nda kaç bin Mehmetçik'i şehit vermiştik.

Vatan şairi Mehmed Âkif bile Teşkilatı Mahsusa elemanı olarak buralarda ne emekler harcamıştı.

İçimden, "Yiyin şimdi birbirinizi" deyip tekrar yatağa uzandım.

Uyumuşum.

Öğleyin otelde Bahri Bey'le buluştuk. Yanında biri vardı: Sudanlı Hasan.

Aslında Filistinliydi ama herkes ona Sudanlı Hasan diyordu.

Bahri Bey'in Beyrut mafyasında tanımadığı yoktu. Sudanlı Hasan aslında çift taraflı oynamaya müsait biriydi. Hangi tarafın parası ağır basıyorsa kendini oraya yakın hissediyordu. Bu nedenle hep "yemlemek" (dolar vermek) gerekiyordu. Filistinliler de gittikten sonra mafya Beyrut'a tamamen hâkim olmuştu.

O günlerde Beyrut'ta muhbirlik hayli revaçtaydı. Herkes herkese kalleşlik yapabilirdi. Tetikte olmalıydım.

Üçümüz otelde öğle yemeği yedik.

Yemekten sonra yürüyerek limana gittik. Gerek Bahri Bey gerekse Sudanlı Hasan bayağı itibar görüyordu. Rıhtıma bağlı Semerkant (Morenzo) isimli gemiye çıktık. (Bu gemi daha sonraki yıllarda hayalî ihracat yaptığı gerekçesiyle Ayvalık'ta yakalandı, ancak Ankara'nın emri üzerine serbest bırakıldı.) Gemide orta yaşlısının adı Ali Çubuk,[3] gencinin ise Şevket Çubuk[4] olan iki Türk'le tanıştım. Bunlar hem geminin, hem de gemi ambarını dolduran çalıntı malların güya sahibiydi.

Sudanlı Hasan lafa, beni göstererek, "Bu kardeş İstanbul'dan dün sabah geldi. Gemideki demirlerin sahibi o. Ondan çalmışlar. Bu meseleyi kardeşçe halledelim" dedi. Bu diyaloğu önceden yemekte konuşmuştuk. Sudanlı Hasan rolünü iyi oynuyordu.

Adamlar biraz bozuldu. Birisi, "Bizim de mallarımızı çalıyorlar. Bingazi'ye bu arkadaş için (Sudanlı Hasan'ı göstererek) iki sefer yaptım, ikisinde de navlunumu alamadım. İçerideki mallar bu iki seferi bile karşılamıyor" dedi sert bir ses tonuyla.

Baktım tanı bir bitirim ağzıyla konuşuyorlar.

Ben de sesimi yükselterek, "Bu işi halletmek için ta İstanbul'dan geldim. Eğer bir çaresini bulamazsak size yemin ediyorum, bir daha Türkiye'ye ayak basamazsınız. Ankara'nın yarısını tanırım" dedim.

Herifler biraz sindiler. "Her şeye rağmen Hasan Bey iyi

---

3 1993 yılında 14 ton baz morfinle yakalanan "Lucky S" gemisinin sahibi.

4 1992'de sahte 236 000 doları piyasaya sürerken yakalandı. Paraları 1978 yılından beri İnterpol tarafından kırmızı bültenle aranan ASALA üyesi Beyrutlu işadamı Harut Mübarek Sofiyan'dan aldığını söyledi.

dostumuzdur, bir orta yol bulalım" dediler.

Bahri Bey, "Çareyi ben bulurum, sizin aranızda yediemin de ben olurum, yalnız iki taraftan da yanlış hareket istemem" dedi. Anlaşma şöyle sağlandı: gemideki demir ve diğer kaçak mallar Beyrut'ta satılacak, yerlerine kaçak sigara, viski, çakmak vs. alınacaktı. Bunlar gemiyle İstanbul Haydarpaşa'ya getirilecekti, ben de bunları İstanbul'da sattıktan sonra parayı bölüşecektik. Liman gümrüğünü onlar ayarlayacaktı. Ben sadece malın İstanbul'da satışından sorumlu olacaktım.

Anlaştık. El sıkıştık.

Gemiden indik.

Sudanlı Hasan, "Çok iyi oldu, şimdi bu işin dedikodusu bir gecede tüm Beyrut'u dolaşır! Böylece senin de konumun sağlamlaşır" dedi.

İşe bak... Beyrut'a sahte kimlikle giriyoruz, o da yetmezmiş gibi, Beyrut mafyasına da sahte kimliğin sahtesini veriyoruz!

Yağ tüccarlığından yeraltı dünyasına girivermiştim bir gecede...

"Perdeleme" işini başarıyla atlatmıştık. İşler şimdilik iyi gidiyordu. Umarım hep böyle gider diye düşünüyordum.

İlk iki gün Mehmet Ali Ağabey'i hiç görmedim. Biz ikinci gün Bahri Bey'le Zahle'de eski bir yağ fabrikasına gittik.

Zahle, Beyrut-Şam karayolunun tam ortasındadır; Lübnan'ın en kozmopolit yerlerinden biridir; Müslüman, Musevî, Hıristiyan ne ararsan vardır. Lübnan'ın büyük şehirlerinden biridir. Aynı zamanda rakısıyla meşhurdur.

Lübnan'da o günlerde, öyle her bölgeye elinizi kolunuzu sallayıp giremiyordunuz. Her kentin, her mahallenin sahibi vardı; kimi Falanjistlerin, kimi göçe rağmen el-Fetih'in, kimi Şiî Emel'in, kimi Dürzîlerindi...

İsrail, Amerikan, Fransız askerleri de vardı tabiî. Kimi işgal için orada, kimi barış için. Eh Türkiye'yi de biz temsil ediyorduk!

Bir yerden bir yere gitmek için yaklaşık 30-40 kilometrede bir, bir örgütün veya bir yabancı ordunun kontrol noktasından geçiş izni almak gerekiyordu.

Bahri Bey her kontrol noktasından rahat geçiyordu. Dediğim gibi onun Beyrut'ta, Lübnan'da sanki tanımadığı yoktu!

Zahle'deki fabrika Beyrut'un Şam çıkışındaydı. Bahri Bey'de Mısır, bende Ürdün kimliği vardı. Müslümanların bulunduğu kontrollerden geçmemiz kolay oldu.

Problemsiz geldik fabrikaya. Otomobili fabrikanın giriş kapısında durdurduk. Bizi iki kişi karşıladı. Biri fabrikanın yöneticisi, diğeri bakım çalışmasını yapan ustaydı.

Evrak çantam elimde otomobilden indim. Tanıştırılıp, hoşbeşten sonra fabrikaya girdik. Fabrikanın tüm makineleri eskiydi, çoğu paslanmıştı.

Fabrika faaliyette olmadığı için çok sessizdi. Ortalıkta kimseler de gözükmüyordu. Epey dar bir koridordan geçip, asıl yağ makinelerinin olduğu bölüme geldik.

Bahri Bey büyükçe bir kazanın önünde durdu. Düğmelerle oynamaya başladı. Baktım, kazanın altından bir çekmece geliyor. Çekmecenin içinde, ambalajlı vaziyette toplu küçük bir Smith Wesson, bir de 7,65 Astra tabanca vardı.

Astra'yı ben kullanacaktım, Smith Wesson'u Mehmet Ali Ağabey kullanacaktı.

Ağzımdan Türkçe, "İdare eder" lafı çıktı, hemen kendimi toparladım.

Türkçe'yi unutmalıydım...

Tabancaları bir süre elimle okşadım.

Kuraldır, iş öncesinde ve sonrasında silah taşımayız. Operasyondan kısa bir süre önce silahlar bize ulaştırılır, operasyondan sonra da silahı aldığımız yere bırakırız.

Yağ fabrikasına gelmemizin nedeni benim tabancalarla tanışmam içindi!

Dönüş yolunda Bahri Bey, "Sürekli birlikte görünmemiz tehlikeli olabilir, yarın sabah benim kızlardan biri araba kiralayıp sana gelecek. Bir müddet onunla takılın. Yanında kadın olursa Beyrut'ta rahat edersin, dikkat çekmezsin" dedi.

Çevrem genişliyordu!

Bahri Bey biraz gevezeydi. Yol boyu başladı Beyrut'u anlatmaya. Yok efendim, Beyrut'ta her din ve milletten adam varmış; Musa'nın Rabbi, İsa'nın Babası, Müslümanların Allah'ı bu topraklarda imiş, Beyrut'un her yanında peygamberler varmış vs. vs.

Dedim ki: "Bahri Bey sizde filozofluk da varmış."

"Nasıl olmasın" dedi, "bu topraklarda her dakika öbür tarafa gidip geliyoruz, bu insanı ister istemez filozof yapıyor."

Sonra başını bana doğru çevirip, "Senden yaşça büyüğüm Yakub Cemil kardeş, neden bana 'ağabey' demiyorsun da, 'bey' diye hitap ediyorsun" dedi.

Gençlik işte, kimseye de güvenmeyeceğiz ya; soğuk bir sesle, "Ben" dedim, "yalnızca Mehmet Ali Ağabey'e 'ağabey' derim!"

Gülerek, "Ben hep senin gibi biriyle çalışmak isterdim, işin bitince benimle kal, ortak olalım" demesin mi?

Ama ben daha yanıt vermeden kendisi, "Alışveriş bittikten sonra seni hiç bırakırlar mı buralarda" dedi. Haklıydı.

Beyrut'a yaklaşıyorduk. "Alışverişin olacağı yeri gör" dedi.

İkinci tanışma faslı yani. Önce silahlar, sonra operasyonun yapılacağı yer!

Büyük bulvarda önünde palmiyeler ve çeşitli ağaçlarla kaplı gece kulübüne benzeyen tek katlı bir yerdi. Neonları vardı, fakat yanmıyordu. Beyrut'ta sık sık elektrikler kesiliyordu. Bulvarın ışığıyla okudum kulübün adını: Gold Nightingale. Altın Bülbül demekti.

Beyrut yorgundu. Belki de hayata bağlı tek yeri bu Altın Bülbül'dü!

"Burası Uzakdoğu'dan gelen küçük kızlarıyla meşhurdur. Beyrut'un bu konuda bir numarası burasıdır. Bu gece, saat 23.30'da burada buluşalım. Otelden taksiye bin, buranın adını ver, taksici seni getirir" dedi. Bir işadamının, bir mafya üyesinin burada gözükmesinde yarar vardı.

Otelde yemeğimi yedikten ve banyo yapıp giyindikten sonra söylediği saatte bara gittim. İlk kez yaşları bu kadar küçük kızların, dar ve kısa etekleri ve üzerlerindeki uyduruk tişörtleriyle müşteri beklediklerine tanık oldum. Yüzlerinde belli belirsiz makyajları vardı. Benim gözüm daha çok kapı ve pencerelerdeydi. Kaç çıkışı vardı, masalar birbirine ne kadar yakındı. Ben bunlarla ilgiliydim. Eğlenmeye değil, iş yapmaya gelmiştik. Dumandan göz gözü görmüyordu. Barın havası hiç hoşuma gitmemişti. Herkes ot (esrar) çekiyordu anlaşılan.

Bahri Bey sıkıldığımı anladı. "Yarın sabah otele gelecek kızımıza da bu kadar soğuk davranma. Sonra Beyrutlu kadınlar senin hakkında hiç iyi düşünmezler" dedi. Tebessüm edip yanından ayrılarak otele döndüm.

Mehmet Ali Ağabey neredeydi? İş ne zaman olacaktı? "Çöpçü"ler izimi bulmuş muydu?.. Başıboş bayrak gibi dolanıyordum!

Sabah uyandım. Yatakta vakit geçirirken telefon çaldı. Resepsiyon görevlisi, Vildannur isimli bir hanımın beni beklediği söyledi. Bahri Bey'in gönderdiği kızdı anlaşılan. On dakika sonra ineceğimi, beklemesini söyledim.

Hemen duş alıp, çarçabuk giyindim. Ne yalan söyleyeyim, kızı merak da etmiştim yani...

Vildannur esmer, uzun boylu, çekici, güleç yüzlü, 30 yaşlarında bir kadındı. Az Türkçe biliyordu. Türkçe'yi nereden öğrenmişti, kimdi, kimin nesiydi hiç soru sormadım.

Kahvaltı yapmamıştım. Ancak saat öğleye geliyordu. "Öğle yemeği yiyelim mi?" dedim. Gülümseyerek, "Olabilir" dedi.

Otelin yakınında, denizi gören bir lokanta vardı, oraya gittik.

Beyrutluların sabah kahvaltıları hariç öğle ve akşam yemekleri çok ağırdır, yani yağlıdır. Hep et yerler. Menülerinde neredeyse et dışında yemek yoktur.

Kül-taam, "hepsi bir arada" dedikleri ciğer, böbrek, yürek ve kuşbaşı kuzu etinden oluşan bir kebapları vardır. Bunları iri iri doğrayıp şişe geçirirler, aralarına da domates, biber koyarlar. Kömür ızgarada pişirirler. Bunu özellikle Müslümanlar çok sever.

Bir de bizim Mersin işi tantunîye benzer kebapları vardır, hemen her yerde satılır.

Vildannur'la fazla konuşmadık. Sadece o bana dili döndüğünce Beyrut'u anlattı. Konuşurken bazen istemeden Arapça sözcükler kullanıyordu. Anadili herhalde Arapça'ydı.

Yemekten sonra limanda biraz dolaştık. Vildannur'daki otomobile atlayıp Gold Nightingale'e gittik. Gündüz gözüyle de görmek istiyordum.

Gündüz gözüyle daha rahat gördüm. Bulvardan 20-30 metre içerdeydi. Geniş bahçesi, bakımlı çimlerle kaplıydı. Bahçeden sonra büyük camlı geniş bir girişi bulunuyordu. İçeride havuz, kat kat yapay şelaleler vardı. Sarı renk hâkimdi.

Uzakdoğulu kızlar ortalıkta gözükmüyordu. Herhalde bar daha yeni açılmıştı. İçeride kimseler yoktu. Sadece masaların örtülerini seren birkaç kişi vardı.

Vildannur'la bara gidip oturduk. İçkilerimizi söyledik. Bol bahşiş vererek ayrıldık. Bu arada barda çalışanlara kulübü çok beğendiğimi, akşam yine geleceğimi söyledim.

Akşamüzeri Vildannur'u yolcu ettikten sonra gece 01.00'e doğru bara gittim. Bahri Bey sahneye yakın bir yere masa ayırtmıştı. Yanında çekik gözlü kız vardı.

Masada yok yoktu. Garsonların biri gidip biri geliyordu.

"Yağ tüccarlığı kolay değil, sana böyle zengin bir masa yakışır" dedi.

"Bana değil bu ilgi senin babalığına" dedim.

"Rahat konuşabiliriz, kızlar ne Arapça ne de Türkçe biliyorlar" dedi. Aslında bu kadar rahat olmasına kızıyordum. İstemeyerek masaya oturdum.

Dumana rağmen gözüm bir ara, arka masalara takıldı. Bir masada yanına aldığı iki çekik gözlü kızla Mehmet Ali Ağabey oturuyordu. Keyfi yerindeydi. Nihayet aynı çatı altında buluşmuştuk. Kendime güvenim gelmişti.

Bu arada garsonlardan biri de bana yabancı gelmedi, "Çöpçü" müydü bilmiyorum, emin değildim. Ancak bayağı rahatlamıştım. Ortama ayak uydurmak gerekiyordu! Tek şart sarhoş olmamaktı!..

Gitme vakti geldiğinde Bahri Bey, "Otele giderken, taksiden inip, otelin sağındaki altıncı palmiye ağacının altında rahatça kusabilirsin" dedi.

Mesajı aldım...

Demek Beyrut'taki günlerin sonuna yaklaşmıştık.

Taksiyle otele dönerken şoföre midemin bulandığını, otomobili hemen durdurmasını söyledim. Altıncı palmiye ağacının altında kusma numarası yapmaya başladım. Ortalığı inletiyordum!

Ağacın altında "çöpçü"nün bıraktığı notu buldum.

Cumartesi akşamı Gold Nightingale'in yanındaki çiçekçiden birer adet kırmızı ve beyaz karanfil alacaktım.

O gün akşama kadar oyalandım. Sonra taksiyle bulvara kadar gittim. Biraz da bulvarda oyalandım. Çiçekçiyi uzaktan gözledim biraz. Sonra yürüyerek, barın sağ yanındaki çiçekçiye girdim.

Bana benzeyen kıvırcık saçlı, genç ve uzun gence, "Bir adet kırmızı, bir adet de beyaz karanfil rica ediyorum" dedim.

"Hoş geldiniz Yakub Cemil Bey, benim adım Tarık" dedi Türkçe.

Tokalaştık. Dükkânın ışıklarını söndürdü, kapıya yöneldi, içeriden kilitledi. Arka tarafta bir kapı daha vardı, oradan küçük bir bölüme girdik. Boy boy sepetler, büyük vazolar içinde çiçekler vardı. Bu bölüm sanırım dükkânın deposuydu.

Çiçekçi Tarık, "İş günü malzemelerinizi bu raftan, kırmızı ve beyaz karanfillerin olduğu vazoların altından alacaksınız. İş bittikten sonra da oraya bırakacaksınız. Bu arka kapı küçük meydana çıkıyor, sizi buradan alacaklar" dedi.

Direktifi almıştım; hiç soru sormadan, elime aldığım kırmızı ve beyaz karanfillerle bulvara çıktım. Taksiyle otele döndüm.

Sabah erken saatte kahvaltıya indim.

Pazar günü olduğu için otel hayli kalabalıktı. Havuz tıka basa insan doluydu. Çoğunluğu Barış Gücü'nün subaylarıydı.

Kumral, güneş gözlüklü hoş bir hanım Arapça, "Yakub Cemil Bey" dedi; "Evet" dedim.

"Bugün de benim misafirim olun, buyrun kahvaltıyı birlikte yapalım" dedi.

Aklıma Bahri Bey'in sözleri geldi:

"Kadınlara iyi davran, yoksa senin hakkında olumlu düşünmezler."

İçimden, "Bunun altından bir şeyler çıkacak ama ne?.."

deyip oturdum masaya.

Günler sonra, o sabah Seylan çayıyla birlikte hakikaten güzel bir kahvaltı yaptım.

Oteli beğendiniz mi beğenmediniz mi, havuza girdiniz mi gibi yarı Arapça, yarı İngilizce sıradan konuşurken, çaktırmadan çantasındaki bir fotoğrafı gösterdi; Bahri Bey'in fotoğrafıydı bu.

"Zahle'deki yağ fabrikasında, bir dostunuzla birlikte sizi bekliyor" dedi. Anlaşılan Bahri Bey benimle fazla sık görünmek istemiyordu!

Kahvaltıdan sonra, kırk yıllık samimi dostummuş gibi hanımefendinin iki yanağını öpüp otelden ayrıldım. O, havuz kenarında biraz daha oyalanacaktı.

Taksiyle Zahle'ye gittim. Tedbir için otelin taksilerine binmiyordum. Biraz yürüyüp, rastgele çevirdiğim bir taksiye bindim.

Fabrikaya bir iki kilometre kala taksiden indim. Yürüyerek fabrikaya vardım. İçeriye girdiğimde birden karşımda Mehmet Ali Ağabey'i görünce, soğukkanlılığımı kaybettim, "Ağabey sanki yirmi yıl oldu görüşmeyeli" dedim.

"Dur Kocaoğlan, yirmi yıl birden ihtiyarlatma beni" dedi.

Demek oteldeki kadının "bir dostunuz" dediği kişi Mehmet Ali Ağabey'miş!

Bahri Bey fabrikanın önüne çıktı. Biz Mehmet Ali Ağabey'le birlikte müdürün odasına geçtik.

Emanetleri bir de orada gördük.

Bu arada Mehmet Ali Ağabey anlatmaya başladı:

"Levon Ekmekçiyan'ın verdiği tüm bilgiler doğru çıktı."[5]

Mehmet Ali Ağabey Ekmekçiyan'ın köyüne kadar gitmişti. Annesi gözü yaşlı karşılamış. Ayran bile ikram etmişlerdi.

Mehmet Ali Ağabey, adamın asılacağını hiç tahmin etmiyordu. Bu nedenle Ekmekçiyan'ın yakınlarına idam edilme-

---

5 Kenan Evren'in cumhurbaşkanlığı döneminde Cumhurbaşkanlığı Güvenlik İstihbarat Daire başkanlığı görevini yürüten MİT görevlisi Erkan Gürvit, *Hürriyet* gazetesi Ankara temsilcisi Sedat Ergin'e, Hiram Abas'ın Beyrut'tan getirdiği bilgilerin, "Ekmekçiyan'ın Verdiği Bilgiler" başlığı altında yazılıp MİT'e rapor edildiğini söyledi (1 mart 1998, *Hürriyet*).

yeceğine dair sözler vermişti. Adam Ankara Kapalı Cezaevi'nde asılınca (28 ocak 1983) Mehmet Ali Ağabey, Kenan Evren'in damadı Erkan Gürvit'le kavga etti. Çok samimi arkadaştılar, bu kavga nedeniyle bir süre dargın kaldılar.

Ekmekçiyan'ın verdiği bilgileri sıraladıktan sonra Mehmet Ali Ağabey cebinden iki fotoğraf çıkardı.

Fotoğrafların birinin altında "Hacik Hacikyan", diğerinin altında "Mesrop Karekin" yazıyordu.

"Bu Hacik denen ib.. Atina'da arkadaşım Galip Özmen ve kızının katilidir. ASALA'nın en önemli isimlerinden biridir.

Mesrop da Beyrut'un beynidir. Fransa, Paris, Marsilya ve yukarısı ile yani Hollanda, Belçika, İsveç'le ilişki kuran, para trafiğini yöneten beyin kişilerden biridir.

Bunların yuvaya (yuva diye Gold Nightingale barı kastediyor) geliş saatleri belli, gece 23.30 gibi geliyorlar. Orayı güvenli buluyorlar. Çünkü barın çevresinde çok sayıda Ermeni var. Adamlar kendilerinden çok eminler. Zaten bizim bir şey yapacağımızı hiç tahmin etmiyorlar. Ne de olsa yıllarca alışmışlar hep vurmaya!"

Ben hemen atıldım: "Peki ne zaman vuracağız?"

"İşin olacağı tarihi bize söyleyecekler" dedi.

Sonra ayrıntılar üzerinde durduk.

Mehmet Ali Ağabey fısıltıyla konuşmaya başladı:

"Mesajı aldığın günün gecesi saat 11.00 gibi otele git. Yanında mutlaka Vildannur adlı kız olsun. O da seninle odana gelecek. Dikkat et, herkesin sizi görmesini sağla. Odaya girince bir süre bekle, sonra koridordaki yangın merdiveninden aşağıya in. Yalnız kız da yangın merdivenin başında bulunsun. Birileri ne yaptığınızı sorarsa, yangın merdiveninde görürse, sevgilinin saatini, küpesini düşürdüğünü, onu almaya çalıştığını söyleyeceksin...

Yangın merdiveninden indikten sonra seni otelden Bahri Bey'in adamlarından biri alacak. Yeşil renkli bir Renault.

Sonra çiçekçiye gel, yalnız çiçekçiye arka kapıdan gir. Ondan sonrası Ankara'da konuştuğumuz gibi olacak. Bir küçük aksilik bile olsa işi erteleyeceğiz. Kahramanlığa hiç gerek yok. İş bittikten sonra sabah saat 07.00'de limanda buluşacağız. Bekleme yok. Gelmezsem beni bekleme, çıkışını mutlaka yap. Sen gelmezsen ben de seni beklemem."

Vedalaştık. Çıkarken, "Dikkat et ölme!" dedi.
"Bu işi bitirmeden ölmek bana haram olsun" dedim.
O da, "Haram olsun Kocaoğlan" deyip omzuma vurdu.
Ben de bu kez o söylemeden, "Ağabey, Allah utandırmasın" dedim. Güldü.
Arkamdan seslendi: "Unutma parola Cirit."
Anlamıştım, bu ikimizin kararlaştırdığı bir parolaydı...

Alışveriş gününü beklemeye başladım.
Kış uykusuna yattım.[6]
Bir gün Ermeniler'in 1968 yılında, Beyrut'un Antilyas bölgesindeki Bikfaya Manastırı'nın yanına diktikleri 20 metrelik Ermeni Anıtı'nı görmeye gittim. Gitmemem gerekiyordu, ama şeytan dürtmüştü!..
Bu Ermenilerin dünyada yaptıkları ilk anıttı. Bunu daha sonraki yıllarda diğerleri takip edecekti.
Hatta böyle bir anıtın benzerini Paris'te "birileri" havaya uçurmaya çalışacaktı! Bekleyin anlatacağım...
Günlerimi genelde limanda geçiriyordum.
Bu bizim Sudanlı Hasan havanın sıcaklığına rağmen hep beyaz pardösüyle dolaşırdı. Pardösünün ceplerinde yok yoktu. Kimlikler, pasaportlar, kredi kartları (ben kredi kartını ilk Beyrut'ta gördüm), ne ararsan vardı.
Bizim korsanlar demirleri okutmak üzereydiler.
Sigara ve viskileri Lazkiye'den alacaklardı. İstanbul'da hesabı kesecektik.
Bu arada gözümden kaçmadı, herkesin elinde tomar tomar Amerikan doları vardı. İşin gerçeğini Sudanlı Hasan'dan öğrendim, çoğu sahteymiş. Halk deyimiyle kimin eli kimin cebinde belli değildi. Zaten hep söylediğim gibi Beyrut o günlerde kaynıyordu...

Bir gün akşama doğru otele gittim. Resepsiyon görevlisi, kız arkadaşımın barda beklediğini söyledi.

---

6 Emir gelinceye kadar hiçbir şey yapmama durumu.

Bara geçtim, baktım, Vildannur.

"Merhaba Vildan" dedim, artık samimi olmuştuk, Vildannur'un telaffuzu zordu, uzun geliyordu.

Yüzü bozuktu. Üzüntülü bir ses tonuyla, "Yarın dönüyorsun, uçak biletlerin hazır" dedi.

Şaşırdım. Neler oluyordu, alışveriş ne olacaktı? Tabiî bunları kıza soramazdım, aslında kimseye soramazdım.

Gülümseyerek, "Eh o halde sarhoş olabiliriz" dedim. O akşam bir güzel kafayı çektik.

Sabah birlikte havaalanına gittik. Kızcağız beni uğurladı. Uçakta bu kez Mehmet Ali Ağabey yoktu.

Neler oluyordu?

Beyrut'taki bütün ilişkileri kesip birden Türkiye'ye çağrılmamın bir nedeni olmalıydı?

Bunu Beyrut'a iki ay sonra, ikinci kez gittiğimizde öğrenecektim...

Mehmet Ali Ağabey Beyrut'ta dizanteri[7] olmuştu.

"Alışverişe" ara vermek için hastalık bahane miydi? Bana öyle geliyordu ki, ilk Beyrut'a gidişimizde beni biraz denemişlerdi. Kurslarda iyiydim ama pratikte nasıl olacağımı merak etmişlerdi. Bu benim tahminimdi. Hâlâ bilmem, neden apar topar çağrıldığımı. Kuşkusuz bir nedeni vardı.

Sonra yine öğrendim ki, ilk gidişin nedeni Ekmekçiyan'ın verdiği bilgileri teyit etmekti. Ben görüşmelerde bulunmadım ama Mehmet Ali Ağabey'in MOSSAD'la filan ilişkileri iyiydi. Onların bize bilgi konusunda yardımları oldu. Ancak bu ilişki bizim ikinci gidişimizden sonra biraz gerginleşti. Adamlar bizim yaptığımız operasyonların kendilerinden habersiz gerçekleştirilmesine bayağı bozulmuşlardı. Bildiğim kadarıyla bizim elçilik görevlilerinden birini bile çağırmışlardı. Dediğim gibi o tür görüşmeleri ve ilişkileri ben bilmiyordum. Bildiğim, İsrail, ASALA'yı, 1972 Münih Olimpiyat Köyü baskınında Filistinli Kara Eylül örgütüyle işbirliği yaptığı için kara listeye almıştı. Bu nedenle

---

7 Dizanteri, sıcak ülkelere özgü önemli bir sindirim sistemi enfeksiyonudur. Ateş, kanlı dışkı ve karın ağrısına yol açar. Doktor tedavisi şarttır.

Türkiye'ye ASALA konusunda belirli yardımlarda bulunuyordu. Ancak bilgisi dışında yapılan operasyonlara da tepki gösteriyordu.

Beyrut'a ilk gidişimizin üzerinden bir buçuk ay geçmişti. Yine yeni bir yolculuk vardı Beyrut'a. İkinci kez yola çıktığımızda ekipte olduğuma göre, ilk sınavı başarıyla geçmiştim anlaşılan. Planda küçük bir değişiklik vardı:

Bu kez beş kişiydik.[8] Üç de "çöpçü" vardı.

İş bu kez sahiden ciddiydi. İlk gelişimizde bu kadar olağanüstü bir hal yoktu. Bunu hissediyordum. Hava biraz değişikti.

Ekipler ve buluşma yerlerimiz de değişmişti.

Bu kez ben Mehmet Ali Ağabey'le aynı oteldeydim. Diğer üç arkadaş ise başka otellere dağılmışlardı. Çöpçülerden ise haber yoktu. Onlar bizi bulurdu.

Kompartıman usulü çalışıyorduk.

İşin daha sıkı tutulmasının bir nedeni Beyrut'un bir önceki gelişimize göre daha kontrollü olmasıydı. Lübnan Cumhurbaşkanı Beşir Cemayel'in suikasta kurban gitmesi gergin Beyrut'u daha da germişti. Her an yine bir iç savaşın patlak vermesinden korkuluyordu. Önlemler çok sıkıydı.

İlk gün çiçekçi Tarık'a uğradım.

Sonra yine Bahri Bey, Sudanlı Hasan, Vildannur gibi "eski ekibi" gördüm. Tek eksik, bizim demirleri satan Türklerdi! Gemileri Beyrut Limanı'ndan ayrılmıştı. Sudanlı Hasan'a devamlı beni sormuşlar. O da "kayıp" demiş!.. Belki öldürüldüğümü düşünmüşlerdir.

Beyrut'ta bizim için her şey yerli yerindeydi. Alışveriş olgunlaşmıştı.

Mehmet Ali Ağabey'in rahatlığı bana da sirayet etmişti. Her gece eğlenceye gidiyorduk. İkimiz de Ürdünlü ve Libyalı zengin işadamları görünümündeydik.

---

8 Bu yeni eklenen üç kişiden ikisi daha sonraki yıllarda vefat etmişti. Biri ise halen görevdeydi. Torun "Yakub Cemil" kimlikleri konusunda bilgi vermek istemedi.

Bol para saçıyorduk sağa sola. Garsonlar etrafımızda pervane gibiydi.

Mehmet Ali Ağabey biraz çapkındır. Bir gece kulübünün Mısırlı bir dansözü vardı. Türk dansöz-şarkıcı Pınar Eliçe'ye benziyordu. Kızın adı Buket'ti. Onunla birlikteydi!

Kızın, yatalak bir ağabeyi vardı, ona bakıyordu. Mehmet Ali Ağabey bazen onların evinde kalırdı.

Bir sabah Mehmet Ali Ağabey'in silahla yaralandığı haberini aldım. Ne olduğunu anlamamıştım. Çünkü anlatılanlar kafama yatmıyordu. Güya Mehmet Ali Ağabey, dansöz kızın evinde gece Smith Wesson tabancasını temizlerken, bir kaza oluyor, tabanca ateş alıyor, taştan seken mermi Mehmet Ali Ağabey'in omzunu sıyırıyor. Silah taşımaması gerekiyor. Peki bu silah neyin nesiydi? Elindeki silah ateş alıyor, taştan sekip yine kendisini vuruyor! Olacak şey miydi bu? Ancak bizde operasyon döneminde soru sormak yasaktır. Bunu sonra da hiçbir zaman öğrenmedim, öğrenmek istemedim.

Daha sonra kendisinin anlattığı ise, Bekaa'da ASALA'yla girdiği sıcak temasta olmuştu! Neyse ne, dediğim gibi fazla üzerinde durmadım. Ama Mehmet Ali Ağabey pek "ele avuca sığmazdı"; yani, kontrolsüz hareketleri oluyordu.

Dansöz Buket'in evindeki olaydan hemen sonra Mehmet Ali Ağabey hemen apar topar "eve" götürülüyor. Arapların uykusu ağırdır, bu nedenle "eve" genellikle sabaha karşı dörtte beşte gidilirdi. Herkes uykuya yatsın diye Mehmet Ali Ağabey biraz geç götürülüyor.

"Çöpçü" iki günde Mehmet Ali Ağabey'in yarasını "tımarlamıştı".

Uzatmayayım...

Nihayet alışveriş günü geldi.

Mehmet Ali Ağabey'le çiçekçide buluşacaktık.

Cumartesi gecesiydi.

Saat 22.00'de Vildannur'la otele girdik. Vildannur resepsiyon görevlisine, erken yatacağımızı söyleyerek, bir tabak meyve ile bir şişe şarabın çabucak odaya gönderilmesini istedi.

Odaya girdik. Üzerimi çıkardım. Servis geldiğinde kat

görevlisi beni üzerim çıplak gördü. Arap personel sevimli bir çocuktu, hınzırca gülüyordu, bolca bahşiş verdim.

Tepsiyi masaya koydum. Vildannur pencereden dışarıyı seyrediyordu.

Kısa kollu beyaz gömleğimi giydim. Kravatımı taktım. Ceketimi de giyince oldukça şık görünüyordum.

Tam çıkacakken Vildannur'a teşekkür ettim. Kız hiçbir şey söylemedi. Birlikte koridora çıktık. Yangın merdiveninden aşağıya indim. Vildannur aşağıya inene kadar pencere önünde bekleyecekti.

Yeşil Renault otelin önünde beni bekliyordu. Direksiyon başındaki adamı ilk kez görüyordum. Bahri Bey'in adamıydı. Hiç konuşmadan otomobilin arka koltuğuna oturdum. Rüzgâr gibi geldik bulvara.

Otomobilden indim. Yürüyerek çiçekçinin arka kapısına gittim. Kapı hafif aralıktı. İçeri girdim, Tarık oradaydı. Beni görünce elektrikleri söndürdü. Ön kapıyı kilitledi. Ay ışığı dükkânı aydınlatıyordu. İkimiz de konuşmuyorduk. Dükkân çok sessizdi.

İki üç dakika sonra arka kapı açıldı, Mehmet Ali Ağabey geldi.

O karanlıkta, "Ne o rengin atmış" diye espri yaptı.

"Alışveriş heyecanı Ağabey, bitince geçer" dedim.

Terden sırılsıklam olmuştum. Sanki ellerimden su damlıyordu.

Depodaki vazoların altından emanetleri aldık. Yalnız emanetlerde değişiklik vardı. Elimizdekiler "baba 9'luk"lardı yani 14'lüydü. Susturucular hem Smith Wesson'a, hem de Astra'ya tam oturmamıştı. Susturucular namlu gibi olmuştu.

Susturucu olmadan kullanacaktık. Şanssızlık. İnşallah bir aksilik olmazdı.

"Çöpçü"ler çevrede olacaktı.

Bu kadar elemanla, iki kişinin hakkından gelemezsek ayıptı bize. Diğer üç arkadaşın da çevrede olacağından emindim. Deyim yerindeyse bulvar o gece Türk kaynıyordu!..

Mehmet Ali Ağabey'le birlikte beklemeye başladık, çiçeklerin, vazoların arkasından bulvarı gözetliyorduk. Taksiyle geleceklerdi. İstihbarat öyleydi.

Nefesimizi tutmuştuk. Çıt çıkmıyordu üçümüzden. Tarık bir iskemleye oturmuştu, biz ayaktaydık.

Geceyarısına doğru beyaz Amerikan taksi barın önünde durdu.

İşte hedefler gelmişti. Biri taksinin arka koltuğundan, diğeri ön koltuğundan indiler.

Altın Bülbül'ün bahçesine üç beş adım atmışlardı ki, çiçekçinin arka kapısından sağlı sollu sıyrıldık. Süratli hareket ediyorduk.

Barın bahçesine adım atmıştık ki birdenbire hedeflerle göz göze geldik. O sırada ışıkların hafif sönmesinin, müziğin sesinin açılmasının nedeni, Amerikan dolarıydı!

Bahçenin ışıkları da hafif söndürülmüştü. Barın müziği ise tüm bulvarı inletiyordu. Müdür yemlenmişti bu konuda.

Karanlık yedi sekiz kez kısa alevlerle aydınlandı? İkimiz de tetiğe basmıştık...

Silah sesi neredeyse dışarıdan duyulmamıştı sanki.

Mehmet Ali Ağabey ve ben yerde yatan adamların kulağına eğildik, "Oktar Cirit" diye fısıldadık.

"Cirit" parolasını seçmemizin nedeni buydu. "İşlem" bitince adamların kulağını Oktar Cirit adını fısıldayacağımızı önceden kararlaştırmıştık.

Oktar Cirit adını fısıldamamızın bir başka anlamı daha vardı: Beyrut Büyükelçiliği Başkâtibi Oktar Cirit 16 şubat 1976 günü şehit edildi. Oktar Cirit, öldürüldüğünde 30 yaşındaydı, yani benim Beyrut'ta bulunduğum yaştaydı. "Alışveriş" yeri olarak Altın Bülbül'ü seçmemizin bizim için özel bir anlamı da vardı: Oktar Cirit, Hamra Caddesi'nde Filipper adlı bir oyun salonunda makine başında kendi kendine golf oynarken şehit edilmişti. Biz de intikamını benzer bir yerde aldık!

Yine hızlı hareket etmemiz gerekiyordu. Hızla çiçekçiye girdik. Silahları vazoların altına koyduk. Titriyordum. Mehmet Ali Ağabey sakin görünüyordu. Tarık dükkânın ön camından dışarıyı gözetliyordu. Üçümüz de konuşmuyorduk.

Bir baktım elim kan içinde, ne olduğunu anlamamıştım. Herhalde bir yere çarpmıştım. Mendilimi çıkarıp elime sardım. Ne tuhaf, aklıma dedem Yakup Cemil geldi. O da Kafkasya Cephesi'nde elinden yaralanmıştı...

Biz görevimizi tamamlamıştık. Alışveriş nihayet bitmişti. Mehmet Ali Ağabey'le ayrıldık.

Tıpkı bir buçuk ay önce konuştuğumuz gibi plan aynen uygulanmıştı.

Mehmet Ali Ağabey'le yarın sabah erken saatlerde limanda gemide buluşacaktık.

Yeşil Renault beni bekliyordu...

Mehmet Ali Ağabey'in arkasından Tarık'a "Hadi eyvallah" deyip dükkândan çıktım. Hızlı adımlarla otomobile doğru yürüyüp, bindim. Ortalıkta hareketlilik yoktu. Herhalde silah sesi sahiden duyulmamıştı. Otele geldim, yine yangın merdiveninden yukarıya çıktım. Tam belirlenen saatte odamın önündeydim. Vildan yolumu gözlemişti, hemen kapıyı açtı.

Otelde, tabancadan çıkan, "svap" denen barutun izinin geçmesi için önce, tırnaklarımı iyice derinden kestim. Omuzlarıma kadar sıcak suyla derimi kazır gibi tekrar tekrar yıkandım.

Vildannur elbiselerimi katlayıp çantasına koydu. Otelden ayrılırken, resepsiyona, uyuduğumu, hiçbir şekilde rahatsız edilmemem gerektiğini söyleyecekti.

Bu benim ilk işimdi. İlk kez sıcak bir ete sıkmıştım!

Sabaha kadar uyuyamadım. O sahne gözümün önünden gitmiyordu. Aklıma yakalanacağım hiç gelmiyordu. Çünkü Beyrut'ta her gün onlarca kişi ölüyordu. İki kişi daha öldürülmüş, kimin umurundaydı...

Sabah erken saatte Bahri Bey otomobiliyle gelip beni otelden aldı. Gümrüğü geçip limana gittik.

Bizim gemi Semerkant hâlâ ortalıkta gözükmüyordu. Allah bilir yine ne işler çeviriyorlardı.

Bahri Bey beni balıkçı teknesine benzeyen bir gemiye bindirdi. Ambara indik. Balık kokusu, yağ kokusu ve daha bir sürü ağır kokular vardı. Burnumun direği kırılacak gibiydi.

Ambar yarı aydınlıktı, içeride bazı adamlar vardı, ama seçemiyordum kim olduklarını.

Sesinden tanıdım Mehmet Ali Ağabey'i, "Ne o yeni karargâhımı beğenmedin mi?" dedi. Keyifliydi. Diğer üç arkadaş da gemideydi.

Ekibimiz toplanmıştı.

Gemide dün gece hayli hareketli saatler yaşanmıştı.

Sudanlı Hasan geceyarısı, ASALA'nın önemli isimlerinden Leon Dikran'ı kandırıp gemiye getiriyor.

Kandırması kolay oluyor, zaten Sudanlı Hasan Beyrut'ta bilinen bir isim. Bu "tavşan" da gemilere alışık. ASALA, Güney Kıbrıs, Beyrut, Marsilya limanları arasında uyuşturucu ve silah taşıyordu.

Hollanda, Belçika, İsveç'ten silah alıyorlar, uyuşturucu veriyorlardı! Al gülüm ver gülüm ticareti!

Güney Kıbrıs'taki geçişleri bu Leon Dikran ayarlıyordu.

Sudanlı Hasan Semerkant'ı ucuz fiyata satmak istediğini söylemiş. Adamlar kendilerine o kadar güveniyorlar ki, başına bir kaza geleceği aklının köşesinden bile geçmiyor. Elini kolunu sallayarak limana geliyor.

"Semerkant birkaç saat içinde gelecek, istersen o sırada bir başka gemiye daha bakalım" diyor.

İşte bu balık ve yağ kokan tekne gibi küçük gemiye biniyor.

Onlar gemiye adım atar atmaz, gemi demir alıyor. Leon Dikran gemide bir güzel sorgulanıyor. Üzerinden Avrupa'daki "tavşan"ların adresleri, telefon numaraları çıkıyor. Örgüt hakkında en önemli bilgiler Ekmekçiyan'dan sonra Leon Dikran'dan o gece öğreniliyor.

Sabaha karşı bu gemiden bir çuval denize düşüyor!

Gemi daha sonra tekrar limana dönüyor. Dediğim gibi, dolar Beyrut'ta her kapıyı açıyor.

Bu arada, bizim ekipten üç kişinin bizim operasyona katıldıklarını tahmin etmiştim. Yanılmışım. Onlar gemi operasyonu için Beyrut'a gelmişler demek!

Mehmet Ali Ağabey Leon Dikran'dan öğrenilen bilgilerin kopyalarını yazmamı istedi. Dediğini hemen yaptım. Bir kopyası da ben de olacaktı, ne olur ne olmaz diye.

Notları almam bittikten sonra, Beyrut'u hemen terk etmem gerektiğini söyledi. Birkaç gün sonra yine buluşacaktık.

Ben o gemiyle döneceğimizi tahmin etmiştim. Çünkü önceki plan öyleydi. Herhalde değişikliğin bir nedeni vardı. Sormadım.

Otele döndüm. Akşama doğru Bahri Bey gelip beni alacaktı.

Eşyalarımı topladım. Balkonda sigara içerek bekledim. Hava yeni kararmıştı ki Bahri Bey geldi. Hesabı da o ödedi. Otel görevlilerine çok memnun olduğumu, kısa bir zaman sonra yeniden geleceğimi söyledim.

Kapıda beyaz bir Cadillac otomobil duruyordu. Arkada Vildannur vardı. Bahri Bey yine şoför koltuğuna oturdu, ben de arka tarafa geçtim. Yola çıktık. Daha sonra bizi devasa bir TIR takip etmeye başladı.

Korkulacak bir şey yoktu. TIR'dakiler bizdendi. TIR'da Ürdün Kraliyet ailesine İngiltere'den gelen son derece pahalı İngiliz yarış atları vardı. Bu kadar pahalı emanetleri taşıyanlardan kimse şüphelenmezdi herhalde.

İstikamet Ürdün'ün başkenti Amman'dı. Gümrüklerde zorluk çekmedik. Zaten ben Ürdün vatandaşı değil miydim?

Amerikan doları her işi kolaylaştırıyordu bu topraklarda. Ürdün de bile.

Amman yakınlarındaki güvenilir bir çiftlikte kaldım. Çiftliğin sahibi Çerkez'di. Benim hem Türk hem de Çerkez olduğumu bildiklerinden evlerinde "ağır misafir" muamelesi gördüm.

Mehmet Ali Ağabey de üç gün sonra çiftliğe geldi.

İlginç bir olayı hiç unutmadım. Bir cuma günü camiye gittik. Namaz sonrası cami avlusundaki küçük bir mezarlığa götürdüler bizi. Mezarlardan biri Çerkez Ethem'in mezarıydı. Dua ettik. Çerkez Ethem belki hatalar yapmıştı ama o bizim gözümüzde Teşkilatı Mahsusa'nın yiğit isimlerinden biriydi.

Beyrut'ta dünyanın her ülkesinin ajanları cirit atıyordu. CİA, MOSSAD, KGB, M16 ve niceleri. Hepsinin bölgede kurduğu ilişkiler paraya, yani dolara dayanıyordu. Ama bizimki onlardan biraz farklıydı. Tarihî dostluklar paranın üstüne çıkıveriyordu. Çoğu Arap bizi arkadan vurmuştu geçen yüzyılın başında. Ancak hâlâ o topraklarda dostlarımızın olduğunu bilmek, görmek sahiden çok gurur vericiydi.

Amman'dayken, aldığımız bir haber bizi çok üzdü:

Biz Beyrut'tan ayrıldıktan birkaç gün sonra Sudanlı Hasan'ın boğazı kesilmiş, cesedi Büyük Suriye Caddesi'ndeki altıncı palmiye ağacının altında bulunmuştu...

Bizim Altın Bülbül'deki olayın ne olduğunu tam anlayamamışlardı. Ancak Leon Dikran'ın öldürülmesi adamlarda panik yaratmıştı. Zaten İsrail'in Lübnan'a girmesi keyiflerini kaçırmıştı. Şimdi de "TM" imzalı olaylar üzerine lider takımı yer değiştirmişti: Monte Melkonyan İsveç, Ara Toranyan Paris, Agop Agopyan Atina sorumlusu olmuştu.

O günlerde Beyrut Amerikan Üniversitesi'nin CİA temsilcisi, pazar ayininden dönerken yanındaki bir başka ülkenin konsolosuna, Teşkilatı Mahsusa'nın ne olduğunu soruyordu...

Ne çabuk unutmuşlardı Teşkilatı Mahsusa'yı. Ama biz onlara tekrar hatırlatacaktık.

Amman'dan Frankfurt'a geçtik...

Ancak Frankfurt'ta fazla kalmadık, hemen Türkiye'ye döndük.

Ancak kısa bir zaman sonra tekrar Almanya'ya gidecektik...

Trablusgarp'ta
dede Yakub Cemil

29 eylül 1911...

İtalyanlar Kuzey Afrika'daki toprağımız Trablusgarp'a harekâta başladılar. 35 000 asker (ki bu sayı daha sonra 80 000'i bulacaktı), 6 000 at, 103 top, 800 kamyon, 4 uçaktan oluşan İtalyan ordusunun Trablusgarp'a girişi hayli kolay olmuştu. 3 ekimde Hums, 11 ekimde Derne, 21 ekimde Bingazi işgal edilmişti.

İtalyanlara karşı savaşmak için İstanbul'dan, kızgın çöllere giden gönüllüler arasında ben de vardım. Kimler yoktu ki; Enver Bey, Mustafa Kemal, Fethi (Okyar) Bey, Rauf (Orbay) Bey, Sapancalı Hakkı, İzmitli Mümtaz, Ömer Naci, Abdülkadir, Cevad Abbas, Atıf, Süleyman Askerî, Doktor Refik (Saydam), Kuşçubaşızade Eşref, Afyonkarahisarlı Ali (Çetinkaya), Enver Bey'in kardeşi Nuri Bey ve amcaları Halil Bey gibi İttihat ve Terakki'nin birçok yiğit savaşçısı...

Trablusgarp'a gönüllü subaylar akını başlamıştı.

Ve millet, bu vatanperver yiğit evlatlarını gördükçe İttihat ve Terakki Cemiyeti'ne daha gönülden bağlanıyordu...

Biz beş arkadaş, Binbaşı Mustafa Kemal, Sapancalı Hakkı, Ömer Naci, Abdülkadir birlikte gittik. Birbirimizi Makedonya'dan tanıyorduk.

15 ekim 1911 günü İstanbul'da Rus vapuruna bindik.

Daha önce Şam vapuruna binmiş ancak üç gün bekletildikten sonra geri gönderilmiştik. Şanşımızı bu kez Rus vapurunda deneyeceğiz. Mısır üzerinden Trablusgarp'a girmeye çalışacağız. Gemiyle direk Trablusgarp'a gidemiyoruz. Çünkü İtalyan gemileri bölgeyi abluka altına almıştı. İsimlerimizi, kıyafetlerimizi değiştirdik. Hepimizin sahte kimlikleri vardı.[1]

Yolculuktan önce yardım götürmek için İttihat ve Terakki Merkezi'nden 300 lira istedik. Bize, "Para yok, Enver'le görüşün" denildi. Ömer Naci'nin üstelemesi ve Mustafa Kemal'in verdiği senetle Ömer Fevzi'den 200 İngiliz lirası aldık.

Nihayet hareket ettik.

Yine bir mucizeyi gerçekleştirmek için...

Yol boyu Akdeniz'de İtalyan kruvazörlerini gördük.

İtalyanların denizler üzerinde mutlak hâkimiyeti vardı. Biz ise neredeyse donanmasız bırakılmıştık.

Donanma Sultan Abdülaziz'in tahtan indirilişine (1876) katıldığı için, II. Abdülhamid tarafından neredeyse cezalandırılmıştı. Tahtan indirilen Abdülaziz intihar etmişti. Benzer sonun kendi başına gelmesinden korkan II. Abdülhamid, donanmayı yıllarca hareketsiz bırakıp Haliç'e hapsetmişti.

Donanmasız kalmamızın tuhaf ve anlamsız bir nedeni daha vardı:

Rus-Japon Harbi'nde, Rusların uğradığı bozgun üzerine Potemkin zırhlısında askerlerin isyan çıkarması II. Abdülhamid'i daha da vesveseli yapmıştı. Bir gün bizim donanmamızda da aynı ayaklanmanın çıkacağını ve denizcilerin Yıldız Sarayı'nı topa tutacağı korkusunu yaşıyordu. II. Abdülhamid'in bu korkusunu bilenler ona daima uydurma jurnaller veriyorlardı. Öyle veya böyle, sonuçta harp gemilerimiz çürüyordu.

Hamidiye, Osmaniye, Aziziye, Orhaniye, Mukaddematı Hayr, Hıfzürrahman, İclaliye gibi harp gemilerimiz kaderlerine terk edilmişti. Personeli bu savaş gemilerinde domates soğan yetiştirip karnını doyuruyordu! Isınmak için gemilerden parçalar söküp yakanlar bile vardı!..

---

1 Mustafa Kemal, "*Tanin* gazetesi yazarı Şerif Bey" pasaportuyla yolculuk ediyordu. Muhtemelen Yakub Cemil'in kimliğinde de "gazeteci" yazıyordu.

Zaten Japonya'ya gösteriş için gönderilen Ertuğrul fırkateyni bakımsızlıktan batıp, 587 yiğidi okyanusa gömmemiş miydi?[2]

Düşünün ki, 35 yıl önce Osmanlı, İngiltere ve Fransa'nın arkasından dünyanın en güçlü donanmasına sahipti. Bir kişinin kuru vesvesi yüzünden düştüğümüz duruma bakın!

Mısır'a vardığımızda gemiden çıkmamız hayli güç oldu. Çünkü İstanbul'da kolera salgını vardı ve bu nedenle vapurdan çıkmamıza izin verilmiyordu. Gemi karantinaya alınmıştı.

Dört gün vapurda kaldık.

Sonunda kurtulduk. Ancak aksilikler yakamızı bir türlü bırakmıyordu. Bu kez korktuğumuz başımıza geldi, Mustafa Kemal hastalandı. Allah'tan koleraya yakalanmamıştı. İskenderiye'de bir hastaneye götürdük. Birkaç gün başında bekledik. Bu arada arkadaşları Nuri (Conker) ve Fuat (Bulca) gelince üçünü İskenderiye'de bıraktık. Biz bir an önce cepheye ulaşmak için hemen yola çıktık.

Kahire'den Trablusgarp sınırına kadar 600 kilometre gitmemiz gerekecekti. Öldürücü sıcak altında, pencereleri sımsıkı kapalı olmasına rağmen, kumların deliklerden geçip ağzımıza burnumuza girdiği çölde bir tren yolculuğu yaptık.

Tabiî 600 kilometre gidip Trablusgarp sınırına gelince yolculuk bitmiyordu. Bu kez 1 000 kilometrelik Bingazi yolu vardı. Üstelik çölde ne karayolu, ne tren yolu bulunuyordu. Develer sırtında yolculuk yaptık.

En iyisi, hecin devesiydi. Günde 100 kilometre yürüyebiliyordu. Ancak bizde, onu alacak para yoktu. Diğer develerle günde 50 kilometre gidebildik. Zaten her 50 kilometrede bir kuyu vardı.

---

2 Ertuğrul fırkateyni süvarisi Yarbay Ali Bey'in üç çocuğu vardı: büyük kızı Neyyire ve biri kız, diğeri erkek ikiz çocukları Mevhibe ve Rauf.

Neyyire doğan oğluna babasının adını verdi: Hasan Âli. Bu çocuk ileride millî eğitim bakanı olan Hasan Âli Yücel'di. Onun da tıpkı dedesi gibi ikiz çocukları oldu: Canan (Erolat) ve Can (Yücel).

Saçımız sakalımız birbirine karıştı. Üzerimizdeki kıyafet-lerle tam bedevilere benzemiştik.

Sonunda tüm zorluklara rağmen Bingazi'ye ulaşabildik.

Kimi arkadaşımız bu güç yolları rahat aştı. Mesela Ali Fu-at (Cebesoy) Paris'teki ataşe militer görevini bırakıp Fransız balıkçı gemisiyle gizlice Bingazi kıyısına çıkmıştı. Enver Bey yanında Rauf (Orbay) Bey ve Ömer Fevzi Bey'le birlikte gaze-teci kimliği taşıyarak seyahat etmişlerdi. Üçü de harp muha-biriydi, *Tanin* ve *Tercüman-ı Hakikat* gazetelerinin...

Fethi (Okyar) Bey bizim, Mustafa Kemal'le birlikte Trablus-garp'a gelmemize biraz şaşırmıştı. Bir gün Mustafa Kemal'e "Onlarla senin ne işin var?" diye sorduğu kulağıma geldi.

Böyle konuşmasının nedeni, başta Mustafa Kemal olmak üzere Fethi de (Okyar) dahil bazı arkadaşlar, İttihat ve Te-rakki'ye mensup subayların siyasetle ilgilenmelerine karşıy-dılar. "Ya siyaset, ya ordu" ilkesini benimsiyorlardı.

İttihat ve Terakki Cemiyeti'nin 22 eylül 1909 tarihindeki Selanik Kongresi'nde bu görüşler dile getirilmiş ve sert tar-tışmalar çıkmıştı. Karar alınamadı ama, Kongre Mustafa Ke-mal'in dediğine hak verir gibi oldu. Ve Enver Bey şunu anla-dı ki, bu adam İttihat ve Terakki için tehlikeliydi.

Enver Bey'i severdim ama onun kadar olmasa da Musta-fa Kemal'i de severdim.

Bir gün gidip Mustafa Kemal'i uyardım:

"Çok hırslısın. Gözün hiçbir şey görmüyor. Bu hırsın ba-şına olmadık işler açabilir. Bu arada Abdülkadir ile Enver'in amcası Halil'e dikkat et!" dedim.

Ne demek istediğimi anlamıştı.

Aslında Mustafa Kemal'i vurup ortadan kaldırma görevi ilk olarak, Hüsrev Sami (Kızıldoğan) ile bana verilmişti! Biz kabul etmemiştik. Enver ve Mustafa Kemal, onlar iki rakip-ti!.. Enver Bey, Fethi (Okyar) Bey'i de rakip görürdü!

Sanıyorum diğer iki arkadaş da bundan vazgeçtiler. Ama Enver Bey ile Mustafa Kemal'in sürtüşmeleri hiç bitmeyecek gibiydi.

Tabiî Fethi (Okyar) Bey, bizim İttihat ve Terakki'nin fe-daîsi olduğumuzu bildiği için, Mustafa Kemal'in bizimle nasıl yolculuk yaptığına şaşırıyordu. Onu öldüreceğimizi sanıyordu! Şaşkın.

Ömer Naci de Mustafa Kemal'in en yakın arkadaşıydı. Belki de bir tek Abdülkadir'le dostluğu yoktu.[3]

Trablusgarp'ta çok zayıf 15. Fırka vardı. Asker azdı ve cephane hiç denebilecek kadar yoktu. İtalyanların asker sayısı, cephaneleri bizden kat be kat fazlaydı.

Trablusrgarp'ta ancak Makedonya'da öğrendiğimiz ve tatbik ettiğimiz komitacılık metoduyla savaştık. Özellikle geceleri vur kaç taktiği uyguladık.

İttihat ve Terakki'nin gönüllü subaylarının neredeyse her biri bir Arap kabilesinin başına geçti. Onlara gerilla savaşını öğrettik. Yoksa 3 000 kişilik, silahsız, cephanesiz derme çatma bir orduyla, 2 000 kilometreyi bulan Trablus sahillerini savunmak hiç kolay olmayacaktı.

Kurmay Albay Neşet Bey, Trablusgarp; Kurmay Binbaşı Enver Bey, Bingazi; Kurmay Binbaşı Mustafa Kemal, Tobruk ve tabanca atış müsabakasına gittiği için daha sonra aramıza katılan Halil Bey (Avusturya-Macaristan hükûmetinin tertip ettiği ordulararası atış müsabakasında, 600 subay arasından üçüncü olmuştu), Hams mutasarraflığına getirildi.

Ben yine Enver Bey'in yanındaydım.

Karargâhımız Derne'deydi.

İtalyan donanmasının yaptığı top ateşleri tozu dumana katıyordu. Top mermileri bazen karargâhta, yanımıza kadar düşüyordu. Allah'tan karargâhımızı deniz seviyesinden 300 metre kadar yükseklikte bir kayalığın üzerine kurmuştuk. Sağımızda yarlar, mağaralar vardı.

Karargâh yerinin adı Ayn el-Mensur'du!

Karargâh çevresi çadırlı ordugâh halini aldı. Arap kabileleri kendilerine göre çadırdan mahalleler meydana getirdi.

Bu çadırlar arasında Enver Bey'in çadırı hemen göze çarpıyordu. Aslında biraz Şark serdarının otağına benziyordu.

---

3 Cumhuriyet'in ilk Ankara valisi olan Abdülkadir, 13 temmuz 1926 tarihinde, Atatürk'e düzenlenen İzmir Suikastı'na karıştığı iddiasıyla idam edildi. O da cemiyetin fedaîlerindendi. İstanbul'daki, başta gazeteci Hasan Fehmi cinayeti olmak üzere, bazı faili meçhul cinayetleri onun işlediği iddia edildi.

Hasırlar, kilimler, halılar ve çadır içinin dört köşesinde kutsal manalar içeren yazılar vardı.

O Saray'a damat olmuştu.[4] Bu nedenle çok saygı görüyordu. Genç damadın etrafında görülmemiş bir sadakat ve itaat halkası yaratılmıştı.

Arapları yanımızda savaştırmak için din birliğini öne çıkarıyorduk. Yine de günde iki kuruş gümüş para yevmiyelerini veriyorduk. Ganimetleri de paylaştırıyorduk.

Araplara, askerî usullere göre saf tutmayı, yürüyüşte çift kol nizamını öğretiyorduk. Her on kişi bir onbaşıya bağlıydı.

İlginçtir, her on kişilik mangada, iki Arap kadın bulunurdu. Manganın ekmek torbalarını, mataralarını, hatta yedek cephaneyi bunlar taşırdı. Yaralıları bunlar alır, yaraları bunlar sarardı. Her ölenin ardından karargâhta ağlamak, ağıtlar yakmak, ilahîler okumak da bunların göreviydi. Zavallı kadınlar bazen savaş alanında şehit olurlardı.

Araplar İslam yolunda şehit düşmekten gurur duyarlardı. Tabiî birkaç yıl sonra değişecekti bu ulvî amaçları.

Silahları, cephaneleri ve binlerce askeriyle İtalyanlar aylar geçmesine rağmen başarılı olamıyorlardı. İtalyan devletinin itibarı sarsılmıştı. Gerilla savaşıyla başa çıkamıyorlardı. Çok yerde onları sahile kadar sürüklüyorduk.

Türk'ün gücü yine destanlar yazıyordu.

Bu arada bir aksilik oldu.

İstanbul'dan gönüllü gelip aramıza katılan "Bandırmalı" diye bilinen zenci bir subay vardı, adı Şükrü.

Bu adam iki yıldır ortalıklarda gözükmüyordu. Meşrutiyet'ten sonra kayıplara karışmıştı. Harp Okulu'nda siyasî bir yönü yoktu. Şimdi birdenbire gönüllü olup Bingazi'de ortaya çıkıvermişti.

Hayatta her şeyi affederim, casusluk dışında.

Ben bu adamdan şüphelendim.

---

4 Abdülmecid'in oğlu Şehzade Süleyman Efendi'nin kızı Naciye Sultan'la evli olan Enver Bey, Trablusgarp'tayken daha nikâhlı eşini görmemişti. Naciye Sultan o tarihte henüz 12 yaşındaydı.

Şüphelerimi arkadaşlarıma açtım, ama oralı bile olmadılar. Onlara da kızdım. Bu vurdumduymazlığın sonu nereye varacaktı?..

Sonuçta ne yaptım; bir gece çadırına gidip uyandırdım ve alnından vurdum! Casusların sonu ölüm olmalıydı.

Anlaşılmaz tepki aldım. Tekrar tekrar anlattım, bu adamın İtalyanlar lehine casusluk yaptığını. O da bazı Araplar gibi İtalyanlarla işbirliği yapıyordu. Bunca yıllık subayım, kimin casus olup olmayacağını bilmeyecek değildim herhalde!

Enver Bey'in o kadar kişi önünde beni suçlayıcı konuşması çok ağrıma gitti. İstanbul'a dönmeye karar verdim...

Kimseye haber vermeden, geldiğimiz yolu bu kez tek başıma kat edip İstanbul'a ulaştım. Kâh deve üstünde, kâh tren ve vapurla yolculuk yapmıştım. Yorgun düşmüştüm.

İstanbul'da çoğu kimse, İtalyanların Trablusgarp'taki katliamlarını değil, Şişli Camii önünde otomobiliyle bir Arnavut'a çarpan İtalyan elçisinin şoförünü konuşuyordu. Kader; İstanbul'daki ilk otomobil kazasını da bir İtalyan yapmıştı.

Bu arada İttihat ve Terakki hükûmeti de kazaya uğramıştı.

İttihat ve Terakki, dört yıllık iktidarını 16 temmuz 1912'de muhaliflere bırakmış, muhalefete geçmişti. "Asker siyasete karışmasın" diyen bizim bazı arkadaşlar sonunda iktidarı da, orduyu da muhaliflerin eline bırakmışlardı. Biz fedaîler, cephe cephe koşuştururken, muhalefet Arnavutluk'ta dağa çıkarak bizim hükûmeti korkutup iktidarı ele geçirmişti.

Sadrazamların biri gidiyor diğeri geliyordu.

Hakkı Paşa Kabinesi, Said Paşa Kabinesi ve şimdi de 80 yaşındaki Gazi Ahmed Muhtar Paşa Kabinesi...

Bu kabine devrin en yaşlı kişilerinden oluşuyordu. Yıllardır görev yapan üç sadrazam Kâmil Paşa, Hüseyin Hilmi Paşa ve Arnavut Ferid Paşa kabinedeydi.

Gazi Ahmed Muhtar Paşa'nın kabinesi İttihat ve Terakki'ye karşıydı. Bize yakın kumandanların, valilerin, memurların hepsinin yerleri değiştirilmişti. Hükûmet, İttihat ve Terakki Cemiyeti'ne karşı sıkı ve sert tedbirler almaya başlamıştı. Cemiyet'i de, fırkayı da[5] sindirmişlerdi. İstanbul polisi cemiyet ve fırka üyelerinin peşine düşmüştü. Ürgüplü Hayri Efendi gözaltına alınmıştı. Halil Bey (Menteşe) Alman Sefarethanesi'ne, Cavid Bey Fransız Sefarethanesi'ne kaçmışlardı. Talat Bey önce Tokatlıyan Oteli'nin tavan arasındaki küçük bir odaya, sonra Sahip Molla'nın Paşabahçe'deki korusu içindeki bekçi kulübesinde saklanmıştı. İsmail Canbulat kendisini gözaltına alan inzibat memuru Nizameddin Efendi'yi öldürmüştü. Dr. Abdullah Cevdet, Salah Cimcoz, esbak Trabzon Valisi Süleyman Nazif, Hüseyin Cahit (Yalçın), Aka Gündüz gözaltına alınmıştı...

Orduda da bize karşı hareketler başlamıştı. İstanbul'daki Halaskâr Zabitan Grubu'nun, Makedonya'daki bazı subaylarla ve Hürriyet ve İtilaf Fırkası'yla ilişkisi vardı. Meclis'in kendisini feshetmesini istiyorlardı.

İttihat ve Terakki Cemiyeti kendi içinde kaynıyordu. 20 ağustos 1912 tarihindeki kongre büyük kavgalara sahne oldu.

Kongrede iki grup yarıştı. Benim de dahil olduğum grubun başını Sapancalı Hakkı çekiyordu. Diğer grubun başında ise Talat Bey vardı.

Kongre toplandı. Ortalık toz dumandı; bu nedenle Cemiyet azalarının yüzde 10'u katılabilmişti kongreye. Bizimkiler cephelerde çarpışıyorlardı.

Kongre nizamnamesine göre, fırka mebuslarının ancak yüzde 10'u kongreye katılabiliyordu. Halbuki hepsi gelmişti. Ve hepsi "Büyük Efendi" diye hitap ettikleri Talat Bey'e bağlıydılar.

İlk fırtına bu konuda koptu.

Sapancalı Hakkı birkaç kez kürsüye gelip, bu kongrenin İttihat ve Terakki Cemiyeti'nin kongresi olduğunu hatırlatıp fırka mensubu fazla sayıdaki mebusların salonu terk etmesini istedi. O tarihlerde cemiyet ile fırka arasında anlaşmazlıklar vardı. Daha doğrusu biz cemiyet mensupları fırkayı küçük görüyorduk!

---

5 O zaman Meclis dışında kalan ve bütün teşkilatıyla memlekete yayılmış olan İttihat ve Terakki'yi sadece "cemiyet", bu cemiyetin Meclis grubuna da "fırka" deniliyordu.

Sonunda, yapılan hileli seçim sonucu bu isteğimiz kabul edilmedi. Kongrede çoğunluk neredeyse fırkanın oldu.

Gündeme geçildi. Muhalefet (Hürriyet ve İtilaf Partisi) ve Halaskâr Zabitan Grubu'nun istediği, Meclisi Mebusan'ın kapatılıp hemen seçimlere gidilmesi teklifi reddedildi.

Tartışma olmadan oybirliğiyle alınan kararlar da vardı:

"Meclis'i dağıtma kararı Anayasa'ya aykırıdır.

Trablusgarp ve Bingazi'de Osmanlı hâkimiyeti kesinlikle sürdürülecektir."

Biz kararı aldık ama hükûmet, İtalyanlarla 16 ekimde bir antlaşma yaptı: Trablusgarp ile Ege Denizi'ndeki Onikiada İtalyanlara bırakıldı.

Enver Bey antlaşmanın metni İtalyanlarca önüne konduğunda, "Ben hükûmetimden emir almadım" diyecek, ancak emri alması uzun sürmeyecekti...

Aynı gün, yani 16 ekim 1912 tarihi...

Hükûmet iç olaylar karşısında bıkkın, dış olaylar karşısında şaşkındı.

Hariciye nazırı ise Ermeni Gabriel Noradunkyan'dı.

"Balkanlar'dan imanım kadar eminim, savaş çıkmaz" sözü ona aittir. Bu sözü ettiğinin ertesi günü Balkan ülkeleri birleşip Osmanlı'ya saldırdı!

Bulgar, Yunan, Sırp ve Karadağ ordularının toplam asker mevcudu 610 000'di.

Biz ancak 330 000 kişilik kadroyu zor toplayabilmiştik. Askerlerimizin sekizde birinde tüfek yoktu.

Bulgarlar, Sırplar ve Yunanlılar, Rumeli'de, Makedonya'da, Arnavutluk'ta bizi bozguna uğrattılar.

Bulgarlar İstanbul üzerine, Yunanlılar Selanik'e, Sırplar da Arnavutluk üzerine yürüyüşe geçtiler. Hem de tüm bunlar birkaç gün içinde cereyan etti.

Sadece biz değil dünya şaşkındı.

Hiç kimse Osmanlı'nın böylesine çabuk yenilip hezimete uğrayacağını tahmin etmemişti. Hatta Balkan ülkelerini Osmanlı'ya karşı birleştiren Rusya bile.

Başta Bulgarlar olmak üzere Balkan ülkeleri İtalyanların bize açtığı savaştan yararlanmak istiyorlardı. Ama bu kadar çabuk yenileceğimize kimse inanmıyordu. Savaş neredeyse 15 gün sürmüştü. Yüz kızartıcı bir durumdu!

Balkan bozgunu sırasında hükûmet yine değişti. 30 ekimde bu kez sadrazam koltuğunda Kâmil Paşa oturmaktaydı. Haberi duyunca kızgınlıkla yanımdaki arkadaşlara, "Kızına sahip çıkamayan adam, devlete nasıl sahip çıkacak?" dedim. Koskoca sadrazamın saraylarda büyümüş kızı (üstelik evli ve iki çocuğu vardı) evin genç Ermeni aşçısıyla Paris'e kaçmıştı!

Bizi bozguna uğratanlar kendi aralarında Makedonya'nın nasıl bölüşüleceği konusunda kavgaya girmişlerdi.

Bizim derdimiz ise başkaydı. Rumeli'yi kaybetmiştik.

Arkadaşım Resneli Niyazi'nin memleketi Resne başta olmak üzere Makedonya elimizden tek tek çıkıyordu.[6]

Ya Selanik? Bir tek tabanca patlamadan Yunanlara teslim edilmişti!

470 yıl sonra Selanik'e yabancı ordu girmişti. Biz, Makedonya'da hürriyet için dağa çıkanlar Selanik'e, "Kâbei Hürriyet" adını vermiştik. Hürriyetin başkentinde şimdi Yunan bayrağı sallanıyordu.

Sürgündeki II. Abdülhamid, Alman Lorelei gemisiyle zor kaçabilmişti Selanik'ten.

9 kasımda Selanik, 18 kasımda Manastır düştü. Dağlarında eşkıya kovaladığım, hürriyet için dağına çıktığım Manastır artık bizim değildi.

Güzelim Makedonya da bir bir elimizden çıkıp gitmişti; artık ne Üsküp, ne Serez, ne de Kavala kalmıştı avucumuzda.

20 kasımda Arnavutluk bağımsızlığını ilan etti.

Bitmedi, Edirne, İşkodra, Yanya, Ohri, Debre ve Draç artık kendini savunamayacak durumdaydı. Kahraman askerlerimiz bütün zorluğa rağmen bu kaleleri teslim etmiyorlardı.

---

6 Resneli Niyazi'nin eşi ve çocukları gibi bazı yakınları Resne'de kaldı, bazı akrabaları ise o tarihlerde Anadolu'ya göç etti. Türkiye'nin bugün yaşayan en büyük ney üstadı Niyazi Sayın, Resneli Niyazi'nin yeğenidir.

Rumeli boşalıyordu.

500 yıldır egemenliğimiz altındaki Avrupa topraklarını terk ediyorduk...

Her yere kargaşa hâkimdi. Sadece savaş yenilgisi değil, kolera ve dizanteriden Balkanlar'da kaybettiğimiz asker sayısı 40 000'i bulmuştu. (Kolerayı, Suriye'den takviye için çağrılan kuvvetler getirmişti.)

Sadece Türk olduğu için, Müslüman olduğu için, öldürülen insanımızın sayısı 1,4 milyondu.

Balkan Savaşı'nda sivil Türk ve Müslümanlara yapılan zulümleri, vahşetleri araştırmak için İstanbul'da, "Tetkiki Mezalim Cemiyeti" kuruldu. Dernek çeşitli dillerde bastırdıkları broşürleri, fotoğrafları Avrupa başkentlerinde dağıttı. Dernek temsilcileri ülke ülke dolaşıp konuşabilecek resmî yetkililer aradı. Ama uygarlık beşiği Avrupa'da herkes, Balkan vahşetine gözlerini kapayıp kulaklarını tıkamıştı. Dernek temsilcileri sadece bazı gazetelerin muharrirleriyle görüşebildiler. Ancak onlar da bir buçuk milyona yakın Müslümanın öldürüldüğü bu vahşeti habere değer bulmamışlardı!

Balkanlar'da muharebe başlayalı bir ay olmuş ve bu kadar kısa sürede Bulgarlar Büyükçekmece Gölü kenarına kadar gelmişti. Neredeyse İstanbul'a gireceklerdi.

Bulgarlar askerlerine "Yarın Çargrad'da (İstanbul) olacağız" diye moral veriyorlardı.[7]

Başta Enver Bey olmak üzere Trablusgarp'tan dönen arkadaşların hepsi Bulgar ordusunu durdurmak için cepheye koştu.

Mustafa Kemal ve Fethi (Okyar) Bey Bolayır Kolordusu'nda, Enver Bey ve Halil Bey, Hurşid Paşa'nın Çatalca'daki kolordusunda görev aldı.

İttihat ve Terakki, hükûmet kavgasını ve parti içi tartışmaları ikinci plana atmıştı.

Artık Enver Bey'le de barışmıştık. Et ve tırnak birbirine küser miydi?

---

7 Balkan Savaşları'nı izleyen gazeteciler arasında, ileride Rusya'da Ekim Devrimi'ni gerçekleştiren en önemli isimlerden biri olan Lev Troçki de vardı. Döneme farklı açılardan bakmak isteyenler, *Balkan Savaşları* adlı kitabı Arba Yayınları'ndan edinebilir.

Çatalca'daki cephede ben de varım. O kadar mutluydum ki, yine cepheye gitmiştim işte...

O günlerde Halil Bey, Hurşid Paşa'ya bir öneri götürdü: "Ordu hareket kabiliyeti bakımından zayıf. Uzun zamandan beri tahkim edilen düşman mevziine yapılacak taarruzda, muvaffak olmak şansı karşısında Çatalca mevziimizin tehlikeye düşmesi ihtimali de vardır. Bu feci neticeler doğurur. Bu sebeple ordu mevcuduna dokunulmadan, açıktan bulunacak bir kuvvetle Bulgarlara karşı denizdeki hâkimiyetimizden istifade ederek, Bulgar ordusunun gerisine bir çıkarma yapmak suretiyle düşman mevzii düşürülebilir ve hafif birliklerle paniğe kapılacak düşman takip edilir."

Halil Bey'in teklifi kabul edildi. Kolları sıvadık. İstanbul hapishanelerinden 4 000 kadar gönüllü seçtik. Bunları Yıldız'daki Zuhaf Alayları koğuşlarına yerleştirdik ve 45 günlük bir program tatbik ederek, silah kullanmayı, bomba atmayı ve avcılık yapmayı öğrettik. Zaten çoğu silah kullanmayı biliyordu.

Bunların elbiseleri de askerlerden farklıydı; ordu modeli gibi değil, avcı kıyafeti gibiydi. Klasik cephane kutuları yerine de meşin tüfeklikler hazırlatıldı.

Bunlar gerillaydı.

Henüz o tarihte bilmiyorduk ama ileride kuracağımız Teşkilatı Mahsusa'nın temelini atmıştık...

Nihayet hareket saati geldi.

4 000 cezaevi gönüllüsüyle birlikte gizlice gemiye binip denize açıldık. Yanımızda bir haftalık yiyecek ve her gerilla için de bin mermi vardı.

İstanbul'dan ikindi vakti hareket etmiştik. Hava karardığı zaman Çatalca hattı hizasına ulaştık. Tam karartma halinde seyrederek Bulgar ordusunun sağ kanadının gerisine vardık. Sahile sokulduk. Denizden cephe gerisine çıkarma yapacağımızı düşünemeyen Bulgarlar sahile nöbetçi bile koymamıştı.

Altı sandalı gemiden denize indirdik. Kademe kademe sahile çıkmaya başladık.

İlk sandaldaydım.

Çıkarma yaptığımız yer Kumburgaz'dı.

Karşımıza çıkan ilk köyü sardık, dışarıya kuş uçurtmayacak şekilde teslim aldık. Köylüler arasında Bulgar casusu olabilirdi. Kilise cephanelerimizi saklamaya uygundu.

Gemideki herkes sağ salim kıyıya ulaşmıştı.

Tan ağarıyordu. Bulgarların görmemesi için gemi İstanbul'a döndü. Kaptanın istikameti İstanbul'du ve ne olursa olsun geri dönmeyecekti. Böyle emir verilmişti. Birlikleri harp nizamına sokarak kontrole başladık. 300 eksiğimiz vardı. Bunlar korkup gemiden inmemişlerdi. Aslında hırsız, katil, dolandırıcı, kumarbaz, ayyaş ve canilerden kurulu bu birliğin ne yapacağını biz cephede ilk kez görecektik.

Halil Bey fedaî müfrezesine bir konuşma yaptı: "İşte gördünüz, kaptan bize ihanet etti ve gemiyle kaçtı! Şimdi arkamızda deniz, önümüzde Bulgarlar var. Yapabileceğimiz tek hareket sessizce tepelere tırmanarak Bulgar ordusunun gerisine saldırmaktır. Ortadaki engel kalkınca kendi ordumuza kavuşmuş olacağız. Başka da kurtuluş çaremiz yok."

Mevcudu dört kısma ayırdık. Her kısmın başında bir subay bulunuyordu. İleride üç tepe vardı. Her tepeye doğru bir müfreze ekibi ilerlemeye başladı. Dördüncü ekip ihtiyat olarak geride kaldı.

Bu tepeler rahatça ele geçirildi. Bulgarlar buraya nöbetçi bile koymamışlardı. Osmanlı'yı kısa zamanda bozguna uğrattıkları için kendilerine çok güveniyorlardı anlaşılan.

Bulgar ordusu vadide portatif çadırlar içinde uyuyordu.

Üç müfreze ekibinin 2 600 silahı çadırlara çevrildi.

Ve silahlar ateş kusmaya başladı. Birkaç dakika içinde vadi, şaşkın Bulgar askerlerinin cesetleriyle doldu. Vadinin çukurlarına doğru inmeye başladık. Bulgarlar panik içindeydi. Sürgün köyü üzerinden Çatalca'ya doğru kaçıyorlardı.

Karşıdan gelen Bulgar askerleri kaçışı durdurdu ve bir çizgi çizerek savunma hattı oluşturdu.

Kalikratya'da bulunan bir tepe üzerinden, İstanbul'u savunmak için bekleyen bizimkilere, durumu beyaz bayrakla bildirmek istedik, ama bizimkiler buna top atışıyla karşılık verdi. Hemen ayağına çabuk iki delikanlıya bir pusula yazıp Büyükçekmece Köprüsü üzerindeki bizim nöbetçilere ulaştırdık. Bulgarların Sürgün köyü-Çatalca istikametine çekildiğini, Bulgar sahra topçusuyla karşılaştığımızı, emrimizdeki kişilerin talim ve terbiyelerinin bundan sonra yapılacak cephe savaşına uygun olmadığını, yardıma gelmelerini bildirdik.

O geceyi Sürgün köyü karşısında muharebeye hazır vaziyette siperlerde geçirdik. Sabahleyin ilk ışıkla düşman topu ateşe başladığı sırada, sahil boyunca uzun bir yürüyüşün kolu göründü. Bunlar bizim mızraklı süvari sancağımızdı.

Sancak komutanı gelip bizi buldu.

Emrimizdeki gönüllülerin idaresini de süvari sancağı komutanına verip, Halil Bey'le birlikte İstanbul'a döndük. Günler sonra Bulgarlara ilk kez geri adım attırmaya muvaffak olmuştuk.

Balkan Savaşı'nın birinci perdesi bitti. Ateşkes ilan edildi. İstanbul'da ilginç gelişmeler oluyordu.

Müttefikler ateşkes koşullarını şöyle sıralamışlardı:

O güne kadar savaşta kaybedilen yerlere ilave olarak Edirne Bulgarlara, Yanya Yunanlılara, Debre ve Draç Sırplara, İşkodra Karadağlılara, hem de buraları savunan askerlerimizle birlikte teslim edilecekti.

Ya silah ve cephane? Sadece Edirne'de 430 top kaybedilmişti, binlerce mermi ve tüfekle birlikte. Bunlar da onların olacaktı... Daha dün emrimiz altında yaşayanların cüretlerine şaşmamak elde değildi.

Tarihi zaferlerle dolu ordumuzun, daha dün bağımsızlığına kavuşan küçük devletlerin karşısında uğradığı utanç verici kaçışını ve adeta ayaklar altında ezilmesini kabul etmeyecektik. Bazı kişilerde top seslerini işitecek kulak kalmamıştı!

Gereken yapılacaktı.

Gerekirse Babıâli'yi (Başbakanlık) basmaktan geri durmayacaktık.

Avrupa'da
torun "Yakub Cemil"

1983 yılının 15 nisanıydı. Frankfurt'a gitmek için hazırlıklara başladık.

İki kompartıman çalışacaktık: 1-2-3 ve 4-5-6.

Ben 4'üm! 6 Mehmet Ali Ağabey.

Bu kez aramıza yeni bir arkadaş daha katıldı: "Akrep!"

O da 5 numara. Biz ikinci gruptayız: 4-5 ve 6.

İlk kompartıman hedef ülkeye nisan ayının ilk günü çıkmış. Çıkmış diyorum çünkü ben onları tanımıyordum. Merkez çalışmalarında onlar yoktu. Biz hep üç kişiydik: ben, Mehmet Ali Ağabey ve "Akrep"!

Çalışmalarımızı üç ay önceden başlatmıştık. Ankara Gölbaşı'nda hem saha çalışması yapıyor, hem de ofiste maketlerle çalışıyorduk...

15 ocakta çalışmalara başlamamızın bir nedeni vardı; Talat Paşa'nın eşi Hayriye Hanım o gün toprağa verilmişti. Ermeni militanın Talat Paşa'yı arkadan vurduğunu öğrendiğinde, düşmanlar sevinmesin diye ağlamamıştı bile Hayriye Hanım. Ne de olsa vatan şairi Namık Kemal'in akrabasıydı o![1]

---

1 İttihat ve Terakki'nin üç paşasından biri olan Sadrazam Talat Paşa, 15 mart 1921 tarihinde Berlin'de Taşnak üyesi Ermeni Sogomon Tayleryan tarafından vuruldu. Eşi Hayriye Hanım, Talat Paşa öldükten bir süre sonra yeniden evlendi. Bu evlilikten doğan oğluna Talat adını koydu.

Ne hazindir, Dr. Bahaeddin Şakir ve Cemal Azmî de 17 nisan 1922'de Berlin'de Hayriye Hanım'ın gözleri önünde vurulmuştur. Öldüren kişi Ermeni Arşavir Şıracıyan'dır.[2]

Biliyordum ki, dedem Yakub Cemil de yaşasaydı, Ermeniler kesinlikle onu da öldürebilirlerdi. Çünkü, Tehcir Olayı'nı hep Teşkilatı Mahsusa'nın üzerine attılar. Hâlâ da bunu iddia ederler...

Elçilerimizin, konsoloslarımızın öldürülmesi gibi, bizim eğitime başlama tarihlerini hep böyle acılı olayların olduğu günlerde seçiyorlardı. Bu nedenle 15 ocakta toplamışlardı bizi.

Burada bir anımı anlatayım. Mehmet Ali Ağabey çok kızdığı zaman bol bol küfrederdi. Her fırsatta onunla birlikte çalıştığını söyleyen, ağabeyin kadim dostu olduğunu belirten "şirket"ten biri, Bulgaristan'da birtakım haltlar karıştırmıştı. Ağabey onun için ağza alınmayacak küfürler ediyordu. Biz bu adama "Gözlük" diyorduk. Çünkü gözleri iyi görmüyordu. Bu "Gözlük" sayesinde Bulgaristan'da bir görevlimizi şehit vermiştik. Adı Bora Süelkan'dı. Mehmet Ali Ağabey o nedenle küfürler yağdırıyordu Gözlük'e![3]

Nihayet Ankara'daki çalışmalarımız son buldu. Yine yollara düştük.

Uçakta "Akrep" ile ben vardık. Mehmet Ali Ağabey uçakta yoktu.

Acaba son dakikada bir aksilik mi olmuştu? Çünkü Levon Ekmekçiyan'ın idam edilmesine çok kızmıştı. Son anda gelmezlik etmezdi herhalde. En azından bize haber verirdi.

Ben artık "mesleğime" iyice adapte olmuştum; yağ tüccarıydım. "İşimi" iyiden iyiye benimsemiştim. "Alışverişler" bittikten sonra sahiden bu mesleğe mi geçsem acaba?

2 Ermeni Arşavir Şıracıyan, Dr. Bahaeddin Şakir, Cemal Azmî ve Sadrazam Said Halim Paşa'yı anılarında ayrıntılarıyla yazmıştır. Bu anıların küçük bir özetini kitabın sonuna koyduk.

3 Torun "Yakub Cemil"in adını vermediği kişi, 1980-1982 yılları arasında Bulgaristan'da görev yapan Mehmet Eymür. "Mehmet Ali Ağabey"in Eymür'e kızmasının gerçek nedeni, başta Abdullah Çatlı olmak üzere kendisine tanıştırılan bazı Ülkücülerin ASALA operasyonlarında beceriksiz çıkmaları, üstelik uyuşturucu kaçakçılığı yapmaları mıydı? Torun "Yakub Cemil" ayrıntıya girmek istemiyordu.

"Akrep" Almanya'ya bakliyat ihaleleri ve fiyatlarını öğrenmek için gidiyordu. Ayrıca tanınmış bir neskafe firmasının Türkiye temsilciliğini almak için görüşmelerde bulunacaktı. Evrakları kusursuzdu.

Birlikte gitmemizin nedeni "Akrep"in çok iyi İngilizce ve Fransızca bilmesiydi. Havaalanında benim İngilizcem yeterli olmazsa yardımıma koşacaktı!

Aslında Avrupa'yı dolaşacaktık.

İlk durak Almanya'ydı.

Frankfurt'a indik. İşin garibi havaalanında "Akrep"in pasaportunda sorun çıktı. Ben kolay geçtim, çünkü pasaportumda yurtdışına çıkışlar, özellikle Almanya'ya giriş-çıkış vardı.

Ancak "Akrep" için de sorun hemen çözüldü.

Amman'dan dönerken Frankfurt'a uğramıştık. "Türk işçi aileleri"ne misafirliğe gitmiştik. "Esnaf" arkadaşlarla tanışmıştık. Hatta biz oradayken on kadar Dev-Sol militanı Köln Başkonsolosluğu'nu işgal etmişti.[4] Mehmet Ali Ağabey, "Seninkiler boş durmuyor" diye bana takılmıştı. Her fırsatta eski solculuğumuzu hatırlatırdı.

Frankfurt'a ikinci gelişimizde havaalanında bizi "esnaf" arkadaşlar karşıladı. Onlardan Mehmet Ali Ağabey'in de geldiğini öğrenince rahatladım. Ekip bozulmamıştı.

Frankfurt'ta fazla kalmadım. Tek başıma Köln'e geçtim.

Köln'deki Alman yağ şirketinden hammadde olarak Antakya'daki fabrikaya 200 tona yakın yağ siparişi verdim. Bu şirketin büyük ortağı Belçika'nın Liège kentindeydi.

Rahatça Belçika'ya girdim. Tabii "çöpçü"ler sayesinde oluyordu tüm bu kolaylıklar.

Bizim "çöpçü"lerden biri taksi şoförlüğü yapıyordu. Bineceğiniz yeri ve zamanı bilince, "çöpçü"nün taksisine binmek, takside görüşmek hayli kolay oluyordu!

Avrupa'da taksiyle ülkeden ülkeye rahat geçiliyordu. Tabiî görünümün filan önemi vardı. Avrupalı, Araplara, Türklere, Ortadoğululara hiç güvenmiyordu.

Burada bir ayrıntı anlatayım; bizim "işlerde" tepeden tır-

---

4 Dev-Sol 3 kasım 1982 tarihinde Köln Başkonsolosluğu'nu işgal etti.

nağa yani ceketinden, gömleğinden, ayakkabına kadar ortalama bir insan gibi giyineceksin. Bu temel kuraldır.

Dışarı çıktığın zaman, bulvarlarda insanlara karıştığın zaman kıyafetinle ilgi çekmeyeceksin. Cak cak ötecek, allı morlu tişörtler, ipek gömlekler, lüks takım elbiseler, ne bileyim, örneğin İtalyan ayakkabılar filan giymeyeceksin. "Ben buradayım" demeyeceksin yani.

İş kıyafeti olarak giyeceğin pantolonların ağ kısmı normal pantolon gibi olmayacak. Derin ve bol olacak. Ceketler de öyle. Normal ceket giyilmez. Omuz başından itibaren geniş kesim ve bol olmalı. Mesela kolun, ceket yokmuş gibi içinde hareket edebilmeli.

Gömlekler, yaz kış fark etmez, mutlaka kısa kollu olacak. Cartlak renkli, abartılı çizgili gömlekler giyilmeyecek.

Ayakkabılar da rahat olacak. Özellikle kaymamalı, ses çıkarmamalı. Uzun adım atabilmeye, koşmaya müsait olmalı.

Kıyafet renkleri, öncelikle sıradan, gri, lacivert, kırçıllı, duman renginde olmalı.

"Sahaya çıkmadan önce" elbiselerinle mutlaka bir iki prova yaparsın.

"Aleti" (tabancayı) bel çukuruna koyarsın. Ceket, kabalarından bayağı aşağıda, yani uzun olur. Hafif dışarıya bombe verilir. "Alet" tamamen kaybolur.

Yok, tabanca tekli veya ikili asmalı bulunduruluyorsa, yanlardan hafif bombe verilir.

Bu giysiler dışarıdan alınmaz tabii. Özel olarak dikilir. Ve sadece "büyük alışverişlerde" kullanılır. Ben her seferinde, pardösü ve ceket olsun, hepsinin sağ kolumun iç tarafına, sağ bileğime yakın yere bir yuva yaptırırdım. Bazen gerekli malzemeyi oraya koyardım.

Takım elbiselerin astarları, düğmeleri kolay sökülmeyecek cinsten olmalı. Kavgada sökülenler ileride yakalandığında mahkemede delil olarak kullanılabilir.

Bu aksesuvara ek olarak bir de, büyük ve sağlam pamuk mendil gerekiyor.

Bu mendil çok önemlidir, her işine yarar. Yaranın üzerine mendille bastırırsan kan kaybını önler. Kolunu bacağını bağlayabilirsin. Ben hâlâ cebimde bir mendil taşırım. O günlerden kalma bir alışkanlık.

İç çamaşırı slip olmaz, bokser gibi şort olmalı ki, "aleti" rahat koyabilesin. Külotun lastikleri elinin kalınlığında olmalı. Sıkı olacak ki, "alet" düşmesin.

"İşe" giderken valizimizde en az iki takımımız, iki çift ayakkabımız, takımlara uygun çorabımız bulunur. Çoraplar jartiyer tipi olmalıdır. Ben kamamı oraya koyardım.

Ve tüm bu kıyafetlere uygun kalın kemer.

Kemerler USA'dan (Amerika'dan) özel gelir. Son delikten sonra kemer içinde, bir boğayı rahatlıkla kesebileceğin, süs gibi duran, aslında çok keskin bıçak görevi yapan metal vardır. Kemer içinden başparmağınla ortaparmağını birleştirip hızla ve sertçe çekersen eline gelir. Çektiğin zaman mutlaka işe yaramalıdır. Yoksa bir daha yerine koyma şansın yoktur.

Bu kemerler çok pahalıdır. Piyasada satılmaz. Kolay kolay kimseye gösterilmez. Taklitlerinin yapılmasından korkulur.

Kıyafet konusunda tek bir söz vardır: "Herkes gibi ol!"

Biz de Avrupalılar gibi giyindik, turlayıp duruyoruz.

Liège-Brüksel ekseni bizimdi.

Bu bölgede ASALA'nın kültür evleri vardı.

Ayrıca Hollanda'da, Rotterdam-Arnhem ekseni de bizimdi. Burada da ASALA'nın terör yuvaları bulunuyordu. Liderleri Ara Toranyan'dı.

Bizim ekibi özellikle ikaz etmişlerdi; buralarda kesinlikle can kaybı istemiyorlardı. Sürekli ikaz etmelerinin nedeni, biz eğitimimizi korkutmak üzerine değil, yok etmek üzerine almıştık.

Avrupa'dan can kaybı istenmiyordu ama Amerika'dan gelen bir haber hepimizi çok şaşırttı. Ermeniler İsviçre'nin Lozan kentinde İkinci Ermeni Dünya Kongresi'ni toplamışlardı. Kongrenin parası Amerika'daki Ermeni işadamlarından geliyordu. İşte o para babalarından biri, Los Angeles'ta otomobiline konan bombayla öldürüldü.[5]

5 Ermeni işadamı Viktor Galustiyan 15 temmuz 1983 tarihinde Los Angeles'ta öldürüldü.

Bunu bizimkiler mi yaptı, yoksa kendi iç çatışmalarından mı kaynaklandı bilgim yok. Tek bildiğim, otomobile bomba yerleştirme biraz "bizim tekniğe" benziyordu!

O tarihlerde Avrupa'nın çeşitli ülkelerinde haftada iki kere sabaha karşı bazı binalarda patlamalar olmaya başlamıştı. Patlamalar nedense hep Ermeni kültür evlerinde oluyordu! "Tavşanlar" paniğe kapılmışlardı.

Patlamanın olduğu binanın dış cephesinde yağlıboyayla "TM" yazılıyordu.

"TM" hakkında herkes ayrı bir yorumda bulunuyordu.

"Teşkilatı Mahsusa yeniden kuruldu" diye yazıyordu Ermeni gazeteleri. "TM" adı onları çok korkutuyordu.

Onlar da duvarlara, "Turc=SS" yazıyorlardı.

Güya bizim Ermenilere 1915'te yaptığımız tehcir ile Almanların 1940'lı yıllarda Yahudilere yaptığı soykırım aynıydı! Zaten Avrupa'da hep bu propagandayı yayıyorlardı.

Onlar bir orduya yakın kişinin peşlerinde olduklarını düşünüyorlardı. Halbuki Avrupa'daki "tavşanları" korkutan ekip sadece 6 kişiydi. Bir de diğer ekip vardı. Yani taş çatlasa 10-12 kişi!

Belki bir iki taşeron da kullanılmış olabilir. Ama onlar da bu işin "okulundan" olmadığı için ellerine yüzlerine bulaştırmışlardı.[6]

Avrupa "işleri" sahiden keyifliydi. Ülke ülke dolaşıyorduk.

Gerek onlar gerekse biz, -tabiî karşıt gruplar da- 1915 Tehciri'ni yaşamış bir neslin üçüncü kuşağız. Yıllar sonra bu kez Avrupa cadde ve sokaklarında karşı karşıyaydık.

Avusturya'da bir Ermeni gazetesine (adı ya *Armenia* ya da *Hay Baykar* olacak) kanlı protez bir ayak gönderdik. Herifler biraz da yaygaracı oldukları için gazetelerinde, "Türkler gazetemize kopmuş ayak gönderdiler" diye yazdılar. Paketin üzerindeki "TM" damgası ödlerini koparıyordu.

---

6 Torun "Yakub Cemil"in adını vermediği ve her fırsatta beceriksizler diye kızdığı taşeronların hepsi Ülkücüydü: Cengiz Cömert, Kenan Erçetin, Rafet Karanlık, Enver Tortaş, Abdullah Çatlı, Mehmet Şener, Ahmet Tevfik Esensoy, Oral Çelik, Rifat Yıldırım, Üzeyir Bayraklı gibi. Gazeteci Necdet Açan'ın yazdığına göre (*Aktüel* 481/2000) Avrupa'da bazı bombalama faaliyetlerine katılan bu ekibin başında MİT görevlisi Metin Günyol vardı. Bu ekibe kişi başına ayda 3 200 dolar veriliyordu. Para daha sonra 4 700 dolara çıkarılmıştı.

Asıl gürültüyü bizden önce gelen ekip çıkarmıştı. Hepsi "okulluydu" onların. Basın bürolarından, gazetelere, radyoevlerine kadar her yeri tepelemişlerdi.

Çünkü onlar bu konuda uzmanlaşmışlardı. Bir bombanın hazırlanışını, düzeneğini ben de bilirim ama onlar kadar değil.

Tepeleme işleri çok iyi organize edilmişti. Bir hafta bir ülkede patlama oluyordu, diğer hafta bir başka ülkede.

Sınırlardan rahat geçiliyordu. Avrupa ülkelerinin istihbarat teşkilatlarından yardım görüyor muyduk, bilmiyorum. Üst düzey görüşmelerde ben yoktum hiç. Mehmet Ali Ağabey ile "Akrep" yürütürdü bu işleri.

Diğer ekibi ve ilişkilerini zaten hiç bilmem. Ama zorlanmadığımızı söyleyebilirim.

Yalnız yaşadığımız bir olay ilginçtir...

"Akrep" bir defasında aldığı istihbarat sonucu, sorumlu olduğumuz eksenin dışına çıkmış, Belçika'nın - adını iyi hatırlıyorsam -, Antwerpen'de geceyarısı 50 kadar "tavşanın" bulunduğu yuvalarına gitmiş. Kapıda durup ıslık çalarak hepsinin dikkatini çektikten sonra pardösüsünün altındaki silahı gösterip, çevik bir hareketle kepenkleri üzerlerine kapatıvermiş.

"Tavşanlar" bu olayı da çok abarttılar. Güya hepsini öldürecekmişiz, yok silahlarla tarayacakmış, yok bomba atacakmışız... Akla geleni yazıyorlardı.

Sonunda Belçika'yı terk ettik. Daha sonra "ev sahiplerimiz" tarafından ülkeden kovulduğumuzu öğrendim.

Paris'e geçtik...

Mehmet Ali Ağabey'in dediğine göre her şehidimizin intikamını tek tek alacaktık.

Beyrut'ta öğrenmiştik; MOSSAD'ı diğer ülkelerin istihbarat örgütlerinden ayıran en önemli özelliği "intikamcı" olmasıdır. Yahudi geleneklerine göre kendi adamlarından biri öldürüldüğünde onun mutlaka intikamı alınırdı. Tevrat'ta Goel olarak tanımlanan bu anlayışı MOSSAD hâlâ uygular.

Biz de sadece son dönem şehitlerimizin değil, Talat Paşa'ların, Dr. Bahaeddin Şakir'lerin, Sadrazam Said Halim Paşa'ların, Cemal Paşa'ların intikamını alacaktık...

Dün onlar Ortadoğu'da, Avrupa'da kan akıtmak için dolaşıyorlardı.

Şimdi sıra bizdeydi...

Sırada Ara Toranyan vardı ve zaten izi de bulunmuştu.

Ara Toranyan uluslararası platformda da söz sahibi bir ASALA lideriydi.

Toranyan hakkında her bilgiye sahiptik.

Birini anlatayım: ASALA'nın Madrid'de patlattığı bir bomba sonucu İspanya'nın ünlü gazetecisi José Antonio Gurriaran bacaklarını kaybetti.

Bu gazeteci kafasına koydu, bombacı ASALA "tavşanlarının" peşine düştü. Sonunda, içi hınçla dolu olan bu gazeteci Paris'te Montparnasse mezarlığının kapısında 1982 yılı şubat ayı başında Ara Toranyan'la buluştu.

Ara Toranyan İspanyol gazeteciyi davasına kandırdı. Neden terör yaptıklarını gazeteciye inandırdı. Sonra bu İspanyol gazeteci Beyrut'a iki saat mesafedeki el-Fatah topraklarındaki ASALA kampına giderek, bacağını kaybetmesine neden olan bombayı koyan "tavşanlarla" tanıştı.

Sonra ne oldu dersiniz; gazeteci La-Bomba adını verdiği kitabında ASALA'yı övdü! Ermenilerin dünyanın neresinde olursa olsun toplantılarına katılıp konuşmalar yaptı. Gazeteciyi, ASALA sempatizanı yapan kişi, işte bu Ara Toranyan'dı. Duyduğumuza göre hitabeti çok güçlü biriymiş. İnandırıcı konuşması en büyük özelliğiymiş. Çok da zeki olduğu söyleniyordu...

Ben bu Ara Toranyan kadar şanslı bir adam görmedim.

22 martta arkadaşlar otomobiline bomba koydular, bomba patlamadı!

3 temmuzda kendisi içerideyken patlatılmak üzere babasının emlak dükkânına bomba yerleştirildi, aksilik o bomba da patlamadı.

Ancak üçüncüsü patladı.

Basında ve bazı kitaplarda, Toranyan'ın kullandığı otomobilin markası olarak Peugeot 504 yazıldı. Bu yanlışlık bilinçli olarak yapıldı. O günlerde bazı çapulcular ASALA'yı kendilerinin bitirdiği yalanını söylüyorlardı. Onları tuzağa düşürmek için böyle bir numara yapıldı.

O kadar kızgınım ki, kendi anılarıma bile bu çapulcuları katıveriyorum. Neyse...

Üçüncü bombanın öyküsü şöyle: Toranyan'ın otomobili sanıyorum Fransızların "Balta" dedikleri bir seriydi.

Ben bu operasyonda da yoktum. Arkadaşlar, otomobillere en kısa sürede, mekanizmada hiçbir aksilik olmayacak düzeneği yerleştirmişler. Öyle eğitilmişlerdi zaten.

Ara Toranyan da bozulan arabasının tamirde yapıldığını sanıyordu! Otomobilinin ön bölümüne konuyor bomba.

Sonuçta araba hareket edince bomba patlıyor. Ancak herif yine ölümden kurtuluyor. Çünkü patlama anında fırlayan motor, Toranyan'ı koruyan bir kalkan görevi görüyor. Yaralanıyor ama ölmüyor![7]

Bizi en çok uğraştıran da bu adam oldu!

Bu "işler" olurken bizim üç kişilik ekip "keyfine" bakıyordu!

Champs-Élysées'ye açılan bulvarda sıra sıra kahveler vardır.

"Rue Opéra" adlı bir kahvede buluşuyoruz. Ayrı ayrı oturuyoruz. İki artı bir oturuyoruz hep.

Mehmet Ali Ağabey ile ben otururken, "Akrep" tek başına oturuyordu.

"Akrep" Mehmet Ali Ağabey'le önemli bir şey konuşacaksa onlar ikisi bir arada otururken, ben ayrı oturuyordum.

Buluşma vakti olarak hep tenha saatleri seçiyoruz.

Yine öyle buluştuğumuz bir gün...

Kahvenin bir köşesinde müzik kutusu vardı. Baktım orta yaşlarda bakımlı bir Fransız kadın elindeki tepsinin üzerin-

---

[7] Şanslı olan sadece Toranyan değildi. 13 ocak 1981 tarihinde, Türkiye'nin Paris Büyükelçiliği'nde müşavir olarak görev yapan Ahmet Erbeyli'nin otomobiline bomba kondu. Arabasıyla 10 metre ilerledikten sonra bombanın patlaması sonucu Ahmet Erbeyli, otomobildeki büyük hasara rağmen şans eseri kurtuldu.

deki 45'lik plaklarla masaları dolaşıyor. Siz istediğiniz plağı gösteriyorsunuz o gidip müzik kutusunda onu çalıyor.

Bizim masaya geldi. Mehmet Ali Ağabey'le Fransızca konuştular.

Mehmet Ali Ağabey bana "İstediğin bir plak var mı?" diye sordu. Baktım bir tanesinin kabında, bir sürü süvari, ellerinde ince uzun kılıçlar, kimileri boru çalıyor. Resim hoşuma gitti. Bu olsun dedim. Fransız hanım güldü. Mehmet Ali Ağabey'e bir şeyler söyledi, bu kez birlikte gülmeye başladılar.

Neyse Fransız kadın gitti, müzik kutusu benim seçtiğim plağı çalmaya başladı. Bayağı da güzel bir müzik.

Mehmet Ali Ağabey'e, "Niye güldünüz?" diye sordum. Seçtiğim plak, "Hafif Süvari Alayı'nın Hücum Marşı"ymış! Fransız kadın da bunun üzerine, "Arkadaşınız pek de hafif süvari gibi durmuyor" demiş. Eh biraz heybetli bir yapımız vardı.

Türkiye'ye döndükten sonra bir gün Gölbaşı'nda eğitim yaparken, hedefi vuramamıştım. Birden Mehmet Ali Ağabey Paris'teki o günümüzü hatırlayıp bana, "Senin sahiden hafif süvariliğin kalmamış" demesin mi?

Paris'te keyifli günler geçiriyorduk ama sabırsızlanıyordum. "Alışveriş" gününü iple çekiyordum.

Bu arada "işlerimi" de halletmeye çalışıyordum.

Paris merkezine 45 dakika uzaklıkta Argen diye, genelde küçük-orta sanayi tesislerinin, işte lastik fabrikaları, oto yedek parçaları ve çeşitli büyüklükte yağ fabrikalarının bulunduğu bir yer vardı. Bizim Bursa'nın daha küçüğü, ama Fransa'daki daha muntazam.

Ürdün'e yağ ithal etmek için görüşmelerde bulundum. Numune tahlil raporu aldım. Ne kadar protein, ne kadar asit vs. var diye. Otelin küçük bir teleksi vardı, bu bilgileri Antakya'daki fabrikaya gönderiyordum.

Birkaç gün sonra yanıt geldi. Gönderdiğim belgelerde protein miktarının çok düşük, asit miktarının ise yüksek olduğu belirtiliyordu. Dolayısıyla anlaşmanın yapılamayacağı belirtiliyordu. Halbuki bizim her şeyimiz hazırdı, kaşelerimiz, imza sirkülerimiz vs.

Meğer iş sonra anlaşıldı, işi çok iyi öğrendiğini iddia eden ben, protein ile asit rakamlarını birbirine karıştırmışım!

Hadi başla her şeye yeni baştan.

Mehmet Ali Ağabey'in, dediğim gibi küfürleri meşhurdu; "Senin proteinine de..." diye başlardı.

Ben de, "Ağabey, halletmediğin bir protein kalmıştı" dedim espriyle karışık.

O günden sonra kızdığımız, küfretmek istediğimiz kişilere, kendi aramızdaki parolayla "protein" derdik...

Biz "işimizle" uğraşırken, "tavşanlar" dur durak bilmiyordu.

14 temmuzda akşama doğru aldığımız bir haber hepimizin moralini allak bullak etti. Brüksel İdare Ataşesi Dursun Aksoy ASALA tarafından şehit edilmişti. Ramazan bayramının son günüydü. Zaten bayramı uzaklarda geçiriyoruz diye üzülürken bu olayla şoke olduk. Evinden çıkıp otomobiline bindiği anda, daha arabasını çalıştırmaya fırsat bulamadan başına ve göğsüne kurşun yemişti. En büyüğü 13, en küçüğü 4 yaşında, üç çocuğu yetim kalmıştı...

Bizi ülkelerinden kovanlar kimlere hangi zeminleri hazırlıyordu.

Bir gün sonra Paris Orly Havaalanı'nda bomba patladı.

"Tavşanlar" olmayacak bir şeyi yapmışlardı. 15 temmuz 1983 tarihinde, Türk Hava Yolları'nın bürosunu bombalayacağız diye, işi "ellerine yüzlerine" bulaştırmışlardı!

İkisi Türk, beşi Fransız, biri Amerikalı 8 kişi ölüp, 60 kişi yaralanınca dünya ayağa kalktı.

Olacak şey değildi; herifler geliyor, İstanbul'da Kapalıçarşı'ya bomba koyuyor, masum iki Türk vatandaşı ölüyor, 25 Türk vatandaşı yaralanıyor dünyanın kılı kıpırdamıyordu.[8]

Bu Amerikalıların, Avrupalıların kanı ne kadar kıymetliydi?.. Öyle ya canım, bizimkiler ölünce pek sesleri çıkmıyordu.

---

8 Kapalıçarşı'daki kanlı eylemi 16 haziran 1983 tarihinde ASALA militanı Mığırdıç Madaryan gerçekleştirdi. Önce MP5 silahıyla çevresinde bulunan herkesi taramış, sonra karnındaki bombayı patlatarak yaşamına son vermişti.

Türkiye'de bu adamlara yardım edenler bile çıktı. Bunlardan biri de Behçet Cantürk değil miydi?[9]

Orly'deki bomba olayını öğrendiğimizde, "Akrep" bir espri patlattı:
"Bunlar bomba konusunda ezelden beri beceriksizdir" dedi. II. Abdülhamid'e yapılan bombalı saldırıyı kast ediyordu. Biliyorsunuzdur, II. Abdülhamid'e 21 temmuz 1905 tarihinde yapılan bombalı saldırı sonucu 26 kişi öldü, 58 kişi yaralandı. Padişahı, cami çıkışı hastalığı yeni geçmiş Şeyhülislam Cemaleddin'le yaptığı bir dakikalık geçmiş olsun sohbeti kurtarmıştı. Viyana'da özel olarak yapılıp İstanbul'a getirilen ve Machine İnfernale denilen 100 kiloluk bombayı taşıyan araba bir dakika önce patlatılmıştı. Yıldız ve Beşiktaş'ta camı kırılmayan bina kalmamıştı. Tıpkı Orly Olayı gibi II. Abdülhamid'e yapılan bombalı saldırı da dünyada geniş yankı bulmuştu. Dokuz Ermeni idam edildi. Suikastı planlayan Ermeni Hristofer Mikaelyan, Sofya'da yeni bir bomba hazırlarken dinamit lokumunun elinde patlaması sonucu can verdi.

Ne gariptir değil mi, II. Abdülhamid'in annesi Tirimüjgân Sultan da (asıl adı Virjin) Ermeni'dir!

ASALA, Fransa ve Amerika'ya Orly'de yanlışlık olduğunu söylese de kimseyi ikna edemedi. Dünya kamuoyu artık ASALA'nın ne olduğunu anlamaya başlamıştı. Ne yazık ki başta Fransa olmak üzere bazı ülkeler işin vahametini kendi vatandaşları ölünce fark etmişlerdi.

Tabii olan bizim "alışverişe" oldu.

Ara Toranyan Fransız korumalarla dolaşıyordu. Bir aksilik olur korumalardan biri ölürse ASALA aleyhine olan psikolojik hava bu kez bize dönebilirdi.

Mehmet Ali Ağabey, "Şimdi savaşı psikolojik yürütmek gerekir" diyordu.

---

9 Annesi Ermeni olan Behçet Cantürk 30 nisan 1984 tarihinde gözaltına alındı. MİT'teki sorgusunda ASALA'yla ilişkisini anlatması için işkenceli sorgulardan geçirildi. Tüm bu ağır ithamlı iddialara rağmen beraat etti, 21 mayıs 1988 tarihinde Diyarbakır Cezaevi'nden çıktı. Konuyla ilgilenenler için bakınız: Soner Yalçın; *Beco; Behçet Cantürk'ün Anıları*, Su Yayıncılık.

Zaten Fransız güvenlik teşkilatları da alarm durumundaydı. Giriş çıkışlar sıkı kontrol altındaydı.

Ses getirecek bir eylem sonrası Fransa dışına çıkmamız güç olabilirdi.

Sonradan öğrendiğime göre zaten o günlerde bizim bir başka grubumuzun lideri, adı "Korkusuz"du, Fransızlar tarafından ortaya çıkarılmıştı. Yani istihbaratçı kimliği öğrenilip takibe alınmıştı. Paris'e girişte havaalanında aranmak istenmiş, diplomatik pasaport sayesinde kurtulmuştu. Bu aslında Türkiye'ye mesajdı, "faaliyetlerinizi biliyoruz" diye.

O da Mehmet Ali Ağabey gibi emekli istihbaratçıydı!

"Korkusuz"un kimliğinin öğrenilmesi bizimkileri ürkütmüş olabilirdi.

Dönmeye karar verdik.

İlk grup 22 temmuzda çıkış yaptı.

Bize 28 temmuz gecesine biletler alınmıştı.

Böyle durumlarda "çöpçü" kaldığınız otelin resepsiyonuna not bırakır: "Amcanız vefat etti, yarın toprağa verilecek, acilen gelin." Böylece kimseye veda etmeden alelacele çıkıp gidebilirsiniz.

Paris'ten çıkmadan önce öğrendik ki, Lizbon maslahatgüzarının eşi Cahide Mıhçıoğlu şehit edilmişti.[10] Elçiliği basan beş ASALA militanı da öldürülmüştü. Yaşları 19-21 arasında olan bu kandırılmış zavallıcıklar, gündüz gözüne elçiliğimizi basıyorlar. Çatışma beş saat sürüyor. Portekiz Antiterör Birliği'nin (GOE) yardımıyla beş ASALA militanı öldürülüyor. Olayda ayrıca bir de Portekiz polisi ölüyor.

Belki yaptığımız hataydı, ama biz duygusal yanı her zaman ağır basan bir milletin evlatlarıyız. Yapmamız gereken ufak tefek bazı işleri hallettikten sonra İstanbul'a döndük.[11]

---

10 7 haziran 1982 tarihinde de Türkiye'nin Lizbon Büyükelçiliği'nde sözleşmeli sekreter olarak görev yapan Nadide Akbay ve eşi İdarî Ataşe Erkut Akbay, evlerine öğle yemeği için gittiklerinde, otomobilden inerken şehit edildiler.

11 Torun "Yakub Cemil" özellikle Avrupa "alışverişlerini" pek anlatmak istemiyordu. Herhalde bunun kendince açıklaması vardı. Devletin resmî raporlarına göre, 27 temmuz 1983'te Fransa'da, Alfortville'deki Ermeni kültürevi ile ASALA'nın basın bürosu bombalandı. 28 temmuz günü ise Paris'teki Ermeni kültürevi ve radyoevi bombalandı.

İlk gruba istihbarat için izin vermişlerdi.

Mehmet Ali Ağabey de izinliydi.

Ancak "Akrep"i ve beni karargâhtan çıkarmadılar.

Sadece iki hafta sonu evime gitmeme izin çıktı.

Karargâha arada sırada Mehmet Ali Ağabey uğruyordu. Bilgiler getiriyordu. Orly baskını ASALA'ya büyük darbe vurmuştu. Avrupa'daki lider kadrosu üzerindeki perdeleme[12] de büyük oranda kalkmıştı.

ASALA militanları artık Avrupa'da yargı önüne çıkmaya başlamıştı.

Anlaşılan "alışveriş" olgunlaşıyordu.

"Şifresi çözülen" (yani yeri belli olan) Ara Toranyan'ın peşini bırakmaya hiç niyetimiz yoktu.

Ankara kesinlikle "tasfiye" edilmesini istiyordu.

Birkaç hafta sonra yine Paris sokaklarında olacaktık...

---

12 "Perdeleme"den kast edilen, ASALA liderlerlerinin bulunduğu ülkenin güvenlik güçleri tarafından koruma altına alınmasıdır.

Babıâli'de
dede Yakub Cemil

23 ocak 1913.

Öğrendik ki, perşembe günü hükûmet Dolmabahçe Sarayı'nda toplanacak. Toplantıyı Sadrazam Kâmil Paşa istemiş.

Amacı, tıpkı 1877-1878 Osmanlı-Rus ve 1897 Osmanlı-Yunan muharebelerinde olduğu gibi, hükûmeti sarayda toplayarak tercihlerini zaman kaybetmeden Zatı Şahaneleri'nin tasvibine arz etmek ve kati karara varıldığında bunu hemen tatbike koymaktı.

Bize göre bu şu anlama geliyordu: Kâmil Paşa İstanbul'u kurtarmak için Edirne ve Çatalca'yı Bulgar'a verecek!

Savaş İstanbul'un merkezinden iyice hissedilmeye başladı. Atılan her topun sesi şehrin içinde duyuluyordu. Millet korku ve endişe içindeydi.

Hükûmet ayrıca, Ege'deki Onikiada'nın kontrolünü, Yunanistan'ın ısrarlı talebi üzerine büyük devletlere bırakmaya hazırlanıyordu. Osmanlı donanmasının Yunan deniz kuvvetlerine hiçbir zaman sayıca üstün olmaması esasının kabulü ve Midye-Enez hattının hudut olarak çizilmek istenmesine de kabinenin sıcak bakması bizi çileden çıkarıyordu.

Gabriel Noradunkyan'ın hazırladığı Fransızca sulh metni elimize ulaşınca iyice kanaat getirdik; bunlar vatanı satıyordu!

Biz fedaîler, Babıâli'deki Meserret Kıraathanesi'nde ara sıra bir araya geldiğimizde ne yapacağımızı tartışıp dururduk. Kahvedeki muhabbetin son günlerdeki konusu, İstanbul'dan duyulan top ve silah sesleriydi. Bir şeyler yapmak gerekiyordu. Ama ne?

İttihat ve Terakki'nin önde gelen isimleri, Vefa semtinde Emin Beşe'nin evinde üst üste birkaç gün gizli gizli buluştular. İçtimada bulundular. İlk gün Enver Bey yoktu, bu nedenle her kafadan bir ses çıkıyordu. Binbaşı Fethi (Okyar) başka konuşuyor, Ziya Gökalp (yazar) başka.

Talat Bey'i, yıllardan beri yanından ayırmadığı Doktor Nâzım, Mithat Şükrü (Bleda), Kara Kemal gibi adamları destekliyordu. Onlar hemen iktidara el koyma taraftarıydı. Sinirler gerildikçe itirazlar da artıyordu. Harbiye Nazırı Çerkez Nâzım varken Babıâli baskını nasıl yapılacak şüphesi herkesi sarmıştı. Çerkez Nâzım Paşa iri cüsseli, uzun boylu, heybetli, sert ve haris bir askerdi. Ne yapacağı hiç belli olmazdı. Ordu içindeki gücü de yadsınamazdı.

İkinci toplantıya, Bulgaristan cephesinden gelen Enver Bey de (o zaman rütbesi erkânıharp binbaşıydı) katıldı ve onun zoruyla karar alındı:

Hükûmet bir darbeyle yıkılacaktır!

Kâmil Paşa Kabinesi indirilip yerine bize yakın Mahmud Şevket Paşa veya İzzet Paşa'ya kabine kurdurulacaktı.

Son toplantı Talat Paşa'nın evinin alt katında gece yapıldı. Bu toplantıda ben de vardım. Benzer sözler tekrarlandı.

İktidara geldiğimiz ilk yıllardaki hataları tekrarlamayacaktık, yeteri kadar ders almıştık.

Darbenin stratejisi çizildi.

Kalben ve fikren bize yakın, inanmış dava arkadaşlarımızı kritik yerlere atadık. Örneğin Cemal Bey, ordunun Menzil Teşkilatı'nın[1] başına getirilmişti.

Babıâli'deki Muhafız Bölüğü'nün başını da yine bize yakın bir zabit arkadaşımızı atamıştık.

Polis kadrosu da elimizdeydi. Zaten biz kurmamış mıydık?

---

1 Ordunun cephe gerisi işlerinin bütünü.

Plan yapıldı, herkese görevler verildi.

Plana göre, baskın öğleden sonra kabine azalarının tam kadro bulunduğu içtima saatinde olacaktı. İstedik ki baskın duyulduğunda dışarıdan kimsenin müdahalesi olmasın. Aksi takdirde kan dökülürdü. Enver Bey'in yanında benimle birlikte İzmitli Mümtaz olacaktı.

İzmitli Mümtaz yiğit bir askerdi. Selanik'te Müşir İbrahim Paşa'nın yaverliğini yapmış, Erkanıharp Binbaşı Arnavut Sedat Bey'i vurmuş, müebbet hapis cezasıyla Akkâ Kalesi'ne sürülmüş, hürriyet ilanıyla affedilerek İstanbul'a gelmişti.

Biz direkt Sadrazam Kâmil Paşa'nın Sadaret makam odasının bulunduğu bölüme gidecektik. Eğer oraya kadar ulaşmışsak ve tehlike yoksa, İzmitli Mümtaz cebindeki bayrağı pencereden sallayacak, Şûrayı Devlet dairesinde bekleyen Talat Paşa'ya haber verecekti. O da zemin kat koridorundan birinci kata çıkarak yanımıza gelecek ve hep birlikte Sadaret makamına girecektik.

Bu arada Babıâli önünde, Ömer Naci halka hitap ve telkin kudretini bir kez daha gösterecek, milleti yanımıza çekecekti.

Divanyolu'ndan Sirkeci'ye kadar olan saha içinde kahveler, oteller, hatta terzi, bakkal, matbaa gibi semtteki umumî yerlerde birer vesileyle İttihat ve Terakki'ye mensup arkadaşlarımız olacaktı.

Darbe tarihini kararlaştırdık: 23 ocak 1913 perşembe.

Eğer darbe bir gün sarkarsa Babıâli'yi basmanın hiçbir önemi kalmayacaktı. Çünkü, cuma günü, selamlık resminde Zatı Şahane, büyük devletlerin sefirlerini kabul ederek barışı benimsediklerini söyleyebilirdi.

Kucaklaştık, helalleştik.

Heyecanlıydık. Sabaha kadar uyumadık.

23 ocak 1913 perşembe günü.

Henüz öğle vaktiydi. Saat daha yeni bir olmuştu. Hava kapalı ve soğuktu.

Meserret Kıraathanesi oldukça tenhaydı.

Gözüme çocukluktan beri tanıdığım bizim mahalleden Yenibahçeli Kemal takılmıştı, tavla oynuyordu.

Zabit arkadaşımız Hüsamettin (Ertürk), yanındaki birkaç yiğit arkadaşımızla birlikte baskının haber verilmesini engellemek için Polis Müdüriyeti, Merkez Kumandanlığı, Posta ve Telgraf İdaresi'ni işgal etmeye hazırdı. Babıâli'nin telefon hatlarını da bu ekip kesecekti. İşaret bekliyorlardı.

İlk emri onlar aldı. Harekete geçtiler. Hükûmetin yardım talep etmesini sağlayacak tüm yollar kesildi. Merkez telgrafhanesinde Kara Kemal Bey vardı. Duruma hâkim olduğu bilgisi geldi.

Kablo İdaresi ele geçirilecek, Büyükdere'deki Rus Sefareti'nin bahçesindeki telsiz istasyonu da zapt edilecekti.

En büyük korkumuz hükûmetin haber alıp harekete geçmesiydi. Bu nedenle titiz davranıyorduk. Planın ilk aşaması kusursuz işliyordu.

Binbaşı Enver Bey, Süvari Yüzbaşısı İzmitli Mümtaz, Mustafa Necib, Enver Bey'in amcası Halil, Hilmi, Sapancalı Hakkı, Talat Bey'le beraber küçük bir topluluk oluşturmuştuk. Hepimiz Nuruosmaniye'deki İttihat ve Terakki Merkezi Umumîsi'nin[2] karşısındaki Askerî Menzil Müfettişliği'nde, Genel Müfettiş Cemal Bey'in odasındaydık.

Enver Bey heyecanı gittikçe arttığından aynı sözleri tekrarlayıp duruyordu:

"Evvelce de söylemiştim, aman dikkat edelim, zorunluluk duymadan silah kullanmayalım, kan dökmeyelim."

Tüm gerginliğe rağmen eylem sonrası hükûmetin düşeceğinden o kadar emindik ki, basına verilecek, halka dağıtılacak, "İttihat ve Terakki Bildirisi" bile gizlice bastırılarak hazırlandı. Bildiriyi Fethi (Okyar) Bey kaleme aldı.

Vakit geçmek bilmiyordu. Zamanı geçirmek ve heyecanımızı yatıştırmak için bir iki kadeh konyak içtik.

Saat öğleden sonra, ikindiye yaklaştı. Saat üçte başlamak üzere anlaşmıştık. Soğuk bir gün. Hava iyice bulanıklaştı. Ara sıra hafif bir yağmur çiseliyor ve rüzgâr içimizi ürpertiyordu.

---

2 Şimdiki *Cumhuriyet* gazetesi binası.

Etrafın tenhalığından hepimiz bir sıkıntı duymaya başladık.

Sabırsızlanan Talat Bey, Askerî Menzil Müfettişliği'nde daha fazla duramaz oldu. Sapancalı Hakkı Bey'e dönerek, "Kalk gidelim, seninle aşağıya kadar inelim. Bakalım bizimkiler ne halde?" dedi.

Onların gidişiyle bize verecekleri haberleri beklemeye başladık. İşaret geldiğinde hareket etmeye hazırdık, ama bir türlü gelen giden yoktu. Vakit geçtikçe "hükûmet haber aldı" kuşkusu artıyordu.

Büyük bir kalabalık toplanır umudu içindeydik. Ancak hareket saatine 30 dakika vardı. Ortalıkta kimseler yoktu.

Enver Bey gözünü yola dikti bekliyor. Biliyoruz ki İttihat ve Terakkili arkadaşlar destek vermezse ve kalabalık bir topluluk oluşturulamazsa hepimizin hayatı tehlikeye girecek.

Sanki Manastır'da dağa çıktığımız günü aynen yaşıyoruz. Ya öleceğiz, ya başaracağız!

Saat iki buçuk oldu.

Sapancalı Hakkı yokuşu çıkarak soluk soluğa yanımıza geldi:

"Her şey tamam!"

Sonra Enver Bey'e döndü, heyecanla, "Talat Bey 'Vakit kaybetmeye gelmez, acele edin' diyor" dedi.

Enver Bey, her şeyin hazır olduğu haberini aldığı anda kıpkırmızı oldu. Artık geriye dönüş yoktu. Hemen kendini toparladı ve kapının önündeki kır ata atladı.

Kimse konuşmuyordu.

Enver Bey kır atın üzerinde, biz de yaya olarak yanında yürümeye başladık.

Ben solundayım, İzmitli Mümtaz sağında. Hilmi ile Mustafa Necib bizi takip ediyorlar.

Yaya olarak ilerliyoruz. Böylece Enver Bey'i de muhafazaya almış oluyoruz. Silahçı Tahsin, Fedaî Eyüp gibi birkaç arkadaş daha bize eklendi.

Babıâli binasına yaklaştıkça, hissediyorum, tedirginliğimiz artıyor.

Osmanlı'nın kötü mukadderatını değiştireceğimizden hiç kuşkumuz yoktu.

Babıâli binası gözüktü.

Babıâli önündeki tenhalık Enver Bey'i telaşlandırdı ve Sapancalı Hakkı'ya "Her şey hazır dediğin bu mu?" der gibi ters ters baktı.

Artık geriye dönüş yoktu.

Babıâli önü tenhaydı ama aynı zamanda Muhafız Taburu'ndan da bir haber yoktu. Enver Bey yavaş yavaş Babıâli'ye doğru ilerliyordu ama beklediğimiz kalabalık bir türlü toplanmıyordu. Ne oluyordu, bizim arkadaşlar korkup bir köşeye mi sinmişlerdi? Civar kahvelerde İttihat ve Terakki Cemiyeti'ne mensup pek çok kişinin bulunması gerekiyordu. Benim gördüğüm bu insanlar destek vermekten korkan bakışlarla sadece bizi izliyorlardı.

Duyduğum bir ses beni kendime getirdi.

Ömer Naci, Nafia Nezareti'nin (şimdiki İstanbul Millî Eğitim Müdürlüğü) merdivenlerinin üzerine çıkmıştı. Halk hatipliği herkesçe bilinen, takdir edilen Ömer Naci'nin yanında yazar Ömer Seyfeddin vardı. Bu ikilinin dostuğu yıllar önce Selanik'te birlikte çıkardıkları *Genç Kalemler* mecmuasından geliyordu.

Ömer Naci, 28 yaşının verdiği güçle bağırıyordu:

" Bu memleketi Abdülhamid'in zalim idaresinden kurtaran İttihat ve Terakki'dir. Hareket Ordusu'nu hazırlayıp İstanbul'a gönderen İttihat ve Terakki'dir. Meşrutiyeti, hürriyeti bu memlekete hediye eden İttihat Terakki'dir. Vatandaşlar, hükûmet Edirne'mizi Bulgarlara teslime karar verdi, hürriyet kahramanı, Trablusgarp kahramanı Enver Bey Babıâli'ye yürüyor. Hadi siz de ona katılın, onunla beraber vatanı kurtarın...

Yaşasın vatan!.. Yaşasın millet!.. Yaşasın İttihat ve Terakki!.."

Ne oldu ise, bu sözlerden sonra oldu...

Millet zaten bıkmıştı, günlerdir kulaklarıyla duyduğu silah ve top seslerinden. Düşman ha bugün ha yarın İstanbul'a girecek diye endişeliydi. Büyük devletlerin gemileri her an bizi yutmak için Boğaz'da beklemiyor muydu?

Ömer Naci heyecanlı, ateşli bağırdıkça millet içinden de sesler yükseldi, alkışlar başladı. Millet, bu canlı, kanı kızıştıran hitabet karşısında coşarak bir anda sel gibi Babıâli önüne doğru akmaya başladı.

Enver Bey Babıâli önünde demir kapıdan girince atının üstünden atladı. Meydanın dolmasını bekleyecek vakit yoktu.

Baskını başlattı...

Babıâli'nin cadde üzerindeki parmaklıklı dış kapısının tutulması için Enver Bey, Doktor Abidin Bey'e[3] "Kapıları derhal kapayınız. Vazifelilerden başka içeri kimse girmesin" emrini verdi.

Enver Bey'le birlikte biz de Sadaret Dairesi'ne çıkan mermer merdivenlerden, süratle içeri girdik. Doktor Abidin Bey birkaç adamıyla parmaklıklı kanatları çevirdi, kapıyı kapattı.

Sadaret Dairesi'nin büyük holünde durduk. Ben ve Sapancalı Hakkı, sadrazamın bulunduğu Sadaret makam odasıyla, kabine üyelerinin bulunduğu Vükela Meclisi salonunun kapısını muhafaza altına alacaktık. Enver Bey öteki ihtilalcilerin içeriye serbestçe girmesini sağlayacaktı.

Bizden önde ellerinde kılıçla ilerleyen iki arkadaş Şeyhülislam Cemaleddin Efendi'nin muhafızı iki nöbetçiyle karşılaştılar. Ben hiç istifimi bozmamıştım ki, Sapancalı Hakkı Bey gürlercesine "Çekil oradan, yoksa başın belaya girer!" diye bağırdı ve kapıda duran iki nöbetçiye de askerce, "Selam dur!" emrini verdi.

Nöbetçiler şaşırdılar ama bu emre uydular.

Salona girdik. İçerdeki Sadaret yaverinin odasında çay içmekte olan ve bir misafiriyle görüşen Sadaret Yaveri Ohrili Nafiz Bey baskını ilk anlayan kişi oldu. Masasının üzerinde

---

3 Dr. Abidin Bey, 1926 yılında Atatürk'e İzmir'de yapılan suikasta karıştığı iddiasıyla idam edildi. İttihat ve Terakki'nin öncü gücünün birini subaylar oluşturuyorsa, diğerini tıp doktorları oluşturuyordu.

duran tabancasını alarak dışarı fırladı. Nafiz Bey Arnavut su-
baylardandı, İttihatçıları sevmezdi ama cesaretiyle tanınmış-
tı. İttihat ve Terakki hükûmetini yıkmak için dağa çıkan
(21-22 haziran 1912) "Halaskâr Zabitan" grubuna dahildi.

Nafiz Bey salona çıktığı sırada birdenbire bir tabanca se-
si duyuldu. Mustafa Necib kendisine engel olmak isteyen
Komiser Celal'e ateş etmiş ve kanlar içinde yere sermişti. Ko-
miser silahını bile kullanamadan vurulmuştu.

Komiserin vurulduğunu gören Yaver Nafiz daha da karar-
lı, bizim üzerimize bir el ateş etti. Bu kurşun kimseye isabet
etmedi, ama kendisi de İzmitli Mümtaz tarafından yaralan-
dı. Nafiz Bey yaralı olarak yaver odasına girerek ölmekten
kurtuldu. Onunla uğraşacak zamanımız yoktu.

İzmitli Mümtaz'la tam Sadaret makamına yönelmiştik ki,
Harbiye nazırı yaverlerinden Kıbrıslı Tevfik Bey, tabanca
seslerinin yarattığı şaşkınlık ve hiddetle bize, "Durun, nere-
ye?.." diye bağırmaya başladı. Bu arada dış kapıda toplanan
çığ gibi kalabalığın içeri girmesini önlemeye çalışan iki aske-
rin havaya ateş etmesi üzerine telaşa kapılan Tevfik Bey üze-
rime kurşun yağdırdı. Biz de kendimizi koruduk.

Tevfik Bey yediği iki kurşunla yığıldı kaldı.

Bu arada silah seslerini duyan dışarıdaki arkadaşlarımız
da iki zavallı neferi susturmuşlardı.

Mustafa Necib hasta olduğundan süratle yürüyemiyor,
biraz geride kalıyordu. Salona girdiğinde, Tevfik Bey ve mu-
hafızın cesediyle karşılaşıyor. Bu arada doğrudan yaverin
odasına giriyor ama bilmiyor ki, Nafiz Bey yaralı ve orada
saklanıyor. Nafiz Bey arkadaşlarının ölümünden duyduğu
kızgınlık, nefret ve ihtilalcilerden intikam alma duygusuyla
hemen ateş ediyor.

Ve Nafiz Bey, Mustafa Necib'i ebediyete gönderiyor. Yiğit
arkadaşımız ölmeden önce sıktığı kurşunla Nafiz'i bir kez
daha yere seriyor.

Biz gördüğümüzde, Mustafa Necib hemen kapının önüne
yıkılmıştı. Yaver Nafiz ise oturduğu kanepenin üzerine düş-
müştü.

Mustafa Necib Selanik Merkez Kumandanı Kaymakam (Yarbay) Nâzım Bey'i vuran, II. Abdülhamid'in hafiyelerinden İsmail Mahir Paşa'nın makamına güvenlik kontrollerini atlatarak çıkıp, Makedonya'dan çekip gitmesini emreden cesur kardeşimizdi... Hürriyet kıvılcımını ateşe dönüştüren yiğit arkadaşımızdı.

Babıâli binasında odalar, koridorlar savaş alanına dönmüştü. Her yer kan içindeydi. Biraz ilerleyerek Sadaret odasının önündeki küçük sofaya daldık. Amacımız Vükela Meclisi salonuna girip Sadrazam Kâmil Paşa'ya zorla istifaname yazdırmaktı.

Bu arada İzmitli Mümtaz göğsünde sakladığı bayrağı çıkararak, içeri girdiğimizi Talat Bey ve arkadaşlarına haber verdi.

Silah seslerini duyan Harbiye Nazırı Nâzım Paşa, her zaman olduğu gibi kabadayı görünüşüyle, elleri cebinde makamından dışarı çıktı. Karşısında Binbaşı Enver Bey'i ve bizleri görünce bir an şaşırdı. Birkaç adım atarak sofadaki yuvarlak masanın önüne geldi.

Enver Bey tam karşısındaydı, biz de iki yandan ortalarına dizildik. Ben Nâzım Paşa'nın solundayım, yanımda İzmitli Mümtaz var. Nâzım Paşa'nın sağında Sapancalı Hakkı, onun yanında da Hilmi Bey vardı.

Bir yanda Erkânıharbiyei Umumiye reisinin bile bağlı bulunduğu, müşir (mareşal) rütbesinde bir komutan Nâzım Paşa, diğer yanda binbaşı, yüzbaşı ve teğmen rütbesinde bizler...

Nâzım Paşa sert bir dille, hiddet içinde, "Bu ne cüret, burada ne arıyorsunuz, asi herifler!" diye bağırmaya başladı.

Enver Bey, karşısında birden koskoca Harbiye nazırını görünce kıpkırmızı kesilmişti. Nâzım Paşa'yı amiri olarak askerce selamladı ve saygılı bir dille, "Paşa Hazretleri, millet Kâmil Paşa Hükûmeti'nin istifasını istiyor, vatanı satanlara ordu müsaade etmeyecektir" diye sözlerine başlamıştı ki, Nâzım Paşa yine bağırmaya başladı.

Kolumu paşanın arkasından çevirip sağ şakağına tabancamı yaklaştırdım ve tetiğe bastım. Harbiye nazırının kafasından fışkıran kanı ve bütün heybetiyle yere serilişini izledim. Korkulan, çekinilen Nâzım Paşa'nın işi bitmişti.

Enver Bey sesi titreyerek, "Eyvah, Yakub Cemil ne yaptın, buna ne lüzum vardı?.." dedi,

Enver Bey'e döndüm, "Bu herife laf anlatılır mı?" dedim ve Nâzım Paşa'nın yerde yatan vücuduna bir kurşun daha sıktım.

Nâzım Paşa biz İttihatçıları çok aldatmamış mıydı; işte hak ettiğini bulmuştu.

Enver Bey olayı kabullenmeye çalışır bakışlarıyla, yüzleri sararan diğer arkadaşlara moral vermek istercesine, "İnkılaptır, kan dökülür, millet için gerekirse harbiye nazırları da can verir, ne yapalım, kader. Vazifemize devam edelim" dedi.

Herkes toparlanıp kendine geldi. Bu arada Talat Bey de bize katılmıştı. Harbiye nazırının cansız yatan halini görünce şoke oldu ama sesini de çıkarmadı. O dahil herkes anlamıştı ki, ok yaydan çıkmıştı.

Odacılardan Ahmed Ağa korkusundan bir köşeye sinmişti, ona sadrazamın nerede olduğunu sorduk, bir türlü konuşamadı, dili tutulmuştu, eliyle Sadaret makam odasını gösterdi.

Vükela Heyeti, iyi ısınmadığı için Meclis odası yerine, Sadaret makamında toplanmıştı.

Enver Bey sert bir darbeyle kapıyı ardına kadar açtı.

Meclisi Vükela'nın toplandığı salona hep beraber girdik. Nazırlar korkudan diğer odalara kaçışmışlardı. Masa başında yalnızca Osmanlı İmparatorluğu'nun meşhur sadrazamı Kıbrıslı Kâmil Paşa vardı. Sadrazam yerinden bile oynamamıştı.

Bize dönerek, her zamanki kibar haliyle "Ne istiyorsunuz evlatlarım?" dedi. Enver Bey'in güveni yerine gelmişti, "Paşa Hazretleri millet sizi istemiyor, imzalamaya kararlı olduğunuz sulhten sonra, bu devlet baki kalmaz, lütfen istifanamenizi yazınız" dedi.

Kâmil Paşa, metanet içinde kâğıtlıktan "Makamı Sadareti

Uzma" basılı bir kâğıt aldı ve iki satırla istifa ettiğini yazdı.[4]

Kâğıdı Talat Bey aldı ve "Paşa Hazretleri, 'ciheti askeriyeden vaki ısrar üzerine' diye yazmışsınız. Lütfen pencereden bakar mısınız, dışarıda sadece askerler değil, her meslekten millet var" dedi.

Kâmil Paşa ne yerinden kalktı, ne de bir şey dedi; istifa metnindeki "ciheti askeriye"nin yanına "ve millet" ilavesini yaptı.

İstifa mektubunu bir zarf içinde Enver Bey'e uzattı.[5]

Zarfı alıp odadan çıktık. Kısa bir durum değerlendirmesi yaptık.

Babıâli Baskını sırasında biri bizden olmak üzere 7 kişi ölmüş 19 kişi yaralanmıştı. Bütün cesetlerin yaver odasına kaldırılmasına karar verdik. Elimizi çabuk tutmamız gerekiyordu. Babıâli'nin korumalığını yapan Uşak Taburu zemin katta silah çatmış ve kendilerine bir emrin gelmesini bekliyorlardı. Nâzım Paşa öldüğü için bu emri kimse verememişti ama her an bu emir gelebilirdi.

Cemal Bey, bazı nazırları alıp İstanbul Muhafızlığı'na götürecekti. Talat Bey Babıâli telgrafhanesinden, yurdun her tarafına telgrafla hükûmetin yıkıldığını bildirecekti.

Hemen orada Azmî Bey İstanbul Emniyet Müdürlüğü'ne atandı. Sudi ve Nail yardımcısı oldu. Kâmil Paşa taraftarlarının karşı harekete geçmemeleri için gereken her türlü tedbir alındı. Ordunun bir bölümü zaten bizim kontrolümüzdeydi.

Darbe henüz bitmemişti.

Sapancalı Hakkı ve diğer arkadaşlarımızı Babıâli binasında bırakıp, Enver Bey ve İzmitli Mümtaz'la oradan ayrıldık.

---

4 İngilizler 1918 yılında İstanbul'a ayak bastıklarında hemen geniş çaplı tutuklamalara başladılar. 311 kişilik kara listenin 100 kişisini, "1913 Babıâli baskınına katılma suçunu işleyen" İttihat ve Terakki üyeleri oluşturdu. Birinci Dünya Savaşı'ndan önce İstanbul'da yapılmış hükûmet darbesiyle İngilizlerin ne alakası vardı!.. Bu darbe Osmanlı'nın iç işi değil miydi? Demek ki sadrazama boşuna İngilizci Kâmil Paşa dememişlerdi...

5 27 Mayıs 1960 askerî hareketi, Sadrazam Kâmil Paşa'nın torunu, Millet Partisi genel başkanlığı görevinde de bulunan Prof. Yusuf Hikmet Bayur'u, 4 yıl 2 ay hapse mahkûm etti. Ayrıca kamu hizmetlerinden men etti ve Manisa'da bir yıl zorunlu oturma cezasına çarptırdı!

Salonu geçtik, merdivenlerden inip dış kapının önüne geldiğimizde Babıâli önünde binlerce kişinin toplandığına şahit olduk. Bir ucu cümle kapısında, bir ucu Cağaloğlu'nda, bir ucu da Sirkeci'deydi. Millet Babıâli'de ne olduğunu konuşup, tartışıyordu.

Enver Bey'i karşılarında görünce alkışlamaya başladılar.

Enver Bey istediğimiz üzerine, milletin kafasındaki karışıklığı gidermek ve onlara moral vermek için konuşma yaptı:

"Kâmil Paşa istifa etti. Tamamıyla milletin haklarını savunacak bir kabine kurulacaktır. Şimdi Zatı Şahane'ye bilgi vermek üzere Saray'a gidiyorum."

Enver Bey hep kısa konuşurdu. Hürriyet ilan edildiğinde de ancak ısrarlar üzerine birkaç söz söylemişti.

Meşrutiyet ilanının üzerinden beş yıl geçmişti; o zamanlar "Yaşasın Hürriyet Kahramanı Enver" diye bağıranlar bugün yine, "Yaşasın Enver Bey" diye bağırıyordu.

Bir de ekleme yapıyorlardı: "Enver Edirne'ye... Enver Edirne'ye!.."

Enver Bey, İzmitli Mümtaz ve ben, üçümüz birbirimizin gözüne baktık, Edirne'yi her ne pahasına olursa olsun alacaktık!..

Babıâli binasının önünde Şeyhülislam Cemaleddin Efendi'nin otomobili duruyordu. Hemen ona atladık. Şoförü tehdit ederek Dolmabahçe'ye gitmesini emrettik. Saraya giderken tabancamdaki boş yerlere yeni kurşun doldurdum! Ne pahasına olursa olsun bu darbe başarıyla sona erecekti!

Otomobille giderken kalabalığı daha rahat görebildik. Büyük bir alan hıncahınç dolmuştu. Kalabalığı yarmak çok zor oldu. Millet Enver Bey'i tanıyınca otomobili havaya kaldırmak istiyordu.

Babıâli önünde Ömer Naci hâlâ bağırarak İttihat ve Terakki'nin başarılarını heyecanlı sesiyle anlatmaya devam ediyordu. Ama artık millet de onunla beraber bağırıyordu:

"Yaşasın millet! Yaşasın İttihat ve Terakki!"

Sonunda Dolmabahçe'ye ulaşmıştık.

Zatı Şahane'nin huzuruna çıkmak istediğimizi Başmabeyinci Halit Ziya Bey'e (Uşaklıgil) söyledik. Babıâli'de olan bitenden haberleri vardı.

Sultan V. Mehmed, Binbaşı Enver Bey'in huzura gelmek istediğini öğrenince "Buyursunlar" demiş.

Zatı Şahane'nin huzuruna girdik. Elini öperek karşısında vaziyet aldık. Zatı Şahane karşısında bir binbaşı ile iki yüzbaşıyı görünce şaşırır gibi oldu. Ya da bana öyle geldi. Enver Bey hemen söze girerek, Heyeti Vükela'nın vatan hıyanetini, Edirne'nin Bulgarlara terkini, ordunun buna asla razı olmadığını Harbiye Nazırı Nâzım Paşa'nın ölümünü ve Kâmil Paşa'nın çekilmek zorunda olduğunu heyecanlı bir ses tonuyla anlattı. Sultan Mehmed Reşad, gürültüden, isyandan hiç hazzetmediğinden, "Peki, oğlum Enver, ne yapmamı istiyorsunuz?" dedi.

Enver Bey, "Sadarete Mahmud Şevket Paşa kulunuzu getirmek ve mührü ona teslim eylemek dileğindeyiz Efendimiz. Başkomutanlık vekâletine İzzet Paşa kulunuzun getirilmesini ve kabine kuruluncaya kadar da Talat Bey'in Dahiliye nezareti vekilliğine tayin buyurulmasını millet adına istirham ediyorum Efendimiz" dedi.

"Peki öyle yapınız, memnun oldum. Beni bu âciz adamlardan kurtardınız. Var ol oğlum, Allah size muvaffakiyet versin. Mahzuziyeti Şahane'mi orduya iblağ ediniz!" demesi üzerine başta Enver Bey olmak üzere Zatı Şahane'yi asker selamıyla selamladık ve çıkarken yine elini öptük.

Darbenin son raundu...

Saraydan çıkarken bizi bir telaş almıştı; Zatı Şahane'ye, Mahmud Şevket Paşa'nın adını vermiştik ama paşadan henüz haber yoktu. Biz Babıâli'ye yürürken, Kurmay Albay İsmail Hakkı'yı, Mahmud Şevket Paşa'nın Üsküdar'daki evine göndermiştik. Ancak ondan haber yoktu.

Bu arada biz saraydayken İstanbul Muhafızı Memduh Paşa ile Kurmay Başkanı Kâzım (Dirik) Bey, Babıâli'ye gelmiş ve hemen içeri girmişler.

Memduh Paşa'yı bilmiyorum ama Kâzım Bey bizdendi. Cemiyet'e 1906 yılında girmişti. Makedonya'da bizlerle beraberdi. Babıâli'yi basacağımızı biliyordu. Zaten bilerek kurmay başkanlığına getirilmişti.[6]

Sapancalı Hakkı, Kâzım Bey'i bir kenara çekip, durumun gayet nazik olduğunu, Memduh Paşa'yı idare etmesini, paşanın bir yere kımıldamamasını sağlamasını rica etmiş. Sapancalı Hakkı tedbiri elden bırakmamak için, Kâzım Bey dışında bir de Memduh Paşa'nın yaveri Caferçelebili Mehmed Ali Bey'i de uyarmış. O da bizdendi, İttihatçıydı.

Saraydan Babıâli'ye gelmiştik.

Baskının üzerinden dört saat geçmişti. Mahmud Şevket Paşa, İttihat ve Terakki'nin sadrazamlık teklifini zorla kabul etmişti. Ancak bir isteği vardı: kuracağı kabinede Talat Bey'e görev vermeyecekti. Çünkü yedi ay önce (9 temmuz 1912) Harbiye nazırlığı görevinden Talat Bey'in muhalefeti nedeniyle ayrılmak zorunda kalmıştı. Talat Bey, Mahmud Şevket Paşa'nın Hareket Ordusu komutanlığından itibaren nüfuzunu giderek artırmasından ve adeta diktatör haline gelmesinden rahatsızlık duymuştu. Öyle ya, iki cambaz bir ipte oynamazdı! Paşa şimdi Talat Bey'den "öcünü" almak istiyordu. Mahmud Şevket Paşa'nın adı Dolmabahçe Sarayı'na bildirilmişti, yapacak bir şey yoktu, teklifi kabul edildi.

Mahmud Şevket Paşa, Üsküdar'dan Dolmabahçe Sarayı'na gitti, huzura çıktı. Sadaret tayini iradesini aldı ve "Hattı Hümayun"unu yazdırdı. Ayrıca "müşir"lik (mareşallik) rütbesini de aldı. Vakit geç olduğundan Sadaret alayı töreni bir sonraki güne kaldı.

Sadrazam otomobiliyle Babıâli'ye girerken büyük bir alkış tufanıyla karşılandı. Müşir Mahmud Şevket Paşa yeni hükû-

---

6 İttihat ve Terakki'nin iki ünlü subayının çocukları; Resneli Niyazi'nin iki oğlu Mithat ve Saim ile Kâzım (Dirik) Bey'in oğlu Orhan 1930'lu yılların ikinci yarısında Almanya'da Münih Teknik Üniversitesi'nde birlikte okudular. Ölüme baş koyan iki fedaînin çocukları birbirleriyle nedense hiç diyalog kurmadılar. Bu olay değil ama, 1930 yılında kızı Şükran'ın, tiyatrocu Muammer Karaca'ya âşık olup kaçması Kâzım Dirik'i şoke etti. Bu olay üzerine İzmir valiliğinden istifasını Atatürk önledi!

metin başkanı olarak Babıâli'nin cümle kapısından girdiğinde akşamın saat sekiz buçuğu olmuştu.

Heyhat! Günler ne çabuk geçiyordu... Üç yıl önce 31 Mart Ayaklanması çıktığında Hareket Ordusu'nun başında İstanbul'a giren kumandan Mahmud Şevket Paşa şimdi sadrazam olarak Babıâli'ye giriyordu!..

Yedi sadrazam Mahmud Şevket Paşa otomobilden indi, binektaşına çıktı, halkı selamladı ve yüksek sesle konuşmaya başladı:

"Zatı Şahane'mizin iradesine tevfikan sadareti şu güç zamanda kabul ettim. Kabineyi kurduktan sonra elimizden geldiği kadar çalışacağız. Bu anda sizden de yardım bekleriz. Sükûtu muhafaza ederek buradan çekilmenizi emir ve rica ederim."

Mahmud Şevket Paşa kapı önünde Talat Bey ve Cemal Bey'le karşılaştı, Talat Bey'e soğuk davrandı. Beklenen oldu ve gece Mahmud Şevket Paşa, Talat Bey hariç kabinesini kurdu. Harbiye nazırlığı görevini de üstlenmişti.

Enver Bey'in amcası Halil Bey İstanbul merkez komutanlığına tayin edildi.

Ve gecenin ilerleyen saatlerinde yeni sadrazam, Sadaret makamına oturarak İttihat ve Terakki Cemiyeti'nin önde gelen isimleriyle Babıâli erkânının tebriklerini kabul etti.

İttihat ve Terakki Cemiyeti artık iktidarı fiilî olarak eline almıştı...

Devrik Dahiliye Nazırı Reşid ve Maliye Nazırı Abdurrahman beyler her zaman İttihat ve Terakki'nin baş düşmanlarıydı. Bize karşı derin kin ve garazları vardı. Yapmadıklarını bırakmamışlardı. *Tanin* gazetesini kapattırmış, İttihat ve Terakki'yi de kapatmak istemişlerdi. Şimdi elimize düşmüşlerdi işte.

Ama bizimkiler ne yapıyordu, bu adamlara saygıda kusur etmiyorlardı. Dayanamadım. Sapancalı Hakkı'ya, "Böyle olmayacak. Bu adamlar rahat durmazlar, keşke başlamışken Reşid Bey ile Abdurrahman Beyi de Nâzım Paşa'nın yanına, öbür dünyaya gönderseydim!" dedim.

Sapancalı Hakkı bana, "Ne yapıyorsun? Artık bu, pek ayıp olur! Teslim olmuş, kuvvetleri ve nüfuzları kalmamış adamları öldürmek çok çirkin olur! Bize yakışmaz, bundan vazgeç" dedi.

Bu laf iyice tepemi attırdı, cevap bile vermeden uzaklaştım. İstanbul Muhafızlığı Komutanlığı'na getirilen Cemal Bey'i makamında yazı yazarken buldum.

"Memleketin selameti uğruna ve milletin intikamını almak için Reşid Bey ile Abdurrahman Bey'i de vurayım! Ne dersiniz?" dedim.

Cemal Bey sinirli ve hayret eder bir halde elindeki kalemi bırakarak, sert bir dille bana, "Artık ben bu dakikadan itibaren böyle şeylere meydan vermem! Şimdi biz hükûmeti ele aldık. Hükümsüz, sebepsiz adam öldüremeyiz. Bir daha böyle şey işitmeyeyim!" dedi.

Bu kadar tepkiden sonra yapacak bir şey kalmadı. Mecburen vazgeçmek zorunda kaldım. Benim haklı olduğum bir yıl değil birkaç ay sonra ortaya çıkacaktı...

Harbiye Nazırı Nâzım Paşa ile iki yaverinin ve bir komiser ile iki neferin ölmesi aleyhime çok fazla tepki yarattı.

Sanki hepsini ben vurmuştum?

İttihat ve Terakki Cemiyeti, aleyhine gelişebilecek olayların olmasını engellemeye çalışıyorlardı.

Tüm düşmanlarımızı ortadan kaldıralım teklifim üzerine Talat Bey ve Cemal Bey'in bir görüşme yaptıklarını duydum. Hem muhalifleri korkutmak istiyorlar, hem de beni ve benim gibi düşünen İttihat ve Terakki'nin yiğit fedaîlerine gözdağı vermek istiyorlardı.

Ne olur ne olmaz diye, güvenlikleri için, Reşid Bey ve Abdurrahman Bey'i birkaç günlüğüne İstanbul Muhafızlığı'na nakletmeye karar vermişlerdi. Sadrazam Mahmud Şevket Paşa da bu kararı onaylamıştı.

Reşid Bey ve Abdurrahman Bey, tutuklu bulundukları odada etli yemeklerle beslendiler. Misafir gibi kabul gördüler. Sonra da ellerine pasaport, ceplerine harcırah konularak Avrupa'ya gönderildiler.

Başmuharrir Ali Kemal,[7] Gümülcüneli İsmail Hakkı ve Rıza Nur gibi birkaç kişiyi de göstermelik olarak tevkif edip, sonra yurtdışına çıkmalarına izin verdiler. Hepsi o kadar.

Bize ne oldu dersiniz?

Enver Bey'in etrafından ayrılmayan, gözünü budaktan sakınmayan biz fedaîler nasıl ödüllendirildik dersiniz?..

Rumeli'de, Makedonya'da Bulgar ve Sırp çetecilerine karşı savaşan bizdik...

Meşrutiyet ilanı için Manastır'da dağa çıkan bizdik...

Hürriyeti korumak için gericilerle İstanbul caddelerinde savaşan bizdik...

Trablusgarp çöllerinde bir karış toprağımızı vermemek için direnen bizdik.

Bulgar, Yunan, Sırp ordularına karşı vatanımızı savunan bizdik.

Dün bize, "aşerei mübeşşere" (İslam dininin ilk günlerinde, gösterdikleri büyük hizmet ve cesaretten dolayı hayatlarında cennet müjdelenen) unvanı verenler, bugün artık "aşere" değil, "haşere" diyorlardı!

Ve sonunda amaçlarına ulaştılar.

Bizi ordudan attırdılar...

3 şubat 1913 tarihinde orduyla ilişkimizi kestiler.

Sadrazam ve Harbiye Nazırı Mahmud Şevket Paşa, Sadaret'e gönderdiği belgede şöyle diyordu:

"... Öteden beri İttihat ve Terakki Cemiyeti murahhaslıklarında hizmet etmek suretiyle siyasî cereyanlara teslimi nefs ü fikir etmiş zevattan olup 'kıymet ve meziyetçe hiçbir gûna (şekilde) noksanları olmamakla beraber' orduda hizmetleri,

---

7 *İkdam* gazetesinin başyazarı Ali Kemal, İttihatçılara karşı hep sert muhalefet yürüttü. Hürriyet ve İtilaf Fırkası'nın da üyesi olan Ali Kemal, Kuvayı Milliye'ye ve Kurtuluş Savaşı'na da karşı çıktı. 6 kasım 1922'de İzmit'te linç edildi. Ali Kemal'in oğlu Zeki Kuneralp 1978 yılında Madrid büyükelçiliği yaptı. 2 haziran 1978 tarihinde makam otomobili, "Ermeni Genocite Komondosu" adlı örgüt tarafından tarandı. Eşi Necla Kuneralp ile bacanağı emekli büyükelçi Beşir Balcıoğlu şehit oldu. Ali Kemal'in torunu ise tarihçi Sinan Kuneralp'tir.

ordunun siyasiyattan çekilmesi hakkındaki emeli katinin husulüne mâni olacağından, Yüzbaşı Mehmed Nâzım, Mülazımı Evvel Hakkı (Sapancalı Hakkı), Yüzbaşı Yakub Cemil, Yüzbaşı Yusuf Musa ve Mülazımı Evvel Hasan Tahsin, Mülazımı Evvel Hüseyin Rahmi efendilerin dahi nisbeti askeriyelerinin katı (askerlikle ilişkilerinin kesilmesi)..."[8]

Sadece üniformamızı çıkarmıştık, içimizdeki vatan millet aşkını değil.

Başları sıkıştığında yine bizi yardıma çağıracaklardı.

Hem de kısa bir süre sonra...

---

8 Belgenin ayrıntısı için bakınız: *Toplumsal Tarih* dergisi, aralık 1999.

Paris'te
torun "Yakub Cemil"

15 kasım 1983.

Tarihi iyi hatırlıyorum; çünkü o gün Kuzey Kıbrıs Türk Cumhuriyeti ilan edildi.

Paris'te sıkışan Ara Toranyan'ın Marsilya'ya geçeceği bilgisi o gün geldi. Hangi gün ve hangi saatte gideceği bilgisi elimize ulaşmıştı. Trenle yolculuk yapacağını bile öğrenmiştik. Marsilya ekibi iyi çalışmıştı.

Fazla bir zamanımız kalmamıştı.

Hedefi zaten 1,5 yıldır fotoğraflarından, slaytlarından ezberlemiştik.

Oturduğu ev adresi üzerine maketlerle çalışmaya başladık. Saha maketleri harikaydı.

Champs-Élysées'ye yakın oturuyordu.

Bir ucu Seine Nehri üzerindeki Pl. de l'Alma Köprüsü'ne, diğer ucu Champs-Élysées'ye uzanan, ünlülerin oturduğu V. George Caddesi üzerindeki tarihi bir binanın ikinci katında kalıyordu.

Aslında ben, "Pl. de l'Alma Köprüsü" diye bilmem. Bizde her yer numaralandırılır. O köprüyü ben numarasından bilirim. Caddeleri, sokakları da numaralarından bilirim.

Bizim ekip yine üç kişiydi.

Ben, Mehmet Ali Ağabey ve "Akrep".

Mehmet Ali Ağabey beni ayrı bir gruba bırakmıyordu.

Paris'e girişimiz kolay oldu.

Üç yıldızlı bir otelde kalıyorum, yanılmıyorsam adı Hôtel Eiffel'di. Beşiktaş'ın Akaretler semtindeki sıra evler gibi. Eski bir bina. Beş katlı. Yangın merdivenin olması otelin seçilmesi için önemli nedenlerden biri.

Üçüncü kattaydım. Odadan Eiffel Kulesi görünüyordu.

Ülkelere, yaptığın işlere, kimliğinde yazan mesleğine göre kalınacak oteller belirlenir.

Yağ fabrikasının temsilcisi Paris'e geldiği zaman nerede kalması gerekiyorsa orada kalmak zorundasınızdır. Ne en lüks bir otelde, ne daha ucuz bir pansiyonda değil. İtiraz edemezsin. Pansiyonsa pansiyonda kalırsın, Hilton ise Hilton'da.

Kalacağımız yerler biz daha o ülkeye gitmeden önce saptanır.

Çizgiyi (ülke sınırı) aştıktan sonra, güvenliğinden, yeme içmenden, yani tüm ihtiyaçlarından sen sorumlusundur. Bunun için kesin bir diyet vardır. Her türlü sıvıyı az alırsın, buna içki de özellikle dahildir. Beyrut'ta olduğu gibi bazen sarhoş olurum. Ne yapalım her yasak insanı cezbediyor. Mehmet Ali Ağabey de benim gibidir. Ama "Akrep" bize hiç benzemez, çok disiplinlidir. Onunki askerî disiplin!

Dünyanın her yerinde en iyi yiyecek peynir ekmektir.

Diğer yiyecekler bağırsaklarında hayli hareketlere neden olabilir.

Kahvaltı otelde yapılır; yarım dilim kızarmış ekmek, çok az peynir ve yarım bardak kahve veya çay. Ama kesinlikle şekersiz. Otel dışında yememeye gayret ederiz. Otel bizim için güvenliklidir. Tanımayız ama biliriz ki bazı personel bize yakındır veya "çöpçü"lerin biri otelde çalışıyordur!

Müze biletleri, girilmeyen sinemalardan alınan biletler ve küçük kitapçıklar da, yağ evraklarıyla birlikte otel odanızdaki masanın üzerine gelişigüzel bırakılmalıdır.

Odada çantalarını, elbiselerini, evraklarını belirli yerlere koyarsın. Oda temizlikçileri dışında eğer çantan, elbiselerin senin koyduğun gibi değilse, hissedersin ki "ziyaretçilerin" gelmiştir. Eğer eşyalarında hiç kıpırdama olmamışsa yine şüphelenirsin. O zaman uyu bakalım uyuyabilirsen!

Şüphe durumunda hemen oteli terk edersin. Hatta şehri, ülkeyi bile. Çünkü açığa çıkmışsındır.

Otel görevlilerine Louvre Müzesi'ne, Notre-Dame Katedrali'ne nasıl gideceğinizi sorarsınız. Bunlarla sohbet ederken Ortadoğulu ortalama bir işadamının kültürüyle konuşmanız gerekir. Bu sohbetlerde de dikkat çekmemeniz lazımdır.

Bizim otelin çevresinde yaşayanların büyük çoğunluğu Türk'tü.

Bir gün az kalsın kimliklerimiz ortaya çıkacaktı.

Bir gece, ilk kez üçümüz bir araya gelip lokantada yemek yiyip içki içerken, yanımızdaki masada oturan gençten biri, "Siz Türk müsünüz?" diye sordu Fransızca.

Afalladık! Mos mor olduk! Mehmet Ali Ağabey Fransızca, "Türk olduğumuzu nereden çıkarıyorsunuz, siz kimsiniz?.." dedi.

O kişi yanılmıyorsam, o günlerde Paris'te bulunan, Mazhar Alason'du. Yanındaki arkadaşları da Fuat ile Özkan'dı.

Kadehleri tokuşturuş şeklimiz Türklere benziyormuş, o nedenle dikkatlerini çekmişiz. Hani bizde âdettir; büyüğümüzle rakı içerken, kadehinin alt tarafına vurulmak istenir, büyükte yan yana vurdurmak için çabalar ya, onu görmüşler.

Üç Türk bize iyi bir ders vermişti. Her konuda dikkatli olmalıydık! Üstelik Paris ASALA militanlarıyla kaynıyordu.

Burada size bir not aktarayım; o günlerde Paris'te bulunan ASALA militanları Nairi Uranyan ve Aza Uranyan yıllar sonra (28 ekim 1999) Ermenistan'da Parlamento binasını basıp başta Başbakan Vasgen Sarkisyan ve Meclis Başkanı Karen Demirciyan olmak üzere 8 kişiyi öldürdüler.

Yani adamlar sahiden çok tehlikeliydi. Dikkatli olmalıydık. Ama dikkatsiz davranışlarda da bulunuyorduk... Bu nedenle Paris'te "bizim evdekilerden" fırça yedik.

Mehmet Ali Ağabey dikkat çekmemek için bir kız arkadaş buldu. Otelde onunla kalıyor. Kamufle için kadın her zaman iyidir. Ama öyle çok dikkat çeken hayat kadınları gibi değil. Kadın da fazla dikkat çekmeyecek.

Bir gün beklediğimiz haber "çöpçü"den geldi, hedef istenilen yerdeydi.

Malzemeler de hazırdı. "Akrep" hemen gitme taraftarıydı, ancak Mehmet Ali Ağabey'e ulaşamıyorduk. Nerede olduğu belli değildi. Kimseye haber de vermemişti.

"Mehmet Ali Ağabey olmadan gitmem" dedim. Aramızda ufak bir tartışma çıktı.

İş kaldı.

Dedim ya Mehmet Ali Ağabey biraz çapkındı. Böyle bir aksiliği tabiî tahmin edemezdi. Ama başı hep çapkınlığı yüzünden belaya giriyordu. Daha önce de izinsiz Londra'ya gidip elçilikteki sevgilisiyle buluşması olay olmuştu.

"Çöpçüler" her şeyi ceride (rapor) etmişlerdi.

Akşam "evde" toplandık.

Mehmet Ali Ağabey'e benim yanımda "ev sahibesi" tarafından fırça atılması doğrusu ağırıma gitmişti.

Hele, "Paris'in her sokağında, caddesinde şehitlerin kanı yerde dururken, siz nasıl böyle boş vermiş, tatile gelmiş turistler gibi davranırsınız?.." lafı boğazıma düğümledi...[1]

Hepimiz epey gerilmiştik aslında. Fransızlar bombalama olaylarından sonra rahat çalışmamıza izin vermiyorlardı. Zaten bir grubumuz tamamen açığa çıkmıştı.

"Ev"den ayrıldıktan sonra birbirimizle bir süre konuşmadık. Yüreğimizi parçalayan sözler gerçekten çok ağır gelmişti.

Paris'e gelirken "Savulun tavşanlar Jön-Türkler geliyor" diye takılmıştık birbirimize.

Şu düştüğümüz hale bak.

Aklıma babam geldi...

1963 mayısının son günü apoletleri söküldü, artık o üniformasızdı. En değerli varlığı tabancasını vermek zorunda kalmıştı.

Babamın ağladığını ben ilk o gün, İstanbul Balmumcu'da-

---

1 Paris'te; 24 ekim 1975'te Büyükelçi İsmail Erez ve şoförü Talip Yener; 22 aralık 1979'da Turizm Müşaviri Yılmaz Çolpan; 4 mart 1981'de Çalışma Müşaviri Reşat Moralı ve din görevlisi Tecelli Arı; 24 eylül 1981'de Elçilik güvenlik görevlisi Cemal Özen öldürüldü. 26 eylül 1980'de silahlı saldırıya uğrayan basın ataşesi Selçuk Bakkalbaşı felç oldu.

ki evimizde gördüm.

Babam da tıpkı dedem Yakub Cemil gibi uğruna ölümü göze aldığı üniformasını çıkarmak zorunda kalmıştı. Rütbesi de neydi biliyor musunuz: yüzbaşı! Yani dedem de, babam da aynı rütbedeyken ordudan çıkarılmışlardı!

Nasıl bir kaderdi bu!

Babam sadece üniformasını kaybedecekti; lider bildiği Kurmay Albay Talat Aydemir gibi idam edilmeyecekti!

Talat Aydemir'i ben çocukluğumdan hatırlıyorum.

Aydemir'i dedem Yakub Cemil'e benzetirim. Son dakikalarını ezbere bilirim. Diyebilirim ki, hatıratını yüz kez okumuşumdur. Çok hazindir o son anları:

22 Şubat (1962) ve 21 Mayıs (1963) ihtilal girişimlerinin lideri Kurmay Albay Talat Aydemir 5 temmuz 1964 sabahı saat 02.30'da Ankara Asrî Cezaevi müdürünün odasına getirilir. İnfaz emri yüzüne karşı okunur. Sağlık muayenesi ve dinî telkinlerden sonra beyaz idam gömleği giydirilir. Elleri kelepçeli olduğu halde sehpaya ilerleyen Talat Aydemir son arzusu olarak, "Kendi işimi kendim görmek istiyorum, kelepçelerimi çıkarın" der. İsteği yerine getirilmez. Sehpaya çıkar. Boynuna ip geçirildikten sonra, "Memleket için feda olsun" diyerek iskemleyi tekmeler. Saat 02.50'yi göstermektedir...

Babam idam edilmedi ama üniformasını çıkarmak zorunda kalması bizim aile için ikinci bir yıkım oldu.

Acıya dayanamayan Cemile Teyzem (dedem Yakub Cemil'in kızı) vefat etti. Tıpkı halası Edare (dedem Yakub Cemil'in kız kardeşi) gibi evlenmemişti. Kadıköy'de ahşap bir evde kız kardeşi Ülkü'yle birlikte oturuyordu. Bu evi onlara Enver Paşa'nın aldığı söylenirdi. Herhalde vicdan azabından kurtulmak için vermişti!..

Enver Paşa'nın eşi Naciye Sultan bizimkilere mendil, tarak verirmiş, "satıp geçinin" diye. Ondan önce büyükannem Nevver Hanım, Çarşıkapı'da bir han girişinde ağızlık satarmış.

Dedem Yakub Cemil'in bir yönü hiç bilinmez. O öldürdüğü kişilerin ailelerine yardım yapacak kadar büyük bir insanmış. "Karısının, çocuğunun ne günahı var?" dermiş.

Aile içinde hep, "Eğer o paraları bir yere koysaydı, biz zor günlerden hiç geçmezdik" diye konuşulurdu.

Sonra iki kız kardeşi Cibali Sigara Fabrikası'na soktular. Oradan da emekli oldular. Onları fabrikaya *Cumhuriyet* gazetesinin sahibi Yunus Nadi yerleştirmişti. Nadi ailesiyle dostlukları hep sürdü. Bazen, iki kız kardeş Cemile ve Ülkü'nün, elimden tutup beni *Cumhuriyet* gazetesine götürdüklerini hayal gibi hatırlarım.

İttihat ve Terakki üyelerinin birbirleriyle ilişkileri de ilginçmiş. Örgüt içinde birbirine düşman olanlar dışarıya bunu hiç belli etmezlermiş.

Örneğin, karşı grupta olan Doktor Nâzım, bizimkileri bir kuruş para almadan tedavi edermiş! Doktor Nâzım da yiğit insanmış.

İttihat ve Terakki'yi hatırlamam canımı iyice sıktı. Vatan toprağı için cepheden cepheye koşanların torunları Paris'te gönül eğlendiriyordu!..

Canım sahiden çok sıkkın. İş bir an önce bitsin istiyorum...

Fransızların ünlü şarkıcısı Charles Aznavour Ermeni asıllıdır. Konserlerine giriş ücreti 800 franktır. Yani o kadar ünlüdür. Hâlâ da hayattadır.

Onun kuzeni bir genç kız var; o da şarkıcı. Bu kız Ara Toranyan'la aynı apartmanda oturuyordu.

Toranyan ikinci katta, kız beşinci katta.

Bu kız ile Mehmet Ali Ağabey aşk yaşıyorlar. Kız, Mehmet Ali Ağabey'in Türk olduğunu biliyor. Yanlış hatırlamıyorsam, ticari ataşe olarak tanıyor. Ağabey'in Türkiye'deki eşinden, görevinden ayrılıp Paris'te birlikte yaşayacaklarını sanıyor. Kızın Ermeni meselesiyle, ASALA'yla filan ne ilgisi vardı, ne de bilgisi.

Aslında Mehmet Ali Ağabey de kıza kendini kaptırmıştı.

Türk filmi gibi...

Bir yanda aşk hikâyesi sürüyor, diğer yanda Toranyan'ın takibi.

Şaka gibi...

Sıkı takipteyiz.

Ara Toranyan evden çok az çıkıyordu. Gideceği yere taksiyle gidiyordu. Artık otomobil kullanmamayı öğrenmişti anlaşılan! O kadar bombayı "kim yese" vazgeçerdi herhalde!

Taksi şoförü mutlaka güvendiği kişiydi. Sürekli Opera'ya doğru gidiyordu. Arada bir de, Paris Galeria denen yere uğruyordu. Alışveriş yapıyordu.

Biz yakın takip yapmıyoruz, o "çöpçü"lerin işi. Sanıyorum taksi durağına da bir eleman yerleştirildi veya "satın alındı".

Plan hazırlandı: "alışveriş" Toranyan'ın evinde yapılacaktı.

Mehmet Ali Ağabey daha önce birkaç kez denemişti:

Taksiye biniyor (taksi şoförü "çöpçü"), Aznavour'un akrabası kızın bulunduğu apartmana gidiyor.

Fransızların lüks konutlarında bizdeki gibi kapıcı yoktur, güvenlik görevlisi vardır. Bu apartman görevlisi gelen kişinin kimliğine bakar, kime geldiğini sorar, sonra karşı tarafa böyle bir misafir bekleyip beklemediğini sorar. Karşıdan "O.K." alınca apartmana girmesine izin verir.

Mehmet Ali Ağabey apartmana artık oldukça rahat giriyordu. Bunda verdiği bahşişin de, hediyelerin de önemi vardı herhalde.

Son günlerde Ağabey sepet sepet çiçekle, buketlerle apartmana gitmeye başladı. Kızı çiçeklere boğuyordu.

Apartman görevlisi Mehmet Ali Ağabey'i tanıdığı için çiçeklerin taşınmasına, taksi şoförüyle birlikte yardım ediyordu.

20 aralık akşamı "evde" toplandık.

Ara Toranyan yarın 13.30 treniyle Marsilya'ya gidiyordu.

Taksiyi filan çağırmasını, her ihtimali düşündük.

Futbol maçı gibi; gol bir saniyelik olaydır. Ancak golün oluş sürecinin arkasında binlerce saniye vardır. "Alışveriş" de öyledir!

Her dakika, her saniye planlandı.

Malzemeleri takside "çöpçü"den alacaktık.

Taksiye üç kişi binecektik; Mehmet Ali Ağabey, "Akrep" ve ben.

"Akrep" ile ben apartmana gelmeden önce inecektik.

Apartman görevlisinin bizi görmesini istemiyorduk. Şüphelenebilirdi.

Mehmet Ali Ağabey ile şoför apartmana girip görevliyi de her zaman olduğu gibi yukarı kata çıkaracaklardı. Ama bir aksilik olur ve görevli bizi görürse onu da devre dışı bırakacaktık.

Yani, "ne pahasına olursa olsun"du!

"Alışveriş" kesinlikle sonuçlandırılacaktı...

Mehmet Ali Ağabey, "Allah utandırmasın!" dedi, dağıldık.

Otele döndüm.

Resepsiyon görevlisinin, "Happy birthday" demesiyle şaşırdım ama kendimi toparladım.

"Alışveriş" olacağı günden bir gün önce mutlaka odanızda küçük bir pasta olur. Arkadaşlarınız doğum gününüz için göndermiştir. Otel de yanına birkaç ilave yapar mutlaka.

Garsonlara da birkaç parça pasta gönderirsiniz, bu arada yarın ayrılacağınızı da söylersiniz. Bütün otel kendi halinde, halim selim, boş vakitlerinde müzelere giden, iyi bahşiş veren Ürdünlü yağ fabrikası temsilcisinin ayrılmasına üzülür!

Doğum günü kutlayan bir adamın ertesi gün "alışveriş" yapacağını kim tahmin eder?

21 aralık.

Saat 12.00 suları...

M. Ali Ağabey ve taksici ("çöpçü"), Pl. de l'Alma Köprüsü çıkışında "Akrep" ile beni aldılar. Bagaj çiçek dolu. Ayrıca taksinin arka koltuğunda da buketler vardı. Çiçeklerden zaten zor sığdık.

Malzemelerimizi aldık, susturucuları yerleştirdik. Beyrut'un aksine bu kez mekanizma tam oturmuştu.

Üstelik elimde tam istediğim tabanca vardı: Browning...

Apartmana yaklaşırken biz indik.

İnerken Mehmet Ali Ağabey, "Benden önce olmasın" dedi. Yani ben gelmeden adamın işini bitirmeyin demek istiyor.

Başımızla onayladık.

"Akrep"le birlikte apartmana doğru yürümeye başladık. Görünürde hiçbir anormallik yok.

Bizimkiler sepetlerle, buketlerle apartmana girdiler.

İki üç dakika sonra nefesimizi tutup girişe geldik, güvenlik görevlisi yoktu.

Kapı açıktı. Minik bir taş parçası kapının kapanmasına engel olmuştu.

Apartmana süzüldük.

Eski asansörün halatları aşağıya iniyordu. Bizimkiler kızın kapısına henüz ulaşmamışlardı.

İkinci kata çıkmamız saniye sürmedi. Hol karanlık.

Kapının önünde Mehmet Ali Ağabey'i beklerken bulduk. Taksici ve güvenlik görevlisine, "Çiçeklerle beraber sığamayız, ben merdivenlerden geleyim, hem böylesi daha iyi, sürpriz olur" demiş.

Şimdi "çöpçü"nün güvenlik görevlisini kızın kapısının önünde biraz oyalaması gerekiyor. Onu yapacağından eminiz.

Her şey plana uygun gidiyor.

Dışarıda bir taksi (o da "çöpçü") güya Ara Toranyan'a gelmiş gibi bekliyor.

Toranyan'ın dairesinden telefon sesi geliyor, arkasından kapının zincirleri ve sürgüsü açılıyor. Telefon eden bizim taksici, yani "çöpçü"; geldiğini haber veriyor.

Kapı açıldı.

Ve sürpriz!

Daireye girdik.

Mehmet Ali Ağabey tabancasını Ara Toranyan'ın kafasına dayadı.

"Akrep" üzerini aradı. Tahmin ettiğimiz gibi koltuk altından Çek Vizör çıktı.

Mehmet Ali Ağabey olağanüstü Fransızca'sıyla bir şeyler söyledi. Arkasından ilk onun susturucusu konuştu. Sonra bizimki.

Ara Toranyan pencerenin önüne yığıldı.

Zamanımız yoktu.

Kapıyı kapatıp çıktık.

Mehmet Ali Ağabey merdivenden yukarı katlara çıkarken biz aşağıya indik.

Asansör aşağıya iniyordu, Mehmet Ali Ağabey, "Yoruldum, beni alın" dedi. Bu kez güvenlik görevlisiyle yukarı çıktı.

Ellerimiz ceplerimizde "Akrep"le birlikte yürümeye başladık. Kısa bir süre sonra "çöpçü"nün kullandığı taksiyle Mehmet Ali Ağabey geldi. Hemen arka koltuğa kendimizi attık. İstikamet Orly Havaalanı'ydı.

Eiffel'i geçtik. Malzemeleri otomobilin içindeki zulalara koyduk.

Kolonyalı mendillerle ellerimizi sildik.

Orly yolunda dörtlülerini yakmış bir başka taksi aldı bizi. Havaalanı girişinde üçümüz ayrıldık.

Bizim Türk Hava Yolları bürosu önünden geçerken orada bulunan küçük Türk bayrağını kafamla selamladım.

Biletlerimiz cebimizdeydi. Otelden ayrılışımızı da "çöpçü"ler halledecekti.

Orly'den havalandığımızda her zamanki klasik numarama başladım. Zaten uçağa son anda binebilmiştim. Az kalsın kaçıracaktım. Fransız hostese, olabildiğince kibarlaşarak "Lütfen" dedim, "kulaklarım zonklamaya, gözlerim kararmaya başladı. Yardım edin!"

Kabine gidip kolonya şişesini alıp gelmesi saniye sürmedi. Arkasından daha yaşlı olan hostes geldi. Birlikte kolonyayla bileklerimi ovmaya başladılar.

"Bunun gözleri açlıktan kararır, bol sosisli bir sandviç her şeyine iyi gelir."

Türkçe konuşan kişinin sesini hemen tanıdım. Demek Mehmet Ali Ağabey arkamda oturuyordu. Uçağa girdiğimde arkamda oturan kişinin yüzünü gazeteyle kapatmış olması tuhafıma gitmişti. Demek ki, Mehmet Ali Ağabey keyifliydi. Şakacı yanı ortaya çıkardı böyle durumlarda. Türkçe konuştuğu için hostesler Mehmet Ali Ağabey'in ne dediğini anlamamıştı. Gerçekten de yirmi saattir boğazımdan bir lokma yiyecek geçmemişti.

Kaptan uçağın tırmanışının bittiğini anons ederken, hostes kız elime siyah bir karanfil bıraktı. "Arka taraftaki bir mösyöden" dedi.

"Akrep" de sağ salim uçağa binmişti.

Çıkardığım gürültüden onlar da benim uçakta olduğumu anlamışlardı.

Yanımdaki yaşlı Fransız kadın, yemek yerken halime üzülmüş, yuvarlak küçük ekmeğini bana vermişti. Tabağımda zaten hiçbir şey kalmamıştı. Sadece küçük bir çikolata vardı, onu da yaşlı hanımın verdiği ekmeğin içine koyup yemeğe başlayınca kadının gözleri yerinden oynadı.

Hostesin yanlış telaffuzlarına rağmen Marmara Denizi'nin üzerinde olduğumuzu duyunca öyle rahatlamışım ki, arka koltuktaki Mehmet Ali Ağabey'in elini sıkmışım. "Yavaş ol ayı" sesiyle kendime geldim.

Uçağa binerken gösterdiğim tedirginliğin İstanbul'a girdiğimizde yerini rahatlığa bırakmasına bir anlam verememişti hostesler.

Yeşilköy Havaalanı'nda buluştuk. "Akrep" ve ben, Çınar Oteli'nde kalacaktık.

Mehmet Ali Ağabey evine gidecekti.

Evine gitmeden önce bizimle otele geldi. Odaya çıkıp oturduk.

Bir iki yere telefon etti.

Ben diğer grubun döndüğünü sanıyordum. Meğer onlar da bizim "alışvereşi" beklemişler. Onlar daha keyifli bir yolculukla Türkiye'ye dönmüşlerdi. Paris'ten ayarladıkları telekızlarla Marsilya üzerinden gemiyle İzmir'e gelmişlerdi.

Mehmet Ali Ağabey otelin resepsiyonundan aldığı zarfları bize uzattı. Ankara'ya dönüş biletleriydi.

"Alışveriş iyiydi, borcumuzu ödedik. Borçlu kalmak zaten bize yakışmazdı. Yeni bir senet var mı bilmiyorum, ama ben şimdi çok yorgunum, eve gidiyorum" dedi.

Çıkmadan sordum, "Ağabey evde Ara Toranyan'a Fransızca neler söyledin?"

"Akrep" güldü, tabii o Fransızca biliyordu, ben ise cahildim.

"Dedim ki: 'Bizde bir söz vardır; elçiye zeval olmaz, derler. 24 ekim 1975 tarihinde İsmail Erez ve makam şoförüne Bir-Hakeim Köprüsü üzerinde kurşun yağdırılırken sen de oradaydın. O dört kişilik ekipteydin. İşte o gün orada sen vardın, bugün burada biz varız. Biz sadece elçiyiz, sen o bile değilsin'."

Mehmet Ali Ağabey bu kez sahiden çok yorgun görünüyordu.

Paris'teki kıza gönülden bağlanmıştı. Daha sonra anlatırken gözlerinin dolduğuna şahit oldum. Çünkü biz Paris'ten ayrıldıktan sonra kız bileklerini kesip intihara teşebbüs etti. Kullanıldığını hazmedememişti. Ara Toranyan olayını bizim yaptığımızı öğrenmiş miydi, bilmiyorum.

Mehmet Ali Ağabey o günlerde birkaç kadeh rakı içtikten sonra hep, *"Menekşelendi Sular/Dikensiz gül olmazmış Ayşem"* şarkısını söylerdi...

Ara Toranyan'ın öldürülmesini başka hazmedemeyenler de vardı.

Toranyan, Agop Agopyan ekibinden, yani ASALA'dan ayrılıp yeni bir terör örgütü kurmuştu. Ekibini yeni yeni toparlıyordu.

"Alışveriş" tam zamanında yapılmıştı. Zaten bu nedenle şoke olan militanları bizim elçilik, konsolosluk görevlilerine savaş açtılar. Ancak bunların özellikle bir Müslüman ülkede, İran'da eyleme başlaması hepimizi şaşırtmıştı.[2]

Viyana Büyükelçiliği Çalışma Ataşesi Erdoğan Özen'i öldürmeyi başardılar. Erdoğan Özen benim sevdiğim bir ağabeyimdi. Honda marka otomobiline konulan bombanın patlaması sonucu şehit oldu. Otomobiline o kadar güçlü bomba koymuşlardı ki, sevgili ağabeyimin vücudu kömürleşmişti. Ancak parmağındaki yüzüğünden teşhis edilebilmişti kimliği. Çok değil, bu olaydan 48 saat önce Agop Agopyan, tüm dünya basınına "Terör zarurîdir" açıklamasını yapmıştı. Bizim basın o günlerde "misilleme" istiyordu.[3]

Bu "tavşanlar", tıpkı Agop Agopyan olayında olduğu gibi Ara Toranyan'ın, bizzat biz "TM"ler tarafından öldürüldüğü-

2 28 mart 1984 tarihinde Tahran Türk Büyükelçiliği ASALA'nın saldırısına uğradı. Askerî Ataşe Yardımcısı İsmail Pamukçu ve Başkâtip Servet Öktem yaralandı. 15 nisanda Tahran İdarî Ataşesi İbrahim Özdemir'in evi tarandı. 28 nisanda Tahran Büyükelçiliği Sekreteri Şadiye Yönder ve eşi motosikletli iki kişi tarafından silahla tarandı. Işık Yönder yaralandı. Başbakan Turgut Özal son operasyonda Tahran'daydı. Türk resmî heyeti İran'dan bir şehit cenazesiyle dönmüştü!

3 Erdoğan Özen 20 haziran 1984 tarihinde öldürüldü. 5 ay sonra, 19 kasım 1984 tarihinde yine Viyana'da bu kez BM'de görevli Enver Ergun kırmızı ışıkta dururken otomobiline açılan ateş sonucu yaşamını kaybetti. Her iki olayı da Ara Toranyan'ın örgütü, Ermeni Devrimci Ordusu üstlendi.

nü, sempatizanlarına moral vermek için kabul etmediler.

Bu arada ilginç de bir yöntem buldular; Orly Davası'nda Ara Toranyan'ı sanık yaptılar. "Hakk'ın rahmetine çoktan kavuşmuş" bu "tavşan" gıyabında yargılandı ve yataklıktan dört aya mahkûm oldu!

Herhalde dünyada böyle bir olay ilk kez Ara Toranyan'ın başına geliyordu; mezarda yatarken ceza almıştı!

İstanbul'da otel odasında Paris operasyonunun detayları üzerinde müzakerede bulunduk. Hatalarımızı, sevaplarımızı sıraladık.

Önce Mehmet Ali Ağabey, sonra "Akrep" odadan çıktı.

Yalnız başıma kalmıştım.

Yeşilköy sahilinde insanlar piknik yapıyordu. Gidip bağıra çağıra Türkçe konuşmak istedim. Bıkmıştım "la"lardan, "lö"lerden.

Otelden çıktım. Eminönü, Karaköy taraflarına gittim.

O kadar ülke gördüm, hiçbirinin böyle güzel havası yoktu.

Yarın sabah karımı, kızımı, annemi görecektim.

Kumkapı'ya gidip bir güzel rakı içtim. Özlemiştim.

Bu Kumkapı, Osmanlı döneminde Ermeni mahallesiymiş. Belki hâlâ yaşayanları vardır. Size samimiyetimle söylüyorum, keşke Ara Toranyan da cinayetlere karışmasa da gelip Kumkapı'da otursaydı. Keşke bir iki kadeh rakı içseydik. Ne yapalım, şartlar mı diyelim, kader mi diyelim? Onlar da vuruyor, biz de!

Mehmet Ali Ağabey sabah otele geldi.

"Kocaoğlan sivil hayata kendini kaptırıp göbeklenme, daha yapacağımız çok işi var" dedi.

Evet, bizim daha yapacak işlerimiz vardı!..

Ankara'ya dönerken uçakta hayatım gözlerimin önünden bir film şeridi gibi geçti.

Yıllar ne çabuk geçmişti.

Ankara Üniversitesi Siyasal Bilgiler Fakültesi'ni bitirmiş olan ben, nasıl katılmıştım bu gezici timlere?..

Beyrut, Paris, Atina "seferlerine" neden ve nasıl katılmıştım?..

Batı Trakya'da
dede Yakub Cemil

11 haziran 1913.

Saat 11.30.

Sadrazam ve Harbiye Nazırı Mahmud Şevket Paşa Babıâli'ye gitmek için Harbiye Nezareti'nden çıkıp otomobiline biniyor. Solunda Seryaver Eşref, karşısında Bahriye Yaveri İbrahim kendisine refakat ediyor. Şoförün yanında en sadık ve cesur adamı Kâzım Ağa oturuyor.

Otomobil Beyazıt Meydanı'na geliyor. Çarşıkapı'ya sapacağı sırada Fatma Sultan Çeşmesi'nin sağında, tamir edilmekte olduğu zannedilen bir otomobil yol üstünde durmaktadır. Bu esnada yolun önüne bir cenaze çıkıyor. Sadrazam Mahmud Şevket Paşa cenazeye hürmeten otomobilin durmasını emrediyor.

İşte ne oluyorsa o zaman oluyor, paşanın otomobili silahla taranıyor. Kurşun sesleri ortalığı birbirine katıyor.

Seryaver Eşref derhal otomobilden atlayarak vazifesini görmeye çalışıyor, arabayı kendisine siper ederek, ateşe başlıyor.

Paşanın sadık adamı Kâzım Ağa da katillere ateş açıyor.

İlk dikkatlerini çeken, yıkık bir duvar üstüne çıkmış bir adamın kendilerine ateş açması. Tamir edilen otomobilin üstünden de redingotlu bir adam ateş etmektedir.

Bu arada Kâzım Ağa aldığı kurşunla yaralanıyor. Kâzım Ağa'nın yıkıldığını gören sarı pardösülü adam tabancasına birkaç kurşun daha sürüyor ve kurşunlarını yine evvela Kâzım Ağa'nın üzerine, sonra da otomobilin içine boşaltıyor.

Atılan kurşunlardan beşi Sadrazam Mahmud Şevket Paşa'ya isabet ediyor.

Kurşunlardan birini yiyen genç bahriye yaveri İbrahim Bey, paşanın ayaklarının yanına düşüyor.

Çatışma kısa sürüyor.

Vuruşma biter bitmez, tamir ediliyor gibi gösterilen otomobil hızla Topkapı istikametine hareket ediyor. Yıkık duvar üzerindeki adam ise otomobile binemiyor. Sakat ayağıyla topallayarak Gedikpaşa istikametine kaçmaya çalışıyor. Çakır Ağa Hanı'na girdiği bilgisi polise bir kadın tarafından ihbar ediliyor.

Yakalanıp Merkez Komutanlığı'na getirilen bu kişi Topal Tevfik'ti.

Meşrutiyet devrinin en ünlü paşasını, 31 Mart Ayaklanması'nda Hareket Ordusu'nun başında İstanbul'a giren bu güçlü devlet adamını kim, neden öldürtmüştü? Herkesin kafasında bu soru vardı.

Topal Tevfik cinayeti kimlerin tertip ettiğini hemen anlatıyor. Biraz dayak yiyor tabiî.

Sarı pardösülü adamın adı Ziya'ymış. Otomobilin içinde Ziya'dan başka Nazmi, Bahriyeli Şevki, Hakkı ve Abdurrahman isimli kişiler varmış.

Suikastı tertip edenlerden Prens Sabahaddin, Gümülcineli İsmail Hakkı Bey yurtdışına kaçmışlardı.

Suikastı organize edenler arasında adı geçen Damadı Şehriyarî (padişah damadı) Salih Paşa[1] gözaltına alınmıştı. İstanbul bu haberlerle çalkalanıyordu.

İstanbul Muhafızlığı Komutanı Cemal Bey kimsenin gözünün yaşına bakmıyordu.

İkinci tetikçi Ziya teslim oldu. Onu bu yola sevk eden kişinin adının Yüzbaşı Kâzım olduğu açıklandı.

Kâzım'ın adını duyunca çok şaşırdık. Çerkez Kâzım diye

---

1 Abdülmecid'in oğullarından Kemaleddin Efendi'nin kızı Münire Sultan'la evliydi.

bildiğimiz bu arkadaşımızla yıllarca beraber çalışmıştık. Ordudan atılmasını herhalde içine sindirememişti.

Şevki Bey de bahriye yüzbaşısıydı. İstifa edip askerlikten ayrılmıştı. Ama demek ki o da İttihat ve Terakki'ye kin besliyordu.

İhtilal komitesi yavaş yavaş ortaya çıkmaya başlamıştı: Albay Fuat Bey, ihtilalden sonra İstanbul Muhafızlığı Komutanı Cemal Bey'in yerine getirilmek sözüyle bu cinayet şebekesine katılmıştı. Merkez komutanlığına ise Yarbay Zeki Bey'i getireceklermiş!

Sadrazamlığa düşündükleri isimler ise, Prens Sabahaddin veya Kâmil Paşa'ymış.

Bu cinayet komitesi bayağı örgüt olmuşlar; birbirlerini tanımak için, bir harf bulunan beyaz mendil kullanıyorlarmış.

Sadrazam Mahmud Şevket Paşa'dan başka, Talat Bey'i Kemal, Selanik Mebusu Emmanuel Karasu'yu Hakkı vuracakmış. Listede Cemal Bey, Jandarma Kumandanı Mehmed Bey, Maliye Nezareti Özel Kalem Müdürü Yahudi Nesim Ruso, Polis Müdürü Azmî Bey gibi birçok İttihat ve Terakki mensubu arkadaş varmış.

Amaçları ihtilal yapıp İttihat ve Terakki hükûmetini yıkmak, kendi hükûmetlerini işbaşına getirmekmiş.

Tüm bunları ayrıntılı anlatmamın nedeni, sonunda işin ucunun bize gelmesi...

Ziya gibi kumara düşkün, sefahat hayatına atılmış katillerden Hakkı, Galata Köprüsü'nden geçerken polis tarafından yakalanıyor.

Hakkı'dan, yakalanamayan diğer saldırganların nerede olduğu öğreniliyor. Beyoğlu Piremehmet Sokağı'ndaki, bir numaralı ev sarılıyor. İşin garip yanı, burası İngiliz uyruklu bir kadının işlettiği gizli bir kumarhane.

Evi inzibat görevlileri, polis ve jandarma kuvvetleri sarıyor. Kapı kırılıp içeri girmeye kalkışılınca çatışma çıkıyor. Evin içinden açılan şiddetli ateşle Yaver Hilmi Bey oracıkta ölüyor. Bir iki görevli de yaralanıyor. Çatışma iki saat sürüyor.

İşte bu esnada bize haber verdiler.

İzmitli Mümtaz, Kuşçubaşı Eşref ve kardeşi Sami, Topçu İhsan[2] ve ben Piremehmet Sokağı'na gittik.

Kuşçubaşı Eşref, Cemal Bey'e, "Bunların bize kolaylıkla teslim olmaları için evi saran kuvvetlerden hiçbiri müdahale etmeyecek" diye namus sözü istedi.

Cemal Bey, "Pekâlâ, yakalayınız da, istediğinizi yapınız" dedi.

İzmitli Mümtaz ve Eşref, evin damına bitişik binadan atladılar. Kapısının önünde İhsan, Sami ve ben varım.

Eşref dama beraber çıktığı jandarmalara kazmayla damın birkaç yerine vurdurttu. Dam, kazmayla vuruldukça evin içinden tavana doğru silah atıldı. Nihayet damın bir yerini delip oradan ilk olarak Eşref, arkasından İzmitli Mümtaz içeri daldılar.

Bu arada İzmitli Mümtaz içeridekilerden Çerkez Kâzım'ın sesini duyup sesleniyor, "Kâzım! Ben İzmitli Mümtaz, yanımda Eşref, Sami, Topçu İhsan, Yakub Cemil var. Geliniz bize teslim olunuz" diyor.

Zaten buraya gelmemizin bir nedeni de hepimizin Çerkez olması. Yüzbaşı Kâzım da Çerkez. Üstelik İzmitli Mümtaz'ın hemşerisi.

Bizim ona, onun da bize ateş etmeyeceği biliniyor.

Zaten Çerkez Kâzım da, "Mademki sizsiniz, öyleyse size teslim oluruz" diyor.

Kâzım, Şevki ve Mehmed Ali Efendi hep birlikte aşağıya inip bize teslim oldular.

Bu arada bazı polisler ve jandarmalar, Çerkez Kâzım ve arkadaşlarına hakaret etmeye başladılar. Hemen araya girdik, "Bu adamlar bize teslim olmuşlardır. Kim tecavüz ve hakaret ederse cevabını veririz" dedik.

Suikastla ilgili veya ilgisiz 322 kişi sürgüne gönderildi.[3]

Beyazıt Meydanı'nda 12 kişi idam edildi. İlk idam edilen

---

2 Cumhuriyet'ten sonra bahriye vekili olarak görev yaptı.

3 Sürgüne gönderilenlerin hepsi İttihat ve Terakki Cemiyeti'ne muhalefet eden kişilerdi. Bunlar arasında Refik Halit (Karay), Refii Cevad (Ulunay), Osman Cemal (Kaygılı) ve Mustafa Suphi (TKP'nin ilk lideri) gibi gazeteciler de vardı.

Çerkez Kâzım oldu, son ipi çekilen ise Damadı Şehriyarî Salih Paşa!

Öldürülen Mahmud Şevket Paşa'nın yerine sadrazamlığa Said Halim Paşa getirildi.

Ancak hükûmet üyesi nazırlar bir türlü seçilemiyordu. Bunun nedeni İttihat ve Terakki'nin genel merkeziyle biz kâtibi mesuller arasında çıkan anlaşmazlıktı.

Kâtibi mesuller olarak bir toplantı yaptık. Aramızda Manastır'da Şemsi Paşa'yı vuran Mülazım Atıf, Binbaşı Süleyman Askerî, İzmitli Mümtaz, Sapancalı Hakkı, Hüsrev Sami, Topçu İhsan, Abdülkadir gibi, daha da hatırlamadığım birkaç arkadaşımız vardı.

İşin özü; partiyi hiçe sayıp kendi kafasına göre hareket eden Talat Bey'e dersini vermek istiyorduk. Meşrutiyetten önce ben dahil çoğumuz, onun önüne gelip, yemin ederek İttihat ve Terakki Cemiyeti'ne girmiştik.

Ancak Talat Bey değişmişti. Şimdi diktatör gibi keyfî hareket ediyordu. Biz askerleri, özellikle fedaileri sevmiyordu. Dümen suyuna gidenleri ise hemen kabineye alıyordu.

Toplantıda karar aldık, ne Talat Bey'i ne de onun ekibi kabineye girmeyecekti!

Kararımızı genel merkeze bildirmek için dört kişilik bir ekip seçtik; ekipte Atıf, İzmitli Mümtaz, Sapancalı Hakkı ve ben varım.

Genel merkeze gitmeden evvel Babıâli'ye uğrayıp Sadrazam Said Halim Paşa'yı görelim istedik. Gittik.

Sadrazam bizi nezaketle karşıladı.

Söze Sapancalı Hakkı başladı:

"Efendim burada bulunmayan diğer arkadaşlarımızla beraber verdiğimiz bazı kararlar var ki bunları genel merkeze tebliğ etmek üzereyiz. Fakat Zatı Devletliniz kabineyi teşkil etmek üzere bulunuyorsunuz. Onun için evvela zatı saminizi rahatsız etmeyi uygun gördük. Kararımız şudur: evvela arkadaşlarına tahakküm ederek arzu ettiği her şeyi yaptırmaya alıştığı için Talat Bey'i kabineye almamalısınız. Bundan başka Talat Bey'e tamamıyla uymuş olanlardan Hacı Adil, İbrahim, Celal beyler de kabinenizde yer bulmamalıdır. Biz bu kararımızla bütün İttihat ve Terakki teşkilatlarının arzularına tercüman olduğumuza inanıyoruz. Zamanın nezaketi vardır, halledilecek iç, dış meseleler mevcuttur ki, şahsî endişelerle hareket etmeyen fikir ve rey sahibi zatlara ihtiyaç duyuluyor."

Sadrazam Said Halim Paşa bizi dinledikten sonra, "Hacı Adil ve Celal beyleri almam. İbrahim Bey soyludur, o cihetten alırım. Talat Bey'i almam diyemem, gelmezse memnun olurum" dedi.

Mesajı almıştık. Kendisini selamlayıp Babıâli'den ayrıldık. Şimdiki hedef İttihat ve Terakki genel merkezi.

Cemiyet'in genel merkezinin bir odasında Kâtibi Umumî Midhat Şükrü, Eyüp Sabri, Doktor Nâzım, Ziya Gökalp, Kara Kemal toplanmışlar kendi aralarında konuşuyorlardı. Bizi görünce şaşırdılar.

Burada konuşmayı Atıf yaptı. Benzer sözleri tekrarladı.

Talat Bey'in en yakını Midhat Şükrü, "Peki, Talat Bey'in kabineye girmesini istemiyorsunuz, o halde böyle nazik bir zamanda Dahiliye'ye (içişleri bakanlığına) kim gelebilir?" diye sordu.[4]

Sapancalı Hakkı birdenbire cevap verdi:

"Muhafız Cemal Bey!"

Sapancalı Hakkı sözünü tam tamamlayamamıştı ki, içeriye Talat Bey girdi. Konuşmaları muhtemelen yan odadan dinliyordu.

Bize döndü, "Ben kabineye girmek istemiyorum, beni sadrazam istiyor" dedi.

Sapancalı Hakkı, biraz önce Babıâli'de olduğumuzu belirtip Sadrazam Said Halim Paşa'nın sözlerini tekrarladı.

Talat Bey kaşlarını çatarak hemen masa üzerindeki telefona sarıldı. Sadrazamla konuşmak istiyordu. Ama nedense bir türlü bağlantı kurulamadı.

O ana kadar susuyordum, dayanamadım, söze karışa-

---

4 İttihat Terakki'nin genel sekreterliğini yapan Midhat Şükrü Bleda hakkında bazı kitaplarda yanlış bilgiler vardır. Örneğin eski büyükelçi Tanşuğ Bleda'nın soyadı benzerliği dışında Midhat Şükrü Bleda ile hiçbir yakınlığı yoktur. Midhat Şükrü'nün oğlunun adı Turgut'tur. Galatasaray Lisesi'nden mezun olduktan sonra ticaretle ilgilenmiş ancak genç yaşta vefat etmiştir.

rak, "Bizim kararımız katidir, başka türlü kabine teşkil edilemez" dedim.

Talat Bey aldırmaz tavırlardaydı. Midhat Şükrü, "Teklifinizi tartışalım, üzerinde düşünelim" dedi.

"Söyleyeceklerimiz bu kadar" deyip oradan ayrıldık.

Bir gün sonra Cemal Bey bizleri çağırdı.

O zaman öğrendik bizden sonra neler olduğunu. Meğer biz çıktıktan hemen sonra Talat Bey, İstanbul Muhafız Komutanlığı'na, Cemal Bey'in yanına gidiyor. "Bu çocuklar seni dahiliye nazırı yapmak istiyorlar. Siz kabineye girerseniz bu zor günlerde biz İstanbul'u kime emanet ederiz?" diye güya endişelerini dile getiriyor.

Cemal Bey de, "Ben kabineye girmem ama Fethi Nafıa nazırı olsun" diyor.

Talat Bey hemen kabul ediyor.

İşte bu görüşmeden hemen sonra Cemal Bey bizi çağırdı. Makamına girdiğimizde hemen söze başladı:

"Çocuklar sağ olun, beni gururlandırdınız. Ama inanın İstanbul'da çok önemli görevlerim var. Suikastın soruşturması sürüyor, İstanbul'u tam manasıyla düzeltmeden benim buradan kımıldamama imkân yok. Siz şimdi sabredin, Talat Bey girsin kabineye. Bir ay sonra kabineyi değiştiririz. Ben o zaman Harbiye nazırı ve Bahriye nazır vekili olurum. Ama şimdi bırakalım kabineyi onlar oluştursunlar."

Cemal Bey kararını vermişti, yapacak bir şey yoktu. Kabul ettiğimizi söyledik, tam kapıdan çıkarken Cemal Bey, "Çocuklar, Talat Bey sizi Cavid Bey'in konağında bekliyor. Bu kararınızı gidip kendisine söyler misiniz?" dedi.

Gittik.

Kapıyı, biz de hiç âdet değildir, Cavid Bey'in refikası Âliye Hanım açtı.

Ben hayatımda Saraylı bir sultanı ilk kez orada gördüm.[5]

"Buyrun sizi bekliyorlar" dedi.

Şaşırdık ama belli etmedik.

Talat Bey'in bizi karşılayış tavrından anladık ki, müjdeyi

---

5 Cavid Bey'in eşi Âliye Hanım ilk evliliğini II. Abdülhamid'in oğlu Şehzade Burhaneddin Efendi'yle yapmıştı. Ünlü edebiyatçı Şiar Yalçın, Cavid Bey-Âliye Hanım çiftinin oğludur.

Cemal Bey'den telefonla almış.

İzmitli Mümtaz, Talat Bey'e doğru bakarak konuştu; "Memleketin güç durumunu takdir ediyoruz. Uzun tartışmalarla vakit geçirmenin doğru olmadığını anlıyoruz. Şimdilik kabinenin uygun görüldüğü şekilde kurulmasından yanayız. Siz de arzu ederseniz kabineye girebilirsiniz" dedi.

Artık söyleyecek söz yoktu.

Kabine hemen kuruldu. Celal ve Hacı Adil beylere kabinede yer verilmemişti. Cemal Bey'in istediği Fethi Bey de nazır olamamıştı!

Bizim iç siyasetle kaybedecek zamanımız yoktu.

Burnumuzun dibindeki düşmanı geri püskürtüp, kaybettiğimiz toprakları tek tek almalıydık. Aylardır direnen Edirne düşmüştü. Plevne kahramanı Gazi Osman Paşa gibi Şükrü Paşa da birkaç bin kişilik askeriyle 100 000 kişilik Bulgar ordusuna karşı aylardır direnmişti. Bulgarlar Türkleri Sarayiçi esir kampına toplamışlardı. Bizim insanlarımız açlıktan yamyamlığa sürüklenmişti.

Tarihin kara sayfalarının yazıldığı günlerden geçiyorduk...

Balkan Savaşı biteli 2,5 ay olmuştu. Londra Antlaşması'nın üzerinden 30 gün, Mahmud Şevket Paşa'nın öldürülüşünün üzerinden 18 gün geçmişti.

Arkadaşlarla bir araya geldik.

İçimizden, Sapancalı Hakkı, Hüsrev Sami, Süleyman Askerî, Topçu İhsan, Atıf ve beni murahhas seçtiler.

Görevimiz Edirne'yi geri alma hareketinin behemehal başlaması için sonuna kadar mücadele etmekti. Bu isteğimizi İttihat ve Terakki Cemiyeti genel merkezindeki arkadaşlara bildirecek ve bu düşünceden bizi hiçbir kuvvetin geri döndüremeyeceğini söyleyecektik.

Çatalca'da cephede olan Enver Bey de emir subayı İzmitli Mümtaz'ı bize göndererek aynı görüşü paylaştığını bildirmişti.

Cemal Bey de bizimle aynı fikirdeydi. Kabineyi harekete geçirmek için elimizden geleni yapacaktık.

Kalkıp genel merkeze gittik. Sapancalı Hakkı görüşlerimizi bir bir sıraladı:

"Aylardan beri beklediğimiz halde ordunun ileri hareketi ve Edirne'nin geri alınması için verilmiş bir emir yoktur. Efendiler bizim şu durum karşısında iki görevimiz kalmıştır, Ya bu hükûmeti Kâmil Paşa Hükûmeti gibi düşürmek yahut hep birlikte memleketi kahpece terk edip kaçmak! Madem Kâmil Paşa Hükûmeti'nin uygun gördüğü barış koşullarını kabul edecektik ne diye Babıâli'yi basıp kan döktük?"

Genel merkez adına söz alan Eyüp Sabri, "Bizim sizinle hiçbir ayrı noktamız yoktur. Sizin isteklerinizi Dahiliye nazırına (Talat Bey) bin kez söyledik. Bizi dinlemiyor. Gidin bize söylediklerinizi ona anlatın. Gerçekten bu durumdan biz de utanıyoruz, İttihat ve Terakki'nin haysiyeti lekeleniyor" dedi.

Arkadaşlarla kararımızı verdik, Babıâli'ye gidip durumu Talat Bey aracılığıyla Vekiller Meclisi'ne bildireceğiz.

Babıâli'de Cemal Bey'le karşılaştık. Bizi görünce şaşırdı. Hemen amacımızı anlattık. O da bu maksatla buraya geldiğini söyledi.

O gün Meclis Bulgaristan'a verilen notayı görüşecekti. Bulgaristan'dan Enez-Midye hattının boşaltılması istenmişti. Babıâli o gün hayli hareketliydi.

Meclis o gün Başkomutan Vekili ve Harbiye Nazırı İzzet Paşa'nın Çatalca'dan gelip kendilerine brifing vermesini bekliyordu.

Uzatmayayım, İzzet Paşa da cepheden gelip olumlu görüş bildirdi.

Kabine onayladı: ordumuz Çatalca'ya doğru ilerleyecekti.

Zaten her şey lehimizeydi.

Birinci Balkan Savaşı'nda istediği toprakları alamadığına inanan Bulgaristan, Yunanistan ve Sırpistan'a saldırmıştı. Bulgaristan'ın amacı Ege Denizi'ne çıkabilmekti. Selanik'i istiyorlardı. Bu nedenle yapılan barış antlaşması işine gelmemişti ve müttefiklerine saldırmıştı.

Bu fırsatı değerlendirmek gerekiyordu.

Ve harekete geçtik.

Tarih 30 haziran 1913.

Sırtımızda üniformamız yoktu ama biz fedaîler, gönüllü birliklerimizle ordumuzun en önündeydik.

15 temmuzda Keşan'ı, 17 temmuzda İpsala'yı, 18 temmuzda Uzunköprü'yü, 21 temmuzda Edirne'yi geri aldık.

Edirne'ye ilk giren süvarilerin başındaki Enver Bey yine milletin gönlünü fethetmişti. Hürriyet Kahramanı Enver Bey, "Edirne'nin ikinci fatihi" olmuştu!

Makûs talihimiz de yenilmişti. Millet sevinçle gösteriler yapıyordu. Tarihe şanlı sayfaların eklendiği günlerdi o günler...

Yaşadığımız bir olay ise yüreğimizi parçaladı. Eratından subayına kadar orduda hepimizin sevdiği "Deli" lakaplı bir paşamız vardı; 60 yıldır, Lübnan'da, Girit'te, İşkodra'da, Yemen'de, Rusya'da savaşan, ayaklanmalar bastıran Müşir (Mareşal) Fuad Paşa.

Babası da kendisi gibi müşirdi: Hasan Paşa.

Deli Fuad Paşa'nın çocukları da aile geleneğine uygun olarak subay olmuşlardı. Ancak Deli Fuad Paşa'nın yeni subay çıkmış küçük oğlunu Edirne'de şehit verdik.

Müşir Fuad Paşa'nın, cenaze merasiminde gözyaşı döken iki subay evladına söyledikleri günlerce kulağımızdan gitmedi:

"Ben bu aziz vatan için şehit olamadım. Ama hâlâ ümidimi kaybetmedim. Bu saadete mazhar olursam ve sizler benim naaşımı mübarek yurt toprağıyla örterken gözleriniz nemlenirse hakkımı helal etmem."

78 yaşındaki Deli Fuad Paşa, sadece bir evladını değil, ne yazık ki o gün mezarda öğüt verdiği iki gencecik evladını da bu vatan için Çanakkale'de şehit verdi. O hiç yılmadı, yine cepheden cepheye koşmaya devam etti.[6]

İşte bu ruh bize mücadele gücü veriyordu...

Balkanlar'a hızla girip, kaybettiğimiz toprakları geri almamız üzerine Düveli Muazzama elçileri hemen Sadrazam Said Halim Paşa'nın makamına koştular. Güya biz daha önce yapılan Londra Antlaşması'nı tek taraflı bozmuşuz, hemen "işgal" ettiğimiz topraklardan çıkmamız lazımmış! Kim kimin toprağını işgal etmişti?

Sözlü nota vermişlerdi. Onlar nota veredursunlar.

İttihat ve Terakki Cemiyeti'nin uygun görmesiyle, Süley-

---

6 Müşir Fuad Paşa, 1931 yılında 96 yaşında eceliyle öldü.

man Askerî, Yüzbaşı Çerkez Reşid, Kuşçubaşı Eşref ve kardeşi Sami, Sapancalı Hakkı, Yüzbaşı Fehmi Bey gibi arkadaşların komutasında gönüllü askerlerimizle Meriç'i geçip Batı Trakya'ya daldık.

Gümülcine, Kırcaali, Dimetoka gibi Bulgarların elindeki yerleri tek tek almaya başladık. Serez'e el atarak Yunan hududuna dayandık. Bulgarların Ege Denizi'yle bağlantısını kesmiş olduk.

Avrupa ayağa kalkmıştı.

Babıâli bizim için Avrupa ülkelerine diyordu ki: "Bunların bizim ordumuzla hiç ilgisi yok, bunlar o bölgenin insanları, milis kuvvetler!"

Düveli Muazzama'nın baskısını azaltmak için bağımsız "Garbî Trakya Muvakkat Hükûmeti"ni kurduk.

Bu bir "cumhuriyet" hükûmetiydi. Türklerin tarihinde bir ilki gerçekleştirmiştik. Cumhuriyet kurmuştuk.

Bayrağımız bile vardı.

· Üç rengi vardı bayrağımızın: matem rengi, siyah; Müslümanlığı temsil eden, yeşil; aydınlık günleri temsil eden, beyaz.

Ay-yıldızımız yeşil zemin üzerindeydi. Ayrıca birer yıldız da, siyah zemin üzerindeydi.

Başkentimiz Gümülcine.

Pul bile bastırdık.

Bulgarlar Osmanlı Devleti'yle barış masasına oturmak zorunda kaldı. 29 eylül 1913'te İstanbul Antlaşması yapıldı. Edirne, Karaağaç ve Dimetoka'yı içine alan 25-30 kilometrekare genişliğinde toprak Osmanlı'ya bırakıldı. Ancak bizim el koyduğumuz topraklar Bulgarlara veriliyordu.

Biz ne yaptık; "Garbî Trakya Muvakkat Hükûmeti" olarak bu antlaşmayı tanımadık!

Bölgeden katılan insanlarla sayımız 30 000'i bulmuştu. Ekim ayı başında Bulgarlar bölgeye asker yığmaya başladılar.

Biz de hazırlığımızı sürdürüyorduk. Ancak Sadrazam Said Halim Paşa bize çok baskı yaptı. Askere ihtiyacımız olduğunu söylüyorlardı. Bir askerimizi bile feda edecek durumumuz yok diyorlardı.

Maalesef ekim ayı sonunda hükûmeti feshedip İstanbul'a döndük. Çünkü malî, iktisadî esaret devam ediyordu. Dış siyaset bakımından Osmanlı'nın kaderi gene yabancı devletlerin iradesine bağlıydı.

Başımızda Enver Bey olsa geri adım atmazdık. Aksilik işte, Enver Bey hastalanmıştı.

Enver Bey'in bağırsaklarından rahatsızlığı vardı. Balkan Savaşı sırasında apandis ameliyatı olmuştu ama sancıları bir türlü geçmek bilmiyordu.

Beşiktaş Saman İskelesi'ndeki evinde istirahata çekilmişti. Özel dostları dışında kimseyi kabul etmiyordu. Önem verdiği konuklarından Süleyman Askerî Bey, bir gün ziyaretinde bizim görüşümüzü Enver Bey'e aktardı:

"Efendim, böyle bir zamanda ordunun başına geçmeniz elzemdir. Ahmed İzzet Paşa gibi içi geçmiş bir adamın bu orduyu diriltmesine imkân yoktur. Eğer siz geçmezseniz, bilin ki Talat Bey bu göreve Cemal Bey'i getirecektir."

Bu görüşme sonrası Enver Bey'in kafasını sadece Harbiye nazırlığı meşgul etti. Bütün devre arkadaşları kaymakam (yarbay) veya binbaşı rütbesindeyken Edirne'nin geri alınmasından sonra Enver Bey miralay (albay) olmuştu.

Mektebi Harbiye komutanlığına atanmıştı. Ancak o, bu yeni makamına aldırmamış hatta görevine başlamamıştı. Bu atamanın kendisini pasifleştirmeye yönelik komplo olduğunu düşünüyordu.

O artık harbiye nazırlığını alarak ordunun başına geçmeyi düşünüyordu. Sadece harbiye nazırlığını değil Erkânıharbiyei Umumiye reisliğini de almayı düşünüyordu.[7]

Enver Bey bizleri, yani fedailerini topladı.

Orduyu yeniden tanzim etmek, canlandırmak istediğini anlattı.

Görüşümüzü sordu. Çok sevindik, tabiî ki ordunun başına Enver Paşa geçmeliydi. O artık bizim gönlümüzde "paşa" olmuştu bile.

---

[7] Erkânıharbiye-i Umumiye Riyaseti (Genelkurmay Başkanlığı) Harbiye Nazırlığı'na bağlıydı. İsteyen harbiye nazırı, iki görevi birden yürütebiliyordu. Ancak Enver Paşa'ya kadar bunu uygulayan harbiye nazırı pek yoktu.

Biz artık ona, "Paşam" diye hitap etmeye başlamıştık!

Ne olursa olsun yanında olacağımızı söyledik. Tabancalarımız kılıflarından çıkması için emrine hazırdı...

Bu toplantıdan bir gün sonra, Enver Paşa, Sadrazam Said Halim Paşa'nın yanına, Babıâli'ye gitti. İsteğini sadrazama da söyledi.

Enver Paşa'nın bize anlattığına göre, Sadrazam, "Siz daha çok gençsiniz, Harbiye nazırlığı için bir müddet sabretseniz fena olmaz" demiş.

Enver Paşa da sadece İttihat ve Terakki'nin değil, dış ülkelerin de kendisini istediklerini biraz da sert bir üslupla söylemiş.

Sadrazam bu kez, "Geliniz, Genelkurmay başkanlığını kabul ediniz" teklifinde bulunmuş. Enver Paşa da, "Bizim askerî teşkilatımıza göre Genelkurmay başkanlığı Harbiye Nazırlığı'na bağlıdır. Genelkurmay başkanı, harbiye nazırının verdiği emir ve talimatlara göre hareket eder. Ben bizzat orduyu idare etmek istiyorum, yoksa başka bir amir tarafından belirlenmiş politikaları takip etmek istemiyorum" demiş.

Dediğim gibi çok konuşan bir adam değildi Enver Paşa. Onun hayatında beyanatlara, nutuklara rastlamazsınız. O emir verir gibi kısa ve kesin konuşurdu. Sessiz, sakin, hatta çekingendi. Ancak bu dış görüntüsünün altında sükûn bulmaz bir ihtiras adamıydı.

Söyleyeceğini emir verir gibi söyledikten sonra Sadrazam Said Halim Paşa'nın makamından ayrılıyor.

Sadrazam Said Halim Paşa, bu görüşme üzerine, Talat Bey'i telefonla arayarak acilen yanına çağırıyor, durumu izah ediyor.

Said Halim Paşa, Enver Paşa'yla konuşurken belki de bir yıl önceki Babıâli Baskını'nı hatırlamıştı, kim bilir!

O nedenle hemen Talat Bey'i çağırmıştı.

Görüşmenin ayrıntılarını öğrenen Talat Bey şaşırıyor. Enver Paşa'yla birlikte hareket etmediklerini söyleyerek sadrazamı rahatlatıyor; "Enver Bey'in bu zamanda Harbiye nazırı olmasına hiçbir sebep yoktur" diyor. Ve hemen bizi şikâyet ediyor: " O yanındaki eli silahlı işsizler Enver Bey'i kışkırtıyor."

Talat Bey sadrazamın makamından, Babıâli'den ayrıldıktan sonra Cemal Bey'le görüşüyor.

"Cemal Bey ben şimdi Enver Bey'e gidip, 'Olmaz' desem ters tepki yapar. Hastalığından filan bahsedip şu sıralar böyle bir atamanın çok güç olduğunu anlatır mısınız?" diyor.

Cemal Bey de, Talat Bey'le aynı görüşte; hemen otomobiline atlayıp Enver Paşa'nın Beşiktaş'taki evine gidiyor. Baş başa görüşüyorlar.

Cemal Bey diyor ki: "Hakikaten ordunun bir düzene sokulması lazım. Fakat uzun vatanî görevler sizi yordu. Almanya'ya gidiniz, ameliyatınızı olunuz, bir güzel istirahat ettikten sonra gelip Harbiye Nazırlığı'nın başına geçiniz."

Enver Paşa, Cemal Bey'i sahiden severdi. Hürmeti vardı. Tartışmaya girmeye gerek görmeden, "Hastalığım o kadar ilerlemedi. Almanya'ya gidip gitmeme konusunda da kararsızım" diyor. Ancak bu sözlerini biraz sertçe ifade ediyor.

Enver Paşa'nın kızgınlık içeren sözlerini işiten Cemal Bey konunun üzerine fazla gitmiyor. Arkadaşını o da iyi tanıyor.

Ertesi gün, Talat Bey, "Enver'i onlar kandırmıştır" dediği için, Cemal Bey biz fedaîleri çağırdı:

"Arkadaşlar haber aldım ki, sizler Enver Bey'i Harbiye nazırlığına hazırlıyormuşsunuz. Arkadaşlar, Avrupa ülkeleri, böyle bir durumda ihtilallere karışmış Enver Bey'in diktatörlük kuracağından korkar, tüm ilişkilerimiz bozulur. Halbuki biz sağlam ve güvenli bir barış yaptığımızı ispat etmek için onları şüphelendirmemeliyiz. Bırakın Harbiye Nazırlığını ben vekâleten bir müddet idare edeyim. Hem beni zaten siz istemiştiniz. Yoksa bana güveniniz yok mu?"

Cemal Bey'in sözlerine Sapancalı Hakkı cevap verdi:

"Bizim hepinize güvenimiz tamdır. Biz mutlaka şunun ya da bunun Harbiye nazırı olmasında ısrar etmiyoruz. Yalnız öteden beri beslediğimiz bir kanaat vardır, kabinede Talat Bey gibi bir tek kuvvetli şahsın bulunmasını doğru bulmuyoruz. Diğer kuvvetli arkadaşların da kabineye girmesini istiyoruz. Siz de girin, Enver Bey de girsin. Bizim için bir engel yoktur."

Cemal Bey sözlerimizden memnun olmamıştı.

Biz hemen Enver Paşa'nın Beşiktaş'taki evine gittik. Durumu anlattık.

Enver Paşa, Cemal ve Talat beylerin kendisinin apandisit ameliyatı için Almanya'ya gidince yapmak istediklerini artık anlamıştı.

Talat Bey, Harbiye nazırlığına Cemal Bey'i getirecekti. Bundan hiç kuşku duymuyorduk.

Evdeki toplantıda Enver Paşa, "Almanya'ya gitmeyeceğim. Burada ameliyat olacağım. İlk ameliyatımı Doktor Cemil Paşa yapmıştı. Yarın ona gidip hemen ameliyat olacağım" dedi.

O gece Alman Hastanesi'ne gitti. Talat Bey'e ve Saray'a ameliyat olacağı bilgisini verdi.

Haberi alan Talat ve Cemal beyler kafa kafaya vermişler. Harbiye Nazırı İzzet Paşa'yı hemen atlamamak için Cemal Bey'i Nafıa nazır vekilliğine getirerek kabineye sokma kararı almışlar. Bu atama, aynı zamanda Enver Paşa'yı kızdırmamak için buldukları ara formüldü. Cemal Bey sonra bahriye nazırlığına, oradan da harbiye nazırlığına geçecekti. Plan buydu.

3 aralık 1913'te Enver Paşa, Cemal Bey'in nafıa nazır vekilliğine tayin edildiğini duydu.

Ben de duydum ki, Enver Paşa'nın ameliyat olacağı Alman Hastanesi'ne başta Talat Bey olmak üzere yandaşları doluşmuştu. Paşa hastanede yalnız kalmıştı.

Atlayıp hastaneye gittim.

Talat Bey ve arkadaşlarının bulunduğu odaya daldım.

Rovelverim elimdeydi.

"Hayatımı kendi uğrunda feda etmeye yemin ettiğim Enver Paşa'nın hayatına, vücuduna zerre kadar bir tehlike gelirse, ameliyatı yapan kim ise onu şu elimdeki tabancamla hemen öldüreceğim. Buna alet olanları da yaşatmayacağım. Bunu iyi biliniz" dedim.

Talat Bey teminatlar verdi, o kadar tehlikeli bir ameliyat olmadığını söyledi. Sesi gayet yumuşaktı.

Rahatlamıştım. Ama hastaneden ayrılmaya hiç niyetim yoktu. Bu adamlara yine de güvenmiyordum.

Neyse ki korktuğum olmadı. Ameliyat hayli başarılı geçti.

Enver Paşa hastanede bir hafta kaldı. Çıktığı akşam

arkadaşlarla evine ziyarete gittik. Atıf, Sapancalı Hakkı, Süleyman Askerî, Topçu İhsan, İzmitli Mümtaz hatırladıklarım.

O gece durumu yeniden gözden geçirdik ve kesin olarak harekete geçmeye karar verdik.

Enver Paşa mutlaka Harbiye nazırı olacaktı. Mutlaka.

Bu kararın gerçekleşmesine engel olanlarla uygun görüldüğü şekilde mücadele edilecekti. Kararımız tamdı.

Enver Paşa bize şu talimatı verdi:

"Yarın Talat Bey'i göreceksiniz, 'Enver Harbiye nazırı olacaktır' diye tebliğ edeceksiniz. Talat Bey uygun bulursa mesele yoktur. Aksi takdirde, toplanıp tutacağımız yol hakkında gene bir karar veririz."

Bu görevi, Atıf, Sapancalı Hakkı, Topçu İhsan ve benden oluşan dört kişilik heyet yapacaktı.

Ertesi sabah Dahiliye Nezareti'nde Talat Bey'i ziyarete gittik. Makamındaydı.

Habersiz gittiğimizi garipsediyse de, kim olduğumuzu öğrenince Nazırlık makamının yanındaki küçük odada bizi kabul etti.

Alaycı bir sesle, "Gene ne emriniz var beyler?.." dedi.

Atıf hemen atıldı ve "Biz kesin olarak karar verdik, Enver Bey Harbiye nazırı olacaktır. Bunu size tebliğ ediyoruz. Sadrazama da söyleyiniz. Ordunun ıslahı, hükûmetin güçlendirilmesi için de başka çare yoktur" dedi.

Bu sözler üzerine Talat Bey şu yanıtı verdi:

"Biz İzzet Paşa'dan çok memnunuz. Kendisini Harbiye Nezareti'nden çekmeye hiçbir sebep yoktur, Enver Bey'in harbiye nazırlığına gelmesine daha zaman vardır. Çok değil sadece birkaç yıl beklemesi gerekiyor."

Bu kez ben sinirlendim.

Sesimi yükselterek, "Muhakkak hemen gelecektir, bizim kararımız kesindir. Sonra karışmam, pişman olursunuz!" dedim.

Talat Bey de sesini yükseltti, "Hodri meydan!" dedi.

Biliyordum ki iç cebinde tabanca taşırdı. Herhalde ona güveniyordu. Ancak ne olursa olsun karşımızda İttihat ve Terakki'nin önemli bir şahsiyeti vardı. Başkası bu sözü söylese onu hemen oraya gömerdim. Başlardım onun Çingeneliğinden, Siyonist maşalığından, masonluğundan![8]

Ama karşımdaki kişi İttihat ve Terakki'nin reisiydi. Cemiyet içindeki anlaşmazlıkları faciaya çeviremezdik. Muhalefetin eline koz veremezdik.

O sırada Talat Bey'e Avusturya Elçisi Marki Pallavicini'nin geldiği haberini verdiler.

Talat Bey bize bir şey söylemeden kapıdan çıkarken, Sapancalı Hakkı onun duyacağı bir sesle, "Artık mesele bitmiştir, burada durmaya lüzum yoktur. Beyefendiye kararımızı söyledik, o da cevabını verdi. Hadi gidelim arkadaşlar" dedi.

Talat Bey'in bu söz üzerine, "Lütfen beş dakika bekler misiniz, görüşmeyi kısa keseceğim, konuşalım" demesine aldırmadık ve odadan çıktık.

Bizden bir saat sonra Talat Bey'in, Zatı Şahane Sultan Reşad tarafından kendisine hediye edilen otomobiline atlayıp Enver Bey'in evine gittiğini öğrendik. Görüşme sonunda ikna olmuş, artık Talat Bey de, Enver Bey'in Harbiye nazırlığına gelmesini kabul etmişti. Başına gelecekleri anlamıştı herhalde!

Üstelik, Enver Paşa'nın isteğinin "doğru ve yerinde olduğunu" gidip Sadrazam Said Halim Paşa'ya da anlatmıştı.

Sadrazamın da yapacağı fazla bir şey yoktu.

Sıra Ahmed İzzet Paşa'nın Harbiye nazırlığından istifa ettirilmesine gelmişti. Bu biraz zor görünüyordu. Çünkü daha birkaç hafta önce, bozguna uğrayan orduyu düzene sokarak Edirne üzerine yapılan askerî harekâtın başkomutanı olan İzzet Paşa'ya "yaveri ekremlik" (padişah yaverliği) unvanı verilmiş, rütbesi birinci ferikliğe (orgeneralliğe) yükseltilmişti.

Talat Bey ile Devlet Şûrası Başkanı Halil (Menteşe) Bey, İzzet Paşa'nın Nişantaşı'ndaki konağına giderek durumu izah ettiler.

Korkulan olmadı, artık yorulduğunu ve köşesine çekilmek

---

8 İttihat ve Terakki'nin önde gelen birçok ismi masondu: Talat Bey (en yüksek rütbe maşrıkı azamlığa erişmişti), Emmanuel Karasu, Cavid Bey, Midhat Şükrü (Bleda), İsmail Canbulat, Rauf (Orbay) Bey, Ali Fethi (Okyar) Bey, Ömer Naci, Mustafa Necib, Resneli Niyazi, Ziya Gökalp, Hüseyin Cahit (Yalçın) vb.

istediğini söyleyen Ahmed İzzet Paşa istifa mektubunu yazdı.

Enver Paşa'nın Harbiye nazırlığına tayin olması için rütbesinin en az tuğgeneral olması gerekiyordu. Bunun için ise daha altı yılı vardı.

Ancak formül bulundu: Bingazi harekâtına katıldığı için üç yıl, Balkan Savaşı'ndaki hizmeti için de üç yıl kıdem eklenerek rütbesi tuğgeneral yapıldı.

Artık hiçbir engel kalmamıştı...

1 ocak 1914 tarihi itibariyle "Enver Bey", Harbiye nazırlığına atanarak resmen "Enver Paşa" oldu. Aynı zamanda Başkomutan vekilliği (başkomutan padişahtı) ve Genelkurmay başkanlığını da eline aldı.

Henüz 34 yaşındaydı.

Ordunun başında artık genç ve dinamik bir paşa bulunuyordu. Ancak ordu hiç de genç değildi. 80 yaşında binbaşılar, 62 yaşında üsteğmenler, 58 yaşında teğmenler vardı. Okuma yazma bilmeyen subaylara "ağa" denirdi.

Enver Paşa nazırlığa gelişinin beşinci günü, 7 500 subayı ordu kadrosu dışına çıkardı. Ordu gençleştirilmiş, Alman subayların denetiminde sıkı bir eğitime tabi tutulmuştu.[9] Askerî teşkilat yeni baştan vücuda getirildi. Enver Paşa'nın bu konuda en iyi yardımcısı İsmet (İnönü) Bey'di.[10]

Askerî teşkilatımız, talimnamelerimiz, top ve tüfeklerimiz artık Alman modeliydi.

Silah ve cephane kadrosu tamamlandı. Genç ve ihtiraslı subaylarımız vardı. Askerin imanı canlandırıldı.

Barış bir yıl daha sürerse, Bulgar'a, Yunan'a, Sırp'a, gerekirse İtalyanlara yeniden ders verebiliriz diye düşünüyorduk. Bu gücü kendimizde görmeye başlamıştık.

Düşündüğümüz başka konular da vardı...

---

9 Alman komutan Liman von Sanders tasfiye edilen subay sayısını 1 100, harp tarihi yazarlarından Dukakinzade Feridun 2 000, General Baki Vandemir ise 800 olarak yazar. Benzer bir uygulamayı, 27 Mayıs (1960) Askerî İhtilali'ni yapan komite de yürürlüğü koydu. Orduyu gençleştirmek için 235'i general ve amiral olmak üzere 4 000 subayı emekli ettiler.

10 İsmet Bey Enver Paşa'nın gözdeleri arasına girmişti. Aslında Mustafa Kemal'den önce onu Enver Paşa keşfetmişti! Atatürk zaten bir süre İsmet İnönü'ye güvenemedi, Enver Paşa'nın adamı diye!

Enver Paşa'yı ve Cemal Bey'i kabineye alan, kendisine muhalif Fethi Bey'i Sofya'ya elçi yapan Talat Bey, gerek kabinede gerekse Cemiyet'in genel merkezinde kuvvetli bir nüfuz edinmişti. Herkes her şeyi ona soruyor, herkes her meseleyi onunla konuşuyordu. İstemediğimiz başımıza gelmiş, Talat Bey diktatör olmuştu! Bunu engellemek gerekiyordu.

Hali vakti yerinde tüccardan bir arkadaş vardı, Kemal Bey, onun Beşiktaş'taki evinde bir pazar günü buluştuk.

Toplantıya, Sapancalı Hakkı, İzmitli Mümtaz, Atıf, Süleyman Askerî, Topçu İhsan, Hüsrev Sami, Reşid ve Eşref beyler iştirak etti.

O gün toplantının mevzuu pek hararetli oldu ve görüşmeler uzun münakaşalarla sürdü. Nihayet sonunda vaziyet takarrür etti ve şu karara varıldı:

Umumî vaziyet fevkalade tedbirlerin alınmasını icap ettirmektedir. Halbuki İttihat ve Terakki'nin genel merkezi bu tarihî zamanda bu mühim kararı almaktan pek uzaktır. Talat Bey'in tesiri hepsinin üstünde derin ve şümullüdür. Bu hal fırkanın istikbalini tehlikeye götürmektedir. O halde Cemiyet merkez azaları derhal istifa etmeli ve taşra mümessilleri ile kâtibi mesuller toplanarak yeni bir genel merkez heyeti seçmelidir.

Peki nasıl istifa edeceklerdi?

Dedim ki, nasıl Babıâli'yi bastık, Kâmil Paşa Kabinesi'ni dağıttık. Bu sefer de yine öyle yapalım. Çarşamba günü toplantıları var. Gidip basar, istifalarını alırız.

Araya İzmitli Mümtaz girdi:

"Ben Yakub Cemil'e katılıyorum. Yalnız genel merkez azaları arasında bizim mücadele arkadaşımız Ohrili Eyüp Sabri vardır, bunu ona yapamayız. Onu müsaadenizle ben dışarı çağırayım, konuşarak oyalayayım, siz içeride gerekeni yaparsanız."

Topçu İhsan, "Adımız eşkıyaya, komitacıya çıkmıştır, bu nedenle dikkatli olalım, kan dökmeyelim" dedi.

Anlaştık.

Çarşamba günü genel merkezi basacağız.

Vedalaşıp ayrıldık.

Ben Süleyman Askerî Bey'le birlikte evden çıktım. Yolda giderken Süleyman Askerî Bey birden durdu dedi ki: "Yakub

Cemil ben bu kararları doğru bulmuyorum. Başımıza durduk yerde yeni dertler açılacak? Sanki istifaya sevk ettiklerimizden daha iyisini mi bulacağız? İstediklerimiz olmadı mı; kabineyi devirdik, Enver Paşa ve Cemal Bey kabineye girdi. Daha ne olsun, memleketin bu nazik durumunda genel merkezi basmak muhaliflerimize yaramaz mı?"

"Tamam da arkadaş, ne yapalım?.. diye sordum.

"Bak ben senin dostunum, kimseye söylemezsen bir önerim var; gidelim Talat Bey'le konuşalım. Esasen genel merkezi yıksak da Talat Bey'i deviremeyiz. En iyisi onunla anlaşalım. Bize itimadı artar. Biz kan dökmeden bu işi halledelim" dedi.

Süleyman Askerî Bey'in söyledikleri kafama yattı.

"Kabul" dedim.

Birlikte bir arabaya atlayıp Babıâli'ye gittik. Talat Bey'le özel görüşmek istediğimizi söyledik. Dahiliye nazırı makamının yanındaki hususî odasına aldılar. Hemen sonra Talat Bey geldi, odacıya içeriye kimsenin girmemesini söyledi. Gülerek ellerimizi sıkarken, "Hayır ola, yine bir ültimatom vermeye mi geldiniz?.." dedi.

Süleyman Askerî Bey, "Estağfurullah Beyim" dedi. Ve başladı toplantının nerede yapıldığını, kimlerin katıldığını, ne gibi kararlar alındığını bir çırpıda anlatmaya. Biraz bozulmuştum. Bu kadar ayrıntılı anlatmasına ne gerek vardı.

Talat Bey şaşırmıştı ama bize belli etmemeye çalışıyordu.

"Sizin ne kadar temiz, dürüst adamlar olduğunuzu bilirim. Bu haberinize de hassaten teşekkür ederim. Fakat kani olunuz ki, ben hayatta kaldıkça bu gibi teşebbüslere imkân vermem" dedi. Arkasından elimizi hararetle sıkarak bizi uğurladı.

O gece neler olduğunu sonradan öğrendim.

Bizden sonra Talat Bey otomobiline atlayıp hemen Enver Paşa'nın yanına gidiyor. Geceyarısına kadar olayı tüm ayrıntılarıyla anlatıyor. Enver Paşa da şaşırıyor. Haklı, çünkü böyle bir hareketten kendisinin de haberi yok. İlk kez ondan habersiz bir işe kalkışmıştık!

Yine de Talat Bey'i yumuşatıyor, "İşi bana bırakınız Talat Bey, ben bunları yola getiririm, böyle bir olay bir daha olmaz" diyor.

Ertesi sabah erken saatte İzmitli Mümtaz ile Sapancalı Hakkı'yı çağırıp bir güzel azarlıyor.

Arkadaşlar Süleyman Askeri'nin haris bir adam olduğunu ve böyle bir işi yapacağına inanıyor. Onlar en çok benim adımı duyunca şaşırıyorlar. Ve bizim fedaîlerin arasında ilk kez bir ayrılık oluyor.

Bu işten tek kazançlı Süleyman Askerî Bey çıkacak ve mükâfatını Teşkilatı Mahsusa kurulunca alacaktı!..

Biz iç siyasetle uğraşırken, 29 haziran 1914 sabahı gazetelerin verdiği bir haberin gelecekte dünyanın en büyük kıyımlarından birine sahne olacağını bilmiyorduk.

Avusturya Veliahtı Arşidük Franz-Ferdinand ve eşi düşes 28 haziranda Saraybosna'da bir suikast sonucu öldürülmüşlerdi. Suikastı düzenleyen, büyük Sırbistan hayaliyle yetişen 19 yaşındaki Gavrilo Princip'ti.

Balkanlar'da bir kıvılcım çakılmıştı.

Avusturya-Macaristan Devleti Sırbistan'a savaş açtı.

Avrupa ülkeleri seferberlik ilan ettiler. Ardından, 2 ağustos 1914'te Almanya Rusya'ya; 3 ağustosta Fransa Almanya'ya; 4 ağustosta İngiltere Almanya'ya ve nihayet 5 ağustosta Avusturya Rusya'ya savaş açtı.

Osmanlı Devleti de 2 ağustos günü seferberlik ilan etti.

Kırmızı üzerine basılmış yeşil bayraklı ve tuğralı bildiriler İstanbul'un her köşesinde duvarlara yapıştırıldı. 21 yaşından 45 yaşına kadar bütün vatandaşlar silah altına çağrıldı.

Seferberlikten bir gün önce Almanya'nın İstanbul Elçisi Baron Vangenheim ile Sadrazam ve Hariciye Nazırı Said Halim Paşa arasında Osmanlı-Alman ittifakı antlaşması yapılıp imza edildi.

Bazı arkadaşlar savaşa girmeye, hele Almanya'yla ittifak kurmaya karşıydı. Mesela ünlü Maliye Nazırı Cavid Bey bunlardan biriydi. Enver Paşa, gidip Cavid Bey'i ikna etme görevini bana verdi. Cavid Bey çekilmez gurur ve azametinden dolayı pek sevilmezdi. Herkesi küçük görürdü.

Cavid Bey'in makamına gittim. Elimi silahımın üzerine koyarak, savaşa girip bütün topraklarımızı geri alacağımızı, buna karşı çıkmanın vatan hainliği olacağını anlattım.

Maliye nazırı ikna oldu!..[11]

Savaş hazırlıklarına başlanılmıştı.

Seferberlikten üç gün sonra 5 ağustosta "Teşkilatı Mahsusa" resmen kuruldu.

"Resmen" diyorum, çünkü kâğıt üzerinde olmasa da böyle bir özel örgüt fiilî olarak vardı. İran'da, Trablusgarp'ta, Balkanlar'da gerilla savaşı yapanlar bu özel örgütün fedaîleriydi. Ancak o günlerde bu müfrezelerin resmî bir hüviyeti yoktu.

Artık Harbiye Nezareti'ne bağlı, resmî bir daireyiz.

Adresimiz bile belli: Cağaloğlu, Nuruosmaniye, Şeref Sokağı, *Tasvir-i Efkâr* matbaası karşısı, No. 39.

Teşkilat'ın bütçesi Harbiye Nezareti'nin "tahsisatı mesture"sinden (örtülü ödenek) karşılanacaktı.

Talat Bey'in ısrarı ve Enver Paşa'nın da isteğiyle Süleyman Askerî Bey Teşkilat'ın başına getirildi, yardımcısı ise Atıf (Kamçıl) oldu.

Beş kişilik yönetiminde ayrıca, Emniyeti Umumiye Müdür Muavini Aziz Bey, Doktor Nâzım Bey ve Doktor Bahaeddin Şakir Bey vardı.

Merkez kurulunda görev yapan arkadaşlar aylık almıyorlar, fahrî olarak çalışıyordu.

Benim gibi eski subaylar devlet bütçesinden maaş alacaktık artık... Ondan önce İttihat ve Terakki Cemiyeti'nden alıyorduk. Benim rütbem yüzbaşıya eşitti, bu nedenle 600 kuruş maaş alıyordum.

Teşkilatı Mahsusa'nın ilk görev bölümü de şöyle yapıldı:

Karadeniz sahillerindeki Rumların faaliyetlerine mâni olmak üzere Hüsrev Sami Bey; bağımsızlığını ilan eden Arnavutluk bölgesine Eyüp Sabri Bey; Kafkasya bölgesine Ömer Naci Bey; Ermeni isyanlarını bastırmak için Erzurum bölgesine Doktor Bahaeddin Şakir ve Ruşenî beyler, Doğu'daki tüm çetelerin idaresinin başına da beni getirdiler.

---

11 Dönemin Maliye Nazırı Cavid Bey, 1926 yılında Atatürk'e karşı yapılan İzmir Suikastı'na karıştığı iddiasıyla idam edildiği gün, yani 26 ağustosta Fransız Parlamentosu ayağa kalkıp bir dakikalık saygı duruşunda bulundu.

Teşkilat'ta görev yapan subayların özel kimlikleri vardı.[12] Bunları sadece vilayetlerin üst düzey yöneticilerine göstermek için taşıyorduk. Bu kimliklerin devlette açamayacağı kapı yoktu.

İşe gönüllü müfrezeler kurmakla başlıyoruz. Vilayetlerde kampanyalar düzenleniyor, gönüllüler bulmak için.

Bu gönüllüler içinde en zoru benim 2 000 kişilik taburumdu. Çünkü bunların büyük çoğunluğunu hapishanelerden gelen mahkûmlar oluşturuyordu.[13] Gerçi bu "mahkûmlar ordusu"yla Bulgarlara karşı savaşmıştık ama bunların idareleri çok zordu.

Görevimiz belliydi: Osmanlı'nın her yanına yayılacaktık. Cizvit papazları gibi inatla, ısrarla çalışacaktık. Hindistan, Belucistan, İran, Afganistan ve Afrika'daki tüm Müslümanları ayaklandıracaktık. İslam dünyası tekrar halifenin emrine girecekti. İsyanlarla, gerilla savaşlarıyla Fransızları ve İngilizleri can damarlarından vuracaktık. Hindistanlı Müslümanları ayaklandırmamız İngilizleri çok korkutuyordu. Bu nedenle biz İttihatçılara çok düşmandılar...

Sadece Müslümanları değil, bir işaretimizle boyunduruk altında yaşayan Türkleri de harekete geçirecek, Rusları, Yunanlıları, Sırpları vuracaktık.

Başında Mehmet Emin (Yurdakul) kardeşimizin bulunduğu Türk Ocakları da tam kadro halinde bizim saflarımızdaydı. Mehmet Emin sıradan biri değildi, Üsteğmen rütbesindeyken 1899 tarihinde ilk kez Almanya'ya askerî eğitim için gönderilen 19 subaydan biriydi. İran'da birlikte gerilla mücadelesi vermiştik. O da iyi silahşordu. Kalemi de güçlüydü.

Teşkilatı Mahsusa olarak ilk "resmî" eylemi, Sadrazam Sa-

---

12 Türkiye bu "özel kimlik"lerle, 1996'nın 3 kasımında patlak veren "Susurluk Skandalı" nedeniyle tanıştı. Emniyet Genel Müdürü Mehmet Ağar, aranmakta olan Gladio'nun Türk tetikçisi Abdullah Çatlı, yeraltı dünyasının ünlü ismi Tarık Ümit gibi kişilere özel kimlikler dağıtmıştı. Ayrıntılar için bkz: S. Yalçın-D. Yurdakul, *Reis; Gladio'nun Türk Tetikçisi*.

13 Türkiye; 1990'lı yıllarda tutuklu ya da mahkûm PKK'lı itirafçıların cezaevinden çıkarılarak tetikçilik yaptırılmalarına da sahne oldu. Bkz. S. Yalçın, *Binbaşı Ersever'in İtirafları*.

id Halim Paşa'nın bile haberi olmadan İstanbul'da gerçekleştirdik. Osmanlı-Rus Savaşı'ndan sonra Ruslar, zaferlerinin anısı olarak 1898'de Ayastefanos'ta (Yeşilköy) mütareke hükmü gereğince antlaşmanın yapıldığı yere bir anıt dikmişlerdi.

Anıtın bulunduğu geniş sahaya Ruslar muhafız evleri yaptırmıştı. Her Slav ülkesinden buraya belirli sayıda iyi silah kullanan keskin nişancı bekçiler getirilip yerleştirilmişti. Anıtı onlar koruyordu.

Ancak onlar bile sabaha karşı havaya uçan anıtı kurtaramadılar!.. Anıtın bombalanması bizim için simgeydi ve un ufak edilmesi başkaldırının sembolüydü.

Artık bizim için iç siyaset bitmişti, şimdi savaş zamanıydı...

Sapancalı Hakkı ve İzmitli Mümtaz Suriye'ye; Nuri Bey Bağdat'a; Kuşçubaşı Eşref, Erzurumlu Aziz, Çerkez Ziya beyler Hicaz'a; Bingazili Yusuf Şetvan Trablusgarp'a; Kuşçubaşı Sami Türkistan'a; Ömer Naci Bey İran'a; Emrillah Barkın Hindistan'a;[14] Eyüp Sabri ve Yüzbaşı Zinnun Rumeli'ye...

Ben Kafkasya'ya gidiyorum.

Atalarım Şeyh Şamil'lerin mekânına gidiyorum...

---

14 Hindistan'da Teşkilatı Mahsusa'ya yardımcı olanlar arasında İngilizlere karşı ilk bağımsızlık bayrağını açan hayli ünlü isimler vardı: Mahatma Gandhi, Muhammed Ali Cinnah, şair Muhammed İkbal, Said Han gibi.

Ankara'da
torun "Yakub Cemil"

Yıl 1978 sonları...

Babamı kaybedeli 1,5 yıl olmuştu.

İlk zamanların şaşkınlığını yavaş yavaş üzerimizden atıyorduk. Çoğu zaman yanımızda değildi. Ama uzakta bile olsa varlığı bize yeterli geliyormuş demek ki.

Ankara Üniversitesi Siyasal Bilgiler Fakültesi'nde öğrenciydim.

Kardeşim de üniversitede okuyordu. Ailemizin ekonomik durumu hiç iyi değildi. Sadece bir emekli maaşına bakıyorduk. Evde bazı eşyaları satmaya başladık. Önce dikiş makinesi satıldı. O parayla evin birikmiş üç aylık kirasını ödedik.

Sırada ne var bilmiyordum, çünkü satacak eşyamız bile yoktu.

Bu böyle yürümeyecekti. Ulus'ta bir otelde gece müdürlüğüne başladım.

Gece çalışıp gündüz üniversiteye gidiyordum.

Ayrıca ADYÖD'de (Ankara Demokratik Yüksek Öğrenci Derneği) görevliydim. Solcuydum. Kim değildi ki?

O dönem solun parçalanma yıllarının başlangıcıydı. Bitmez tükenmez tartışmalar olurdu. Anlamaya çalışıyordum, Saflar netleşiyordu. Ben henüz ortadaydım.

Abdullah Öcalan'la aynı okuldaydım; Siyasal Bilgiler Fakültesi'nde. O da benim gibi tartışmalara fazla katılmazdı. Dinleyiciydi. Okulun arkasındaki Cumhuriyet Yurdu'nda kalıyordu. Silik biriydi.

Bugün ünlü gazeteci olmuş birçok isimle de arkadaşlık yaptım. Çoğu şimdi köşe yazarı.

Şair Yaşar Miraç vardı; sonradan Türk Dil Kurumu ödülünü aldı. Bir gün bu Apo'nun takımıyla kavga etti. Ben araya girmesen çocuğu paramparça edeceklerdi. Okulun tartışmalı forumlarını hiç kaçırmazdım. Üniversitenin ünlü hocalarıyla dostluk kurdum, bu ilişkilerim hâlâ devam eder.[1]

Bir yanda ülke sorunlarını tartışmak, diğer yanda evin yükünü taşımak beni hayli yoruyordu.

Sabaha karşı eve geliyordum. Anacığım ve kardeşim beni pencere önünde beklerlerdi. Evde pek yiyeceğimiz olmazdı. Otelden yaptırdığım kaşarlı tostları getirirdim sabahları. Kahvaltıyı onlarla yapardık.

Çoğu zaman evde uykuya dalar, okula gidemezdim. Sınavlara bile giremiyordum.

İşte o günlerde karşıma baba dostu iki kişi çıktı.

Biri Mehmet Ali Ağabey'di. "Şirket"te üst düzey görevdeydi.[2]

Bir de babamın can dostu Ergün Önal Albay vardı.[3]

Ankara Cebeci'de Harita Genel Müdürlüğü vardır, orada çalışıyordu. Bu kuruluş sanırım hâlâ o semtte.

Babam Türk Silahlı Kuvvetleri'nden atıldıktan sonra askerlikten kopmadı. Bu kez sivil olarak istihbaratta çalışmaya başladı. Tıpkı dedem Yakub Cemil'in, üniformasını çıkardıktan sonra Teşkilatı Mahsusa'da çalıştığı gibi...

Babam, Mehmet Ali Ağabey ile Ergün Önal Albay'ı o istihbarat kurumunda çalıştığı dönemden tanıyor.

---

1 Torun "Yakub Cemil" kimliğinin ortaya çıkmaması için üniversite yaşantısına ait anılarını detaylı anlatmak istemedi.

2 "Şirket" adını genelde CİA ajanları CİA merkezi için kullanıyor. Bu alışkanlık Türk istihbaratçılara da geçti; MİT'e "Şirket" deniyor.

3 Torun "Yakub Cemil"in isteği üzerine adı değiştirilmiştir.

Babam ile Ergün Albay'ın Seferberlik Tetkik Kurulu'nda birlikte çalıştıklarını biliyorum.[4]

Ergün Önal Albay bir gün çalıştığım Ulus'taki otele birini gönderdi, "Yarın şu saatte yanıma uğrasın" diye.

Ertesi gün akşama doğru yanına gittim.

Baktım Mehmet Ali Ağabey de ofiste. Çay içiyorlardı. Yer gösterdiler, masaya yakın koltuğa oturdum.

Hal hatır sordular. Klasik yanıtlar verdim; iyiyim, çalışıyorum, okul iyi gidiyor gibi.

Mehmet Ali Ağabey, "Oğlum, baban sana iyi öğretmiş, 'kan kusuyorsun, kızılcık şerbeti içiyorum' diyorsun. Ama sende artık kusacak kan kalmamış, ciğerlerini mi kusacaksın bundan sonra? Hem biz yabancı mıyız, bilmiyor muyuz evinizin durumunu?.." dedi.

Kafama sanki balyoz yedim.

Araya Ergün Önal Albay girdi; "Çocuğu sıkboğaz etmeyelim hemen. Bunları dışarıda konuşalım. Mesai bitiyor. Çıkıp bir şeyler atıştıralım" dedi.

Mesaiden sonra Ergün Albay'ın vosvosuna binip Kızılay'a gittik. "Tava" diye daha sonra sık gideceğimiz lokantaya girdik. Epey kalabalıktı. Zorbela bir masa bulduk.

Uzun bir yemek oldu. Hiç unutmam, hamsi buğulama yiyip rakı içmiştik.

Sohbetin konusu bendim.

Mehmet Ali Ağabey, taşıma suyla değirmenin dönmeyeceğini, eve her ay düzenli olarak bir maaşın girmesi gerektiğini söylüyordu. Düzenli gelen bir maaş bizi rahatlatacaktı, ayrıca okulu da bitirmemi sağlayacaktı.

Sözü Mehmet Ali Ağabey bitiriyor, Ergün Albay alıyordu; "Okuldaki anarşik olaylara girip çıktığını duydum. Hiç ailene yakışıyor mu bunlar?" dedi.

---

4 NATO ülkeleri dahilinde kurulan ve gayri nizamî bir harp örgütü olan Seferberlik Tetkik Kurulu, 27 eylül 1952 tarihinde kuruldu. Finansmanını ve teçhizatını Amerikalılar verdi. 1965 yılında büyütülen teşkilatın adı da değişti, Özel Harp Dairesi oldu. Şimdiki adı Özel Kuvvetler Komutanlığı'dır.

Beni takip etmişler, araştırma yapmışlardı anlaşılan!

Bu arada sanki lokantada kimse yokmuş gibi, Mehmet Ali Ağabey tabancasını çıkarıp masaya koydu; "Biz babanın dostlarıyız, eğer senden kötü bir istekte bulunursak, bizi bununla Ankara'nın göbeğinde vurmazsan senden şerefsizi yok" dedi.

Hiç konuşmuyordum. Sessizce dinliyordum...

Aklım başka yerlerde...

İki yıl önce İstanbul'da Alman Hastanesi'nin bir odasında, babamla, vefat etmeden önce yaptığımız son konuşmayı hatırlıyorum.

Annemden ve biz çocuklarından özür dilemişti. Haksızlık yaptığını düşünüyordu. Haklıydı, haksızlık yapmış, bizi bırakıp başka bir kadınla evlenmişti. Bizi birkaç ayda bir görüyordu.

Teselli etmeye çalışmıştım. Yıllar sonra babamı ilk kez orada kucakladım ben.

Vicdan azabı çekiyordu. Bunun nedeni sadece ailesi değildi.

Dedem Yakub Cemil'in mezarı Topkapı semtindeydi. 1950'li yıllarda mezarın bulunduğu bölge yola gidecekti. Herkesin ailesine durumu bildiriyorlar, ama babam bugün yarın derken mezarı gidip alamıyor. Ve kahraman dedem Yakub Cemil'in mezarı yola gidiyor. Dedem Yakub Cemil'in mezarı bugün yoktur, kaybolmuştur!

Şimdi ölüm döşeğindeki babam kuşkusuz bu hazin olayı hatırlıyordu. Aynı sona uğramaktan korkuyordu belki de. Mezarını emanet edeceği tek kişi de bendim.

Sohbet ederken konu Mehmet Ali Ağabey'e de gelmişti. Güvenilir bir dost olduğundan bahsetmişti. 1961 yılından beri tanışıyorlardı...

Kendimi toparlamalıydım. Kadehimden bir yudum rakı alıp, "Ağabey ne vurması, sizler babamın dostusunuz, hakkımda kötü şeyler düşüneceğiniz hiç aklıma gelmez" dedim. Çalıştığımı, eve zaten maaş girdiğini hatırlattım.

Ergün Albay, "Otelden aldığın üç kuruş para hangi ihtiyacınıza yetiyor? Artık devlette çalışacaksın. Hem iyi maaşın, hem sigortan olacak. Senin otelden aldığın para annenin ilaç parasına yetmez" dedi.

Hakkımda her şeyi biliyorlardı...

"Hem çalışıp hem okumak çok zor" dedim.

Mehmet Ali Ağabey, "Birçok arkadaşın hem çalışıyor hem okuyor. Sen de onlar gibi olacaksın. Okulu sana bitirtmemiz bizim boynumuzun borcu" dedi.

Bütün kalelerim düşmüştü...

Düne kadar aleyhinde Ankara sokaklarında slogan attığım bir teşkilatın nüvesi mi oluyordum! Arkadaşlarımı mı ihbar edecektim?

Yanlarından ayrıldığımda sarhoş gibiydim.

Yarın öğleyin Mehmet Ali Ağabey'le buluşacaktık.

Gece zor uyudum. Öğleye doğru annem uyandırdı. Kalktım, tıraş oldum. Tek takım elbisem vardı, onu giyip, kravat taktım.

Kızılay'da Piknik diye bir yer vardı (sonra yıkıldı) önünde buluştuk. Arka taraflardaki Sakarya Caddesi'ne doğru yürüdük. Yeni binasına taşınmış olan Türk-İş Genel Merkezi'nin bulunduğu sokakta bir binanın önünde durduk. Mehmet Ali Ağabey eliyle gösterdi: "İşte burada çalışacaksın."

Binanın kapısının üzerinde, "Hâkimler Yüksek Kurulu" yazılıydı.

"Başkanla görüşeceğiz. Sen hiç söze girme. Belki usulen sınav yaparlar" dedi. Başkanın odası ikinci kattaydı.

Uzun boylu, kibar bir insandı başkan. "Hoş geldiniz" deyip elimizi sıkarken, Mehmet Ali Ağabey'e, "Demek bahsettiğiniz genç bu" dedi.

Kısa bir sohbet edip çaylarımızı içtikten sonra, ileride yakın arkadaşım olacak Sait Bey içeri girdi.

Sait Bey beni aynı katta bir başka odaya götürdü. Önüme kâğıt kalem koyup, tarihimizle ilgili bir iki sorunun yanıtını yazmamı istedi. Usulen bir sınav yapıldı.

Sınavdan sonra tekrar başkanın odasına girdik. Mehmet Ali Ağabey hâlâ oradaydı. "Hadi hayırlı olsun" diye beni tebrik ettiler. Artık "devlet memuru" olmuştum...

Mehmet Ali Ağabey'le çıktık. Piknik'e gittik. Buranın Rus salatası meşhurdu. Bira söyleyip Rus salatası yiyerek sohbet ettik.

"Sana aklından hiçbir zaman çıkarmayacağın bir şey söyleyeceğim. Sadece bizim meslekte değil, her meslek için geçerlidir; her işin temelinde güven yatar" dedi.

Ne demek istediğini birkaç ay sonra anlayacaktım...

Evdeki maddî sorunlar çözülmüştü. Üniversiteye de düzenli gidiyordum. Kız kardeşim üniversiteyi bitirmek üzereydi. Ben ise yıllardır aynı üniversiteye gidip geliyordum. Benimle okula başlayanlar çoktan mezun olmuştu.

Bu arada minnacık bir kıza âşık oldum, kimseye haber vermeden evlendim. Ev kalabalıklaşmaya başlamıştı.

O günlerde, Ergün Albay telefonla daireyi arayarak yanına gitmemi istedi.

Gittim. Kısa bir sohbetin ardından çekmecesinden çıkardığı iki zarfı uzattı. "Dayın İsmail Duran[5] yarın akşam seni İstanbul'da bekliyor. Bu zarfta yol paran, bu zarfta da harcırahın var" dedi.

Şaşırmıştım, neden dayım kendisi değil de bir aracıyla beni İstanbul'a çağırıyordu?

Dayımla evde değil, Fenerbahçe Orduevi'nde buluşacaktık. Peki nedendi bu gizlilik?

Ergün Albay'la vedalaştık, tam çıkarken, "Bak evladım, bazı insanlar burnu için yaşarlar, burnu için ölürler. Burnun hep dik olmalıdır. Bunu unutma ve dayın ne derse kabul etmelisin, bu benim sana vasiyetim" dedi.

Daireye döndüm. Başkanın beni beklediğini söylediler.

İşe ilk girdiğim dönemdeki başkan değişmişti. Yeni başkan sert görünüşlü, mert, baba bir adamdı.

Odasına girdiğimde gözlüklerinin üzerinden baktı, daha ben bir şey söylemeden, "Ben bu işleri fazla bilmem. Yalnız sana bazen aralıklarla izin vereceğiz. Gerekirse rapor vereceğiz. Olmadığın zamanlar maaşını eşin alacak. Ancak burası senin statünde birine pek uygun bir yer değil. Uzun süre seni izinli ve raporlu sayamayız" dedi.

---

5 Torun "Yakub Cemil"in isteğiyle isim değiştirilmiştir.

Ne demekti bunlar, neler oluyordu? Benim statüm neydi? Neye izin veriyorlar, neden raporlu sayıyorlardı?

Tüm bunların bir açıklaması olmalıydı...

Bir tuhaflık olduğu için evde, anneme, eşime, kız kardeşime İstanbul'a gidişimle ilgili bir açıklama yapmadım. Dairenin bir işinin olduğunu söyledim. Aileme söylemediğim bilgiler her geçen gün artmaya devam ediyordu.

Geç vakit Ankara terminalinden otobüse bindim.

Sabah Fenerbahçe Orduevi'ne gidip kapıdaki nöbetçiye dayımın adını verdim. Nöbetçi subay alelacele, çok önemli biriymişim gibi beni geniş, deniz gören bir odaya çıkardı.

Yalnız değildim. Odada dayımla birlikte Mehmet Ali Ağabey de vardı. Masanın etrafında oturuyorlardı. Ben odaya girince ayağa kalktılar.

Dayımın elini öptüm. Mehmet Ali Ağabey'le tokalaştık.

Dayım İsmail Duran emekli albaydı. Kıbrıs'ta Türk Mukavemet Teşkilatı'nı kuran, mücahitleri, yani Bozkurtları EOKA'cılara karşı örgütleyen birkaç subaydan biriydi. Emekli olmasına rağmen, Türk Silahlı Kuvvetleri'nde ağırlığı olan bir komutandı...

Dayım uzun bir söyleve başladı:

"Mustafa Kemal kapitalizmi, sosyalizmi bilmeyen biri miydi, hepsini biliyordu. Ama o iki yolu da seçmedi. Samsun'a çıkarken, 'Dünyanın bütün işçileri birleşiniz' deseydi arkasından kaç kişi gelirdi? O kendi coğrafyasını iyi tanıyordu. O halkına inanıyordu.

Evladım, insanların özlemleri ayrı, gerçekler ayrıdır. Senin savunduğun düşünceleri ben de savunurum. Ama bunlar ne kadar Türkiye gerçeğine uyar. Bizim özlemlerimiz vatanseverliktir, bu bayrağı, bu halkı çıkarsız sevmektir. Senin yolun bizden ayrı olmasın. Bizim verdiğimiz kavgaya sen de katılacaksın. Bu kavgada, herkes önder olamaz. Herkes Mustafa Kemal olamaz. Sen bu kavgada kurşunu taşıyan ol. Hamal ol, fırıncı ol, bir şeyler ol, ama mutlaka vatan için kavganın bir parçası ol.

Yavrum, bu kavgada senin iki sadık dostun olacak; biri hayat, diğeri ölüm. Bunların koluna girerek ilerleyeceksin. Yurtseverlik, vatanseverlik öyle kolay iki sözcük değildir.

Onun uğruna gerektiği zaman ölmeyi bilmek gerekir."

Dayım uzun uzun konuştu. Ben bazen pencereden denize, bazen dayımın gözlerine bakıyordum.

Dayım sonunda "Var mısın?" diye sordu.

Dedem Yakub Cemil, babam ve şimdi de ben!..

Bizim ailede doğan çocuklara, "kaderi benzemesin" diye "Yakub Cemil" adı konmazdı! Dedem Yakub Cemil'in adı değil ama babasının ismi benim göbek adımdı: Ahmet.

İstediğimiz kadar söyleyelim, kaderi benzemesin diye; vatan, bayrak nutuklarının ve tabancanın hiç eksik olmadığı bir evde büyüyen çocuktan ne beklenirdi?

Sünnet olduğum zaman babamın arkadaşları bana hediye olarak tabanca getirmişlerdi. Üstelik bir tane değil, arkadaşları birbirinden habersiz oldukları için bir günde yedi tabanca sahibi olmuştum!

12 yaşından beri tabancayla ateş ediyordum. Nişancı olmam herkesin takdirini kazanıyordu.

Babam atış ustalığımla övünüyordu...

Ben babamı uzun yıllar sonra tanıdım. Yani neler yaptığını çok sonraları öğrendim.

Örneğin, 27 Mayıs (1960) İhtilali'nde babam da yer almıştı. Görevi neydi biliyor musunuz; İstanbul Valisi (Fahrettin Kerim Gökay) ile Emniyet Müdürü'nü (Alaeddin Eriş) gözaltına almak! Ve aksilik çıkarsa vurmak!..

Böyle bir görevi gönüllü olarak kabul eden bir babanın oğlundan ne beklenir?..

Dalıp gittim yine geçmişime...

Ortaokul ikinci sınıfta ilk "gizli örgüt"ümüzü kurmuştuk. Örgütün iki elemanı vardı, biri ben, diğeri de Şemsi Özkan![6]

Bizim ailenin kaderiydi bu! Derseniz ki, kadere inanıyor musun? Hayır, sadece açıklamasını yapamadığım için kader deyip geçiyorum!

---

6 Şemsi Özkan, MLSPB'nin (Marksist-Leninist Silahlı Propaganda Birliği) önde gelen silahlı eylemcilerinden biriydi. 18 mayıs 1981 tarihinde yakalandı, 28 ağustos 1981 tarihinde itirafçı oldu. Şimdi nerede olduğu bilinmiyor.

Dedem, babam ve şimdi de ben...
Sizce bunun bir açıklaması var mı?

Hafta sonuna kadar izinliydim. Çocukluğumun geçtiği İstanbul'a yakın Trakya'daki ilçeye gittim. Ortaokul ve lise arkadaşlarımla buluştuk. Nurullah'la, Patron Yılmaz'la, Toto Zafer'le eski günlerden konuştuk. Berber Ali Ağabey'e gidip tıraş oldum.

1973 yılının kış günü terk ettiğim bu yerleri ne kadar özlemişim farkında bile değildim.

Aslında kendime söyleyemiyordum ama sanki vedalaşmak için gitmiştim oraya. Geçmişimle, çocukluğumun, delikanlılığımın o saflığıyla, temizliğiyle vedalaşmaya gitmiştim...

Ankara'ya döndüm.

Evdekilere yine bir şey söylemedim. Günlük koşuşturma tekrar başlamıştı. İş, okul ve ev arasında mekik dokuyordum. Ekonomik durumumuz hayli düzelmişti.

İstanbul'a gitmeden önceki yaşantımdan tek bir değişiklik olmuştu: PTT'den kiraladığım bir posta kutum vardı ve her gün oraya bakmaya mecburdum.

Ve bir gün posta kutusundaki notu buldum:
İki gün sonra İzmir'in yukarısında bir kampta bekleniyordum.[7]

Bilgi notunun altında, "Allah utandırmasın" yazıyordu...

Evdekilerle vedalaştım. Meslekî bir kurs için İzmir'e gittiğimi söyledim. Kurs biraz uzun sürecekti.

Ve yeni bir hayata ilk adımımı attım...

---

7 Torun "Yakub Cemil" yerin isminin yazılmasını istemedi.

Kafkasya'da
dede Yakub Cemil

29 ekim 1914. Bayram arifesiydi.

Eşimizle dostumuzla bayramlaştıktan sonra görev yerlerimize, cepheye gitmeyi düşünüyorduk.

Aksilik. Almanların Goeben ve Breslau gemileri, İngiliz ve Fransız filosunun eline geçmemek için 11 ağustosta bizim sularımıza sığınmıştı. Almanların iki gemisini, Goeben (Yavuz) ve Breslau'yu (Midilli) – Halil (Menteşe) Bey'in zekice önerisiyle – güya beş milyon altına satın alıp adlarını değiştirmiştik! Herhalde gemideki Alman tayfa ve Alman subaylarını da birlikte almıştık ki, hepsinin kafasında fes vardı!

İşte bu iki gemi, Karadeniz'e çıkıp o bayram arifesinde Sivastopol'u bombalayarak savaşa girmemize neden oldu.

Öyle ya bunlar bizim gemimizdi. Almanlardan almıştık! Olan bizim bayram ziyaretlerine oldu...

Aslında İngilizlere, "Sultan Osman" ve "Reşadiye" adını verdiğimiz iki harp gemisi siparişi etmiştik. Paralarını da son kuruşuna kadar ödemiştik. Hatta Reşadiye'yi İngilizlerden teslim almak üzere Rauf (Orbay) başkanlığında bir heyet Londra'ya gitmişti. Balkan Savaşı çıkınca İngilizler, paralarını aldıkları halde gemilerimizi teslim etmediler...[1]

---

1 İngiltere parasını alıp vermediği Reşadiye gemisinin adını Repuls olarak değiştirdi. İkinci Dünya Savaşı'nda Japon intihar uçakları, Repuls savaş gemisini yani "bizim Reşadiye"yi, kamikaze yaparak batırdı.

Ve devletimiz, Alman Erkânıharbiyesi'nin talebi üzerine, Doğu Cephesi'nde İtilaf ülkelerinden Rusya'ya savaş açtı.

Almanlar, Erzurum'daki 3. Ordu'nun Kafkasya üzerinden harekete geçmesini istiyordu. Başta Enver Paşa'nın böyle bir harekâtı aklı kesmiyordu, "Bu hava koşullarında bu önerinin kabul edilir yanı yok" deyip duruyordu. Fakat daha sonra, Almanlar yanında savaşa girersek ve iyi bir anlaşma yapılırsa, zaten içişleri de karışık olan Rusların savaşı durdurabileceğine ikna oldu.

Avrupa devletlerinin siyasî ve iktisadî boyunduruğundan kurtulmak için bu savaş iyi bir fırsat olabilirdi. Enver Paşa harekât kararını kesinleştirince erkânıharbiyesiyle birlikte Erzurum'a hareket etti.

Gemilerin bombalamasının arkasından Rus Ordusu Kafkasya'ya girmişti. Bu nedenle hemen Kafkas Cephesi'ne hareket etmem emrolundu.

Hareketimiz o kadar ani oldu ki, ailelerimize veda bile edemedik. Eşyalarımızı alacak vakit bulamadık. Yanımıza yolda konaklamamızı sağlayacak çadır gibi zorunlu eşyaları alabildik. Bunları develere yükledik. Bir de subaylara yeni dürbün verildi.

2 000 kişilik Teşkilatı Mahsusa müfrezesiyle yola çıktık; önde atlılar, arkada yayalar...

Vatan için ölmekten çekinmeyen 2 000 fedaî (çoğunluğu cezaevinden çıkarılan mahkûmlar) bir araya gelmişti.

Bunca yıllık yorgunluğa, yenilgiye rağmen savaş için hazırdık. Bu söz biraz bizim için geçerliydi. Çünkü müfreze içinde yer alanlar cezaevi yerine cepheyi tercih etmişlerdi.

Yardımcılarımı hep bizim silahşor ekipten seçtim! Hepsi asker kökenliydi ama ordudan "atılmış"lardı. Ancak bizim gücümüz ve ağırlığımız ordudaki subaydan kat be kat fazlaydı. Benim rütbem yüzbaşıya denkti. Ama orduda hangi yüzbaşı 2 000 kişilik müfrezeye komutanlık yapabilirdi?

Ekibin içinde kimler yoktu ki: Lazistanlı Sudi Bey (Lazistan milletvekili), Şakir (Kesebir) Bey (Cumhuriyet Dönemi'nde İktisat vekili), Binbaşı Asım, Memduh Şevket (Esendal; CHP genel sekreteri), Cemil Ferid (Cumhuriyet Döne-

mi'nde mebus), Yüzbaşı Halid (Deli Halid Paşa), Yüzbaşı Et-
hem Basri Bey (İttihat ve Terakki kâtibi mesullerinden) ve
Abdülhamid Bey.

Biz İstanbul'dan ayrılırken gazeteler, "Almanlarla ittifak
doğru mu; karşı cephede yer almak çıkarımıza daha uygun
değil mi; sığıntı Alman gemilerini Karadeniz'e bırakmak ha-
ta mıydı; Rus şehirlerinin bombalanmasına neden izin veril-
di; harbe adeta gözü kapalı hemen girmek doğru mu?" soru-
larını tartışıyordu.

Onlar tartışadursun, biz Teşkilatı Mahsusa müfrezeleri
cepheye gidiyorduk...

Kafkas cephesinin benim için özel bir önemi vardı.
Heyecanlıydım.

Çünkü dedem Fevzi ve babam Ahmed, Kafkasya'dan İs-
tanbul Yenibahçe'ye göçmüşlerdi. Bizimkiler dedem Fevzi'yi
anlata anlata bitiremezlerdi. Şeyh Şamil'in[2] silahşoruymuş.
Sonra Kafkas savaşında yenilince Osmanlı kendisine Kara-
mürsel'de yer vermiş.

Aile büyüklerim dedeme benzediğimi söylerlerdi. O da iyi
silahşormuş. Canlı ve atakmış. Kışın kar altında yıkanırı-
mış.

Benim çocukluğum, Ruslara karşı kahramanca savaşan
Şeyh Şamil efsanesini dinleyerek geçti.

Aslında şimdiki durumum Şeyh Şamil'e ne kadar benzi-
yordu...

Onun en büyük yeteneği, yarı vahşi, istiklaline tutkun, o
güne kadar hiçbir otoriteyi kabul etmemiş olan dağlıları bir
düzene sokması olmuş. Ordusuna katılanlardan çoğunlu-
ğunu asker kaçakları oluşturuyormuş.

---

2 Şeyh Şamil 1795'te Dağıstan'ın Gimri köyünde doğdu. Çocukluğu ve gençliği hayli
hareketli geçti. Yoğun biçimde her türlü fizik idmanı yapıyordu. Soluğunu tutma idmanı
yapmak için ağzına bir top veya taş alarak koştuğu anlatılır. Kişiliğini sertleştirmek amacıy-
la kendine fiziksel acılar vermekten hoşlanıyordu. Bazen günlerce oruç tuttuğu ve kar üze-
rinde yalınayak yürüdüğü oluyordu. Kendisine örnek aldığı Gazi Molla'nın Ruslar tarafın-
dan öldürülmesi (1832) üzerine onun yerine imam oldu. 1840 tarihinde Ruslara karşı isyan
bayrağını açtı. 20 000 kişilik ordusu vardı. Birçok başarılar kazandı, ancak 1859'da şansı
ters döndü. 10 ağustos 1859'da Ruslara teslim oldu. Moskova yakınındaki Kaluga'da gö-
zetim altında tutuldu. Birkaç yıl sonra Mekke'ye gidiş izni çıktı. 1871'de Medine'de öldü.

Benim 2 000 kişilik taburumun da Şeyh Şamil'in milislerinden farkı yok! Onun dağlıları vardı, benim mahkûmlarım var!

Şeyh Şamil, askerine uyurken bile silahlarından ayrılmayı yasaklamıştı. Ben de öyle yaptım.

Şeyh Şamil ordusunu bin, beş yüz, yüz ve onar kişilik gruplara bölmüştü. Yaklaşık bin kişilik her gruba bir "naip" kumanda ediyordu. Ben de taburumu aynen öyle böldüm ve başlarına güvendiğim arkadaşlarımı koydum.

İnşallah sonumuz aynı olmaz. Şeyh Şamil yenilince dünyanın en büyük zulmü Kafkas topraklarında yaşandı. Çerkez kabilelerinin kitlesel göçü (1863 yılının sonunda) büyük acılar doğurdu.

Birkaç ay içinde yaklaşık 500 000 Çerkez ve 120 000 Abhaz, onları almaya gelen Osmanlı gemilerinin bulunduğu limanlara gitmek üzere dağlarındaki köylerinden ayrıldılar. Ama ne yazık ki onları almaya gelen gemilerin sayısı çok azdı ve geri dönmeleri de aylar sürecekti. Dönmeyip beklemeyi tercih ettiler. Gemileri beklerken binlerce Çerkez açlıktan, salgın hastalıktan öldü.

Kafkasya'dan 1864 yılında göçenlerin toplam sayısı 750 000'e ulaşıyordu. Tek suçları hürriyetlerini, geleneklerini ve kültürlerini korumak olan Çerkez göçmenlerin 500 000'i aşkın kesimi yollarda can verdi.

Allah beni belki de, atalarımın öcünü Ruslardan almak için Kafkas topraklarına gönderdi. Sadece ben değil, İzmitli Mümtaz, Yenibahçeli Şükrü, kardeşi Nail, Sapancalı Hakkı, Çerkez Eşref ve kardeşi Selim Sami gibi Teşkilatı Mahsusa fedaîlerinin çoğu Çerkez'di...[3]

Kafkasya cephesine giderken daha önce kararlaştırılan konaklama alanlarında mola veriyorduk. Karayolunu tercih ediyoruz. Çünkü Karadeniz, Rus donanmasının kontrolünde. Kendimizi riske atmak istemiyoruz.

Karayolu daha emin. Gündüz bütün gün yürüyor, gece konaklıyoruz. Bu arada yol boyu müfrezenin eğitimiyle de ilgileniyordum.

---

3 İlginçtir, Türkiye'deki güvenlik güçlerinin (ordu ve polis) kilit noktalarında hâlâ hep Çerkezler vardır.

Çorum en can sıkıcı konaklama yeri oldu.

Çeteler ve ordu arasında plansızlık yüzünden ne yapaca-
ğımızı tam olarak belirleyemediğimiz bir anda, topraklarına
girdiğimiz bir Çorumlunun feveranı tepemi attırdı.

Yol boyu uğradığımız köylerde, şehirlerde yiyecek bulmak
sorun oluyordu. Milletin kendine yetecek yiyeceği yoktu. Biz
de zaten aldığımızın parasını veriyorduk.

Ama Çorumlu bu adam kafamı bozdu. Asılmasına karar ve-
rip, kararı hemen uygulamaya koydum. Arkadaşlar tepki gös-
terdiler, beni durdurmak için, "İncir çekirdeğini doldurmaz bir
olay yüzünden adam asılır mı?" demeye başladılar. "Mahkeme
kararını bekleyelim" diyenler de oldu. Mahkeme kararını bek-
lemeye kalsak hiçbir iş yürümezdi, adamı yakalatarak, ibret ol-
sun diye şehrin merkezinde, saat kulesinin dibinde astırdım.

Halktan bir anda inanılmaz tepki geldi. Sinirli halk kitle-
leri heyecan içinde ordan oraya yürümeye, itirazlar etmeye
başladılar. Şikâyetler dinmiyordu. Çorum'da konaklamamı-
zı kesmek zorunda kaldım. Cepheye doğru yola çıktık.

Biz şehirden ayrıldıktan sonra halkın tepkisi daha da art-
mış. Bu infial karşısında Çorum mutasarrıfı doğrudan doğ-
ruya Dahiliye Nezareti'ne bir telgraf çekmiş, "İdam cezası
için kanuna göre mutlaka Zatı Şahane'nin iradesini almak
lazım gelirken, hiçbir mahkeme kararı olmaksızın, halkın
nefretini ve düşmanlığını tahrik edecek bir surette idam ka-
rarı verilmesi vahim sonuçlar doğurdu" demiş.

Tabii bu olaylar en çok Dahiliye Nazırı Talat Bey'in işine
yaradı. Bu olayları kendi lehine propaganda malzemesi yap-
tı. İttihat ve Terakki teşekkülüne mensup üyeleri Enver Pa-
şa aleyhine doldurdu. Sürekli Enver Paşa'nın, eli kanlı bir
grup tarafından desteklendiğini ileri sürdü ve mevkiini kü-
çük düşürmeye çalıştı.

Artık alışmıştım bu politik oyunlara!..

Öyle günler yaşıyorduk ki, gözümüz vatanı kurtarmaktan
başka bir şey görmüyordu. Doğru ve hızlı kararlar verilme-
liydi. Ben doğru olduğuna inandığım her tedbiri almaya de-
vam edecektim. Bu bir savaştı, politik oyun değildi.

Konaklayarak ilerliyorduk. Yolda küçük bir kaza geçirdiğimden gözüm yaralanmıştı, bezle bağladım. Gemi korsanlarına benziyordum!

Kafkasya'da dağlar şahlanmış gibiydi. Dağların dorukları çok yerde 3 000 metreyi aşıyordu. İklim çok asiydi. Yol ise yok gibiydi. Dağlar insana geçit vermiyordu. Kar eylül ayından itibaren yağmaya başlamıştı. Etrafımızda karın beyazlığından başka bir şey gördüğümüz yoktu. Yerde bir metreyi geçen kar vardı. En kötüsü tipiye yakalanmaktı.

Özellikle geceleri bir sessizlik kaplıyordu ortalığı.

Hava kararınca iklimle savaşılıyor, donmamak için askerler birbirine sarılıyordu.

Sabahları "kestane suyu" içiyorduk; üzerinde ince bir yağ tabakası olan çaya bu adı vermiştik. Karavanalar hiç yıkanmıyordu. Bu nedenle çay yağlı oluyordu. Öğle ve akşam yemeklerinde kapuska veya bakla çorbası yiyiyoruz. Baklanın içinden mutlaka böcek çıkıyordu!

Tabiî bunlar ilk günlerimizin zengin sofralarıydı. Birkaç gün sonra bunlara da hasret kalacağımızı bilmiyorduk.

93 Harbi'nden sonra yapılan Berlin Antlaşması (1878) gereği, Artvin, Şavşat, Ardanuç, Borçka, Murgul Ruslara bırakılmıştı. Ancak Birinci Dünya Savaşı'nın başlamasıyla birlikte bu toprakları yavaş yavaş ele geçirmeye başladık.

22 kasımda Artvin'i, 23 kasımda Çoruh Nehri'ni geçerek Borçka'yı aldık.

Burada, Hopa'daki çatışmalardan gelen Teşkilatı Mahsusa komutanlarından Rıza Bey'in kuvvetleri de bulunuyordu. Maradidi Cephesi'ni kontrol ediyorlardı.

Rıza Bey'i gördüğümde casus olduğundan şüphelendiği bir Gürcü'yü cezalandırıyordu. Divanıharp, Gürcü'yü idamla cezalandırmayarak 170 değnek cezasına çarptırdı. Rıza Bey'e dedim ki: "Cephede her gün binlerce yiğit insan ölüyor, binlercesi hastalıktan kırılıyor siz mahkemecilik oynuyorsunuz!"

Rıza Bey, bütün gece bana ısrarla Batum'un alınması gerektiğini söyleyip durdu. Ben de, Batum'un istilasının imkânsız olduğunu, ertesi gün Borçka'dan hareket edeceğimi ve Artvin'de Doktor Bahaeddin Şakir'in birlikleriyle buluşacağımı söyledim. "İstanbul emretse bile yapmam" dedim. Sarıkamış Cephesi'nde yapacağı büyük taarruz için Enver Paşa'ya destek olacağımı anlattım.

Enver Paşa, başkumandan vekili ve Şark Cephesi kumandanı sıfatıyla Sarıkamış etrafında süren harbi bizzat cepheden idare ediyordu.

Rıza Bey'e söylemedim ama, Enver Paşa'nın hayaline kimse erişemezdi. Sarıkamış'ın hareket sahası, ne meydan muhaberesine, ne de çevirme manevrasına katiyen müsait değildi. Üstelik mevsim kıştı.

Ancak Enver Paşa Sarıkamış'ta yapacağı çevirme manevrasıyla Rusları şoke edip, Kars, Ardahan ve Batum'u geri almak istiyordu.

Asıl amaç tekmil Güney Kafkasya'yı fethetmekti. Rus boyunduruğundaki Türkleri ayaklandırarak Batı Sibirya, İran, ve Türkistan'ı halifenin nüfuzu altına alacaktı.

Bu işi kim yapacaktı?.. Ben ve müfrezem, yani Teşkilatı Mahsusa...

Bu nedenle Rıza Bey'e katılıp cephe savaşına iştirak edemezdim.

Biz Rus Cephesi'nin arkasına sızıp Türkleri ve Müslümanları ayaklandırmayı hesap ederken, Ruslar on yıl önce, benzer stratejiyi hayata geçirmişlerdi. Ermenileri kışkırtıp bizi arkadan çete savaşıyla vurmak istiyorlardı. En azından gücümüzü bölmek istiyorlardı.

Bizim de, Rus'un da stratejisi aynıydı. Düşmanı cephe gerisinden gerilla savaşıyla vurmak!

Söylediğim gibi, Kafkasya Cephesi'ni sadece Osmanlı değil, Rusya da çok önemsiyordu. Bu nedenle Çar II. Nikolay, erkânıharbiyesiyle Kafkasya'ya gelmişti. 2. Türkistan Kolordusu'nun 19. Türkistan Alayı da bize karşı savaşmaları için Kafkasya'ya gönderilmişti.

Sözüm ona, dünya Müslümanlarını "cihadı mukaddes"e çağırmıştık...[4]

---

4 Cihat fetvasını veren 124. Osmanlı Şeyhülislamı Mustafa Hayri Efendi, Türkiye Cumhuriyeti'nde başbakanlık yapan Suat Hayri Ürgüplü'nün babasıdır.

Biz zulüm altındaki Türk ve Müslümanları kurtarmaya çalışıyorduk, onlar din düşmanlarıyla birlikte her cephede bizlere, yani halife hazretlerinin askerlerine kurşun yağdırıyordu!..

Borçka'dan ayrılırken bizim müfrezeye Rıza Bey'in komutasındaki, Yüzbaşı Rauf Bey ile Borçka kaymakamlığından çıkarılan Ferid Bey de katıldı. Rıza Bey, Batum'un alınmayışına kızgındı, bu yeni kişilerin bize katılışı da canını biraz daha sıkmıştı.

Borçka'dan ayrılmamızdan sonra Rıza Bey'e, Batum'a girme emri verildi. Batum'un işgalinden sonra burayı Teşkilatı Mahsusa'ya terk edecek ve kalan kuvvetlerle Ardahan yürüyüşü için Doktor Bahaeddin Şakir Bey'e destek verecekti. Bizim de Rıza Bey'in bu birliklere katılmamız istendi. Rıza Bey'in isteği yerine gelmişti. Rusya'nın cephe gerisine sızma manevrası ertelenmişti anlaşılan. Artık biz de cephe savaşına katılacaktık.

Ve Batum'un işgali için harbe girildi.

İstanbul'dan yardım getirmek için yollanan Alman Binbaşı Stange Bey, emrindeki iki muntazam taburla bizlere katıldı. Ellerindeki toplar ve mitralyözler hepimizi sevindirdi.

Maradidi Cephesi'ni ele geçirmek için, bu toplara ihtiyacımız vardı. Topları geçirmek için köprüler kurup Çoruh Nehri'ni geçtik. Bu arada Rus donanması Karadeniz'den üzerimize sürekli bomba yağdırıyordu. Bu arada devam eden Rus taarruzunu durdurarak, Batum'a doğru ilerlemeye çalışacaktık.

Zordu ama başardık.

Fakat bu sırada yeni emir geldi: Ardahan'a yürüneceğinden, hemen Artvin'e gidilmesi gerekiyordu. Batum'da ele geçirilen yerlerden geri çekildik, kasaba tahliye edildi. Zaten donanmasının yardımıyla harekete geçen Rus kara ordusunun taarruzu da dayanılmaz bir hal almıştı.

Yeni strateji şuydu: Artvin'den Ardahan ve Kars'a yapılacak çevirme harekâtı, Sarıkamış tarafından gerçekleştirilecek taarruzu kolaylaştıracaktı.

Doktor Bahaeddin Şakir, Rusların Kağızman'da ilerlemesini fırsat bilerek plan doğrultusunda Oltu ile Artvin'i zapt etti. Artvin'de benim müfrezemi beklemeye başladı. Ben de Şehre yaklaşmıştım. Artvin'de, Rıza Bey ile Alman Binbaşı Stange Bey'in birlikleri de bize katılacak ve oradan Ardahan'a yürüyecektik.

Buluştuk. Müfrezeler taarruz için hazırlık yapmaya başladı. Hava dayanılamayacak kadar soğuktu. Sürekli giyecek takviyesi yapılmasına rağmen ısınmakta güçlük çekiyorduk. Gördüğümüz Rus askerleri kafalarından ayaklarına kadar kürklere bürünmüşlerdi. Rus askerleri beyaz renkte giyinmişlerdi, onları karda görmek imkânsızdı. Oysa bizler rengârenktik; kar üzerinde hemen fark ediliyorduk. Üstelik kıyafetlerimiz bizi soğuktan korumuyordu. Çoğu askerimin üzerinde Almanların verdiği yazlık kıyafetler vardı.

Yıllar önce Makedonya'da eşkıya peşinde koşarken aynı zamanda bölgenin yaman soğuğuyla da mücadele ederdik. Orada da kış şiddetli geçer, kar ve tipiden göz gözü görmezdi. Kar geçit yerlerini tıkar, bazen belimize kadar bizi gömerdi. Meşhur bağlarında yetişmiş üzümlerden yapılan pekmezleri içerek ısınırdık.

Ama şimdi, burası daha soğuktu ve bizim pekmezimiz bile yoktu!.. Sadece inancımız vardı, hepsi bu kadar...

Bu güç koşullarda Artvin'e ulaşmamızdan hemen önce Doktor Bahaeddin Şakir ile Rıza Bey'e harekete geçmeleri ve düşman kuvvetlerini kendi taraflarına çekmeleri emirleri verildi. Benim müfrezem, Alman Binbaşı Stange Bey'in alayı, Doktor Bahaeddin Şakir'in kuvvetleriyle son kez eksiklikleri gözden geçirdik. Cephanemiz çok azdı. Kurşundan çok soğuğa zayiat veriyorduk.

16 aralık 1914.

Sabahın erken saatinde aynı anda üç taraftan Ardahan'a doğru taarruza geçtik. Kar yağışı durmuyordu. Sıcaklık sıfırın altında 25 dereceydi. Kaç askerimin donmuş ayağını kesmek zorunda kaldığımızı unuttum.

Bu hava koşullarında çok şiddetli müsademe başladı. Etrafımızdaki beyazlık artık kırmızıya dönüşmüştü.

İlk şehitlerden biri Codoroğlu Hamid'di.

"Memleketim için şehit olacağım" derdi ve verdiği sözü tuttu. Benim müfrezemde Binbaşı Asım Bey ile Ethem Efendi şehit oldu. Yakın arkadaşım Yarbay Faik Bey de şehitler kervanına katılmıştı. İki saat süren çatışmada 30-40 şehit verdik. Rus orduları şehri tahliyeye başladılar. Çatışmayı sürdüren öndeki Rus askerlerinin geri çekilmesiyle, çemberi yarıp Ardahan'a girdik.

Ardahan ahalisi bizi büyük bir coşkuyla karşıladı.

Şehre girerken üzerine binmem için, bana çok güzel bir beyaz at hediye ettiler. Ancak hediyeyi kabul etmekle birlikte kendi atımla Ardahan'a girmeye karar verdim. Beyaz ata bizim müfrezeden bir asker binmek istedi; kıramadım, izin verdim. Ne ilginçtir ki, kır ata binen fedaî şehrin girişinde vuruldu, şehit oldu. Aslında atı bana kasten hediye ettikleri ortaya çıktı. Rusların, uzaktan beni tespit edip vuracakları belli oldu.

Osmanlı ordusunun tek kumandanı ben değildim ki, ortadan kaldırılmam kuvvetlerimizin ilerleyişini durdursun.

Ardahan'ı almamızın, İstanbul'da da büyük sevinç yarattığını duyduk. Benim başarımın dilden dile dolaştığını, milletin bana "Ardahan Fatihi" unvanı verdiğini öğrendim. Çok gururlandım.

Sadece İstanbul'da değil Kafkasya'da da herkes Ruslara gereken dersi vermenin zamanının geldiğine inanıyordu.

Ben, Doktor Bahaeddin Şakir Bey ve Stange Bey ile (yolda apoletini kaybedip, tek apoletle kalan) Stange Bey'in muavini bir Alman zabit, hep birlikte Ardahan'da zengin Ruslardan birinin evine yerleştik. (Stange Bey yaverini Çoruh Nehri'ni geçerken sulara kaptırmıştı.) Üçü bir odaya yerleşti. Ben tek başıma ayrı bir odaya geçtim.

Ardahan'ı almıştık ama asıl sorun bundan sonra başlayacaktı. Takviye kuvvetleri gelmiyordu ve kısa sürede de geleceğe benzemiyordu.

Sarıkamış Harekâtı 22 aralıkta başlamıştı ve 90 000 kişilik kuvvetimiz açlığa ve soğuğa yenilmek üzereydi. Allahuekber Dağları geçit vermiyordu. Dağlar acımasızdı; 10. Kolordu'yu tüm kuvvetleriyle birlikte yutuvermişti...

Tabiatın merhametsiz kanunları Ruslara yaramıştı. İlerlemeye başlamışlardı.

Biz de Ardahan'da, kapana kısılmış durumdaydık.

Hatta bir gece kaldığımız eve Ardahan'ın Türk kuvvetlerince alındığından haberi olmayan, beyazlara bürünmüş, sakallı bir Rus askeri geldi ve arkadaşların kapısını zorlayarak içeri girdi. Tabiî Rus askeri de, bizimkiler de şaşkın şaşkın birbirlerine bakakalmışlar. O kargaşa sırasında Rus askeri geldiği gibi karanlığa karışıp kayboldu. Bu olay bile göstermişti ki, Ardahan'ı almıştık ama elimizde tutmaya pek imkân yoktu. O soğukta nöbet bile tutulmuyordu doğru dürüst.

Dört kişi bir karara varmak zorundaydık. Ya Ardahan'da kısılı kalıp, Ruslarla savaşarak esir düşmeyi ve kurşuna dizilmeyi göze alacaktık ya da Ardahan'ı kuşatan Rus askerlerini yararak yeniden Artvin'e dönecektik. Zaten benim, Ruslara göre subay olmadığım, bir müfrezeye (çeteye) kumanda ettiğim için kurşuna dizilmem kaçınılmazdı. Askerleri esir alıyorlardı ama fedaîler hemen kurşuna diziliyordu. Kurşuna dizilmektense savaş alanında şehit olarak şerefimle ölmeyi tercih ederdim.

Almanlar teslim olmak istiyordu, çünkü subay oldukları için esir kalabileceklerdi, biz ise savaşmaktan yanaydık.

Tartıştık. Sonuçta bizim dediğimiz oldu

Gece harekete geçmeye karar verdik.

Ortalığa sis yayılmıştı. Allah bizimle beraberdi.

Sisten ve karanlıktan yararlandık, cepheyi yarıp Artvin'e ulaşmak üzereydik ki, Rus orduları tarafından bize doğru gelen birilerini gördük. Bunların bize yardıma gelen Türk askerleri olduğunu sandık. Ancak askerler bize yaklaştıklarında aslında bu askerlerin Rus askerleri olduğunu fark ederek son anda sipere yattık. Tam bu sırada gelen askerler Türkçe, "Ateş etmeyin, biz de Türk'üz" deyince hep birden ayağa kalktık. Ve o anda üzerimize kurşun yağmaya başladı.

Şehit olanlar dışında kalan bizler yine sipere yattık. O anda aynı ses yine Türkçe, "Durun arkadaşlar, ateş etmeyin, biz de Türk'üz" diye tekrarlayınca, yeniden hep birlikte ayağa kalktık. Yine üzerimize ateş etmeye başladılar. Birçok arkadaşımızı yine şehit verdik.

Sonra anladık ki, bu Rusların bize bir savaş oyunuydu. Türkçe konuşanlar ise, Rus ordularına katılan yöre Ermenileriydi. Bizi kötü oyuna getirmişlerdi.

Bu Rus kalleşliği sonunda çok zayiat verdik ve kalanlarla Artvin'e döndük.

Biz boşalttıktan sonra Ardahan ve Batum yeniden Rus askerleri tarafından işgal edildi.

Kuvvetlerimin yarısı şehit oldu. Özellikle Alman Stange Bey'in taburu ağır kayıplar verdi. Bırakın şehitlerimizi, yaralılarımızı bile taşıyamamıştık.

Ben de bomba patlaması sonucu sağ elimin başparmağından yaralandım. Kanı zor durdurdum. Ama bunun ne önemi vardı... Koskoca Osmanlı ordusu sürekli kan kaybediyordu.

Kafkasya'da hava çok soğuktu. Askerler açtı, teçhizat yoktu. Allahuekber Dağları'nın her tarafı tipide yollarını şaşırıp donarak ölmüş askerle doluydu. Birlikler arasında telsiz bağlantısı kaybolmuştu. 90 000 kişilik kolordu bir yandan savaşmaktan, diğer yandan soğuktan, hastalık ve açlıktan kırılmıştı.

Balkanlar'da kolereya yenik düşmüştük, Kafkasya'da lekelihumma (tifüs) ile soğuğa...

Ordu Sarıkamış'ta hezimete uğramıştı. Kafkasya'yı alamamıştık, üstelik tümden kaybetmek üzereydik!

Geri çekiliyorduk.

Erzurum'a kadar geriledik.

Son çarpışmalardan sonra müfrezemin mevcudu 2 000'den 465'e düştü.

Erzurum'a döndüğümde, karşımda ordu komutanı olarak Halepli Miralay Mahmud Kâmil Bey'i buldum. Harbiye Nezareti'nin şöhretli müsteşarıydı. Beni denetlemeye çalışan, söz geçirmek için uğraşan, Teşkilatı Mahsusa'ya karşı da mesafeli duran Mahmud Kâmil Bey'e karşı sert tavırlar koymak zorunda kaldım. Birkaç tartışma sonrası bu tavrından vazgeçti. Hoşgörülü, rahat ve açık davranmaya başladı.

Mahmud Kâmil Bey beni ordu teşkilatına bağladı ve ordu gerisindeki çetelerle savaşma, çetelerin geriden orduyu vurmasını engelleyecek tedbirleri alma emrini verdi. Çünkü Ermeni çeteleri bize çok zayiat verdiriyorlardı. Ruslarla iç içe girmişlerdi. Zaten teçhizatlarının tümünü Ruslardan alıyorlardı.

Teşkilatı Mahsusa müfrezemle, Ermeni çetelerine karşı savaşmaya başladık.

Ruslar bölgede dört Ermeni taburu oluşturmuşlardı. Bunların başında, Keri, Amazasp, Dro ve Antranik adlı Ermeniler vardı. Çete elemanları içinde Rus Ermenileri vardı. Rus çarı, Sibirya'ya sürgüne gönderdiği Ermenileri affedip bizim topraklara göndermişti. 800 kişilik, 600 kişilik Ermeni çeteleri vardı. Hepsinin komutanlığını ise daha birkaç yıl önce Meclisi Mebusan'da görev yapan Mebus Karakin Pastırmacıyan yapıyordu!

Rusları bıraktık, Teşkilatı Mahsusa'nın yiğit fedaîleriyle bunlara karşı savaş veriyorduk.

Ermeni çeteleri özellikle geceleri saldırıyordu. Neredeyse her bastığımız kilisenin gizli bölmelerinde bunların silahlarını ele geçiyorduk. Silah yönünden neredeyse bizden güçlülerdi. Zaten bu nedenle de zaman zaman yenildiğimiz de oluyordu. Cepheye asker gönderdikleri için güçsüz düşen karakollarımızı basıyorlar. Mesela, Maraş Jandarma Komutanı Binbaşı Süleyman Bey'i ve 25 askeri şehit etmişlerdi.

Cephane taşıyan birliklerimize saldırıyorlardı.

Bizim askerlerin cepheyi bırakıp köylerine dönmeleri için, "Türk köyleri yakılıp yıkılıyor" propagandası yapıyorlardı.

Köylere saldırmıyor da değiller. Kemah'ın Karni köyünde kadın ve çocukları bile öldürdükleri haberi hepimizi perişan etti.

Van şehrinin Ermenilerin eline geçmesi ve Ermenilerin Bitlis, Muş, Erzurum, Beyazıt, Zeytun ve Sivas bölgelerinde isyan hareketini başlatmaları üzerine İstanbul Hükûmeti 24 nisan 1915'te tehcir kararı aldı.

Karar Erzurum'da bize de tebliğ edildi:

– 16-55 yaşları arasındaki Ermeniler dışarıdan (ülke sınırı) içeriye, içeriden dışarıya çıkamayacaklar.

– Ermeniler haberleşmelerini Türkçe yapacaklar.

– Yeni okullar açılmayacak ve Ermeni çocukları devletin resmî okullarında okuyacak.

– Vilayetlerde çıkarılan Ermeni gazeteleri kapatılacak, Ermeni komite merkezleri dağıtılacak.

– Harekât alanındaki zararlı kişiler başka bölgelere gönderilecek.

Özellikle son madde Anadolu topraklarında büyük bir kargaşaya neden oldu. Aman Allahım ne oldu bize böyle?..

500 yıldır iç içe yaşadıklarımızla, kapı komşularımızla savaşıyorduk. Kardeş kardeşe düşman olmuştu.

Hele Ermeniler? Osmanlı'ya o kadar çok sadık oldukları için bunlara, "milleti sadıka" denirdi.[5]

Cemiyet'in üyesi olduğum için yakından biliyorum, İttihat ve Terakki seçimlerde Taşnak Komitesi'yle hep ortak liste çıkarırdı. Ermeni cemaati bizim listelerden Meclis'e her seçimde (1908-1912) 14 milletvekili sokardı. Ne eksik, ne fazla, hep 14 milletvekili!

"Milleti sadıka" şimdi ne yapıyordu; köprüleri havaya uçuruyor, yolları tahrip edip telgraf tellerini kesiyordu.

Birliklerimiz arasındaki irtibatı yok etmek istiyorlar. Erkek kıyafeti giymiş bir kadın casusu telefon tellerini keserken yakaladık. Deli taklidi yaptı ama bizi inandıramadı, hemen astık. Dedim ya, casusları hiç sevmezdim ve hiç acımazdım!

Ermenileri o kadar çok kışkırtan vardı ki; Ruslardan Fransızlara kadar. Hatta Mormon denen din adamları, Amerika'dan bunları harekete geçirmeye gelmişlerdi.

Ermeniler bilmeliler ki, Bulgar, Yunan, Sırp ve Arnavut'a

---

5 Osmanlı döneminde 2 Ermeni paşa, 22 bakan, 28 milletvekili, 7 büyükelçi, 11 konsolos, 11 üniversite hocası, 41 üst düzey Ermeni bürokrat ve bugün bile zevkle dinlediğimiz Ermeni bestekârlar, sanatçılar vardı.

Balkanlar'ı verdik. Ama artık Anadolu'yu da kaybetmek iste-
miyorduk. Bir karış toprak için gerekirse binlerce fidan gibi
genci şehit verirdik.

Tehcir'in merkezlerinden biri de benim görev yaptığım Er-
zurum'du. Erzurum bölgesindeki tehcirle ilgili olarak şu bil-
giyi gönderdiler:

– Erzurum'un doğusundan ve Trabzon kıyılarından ge-
lenler, Ordu ve Kastamonu'ya;

– Erzurum'un batı ve güneyiyle Trabzon'ın güneyinden
gelenler, Sivas-Tokat yoluyla Ankara'ya, Sivas-Kayseri yo-
luyla gelenler Kayseri ve Niğde'ye;

– Erzurum'un doğusundan ve güneyinden gelenler, Ke-
mah yoluyla Elazığ, Malatya ve Maraş'a;

– Van ve Bitlis'ten gelenler Diyarbakır bölgesine, Urfa'ya,
Antep'e ve kısmen Adana'ya gönderilecekti.

Erzurum önemli bir geçit şehri olmuştu.

Kâğıt üzerinde her şey düşünülmüştü. Boşaltılan evleri
işgal etmek isteyen Müslümanlar, buralarda ancak kiracı gi-
bi oturacaklardı. Kiralarını şehir merkezlerinde kurulan fo-
na yatıracaklar, sahipleri dönünce evleri teslim edeceklerdi.
Hesap buydu.

Tehcir kararının ardından Ermenilerin büyük göçü baş-
ladı. Göçmen kafilelerini korumak için yanlarına birlikler ve-
riyorduk. Ama özellikle Kürt aşiretlerinin Ermeni kafileleri-
ne saldırmaları karşısında çoğu zaman bu birlikler yetersiz
kalıyordu.

Bölgedeki Ermeniler zengindi ve Kürtler bunları yıllardır
kıskanıyorlardı. Bu iki milletin birbirini boğazlamalarının
bir nedeni de ekonomik sebeplerdi. Aynı zamanda Kürtler
topraklarının Ermenilerin eline geçmesini istemiyordu. Çün-
kü birçok Kürt şehri, Ermenistan haritası içinde gösterili-
yordu. Tabiî bir de din faktörü vardı. Kürtler Müslümandı,
Ermeniler Hıristiyan.

Teşkilatı Mahsusa müfrezelerindeki askerlerden de kafi-
lelere saldırılar olmuyor değildi.

Mertliğimize, tarihi millimize yakışmayan görüntüler oluyordu. Ermeni kadınlar, kızlar alıkonuluyor, hırsızlığın önüne geçilemiyordu.

Bu arada "ihtida" (Müslümanlığa dönme) ve "tezvic" (Müslümanla evlenme) politikası hayata geçirilmeye çalışılıyordu.[6]

Evet bu bir savaştı.

Biz de Çanakkale'de, Yemen'de, Sarıkamış'ta, Suriye'de, Bağdat'ta, Kutsal Topraklar'da binlerce insanımızı feda etmekteydik. Böyle bir mücadelede, böyle bir savaşta bizi kendi topraklarımızda arkadan vurmalarına izin veremezdik.

İsyancı Ermeni çeteleri hiç boş durmuyordu. Bizi sürekli arkadan vuruyorlardı. Teşkilatı Mahsusa olarak düşmanın arkasına sızıp onu vurmamız gerekirken, şimdi kendi cephemizin arkasının güvenliği için uğraşıyorduk.

Dediğim gibi, Ermeni çetelere yenildiğimiz zamanlar da oluyordu.

İşte o zaman, küçük bir emrin bile yerine getirilmemiş olmasına tahammül edemiyordum. Emirlerin yerine getirilmemesi yenilgilerin asıl nedeniydi. Böyle durumlarda mahkeme kararına bile gerek duymaksızın, asılma ya da kurşuna dizilme cezası veriyordum.

Neredeyse her yenilgimizin altından bir casusluk olayı çıkıyordu. Bölge casus kaynıyordu.

Özellikle Ermeniler çok güzel Türkçe konuşup aramıza sızıyorlardı. Şiveleri bile aynı. Bunları bizimkilerden ayırt etmek çok zordu. Fizikî olarak zaten bize benziyorlardı.

3. Ordu Komutanı Mahmud Kâmil Paşa'nın emri vardı: kim ki isyancı bir Ermeni'yi koruyup, saklar, yakalandığında evinin önünde asılacaktı.

Mesela, Hasankale civarında jandarma erlerinden eski müstahfız[7] biri ile köy halkından bazı kişilerin düşmana para karşılığında bilgi verdiklerini öğrendim. Sorguya çektim

---

6 Tehcir günlerinde daha çok Ermeni kadınlar alıkonulmuştur. Türkiye'de birçok ailede Ermeni nineler, anneanneler, babaanneler mevcuttur. Bunların kökenleri aile içinde sır gibidir, hiç konuşulmaz. Bu arada Tehcir döneminde kimsesiz kalmış birçok Ermeni çocuğa iyi kalpli Türk aileler sahip çıktı. Bu çocuklar nüfusa geçirilirken, çocuğun baba adı "Abdullah" yazılırdı; Allah'ın kulu manasına geldiği için.

7 Tanzimat'ta düzenlenen askerlik sisteminde, 40 yaşından sonra başlayan askerlik görevi.

ama suçu kabul etmediler. Jandarma erinin korkarak itiraf etmesini sağlamak için, kızını rehine almak istedik. Bu kez ihtiyar jandarma, buna karşı koymaya, kızının akıbetinden endişelenmeye başladı. Fakat müfreze komutanının "casusları verin" isteğini de reddetti. Kız hariç 16 kişinin hemen kurşuna dizilmesini emrettim.

Emrim derhal yerine getirildi.

16 kişinin ölümü yüzünden karargâhta birçok kişi tarafından suçlandım. Herkes yargılanmamı istedi. Yargılanmayınca da Teşkilatı Mahsusa'nın elemanı olduğum için kurtulduğum ima edildi.

Bu olaydan sonra Mahmud Kâmil Paşa'yla aramız iyice bozuldu. Ona göre millete karşı, ne olursa olsun biraz daha yumuşak ve koruyucu davranmak gerekiyordu. Müfreze kumandanının halka zulmetmesi gelecekte çok olumsuz olayların cereyan etmesine neden olabilirdi.

Mahmud Kâmil Paşa'nın neden öyle düşündüğünü, konuştuğunu tahmin ediyordum. Ermeniler dünyayı ayağa kaldırmışlardı, "Teşkilatı Mahsusa müfrezeleri bizi kıyıyor" diye. Mahmud Kâmil Paşa, Ermenilerin tesirinde kalmıştı.

Bu nedenle Mahmud Kâmil Paşa'ya kalsa, yargılanmam ve bu olaydan sorumlu tutulmam gerekiyordu. Daha olayın sıcaklığı geçmemişti ki, Mahmud Kâmil Paşa beni kendi kumanda sahasında bulunan Bitlis Alay Kumandanlığı emrine verdi.

Anladım ki benden kurtulmak istiyordu.

Başım sadece 16 kişinin idamı nedeniyle "ağrımıyordu". Sadece Mahmud Kâmil Paşa'yı etkilememişlerdi. Bölgedeki bazı görevliler, Teşkilatı Mahsusa'nın Kafkasya sorumlusu Doktor Bahaeddin Şakir, Trabzon Valisi Cemal Azmî ve benim hakkımda "Ermenilerin katledilmelerine ve yağmalanmalarına göz yummaktadırlar" diye İstanbul'a jurnal telgrafları gönderiyorlardı! Hakkımızda tahkikat açılmasını istiyorlardı!

Biz sadece görevimizi yapıyorduk. O dönemde o bölgelerde bulunup da Ermenileri soyup zengin olanlardan değildik biz! Biz sadece emirleri yerine getiriyorduk, yani savaşıyorduk...

Yeni görev yerim Bitlis'ti. Alayımın kumandanı Afyonkarahisarlı Kel Ali'ydi (Çetinkaya).[8]

O da benim gibi sert ve yürekli bir askerdi.

Manastır'da birlikte görev yapmıştık. İttihat ve Terakki'nin gözü pek fedaîlerinden biriydi. Kurallara bağlı, disipline çok önem veren, cesur bir subaydı. Herkesin de kendisi gibi kurallara riayet etmesini isterdi. Daha ilk günden bana kendini anlatarak, uyulmasını istediği kuralları ayrıntılarıyla söyledi. Emir verir gibi konuşması biraz beni rahatsız etti ama üzerinde durmadım.

Erzurum'daki hava Bitlis'ten farklı değildi.

Erzurum'da 125 000 Ermeni vardı, Bitlis'te 114 000.

Sivas ve Erzurum'dan sonra en çok Ermeni nüfusu Bitlis'teydi. Burada da Ermeni çeteleri, bizim ordu birliklerine sürekli arkadan saldırıyorlardı. Emirleri de Bitlis'teki Rus Konsolosluğu'ndan alıyorlardı. Kimse de sesini çıkarmıyordu.

Bir gün yine benim tepemi attırdılar...

Bitlis'in Hizan kazasının Sekür köyü Ermenileri, asker kaçağını aramaya giden bizim jandarmaya, "Osmanlı hükûmetine asker vermeyeceğiz" demişler. Bunun üzerine çıkan çatışmada bizim jandarmaları öldürmüşler.

Sekür köylülerinden güç alan, Korsu, Ahkis, Beygeri, Viyris, Kümes, Arşin ve Tasu gibi büyükçe Ermeni köyleri de asker vermeyeceklerini beyan etmişlerdi.

Konu bana intikal etti.

Tüm köyleri Osmanlı ordusuna asker vermeye ikna ettim! Tabiî bu hiç de kolay olmadı...

Bu arada çıkan çatışmalarda benim de dokuz milisim öldü.

Bitlis vilayeti tamamen yakılıp yıkıldı. Şehir harabeye döndü.

Bir köyde başlayan isyanın, önlem alınmadığında nasıl

---

8 Ali Çetinkaya, 7 ocak 1925 tarihinde, TBMM çatısı altında, kendisi gibi o dönemde Kafkasya Cephesi'nde, Yakub Cemil'in müfrezesinde bulunan Mebus Halid Paşa'yı vurdu. Yargılandı. Beraat etti. Soyadı kanunu çıkınca Deli Halid'in ailesi "Karşıalan" soyadını aldı. Ali Çetinkaya İstiklal Mahkemesi başkanlığı da yaptı ve birçok İttihatçı arkadaşını idam sehpasına gönderdi.

diğer köylere ve bölgeye yayıldığını gözlerimle gördüm ben. Ama bunu görmeyenler de vardı.

Kel Ali beni sert sert uyarmaya devam etti.

Yine bir gün kızarak karşıma geçti ve "Bana bak! İkide bir tabancaya sarılmakla bu iş olmaz. Ordu nizamlarına uymazsan seni bitiririm. İflahını keser, seni mahvederim. Gözünü aç, edebinle otur!.." dedi.

Eski arkadaşımız değişmişti. Kel Ali'ye o gün karşı koymadım. Bir tek cümle bile söylemedim. Nedenini bilmiyorum. Enver Paşa bu Kel Ali'yi çok severdi, belki onun hatırı için sustum. Ancak hayatımda sesimi çıkarmadığım nadir anlardan biridir bu.

Suskunluğuma rağmen Kel Ali, benim halime bakarak, konuşmasından hiç etkilenmediğimi anladı.

Ve bu olaydan sonra kendimi bu kez Bağdat'ta buldum...

Bağdat'ta 6. Ordu merkezine gönderildim.

Ordunun başında Enver Paşa'nın amcası Halil Bey bulunuyordu. Makedonya dağlarında başlayan bir dostluğumuz vardı. İran'da, Trablusgarp'ta, Balkanlar'da bu dostluk perçinlenmişti.

Duydum ki, benim hakkımdan sadece Halil Bey'in geleceğini düşünüyorlardı...

Bitlis'ten yola çıkmadan önce, Irak'taki durum hakkında bilgi aldım. İngilizlerin Irak'a saldıracağını beklemeyen Enver Paşa, burada bulunan kuvvetleri Suriye ve Kafkasya'ya göndermişti. Ama umulan olmamış, İngilizler Basra Körfezi'nin en uç kasabası Fao'yu işgal etmişler, Basra'nın işgali hazırlıklarına başlamışlardı.

Ben ve müfrezem daha Bağdat'a ulaşamadan, Basra da düşmüştü.

Teşkilatı Mahsusa'nın başkanı Süleyman Askerî Bey, Basra'yı almak için çoğu Araplardan oluşan elindeki Teşkilatı Mahsusa birlikleriyle İngilizlere saldırmış. İngiliz-Hint süvarilerine 300 zayiat verdirmişti. İngilizlerin ikmal yollarını bombalamış, depolarını havaya uçurmuş ama Basra'nın elden çıkmasını engelleyememişti. Süleyman Askerî Bey de, bunu kendine yediremeyip tabancasıyla intihar etmişti.

Süleyman Askeri Bey, İstanbul'da beni oyuna getirmiş, arkadaşlarım Sapancalı Hakkı ve İzmitli Mümtaz'la aramı açmıştı. Ama intihar haberini duyunca çok üzüldüm. Affettim, onu Allah'a havale ettim.

Savaş sırasında altın karşılığı birçok Arap kabilesi İngilizlerin yanına geçti. İngilizler kimini altınla, kimini yalanlarla kandırıyordu.

İngilizler'de oyun çoktu. Arapları kandırmak için bir kehanet ortaya attılar. Kehanete göre, bir gün gelecekten haber verecek bir "en-nebi" bölgeye gelecekti. Mısır'dan yola çıkacak, Nil suyunu Sina Çölü'ne akıtacaktı. Ve Araplık esirlikten, kölelikten kurtulacaktı. "En-nebi" peygamber demekti. Bu kehanetten kısa bir süre sonra Mısır'daki İngiliz kuvvetlerinin başına Mareşal "Allenby" atandı. İşte yol gösterici peygamber "en-nebi" gelmişti![9]

İngilizler, Arapları ellerinde oynatıyorlardı. Dine körü körüne bağlılıklarını bildiklerinden, alay edercesine onları oyuna getiriyorlardı.

Gözlerimizle görmüştük. Balkan Harbi'nde Yunan, Sırp, Bulgar, Karadağ veliaht ve prensleri ordularının başında cephelerde savaşıyorlardı. Bunlar cephede savaşan askerlere hep moral veriyorlardı. Ancak bizim Saray erkânı yıllardır savaş meydanlarında gözükmüyorlardı. Ancak ne zaman Dünya Harbi başladı, bizimkiler de üniformalarını giyip cepheye koştular: Piyade Kaymakam Abdülhalim Efendi; Topçu Binbaşı Abdürrahim Efendi ve Erkânıharp Miralay Osman Fuad Efendi!

Ama Enver Paşa ve İsmail Hakkı Paşa gibi, Saray'dan kız alan tüm kumandanlar hep cephedeydi.[10]

9 İkinci Dünya Savaşı'nda Mısır'daki İhvanı Müslim'e göre, Mussolini'nin gerçek adı Musa Nili'ydi ve Müslümandı! Hitler de gizlice Müslümanlığa geçmiş ve Haydar adını almıştı! Bkz. Abdullah Gumi, *Mısır'da Radikal Hareketler,* 1986.

10 İsmail Hakkı (Okday) Paşa, Vahideddin'in kızı Ulviye Sultan'la evliydi. İkinci evliliğini, Bülent Ecevit'in annesinin teyzesi Ferhande Hanım'la yaptı. İsmail Hakkı Paşa'nın babası da son Sadrazam Ahmed Tevfik Paşa'ydı. Bülent Ecevit bebekliğindeki bazı günleri "selefi" sadrazamın kucağında geçirdi. Arı İnan'a göre, Sadrazam Ahmed Tevfik Paşa, 3,5 yaşındaki Bülent Ecevit'in ileride büyük adam olacağını, yani "halefini" o yıllarda keşfetmişti (*Tarihe Tanıklık Edenler,* Çağdaş Yayınları, 1997).

Ne yazık ki ordunun gerilemesini ne şehzadelerin ne de damatların ilahî gücü durdurabiliyordu. Irak cephesi de zor durumdaydı. Dicle'ye doğru çekildik. Son mevzi olarak Bağdat'ın güneyinde Selmanı Pak'ta tahkimat yapılmaktaydı.

Bağdat Cephesi'ndeki askerî harekât henüz gelişmemişti. Irak'ı savunan müfrezelerin kadroları ikmal edilmemişti. Halil Bey'in kurmay heyeti bu yüzden temkinli davranıyordu. Bir taarruzla karşılaşmamak için dikkatli hareket ediyorlar, savunma durumunu devam ettirmeye çalışıyorlardı.

Halil Bey bana çok yetki verdi ama sıkı denetim altına aldı. Yetki ve denetim bir aradaydı. Teşkilatı Mahsusa'dan beni alarak muvazzaf hizmetle görevlendirdi, kıdemli yüzbaşı olarak emrime müstakil bir tabur verdi. Aslında beni ordu içine almasında, çetemizle sağda solda İngiliz askerlerini kışkırtacak olaylar yapmamızı engellemek, ordu disipliniyle kontrol altında tutma planının yattığını düşünüyordum. Ama olsun, öyle veya böyle yine cephedeyim ve savaşıyorum ya!

Ancak her geçen gün Halil Bey'in denetimi sıkarcasına artıyordu. Bağdat'ta stratejik olarak savunma durumunda kaldıkları için olsa gerek hiçbir şey yapmama izin vermiyordu. Yapacağım bir hareket düşman taarruzuyla karşılaşılmasına neden olabilirmiş, öyle diyordu.

Bence yanılıyordu, karşı taarruzla düşmanı bozguna uğratabilirdik. Şımarık İngilizlere pek güzel bir ders verebilirdik. Sadece cesaret gerekiyordu, o kadar!

Ne yalan söyleyeyim, Halil Bey'in ve ordunun durumundan hiç memnun değildim. Benim dışımda herkes susuyordu. Enver Paşa'dan korktuklarından ona da hiçbir şey intikal ettirmiyorlardı.

O güne kadar tek yaptığımız, Halil Bey'in verdiği talimat doğrultusunda iki taburu ileri mevzilere doğru hareket ettirmek oldu. O da, cephede siperlerde savunma tedbirleri uygulamak için. Tabura ayrılan siperlerde günlerdir öylece bekliyoruz. Askerler yine hareketli, hiç değilse yeni siperler kazıyorlar!

Çölde, dümdüz alanda, gözlerimi uzaklara dikmiş bakıp duruyordum. Bazen bir araya gelen üç beş hayvan topluluğunu İngiliz askerleri sanıyorduk, çöl tuzağına düşüyorduk, yani serap görüyorduk. Ama gerçekte düşmandan hiç ses çıkmıyordu.

Saldırıya da yetkim yoktu. Bir korkak gibi sipere gömülmüş öylece bekliyorduk. Çıldıracak hale gelmiştim. Saldırıp, düşmanı alt ederek cephede ilerlenebilir ve zafer kazanılabilirdi.

Bir sabah şeytan dürttü, emrimdeki tabura ani taarruz emri verdim.

Siperlerden çıktık, İngilizlerin üzerine doğru koşarak harekete geçtik. İngilizlerin mitralyöz ateşi yağmur gibi üzerimize yağmaya başladı. Adamlarımın çoğu toprağa yığıldı kaldı. Bir avuç asker kurtulabildi ölmekten. Yine de mitralyöz karşısına böyle cesurca çıkışımız hem İngilizler, hem de Irak cephesindeki bizim ordunun diğer mensupları arasında şaşkınlık yarattı.

Ama Halil Bey, talimatına uymamamdan ötürü bana çok kızdı. Gerek cephede, gerekse kasaba ve şehirde, artık hiçbir yerde emirlere uymadığım, kuralları tanımadığım, zapt edilemez olduğum, infial yarattığım söylentileriyle Halil Bey'in kafasının şişirildiğini, onun da durumu Enver Paşa'ya intikal ettirdiğini duyuyordum. Çorum'daki, Erzurum'daki idam olayları ısıtılıp ısıtılıp anlatılıyormuş. Beni istemeyenler bu son olayı da ekleyerek cephe gerisine gönderilmem için uğraşmaya başlamışlardı.[11]

Bir gün Halil Bey beni huzuruna çağırdı; "Yakub Cemil Bey, şimdi İstanbul'dan, Harbiye Nezareti'nden bir telgraf aldım. Sizi oradan istiyorlar. Hemen hareket ediniz!" dedi.

Aklıma tek gelen kahramanlığımın Enver Paşa tarafından ödüllendirileceğiydi. Kaymakam olabilirdim.

---

11 Halil Bey Yakub Cemil'e kızmakta haksız değildi. 7 aralık 1915'te başlattığı İngilizleri sarma harekâtı, 28 nisan 1916'da başarıyla sonuçlandı. Irak'taki Kut ül-Amare Savaşı 147 gün sürdü. Arkalarında 1 000 ölü, 7 000 yaralı bırakan İngilizler, 5 000 İngiliz, 7 000 Hintli askerle teslim oldu. Büyük Britanya'nın yenilmezlik efsanesine darbe indiren Halil Bey mirlivalığa yükseltildi. Cumhuriyet sonrası soyadı kanunu çıktığında, bazı subay arkadaşlarına nazire edercesine "Kut" soyadını aldı!

İstanbul'a doğru biraz ümit ama biraz da şaşkınlık içinde hareket ettim. Bağdat'a yaptığım harekât henüz netice vermemişti. Tam bu aşamada çağrılmamı anlayamıyordum. Halil Paşa bu konuda sorduğum birkaç soruyu cevapsız bıraktı. Her soruşumda, soğukkanlılıkla, "İstanbul'a derhal hareket etmeniz bir emirdir" diyordu.

Daha sonra öğrendim ki, Halil Bey İstanbul'a yazarak, benim Bağdat'tan ayrılmamı sağlamak üzere Enver Paşa'ya ısrarla baskı yapmış. Rütbemin üzerinde üniforma giymemi bile şikâyet etmişler. Ben yaptıklarını saklayan bir adam değilim. Aslında o giydiğim üniformayı ben çoktan hak etmiştim. Ama anlamıyorlardı işte...

Bağdat'tan ayrılarak İstanbul'a gitmek üzere yola çıktım. Halep'te mola verdim. Ertesi gün Osmanlı Orduları Başkumandan Vekili Enver Paşa'nın da Halep'te olduğunu öğrenince, bulunduğu yere giderek derhal huzuruna çıkmaya karar verdim.

Enver Paşa'ya olan biteni anlatmak gerekiyordu. Her şey kötü gidiyordu. Enver Paşa'ya amcası Halil Bey'i kötülemeye kimse cesaret edemiyordu. Ordudaki düzensizliği bile anlatamıyorlardı Enver Paşa'yla en zor günlerde, en nazik olaylarda omuz omuza birlikte yaşadık, vatan için hiçbir tehlikeden, ölümden bile çekinmedik. Ben konuşmayacağım da kim konuşacaktı.

Hemen karargâhına gittim. Başyaveri (ve aynı zamanda Enver Paşa'nın kız kardeşi Mediha'yla evli) Kâzım (Orbay)[12] Bey, Enver Paşa'yla ilişkimizi bildiği için beni hemen yanına götürdü...

Hararet ve heyecanla Kafkasya'da, Bağdat'ta olan biteni anlatmaya başladım. Enver Paşa beni sakin bir ifadeyle dinliyordu. Halil Bey'den memnun olmadığımı anlattım. Şaşırdı. Hatta ileri gittim, amcasını yerden yere vurdum, bir tepki göstermedi. Cephenin bozuk durumunu, kumandanların hatalarının memleketi uçurumun kenarına getirdiğini, cephede açlık başladığını, ihmalkârlıkların her şeyi mahvettiğini anlatıyor, anlattıkça Enver Paşa müşfik bir yüz ifade-

---

12 1944-1946 yılları arasında Genelkurmay başkanlığı yaptı.

siyle beni destekleyerek dinliyordu. O başıyla onayladıkça ben de daha hararetli anlatıyordum. Aslında istiyordum ki, "Hadi benimle Bağdat'a gel" desin.

Hayır susuyordu. O sustukça ben de uzun uzun, görev yaptığım yerlerdeki komutan hatalarını tek tek misaller vererek susmazcasına anlatıyordum. Vehib Paşa'yı, Süleyman Askerî'yi hepsini şikâyet ettim...

Sonunda konuşmaktan yoruldum dedim ki: "Bu komutanlarla hiçbir şey yapılamaz. Beni tümen komutanı yap!"

Enver Paşa yine ifadesini değiştirmedi, sanki dalmıştı, ben isteğimi bir kez daha yineledim: "Beni tümen komutanı yapınız! Göreceksiniz, nasıl başarılı olacağım."

Nihayet konuştu; "Peki, Musul'da Vali Haydar Bey'in maiyetindeki Kürt alaylarından bir tümen kurayım, seni de o tümenin komutanı yapayım, Sen İstanbul'a git, orada bekle! Ben Bağdat'a gidiyorum. Her şeyi düzelteceğim, merak etme, ama şimdilik senin İstanbul'da vücuduna lüzum var. Oraya dönünce daha uzun görüşürüz. Haydi Allah selamet versin, güle güle git kardeşim!" dedi.

Enver Paşa ayağa kalkıp Başyaveri Kâzım Bey'i çağırınca, ben de mecburen izin isteyip karargâhından ayrıldım.

Doğu'da Kürtlerden kurulu Hamidiye Alayları vardı. Bunlar 1910 yılında kaldırıldı. Aslında sadece ismi değişti, Aşiret Alayları adını aldı. Bunların başında binbaşı ya da yarbay rütbesiyle subaylar bulunurdu. Aşiret başkanları bu komutanların yardımcısıydı. Takım subayları da aşiretin ileri gelenleriydi.

Enver Paşa'nın beni böyle bir göreve layık görmesi göğsümü kabarttı.

Uçar gibi İstanbul'a döndüm.

İstanbul'da beni hangi süprizlerin beklediğini nereden bilebilirdim ki...

İzmir'de
torun "Yakub Cemil"

1979'un soğuk bir nisan günü Ankara'dan ayrıldım.

Geldiğim yer, önünde uçsuz bucaksız denizi olan ve dar bir kumsalı, arkasında ormanı bulunan dağlık bir bölgeydi.

Sanıyorum Amerikalılardan kalma askerî bir eğitim yeriydi. Eğitim kampı için yıllar önce Amerikalılar seçmiş burayı. Bizim subayları eğitmişler. Şimdi kampın sorumlusu kimdi, bilmiyordum.

Önce sağlık kontrolünden geçtim. Kan tahlillerim yapıldı, röntgenler çekildi. Arada sırada limonata ile bisküvi veriyorlardı. Akşama kadar açlıktan ölecektim.

Küçük bir poliklinik gibi gözüken sağlık merkezinde yok yoktu. Sanıyorum bir doktorun başkanlığında dört beş kişi çalışıyordu. İki hemşire vardı.

Akşama doğru yatacağım yere götürdüler. Burası temiz, büyük bir salondu. Hava soğuktu, buna rağmen pencereleri açıktı. Odada beş karyola vardı. Temiz nevresimler, battaniye ve her karyolanın başında çelik dolaplar bulunuyordu.

Ben beş numaralı karyolada yatacaktım.

Fazla eşya getirmememi istemişlerdi. Getirdiklerimi dolaba yerleştirdim. Dolapta koyu yeşil ve kahverengi tişörtler, pantolonlar ve gömlekler vardı. İç çamaşırı, hatta çorap bile koymuşlardı.

Kampa girdiğimden beri bana eşlik eden genç arkadaş,

"Siz istirahat edin, diğer arkadaşlarınız da az sonra gelir" deyip gitti.

Kan vermek beni yormuştu. Üstelik açtım. Yatağa uzandım. Gözümü tavana diktim. O kadar temizliğe rağmen tavanda şimdiye kadar hiç görmediğim bir böcek dolaşıyordu. Umursamadım bile.

Kendime söz verdim; artık beni hiçbir şey şaşırtmayacaktı!..

Uykuya dalmışım. Ne kadar zaman geçti bilmiyordum.

Bana refakat eden arkadaş geldi, "Buyrun akşam yemeğine, arkadaşlarınız sizi bekliyor" dedi.

Birlikte, o önde ben arkada yemek yenecek bölüme geçtik. Düzgün, temiz masalar. Masalardaki cam sürahiler ilgimi çekti, bizim evdekinin aynısıydı.

Refakatçinin arkadaşlarınız dediği toplam dört kişiydi.

Tanıştırıldık: 1 numara, 2 numara, 3 numara, 4 numara ve ben 5 numara.

4 ve ben, yani 5 numara bir masaya oturduk, 1, 2, 3 numaralar ayrı bir masaya oturdu.

Diğer arkadaşlar herhalde askerdi. Bilmiyordum, benimki sadece tahmin. Çünkü askerî eğitim almışlar gibi duruyorlar, çok disiplinli hareket ediyorlardı. Belki de sividiler bilmiyorum. Şurası bir gerçek ki, ben sivildim. Benim askerlikle ilgim sadece bir yıl okuduğum Kuleli Askerî Lisesi'ydi. "Kontenjandan" girmiş ama alışamayıp ayrılmıştım.

Salonda kimse konuşmuyordu.

İlgimi ne çekti biliyor musunuz? Beşimiz de fiziksel olarak birbirimize benzemiyorduk. Yıllar sonra anladım bunun neden olduğunu. Fransa'ya sarışın, renkli gözlü bir Türk'ü gönderirsen kalabalıklarda daha çabuk kendini kaybettirir. Veya esmer, kıvırcık saçlı biri Ortadoğu'da rahat eder. Fiziksel özellikleri kullanma bir bizde, bir de MOSSAD da vardır!

Ben kesinlikle Arap'a benziyordum...

1 numaranın dikkat çekmesiyle, içeriye çok uzun boylu, başında hiç saçı olmayan, çakı gibi birisi girdi. Subaya benzeyen bu kişinin üzerindeki üniformayla diğer dört kişinin

kıyafeti birbirinin aynıydı. Kimsenin üniformasında rütbe yoktu. Tıpkı askerlikte olduğu gibi, yemekten önce, "Vatanımıza, milletimize hamt olsun" gibi sözler söyledik.

Yemeğe başladık.

Yanımdaki 4 numara, uzun boylu kişinin "binbaşı" olduğunu fısıldadı. Buranın komutanıymış. Rütbesi mi binbaşıydı, kod adı mı "Binbaşı"ydı bilmiyorum.

Yemek yerken "Binbaşı" diğerlerine bakıp beni göstererek, "Artık bizim bir nazar boncuğumuz oldu" dedi. Arkasından ekledi; "Vatanı savunurken asker sivil ayrımı yapılmaz. Bu arkadaş da sivil Ay-Yıldız" diye beni methetti.

Duygulanmadım desem yalan olur. Artık kesin olarak anladım ki diğer arkadaşlar sivil değildi! Sonraki günlerde tekrar tereddüte düştüm. Çünkü yanımdaki yatakta yatan 4 numara bir gün çaktırmadan "Sen asker misin?" diye sordu. Hiçbir şey söylemedim. Ama kafam da karıştı doğrusu. Demek ki 4 numara da asker değildi!

Yemek bittikten sonra "Binbaşı"nın "Afiyet olsun" demesiyle ayağa kalktık.

Hep birlikte, yemek yenen bölümün yanındaki dershane gibi bir yer vardı, oraya geçtik.

"Binbaşı" kampın çalışma programını açıkladı:

Sabah 06.00: kalkış. 07.00'ye kadar el yüz yıkama, tıraş olma vs. Kahvaltı: 07.00-08.00 arası. Sonra çalışma. 12.00-12.45 arası öğle yemeği. Tekrar çalışma. 17.30: çalışma bitimi, akşam yemeği ve dinlenme.

Ve ağır çalışma temposu başladı. Çalışma temposu o kadar ağırdı ki akşam yemeğini yer yemez uykuya dalıyorduk.

Yavaş yavaş arkadaşlarıma ısınıyordum. Birbirimizin kimliğini ortaya çıkaracak soruların sorulması yasaktı. Zaten öyle uzun boylu sohbete de izin yoktu. Birbirimize numaralarla hitap ediyorduk.

Zaten "Binbaşı" hep aynı sözü tekrarlıyordu:

"İçinizden de olsa Allah'la bile konuşmanız yasaktır!"

Eğitimlerdeki tavırları nedeniyle "Binbaşı"nın kimliği konusunda ipuçları yakalıyordum.

Kıbrıs Harekâtı'na katılmış, yaralanmıştı.

Savaşta gösterdiği fedakârlık sonucu büyük bir yerli otomobil şirketinin sahibi ona otomobil hediye etmişti. O da, "Ben otomobil için savaşmadım" diyerek arabayı paramparça etmişti.

Paramparça olmuş otomobil kampın girişinde heykel gibi duruyordu. Herkesin görmesini istiyordu bu ibretlik olayı.

Anlaşılan orduda dün olduğu gibi bugün de çok "Yakub Cemil"ler vardı!

Yarı asker, yarı istihbaratçı gibi yetiştiriliyoruz. Ama daha çok askerî eğitim görüyorduk. Sadece bir karacı gibi değil, denizci gibi, havacı gibi de eğitiliyorduk. Komando eğitimi görüyorduk. Örneğin ha bire silah söküp silah takıyorduk. Dünyada parçalarına ayırıp yeniden takamayacağım silah yoktur benim.

Rusların katı ve askerî yaklaşımını, İngilizlerin önsezi yeteneğini ve Fransızların olayları izleme becerilerini bir araya getirip, biz Türklerin vatan, millet aşkı ve yılmaz mücadelesiyle birleştirecektik.

İnandığımız değerler için yasaların ve kuralların dışına çıkılabilirdik. Lafta değil, gerçekten bizim için öyleydi; önce vatandı!

Teorik dersler fazla yoktu. Ne yalan söyleyeyim, Türkiye'deki legal ve illegal örgütler hakkında hiç bilgi vermediler. Ortadoğu konusunda bilgi veriyorlardı. Ama daha çok Türkiye topraklarında yaşayan azınlıklar üzerinde duruyorlardı. En başta da Ermeniler.

Ermeni tarihini bir Ermeni'den iyi bilirim ben; Ermenilerin tarihi, nerede yaşadıkları, dilleri, mezhepleri, Osmanlı içindeki nüfuzları, ilk isyanları, gizli açık örgütleri aklınıza ne geliyorsa bunları hepsini bilirim ben.

Ermeniler konusunda uzun durmalarının nedenini daha sonra anlayacaktım...

Meğer asıl mevzu ASALA'ymış.

Eğitimin son dönemlerinde derslerin tek konusu ASALA'ydı.

Belki benim geçmişimden dolayı, ASALA'nın Marksist-Leninist bir örgüt olduğunun sürekli altını çiziyorlardı. Tepkimi ölçüyorlardı belki de. Solculukla, Marksist-Leninist olmak onların kafasında özdeşti. Belki de ben üzerime alıyordum.[1]

ASALA militanlarının nerede eğitildikleri üzerinde duruyorlardı. Filistin Kurtuluş Örgütü'yle ilişkisini ayrıntılarıyla anlatıyorlardı.

Aslında örgütün kuruluşu, yapısı ve çalışmaları hakkında kesin bilgiler, ASALA militanı Ekmekçiyan yakalanana kadar yoktu. O günlerde sadece örgütün yaymak istediği veya açıklamasında sakınca görmediği bilgiler vardı elimizde. Bir de anladığım kadarıyla Batılı istihbarat birimlerinin verdiği istihbarat notları. Onların verdiği bilgilere de ne kadar güvenilirse!

Şehit büyükelçilerimiz Taha Carım, İsmail Erez, Daniş Tunalıgil'in nasıl öldürüldüklerini şemalarla, fotoğraflarla sanki beynimize kazıdılar. Mart 1979 tarihine kadar şehit edilen 10 kişinin isimlerini ezberlemiştik.

Size bir ayrıntı söyleyeyim, 1979'a kadar yaptıkları tüm eylemlerde ASALA hep sonuç aldı, arkalarında yaralı bile bırakmadılar. 1980'den sonra elçiliklerimiz, konsolosluklarımız önlem almaya başladılar. Yoksa adamlar ellerini kollarını sallayarak -ne yazık ki- diplomatlarımızı avlıyorlardı. Her olayda olduğu gibi biz yine geç uyanmıştık...

---

1 Nedendir bilinmez! Ermeni terör hareketleri denince akla hep ASALA gelir. Örneğin, Ermeni Soykırımı Adalet Komandoları'nı veya daha sonraki adıyla Ermeni Devrimci Ordusu'nu kimse bilmez. Bilse de yanlış bilir, ASALA'nın yan kolu sanır. Ermeni örgütleri eylemleri değişik isimler altında üstleniyor; bundan amaç da, sanki mücadele eden birçok örgüt varmış havasını vermek.

Ama tüm terör eylemlerini ASALA'ya "yıkmanın" bir başka nedeni de var,

Şöyle ki, Ermeni terör örgütleri hakkında çalışma yapanların biricik başvuru kaynakları CİA ajanları; Clarie Sterling ve Paul D. Henze'nin kitapları, raporları ve konuşmalarıdır.

Ermeni hareketinin başladığı XIX. yüzyıl sonlarında, önce Hınçak Komitesi kuruldu. Daha çok Rusya Ermenileri arasında doğup büyüdü. Sosyalist ideolojiyi benimsiyordu. Zaten Sovyetler Birliği kurulduktan sonra ona yaklaştı.

Hınçak örgütünün rakibi Taşnaksutyun'du.

Taşnaksutyun, Batı yanlısıydı, milliyetçi burjuva bir örgüttü.

ASALA, Hınçak'ın kolu olarak doğdu. Tek düşmanı Türkiye ve Türkler değildi. Marksist-Leninist tüm örgütlerin düşmanları kimse onların da hedefi oydu. Bu nedenle İtalyan Kızıl Tugaylar'dan Japon Kızıl Ordusu'na, FKÖ'den İrlanda Cumhuriyet Ordusu'na kadar müttefikleri vardı.

Taşnakların tek hedefi ise sadece Türkiye ve Türklerdi! Onun müttefiki ise başta Amerikalı işadamları olmak üzere Batı'ydı. Sovyetler Birliği'ne düşmandı.

Kısaca, tarih süreci içinde iki Ermeni örgütü vardı. Ancak "sosyalist" ASALA gibi, "milliyetçi" Taşnaksutyun da silahlı eylemlerde bulunmasına rağmen, bizim "gezici tim" nedense sadece ASALA'nın peşindeydi! Yardımcısı ise Batılı istihbarat örgütleriydi!

Örgütün içinde tek bir ajanımız bile yoktu.

Kampta artık yarı askerî eğitimin son aşamalarına geldik. Arada sırada pratik de yapıyorduk.

Bir olay anlatayım. 13 temmuz 1979 tarihinde FKÖ'lü 4 militan Mısır Büyükelçiliği'ni basıp işgal ettiklerinde, bizim 5 kişilik ekip ve "Binbaşı" Ankara'ya gittik.

Adamlar teslim olmasaydı büyükelçiliğe operasyon yapacak ekibin içinde olacak mıydık bilmiyorum?.. Ama militanlar teslim olduktan sonra içeri ilk girenler arasında bizim ekip de vardı! İçeride bubi tuzağı aramıştık.

Bizim "Binbaşı" az konuşan biriydi. "Benim dediklerimi iyi dinler ve çok çalışırsanız başarırsınız, yani hayatta kalırsınız" derdi sık sık.

Günlerce takip nasıl yapılır, takipten nasıl kurtulunur onu çalıştık. Bunları bazen şehir merkezlerinde, halka çaktırmadan yapardık.

Gizli haberleşme nasıl yapılır; sahte doküman nasıl anlaşılır; yazı-zarf açma metotları nelerdir; gizli dinleme nasıl yapılır; bölge etüdü nasıl yapılır; keşif dikiz keşfi; hedef analizi; aklıma gelen ders konuları bunlardı. Bu dersleri genelde teorik olarak alırdık.

Bir gün, "Binbaşı", "Bugüne kadar topsuz kondisyon saha çalışması yaptık. Bundan sonra çalışmalarımız toplu ve sahici maçlar olacak" dedi.

Sahici maçlar dediği, hem silah hem hakiki mermilerle yapacağımız çalışmalar olacaktı.

Başladık sahici maçlara çıkmaya...

Kalın mermerlerden oluşan, çok büyük olmayan, iki yanında küçük demir mazgalları olan odacıklarda, silaha ve silah seslerine alışıyorduk. Tepedeki küçük kırmızı lamba ilk önce siren sesleri çıkarıyor, sonra yanıp sönmeye başlıyordu ve bundan sonraki üç saniye içinde (içimizden üçe kadar sayıyorduk) kendimizi köşedeki çelik beton kabinin arkasına atıyorduk. Çapraz ateş, düz ateş, tek tetik, otomatik, hepsi mazgallardan arka arkaya geliyordu. Yüzlerce mermi çekirdeği iki santim önümüzde arılar gibi vızıldayıp parçalıyordu her şeyi.

Diğer arkadaşlara göre benim alışmam biraz zor oldu. Ama bir ay sonra onlara yetiştim. Sonraki eğitimlerde onlardan hiç geri kalmadım.

Üstelik nişan konusunda onlardan daha iyiydim. Attığımı vuruyordum. Bu bizim aileye kalıtımsal yoldan geçen bir yetenekti! Silaha hâkim olma yeteneği bizim aileye Kafkasya Çerkezlerinden mirastı.

Kampta günler hızla geçiyordu.

Günlerden bir gün büyük salondaki masanın önünde toplandık. Masanın üstünde, 7,65'ten 9'luğa, 14'lüden piyade tüfeklerine kadar çeşitli silah vardı.

"Binbaşı" bizi karşısına aldı. Dedi ki: "Herkes masadan bir silah alacak, en son ben alacağım."

Hepimiz sırayla aldık. Ben 7,65'lik küçük bir Astra aldım. Sıra "Binbaşı"daydı. Masaya ilerledi, aniden döndü, ellerini uzattı, "Ben masadan hiçbir şey almıyorum, benim silahlarım bunlar" diyerek ellerini gösterdi.

Hepimiz şaşırdık!..

"Binbaşı", "Saçımızın teli dahil bütün vücudumuz en önemli silahımızdır. Ama ellerimiz bu silahın en önemli parçasıdır" demesiyle, yanında duran 3 numaranın boğazına sarıldı.

O gün ellerimizin ne kadar önemli olduğunu kafamıza vurarak öğretti. Zamanı geldiğinde bu ders Atina'da hayli işime yarayacaktı...

Hep aynı kampta eğitim görmedik. Bazen başka kamplara da geçici olarak giderdik. Antalya'ya da gittik, Kayseri'ye de. Her iklimi yaşadık. Günlerce aç kalıp kamp kurduğumuz bile oldu. İyi birer "avcı" olmuştuk. Tabiattan beslenmeyi, avcılığı bile öğrendik.

Hâlâ güzel balık avlarım...

Türkiye'nin sayılı hocalarından psikoloji eğitimi aldık. Tabiî onlar kime ders verdiklerini bilmiyordu...

Yıllar sonra David Morell adlı bir yazarın *İntikam Çocukları* adlı romanını okudum. Kitap, CİA'nın yetim çocukları

alıp, yetiştirip, nasıl vurucu timler haline getirdiğini anlatı-
yordu. Robot gibiydiler; emir alıyorlar ve yerine getiriyorlar-
dı. Tabiî çok iyi eğitiliyorlardı.

Kendimi yetim çocuklar yerine koydum. Demek ki tek
farkımız vardı, onları daha küçükken eğitmeye başlıyorlardı.
Biz neredeyse "karta kaçacak" yaştaydık.

Yaz bitiyordu. Ailemi görmeyeli aylar olmuştu. Kurs
gördüğümü sanıyorlardı. Yalan söylemiş de sayılmazdım
herhalde!

Bayramlık dediğimiz elbiselerimizi giymemiz istendi. Ya-
rın 11.00'de hazır olacaktık.

Sabah alışkanlık üzere 06.00'da kalktık. Kahvaltı özenli
hazırlanmıştı. Bir şeyler oluyordu ama neydi?

Saat 11.00'de salona girdiğimde şaşırdım; ilk gözüme
çarpan pırıl pırıl üniformasıyla Ergün Albay'dı.

Sonra fötr şapkalı dayımı seçtim.

İkisinin arkasında her zaman gölgede kalmayı seven
Mehmet Ali Ağabey vardı.

Diğer arkadaşların yakınları da gelmişlerdi.

İlk dayıma koştum, içgüdüsel olarak. Dayım kaş göz hare-
ketleri yapıyordu. "Binbaşı"nın sesini duydum: "Hadi baka-
lım, 15 dakika sonra hazır olun!" "Binbaşı" benim tek eksik
yanımın, duygusallığım olduğunu söylerdi. Acıma, mer-
hamet, vicdan gibi duygularımı yok etmem gerekiyordu...

Kısa bir hal hatır sormadan sonra 15 dakika bitti.

Salona tanımadığım üst rütbeliler geldi.

"Binbaşı"nın öğütlediği gibi bir taburun çıkaracağı sesi çı-
kararak söyledik İstiklal Marşı'mızı.

Büyük masanın üzerindeki ay-yıldızlı bayrağımızın ve si-
lahların üzerine elimizi koyarak yemin ettik. Hatırlayabildi-
ğim kadarıyla ant şöyleydi:

"Yeryüzünün her yanında emredilen yer ve zamanda, ca-
nımla, kanımla bayrağımız için gözümü kırpmadan ölmeye
gideceğime namusum ve şerefim üzerine ant içerim."

Sonra kapalı açık poligonlarda hareketli hareketsiz he-
deflere gösteri atışları yaptık.

"Binbaşı" derslikte toplanmamızı istedi.

"Bugün biraz şaşıracaksınız, her zamankinden uzun konuşacağım" dedi:

"Şatafatlı, süslü püslü, boyalı insanlardan, yani teneke insanlardan uzak durun. Ne kendilerine ne de memlekete hayrı olmayan insanların yanına bile yaklaşmayın. Öldüğünüzü duyarsam üzülürüm, ama bir yanlışınızı duyarsam daha çok üzülürüm.

Buraya özel görevler için gelen herkese 'Ay-Yıldız' adını vermeyiz. Bazı kelimeler sadece harflerden ibaret değildir. Gezmeye gider gibi, düğüne gider gibi göz kırpmadan ölünecek değerler vardır. Ay-Yıldız'ı hak edin.

Ana eğitiminiz bitti. Artık evlerinize, görevlerinize gidebilirsiniz. Ama arada sırada yine buraya geleceksiniz."

Sonra 1 numaradan başlayarak hepimizi kucakladı.

Biz de birbirimizle kucaklaştık.

Ayrıldık. Yedi aylık, ara vermeden yaptığımız eğitim bitmişti.

Ankara'ya dönerken bizim ekibin, yani dayım, Mehmet Ali Ağabey ve Ergün Albay'ın sohbetinden neden eğitim aldığımın ipucunu yakaladım.

1978 yılının ya eylül sonu ya ekim başında, Cenevre'de gizli bir toplantı oluyor. Türkiye adına toplantıya, o tarihte görevli olmamasına rağmen eski Dışişleri bakanınız İhsan Sabri Çağlayangil katılıyor.

Karşı taraf katılımcıları da ilginç; Ermeni Taşnak Partisi temsilcisi Savars Torikyan ve Hınçak Partisi temsilcisi ile Ramgavar Partisi temsilcisi katılıyor.

Toplantı büyük bir gizlilik içinde yapılıyor. Her iki taraf da sonuç ne olursa olsun toplantıyı basına sızdırmama kararı alıyor.

Toplantı başlıyor. Taşnak Partisi temsilcisi Torikyan, sert bir ses tonuyla "bize şuraları şuraları vereceksiniz" diye toprak talebinde bulunuyor. (Bu adam halen Amerika'da Ermeni Koleji'nin müdürüdür. Uluslararası hukuk profesörüdür.)

Söylediklerine göre bizim İhsan Sabri Çağlayangil gerçekten kurt politikacıymış. Hemen kalemlerini, kâğıtlarını, belgelerini topluyor, "Terörün arkasında kimlerin olduğunu öğrenmiş olduk" diyor ve teşekkür edip toplantıyı terk ediyor. Yani toprak talebini müzakere bile etmiyor. Böylece bizim tavrımızı net olarak ortaya koyuyor. Böylece diyalog süreci kapanıyor.

Bizim için de diplomatik yol kapanmış oluyor...

Dönüş yolunda bizimkiler bu olayı konuşunca bende şimşek çaktı.

Cenevre'deki diyalog süreci kesilince Türkiye ne yapacağına karar verdi. Eğitime gönderilme tarihime bakınca manzara biraz kafamda aydınlandı.

Bu iş için benim gibi sivillere ihtiyaç vardı! Yakalandığım zaman sadece bir terörist muamelesi görecektim, hepsi bu. Tıpkı, Teşkilatı Mahsusa'nın fedaileri gibi. Benim yaptıklarım devleti değil, sadece beni bağlayacaktı.

Ankara'ya geldik, Ergün Albay Orduevi'ne gidip bir iki kadeh içelim dediyse de dayım beni eve gönderdi. Rakı burnumda tütüyordu. Ama çocuğumun hasreti daha ağır bastı...

Evin zilini çaldım. Eşim kapıyı açar açmaz çığlığı bastı. Gittiğimde 86 kiloydum, 71 kiloya düşmüştüm.

Eski görevime, Hâkimler Yüksek Kurulu'na dönmedim. Çünkü kurslar değişik konularda hâlâ devam ediyordu. Bir gün Mehmet Ali Ağabey Ordu'ya gideceğimi söyledi.

Üç gün sonra Karadeniz'in bu şirin şehrine gittim. Tarım Bakanlığı'nın orada soya fabrikası vardı. Fabrika şehrin Trabzon çıkışındaydı. Hemen biraz ötesinde de bir otel vardı. Otelde kalıp fabrikada 15 gün yağ konusunda kurs gördüm.

Kimliğimi bir tek fabrikanın müdürü Teoman Bey vardı, o biliyordu. Hatta fabrikanın laboratuvarında çalışan gencecik kimyager karıkoca bile, samimi olmamıza rağmen kim olduğumu bilmiyordu.

Fındık yağı nedir, fındık çamuru nasıl oluşur, hangi asitlerden geçirirseniz ayçiçeği yağına dönüşür gibi yüzlerce detayı öğrendim.

Fındıkfareleriyle tanışıp dost oldum! Karadeniz'in hırçın dalgalarının deli olduğuna kanaat getirdim. Fabrikadaki ustalarla samimi olmuştum. Akşamları bir iki tek rakı atıyorduk.

Ordu'dan sonra bir ara Trakyabirlik'in Tekirdağ'daki fabrikası ile Edirne'deki genel müdürlüğünde de birkaç gün kurs gördüm.

Ayçiçeğinden sabun yapmanın ustası oldum.

Bir gün aldığım bir haberle Ankara'ya döndüm.

Yeni kurs yerim yurtdışıydı.

Danimarka'ya gittim...

Kâğıthane sırtlarında
dede Yakub Cemil

Sene 1916.

Yol boyunca aklımdan çıkmadı.

Bağdat'tan bu kritik günlerde beni nasıl uzaklaştırabildiler. Enver Paşa bile İstanbul'dan cepheye kadar gelmişti. Ama beni cephe gerisine gönderiyorlardı. Bunca yapacak işi bir kenara bırakıp, İstanbul'a dönmek zordu. Yine de yeni bir tümenin başına geçmek düşüncesi beni heyecanlandırmıştı. İstanbul'a bir an önce varıp, hazırlıkları tamamlamak lazımdı.

Yol boyunca gördüklerimi hiç unutamayacağım herhalde. Hayatımın en kötü yolculuğuydu. Trablusgarp'a gidip-dönerken bile bu kadar zorlanmamıştım.

Anadolu karmakarışıktı. Yollarda kervanlar, insanlar herkes bir yerden bir yere gidiyordu. Hastalık, açlık, kıtlık ve eşkıya saldırıları sonucu binlerce insan ölüyordu.

Millet gözyaşlarıyla ordan oraya koşup duruyordu. Kimi oğlunu, kimi babasını veya karısını arıyordu. Kadın, çoluk çocuk her yerde süngülenmiş, yakılmış insan cesetleri vardı. Ceset kokularından herkes burnunu kapatarak korunuyordu.

Yollara dökülenler sadece Ermeni muhacirler değildi.

Ermenilerin Van'daki saldırıları artınca Van Valisi Cevad Bey şehirdeki Türklerin başka illere göç etmelerini emretti. 30 000 Türk göç etmek zorunda kaldı.

Dünyanın dört tarafındaki savaştan kaçan Türkler Anadolu'ya akıyordu.

Özellikle Balkanlar'dan, Kafkaslar'dan da akın akın Türk geliyordu.

Onların hali de perişandı. Hepsi aç, sefil ve hastalıklıydı. İnsanlar can derdindeydi.

Herkes kendi tanrısına sığınmış, kendi dilinde dualar ediyordu.

Haydarpaşa'da trenden indiğim vakit gördüğüm manzara da içler acısıydı. Bu kadar kısa sürede İstanbul'da neler olmuştu?.. Gördüğüm kadarıyla millet sefalet içindeydi. Fırınların önündeki kuyruklar uzayıp gidiyordu. Ekmek de yenilir yutulur gibi değildi. Şeker yoktu. Olsa da fiyatı 12 kuruştan 300 kuruşa çıkmış, kimse satın alamıyordu. Bir teneke gazyağı 30 liraydı.

Her mal karaborsaydı. Rüşvetsiz iş yapılmıyordu. Yolsuzluklar, vurgunlar almış başını gitmişti. Her tarafta yeni harp zenginleri türemişti.

Cephelerden vapurlarla, trenlerle binlerce yaralı İstanbul'a getiriliyordu. Çoğu koleraya yakalanmıştı. Bunlar için Ayasofya, Sultanahmet, Şehzade camileri ibadete kapatılmış, koleralı askerler oraya götürülüyordu. Binlerce başıboş köpek açlıktan dört tarafa saldırıyordu.

Bu arada öğrendim ki, İstanbul'daki Ermeniler yerlerinden edilmemişti. Şehirde 77 000 Ermeni yaşıyordu ve sadece 3 000'e yakını sürülmüştü.

Ermeni isyanlarını çıkaranlar desteği Rusya'dan alıyordu. Ruslar, özellikle Ermeni Ortodoksları kışkırtıyordu. İstanbul'daki Katolik ve Protestan Ermeniler bu kışkırtmalara hiç yüz vermiyordu. Bu nedenle İstanbul'dan giden Ermeni sayısı azdı.

Enver Paşa'nın bir an önce İstanbul'a gelmesini sabırsızlıkla beklemeye başlamıştım. İstanbul'da pineklemekten sıkılmıştım.

Düşünüyorum da, askerliğe ilk adımı attığım günden itibaren savaşıyordum; kâh Makedonya'da, Rumeli'de çete peşinde kâh Trablusgarp çöllerinde, İran'da kâh dondurucu

Kafkas Cephesi'nde ve Balkanlar'da...

Şimdi de, Kafkas, Suriye, Hicaz, Yemen, Irak, Romanya, Galiçya, Makedonya, Çanakkale; dokuz cephede birden savaşıyorduk.

Ve ben İstanbul'da oturuyor, dokuz cephenin hiçbirine gönderilmiyorum. İşte buna dayanamıyordum!..

Günlerimi sık sık gittiğim İttihat ve Terakki genel merkezinde arkadaşlarla buluşup sohbet ederek geçiriyordum. Duyduğuma göre, Teşkilatı Mahsusa Erzurum ve Doğu sorumlusu Doktor Bahaeddin Şakir hakkında tevkif müzekkeresi çıkarılmış.

Arkadaşlara soruyordum ama kimse cevap vermiyordu... Neden kimse Tehcir olayını bize tavsiye eden Alman Genelkurmayı'ndan hesap sormuyordu? Bu fikir Almanların değil miydi?

Hep dediğim gibi, ben politikadan anlamıyorum!

Zaman İstanbul'da geçmek bilmiyordu.

Cephede böylesine şiddetli çatışmalar sürerken İstanbul'da olmak dayanılır gibi değildi. Bu arada cepheden dönen arkadaşlar da oldu.

Sapancalı Hakkı, Galata'da "Seyri Sefain" (Denizcilik) acentesinin bulunduğu binanın üzerindeki dairede bir yazıhane kiraladı. Ticaretle meşgul oluyordu. Artık aramız düzeldi. Süleyman Askeri Bey'in oyununa geldiğimi anladı. Hatırlarsınız, İttihat ve Terakki genel merkezini basacağımızı gidip Talat Bey'e söylemiştik. Ne cahillik!

Buna rağmen arkadaşlarım beni affetme büyüklüğünü göstermişlerdi.

Yeni buluşma yerimiz artık Sapancalı Hakkı'nın Galata'daki yazıhanesiydi.

Talat Bey ve arkadaşlarının bu buluşmalarımızdan huzurlarının kaçtığını, gizli polis tarafından izlenmeye başlandığımızda anladık. Hem de açık ve pervasızca bizleri izlemeye başlamışlardı. Ben pek umursamıyor ve ilgilenmiyordum bu durumla.

Beni tek ilgilendiren, Enver Paşa'nın dönüş tarihi ve yeni görevime bir an önce başlamaktı.

Bu takip hadisesi Sapancalı Hakkı ve diğer arkadaşların çok huzurunu kaçırdı.

Sapancalı Hakkı'nın anlattığına göre, bir keresinde aynı anda altı sivil polis tarafından izlenmiş. İstanbul caddelerinde hep beraber gezmeye başlamışlar!

Sapancalı Hakkı artık bu duruma dayanamayınca Polis Müdürü Ahmed Bey'i ziyaret ederek durumu anlatmış. Ancak Ahmed Bey ona "Altısının birden bir araya gelmemelerini tembih ettim. Hata etmişler. Ben böyle gözetlemelerini istemedim. Şimdi tekrar emir veririm, böyle münasebetsiz şey olmaz" demekle yetinmiş! Müdür bile bu kadar pervasız olduğuna göre önemsememek gerekiyordu. Aksi takdirde kan çıkardı!..

Bizlerin İstanbul'dan ayrılıp cephelere gitmemizle, Talat Bey ve arkadaşları cemiyet içindeki muhalefetten uzak, rahat bir hayat sürmeye başlamışlardı. Yeniden buluşmamız keyiflerini kaçırmıştı.

Bir gün, Sapancalı Hakkı'nın rüştiye ve Harbiye'den yakın arkadaşı yazar Ömer Seyfeddin bizi uyardı:

"Arkadaşlar aleyhinize önemli tertipler var; dikkat ediniz, tehlikeye giriyorsunuz!"

Bizimkiler bu durumu çok ciddiye aldılar. Ben hâlâ umursamıyordum. Aklım, başına geçeceğim Kürt tümenindeydi. Yarbaylığa yükselip tümen komutanlığını yapma düşüncesi, beni, kendimden geçirecek kadar heyecanlandırıyordu.

Bir süre sonra Hüsrev Sami Bey de aramıza katıldı. Trabzon'da İttihat ve Terakki müfettişiyken, Vali Cemal Azmî Bey'le geçinememişlerdi. Hüsrev Sami Bey'in Talat Bey'le olan görüş ayrılıkları birçok olayda ortaya çıkmıştı. Bu nedenle İstanbul'a gelişi Talat Bey ve arkadaşlarını, özellikle de "Küçük Efendi" diye bilinen (Büyük Efendi Talay Bey'di) Kara Kemal'i huzursuz etti.

Hüsrev Sami Bey, öyle sıradan biri değildi. 1907 yılında Mustafa Kemal, Ömer Naci, Mustafa Necip'le birlikte Selanik'te "Vatan ve Hürriyet" teşkilatını kuran üç beş gözü pek arkadaştan biriydi. Bu ihtilalci ekip, Hüsrev Sami'nin Browning tabancasının üzerine el basıp yemin etmişlerdi.

Hüsrev Sami Bey teşkilatçıydı ve iyi bir fedaîydi.

Hüsrev Sami Bey geldikten sonra birkaç kez buluştuk. Bana sürekli, Talat Bey'in kendilerine karşı duyduğu tepkileri anlatıyordu. Ancak ben ona siyasetle meşgul olmadığımı, parti işine karışmayacağımı anlattım.

O da Sapancalı Hakkı gibi, ticarete atılmamı istiyordu. Bana kendilerini ve Topçu İhsan'ı misal gösteriyorlardı. Yine de reddettim. O günlerde Sapancalı Hakkı ile Hüsrev Sami, Rus mayınına çarpan (26 aralık 1914) Yavuz gemisinin onarım ihalesini almışlardı.

Ne siyaset ne ticaret, benim için önce savaş vardı, asker olarak görevimi sürdürecektim.

Ne yalan söyleyeyim arkadaşlara da kızıyordum; hürriyet amacıyla vurduğumuz Enver Paşa'nın eniştesi Yarbay Nâzım gibi, onlar da üç beş kuruşun peşinde koşuyorlardı. Aralarında fark kalmamıştı. Halbuki devir komisyonculuk yapma, ihale peşinde koşma devri değildi...

Enver Paşa'nın Bağdat seferi uzadıkça uzadı. Bursa kaplıcalarına gidip biraz sakinleşmeye karar verdim. Hüsrev Sami'ye de benimle gelmesi için ısrar ettim. Hüsrev Sami razı oldu. Gittik.

Satvet Lütfi Bey'in kaplıca oteli Servinaz'da iki hafta kaldık. Otelin müdürü de Selanikli yazar Aka Gündüz'dü. Aka Gündüz, Ömer Naci ve Ömer Seyfeddin'in yakın arkadaşıydı. Hikâye ve şiir yazıyordu. Ancak nedense beni pek sevmiyordu!

Otelde sürekli memleket meselelerini konuştuk. Hüsrev Sami Bey bıkıp usanmadan ülkenin düştüğü darboğazı anlatarak, beni yönlendirmek istiyordu. Ancak ben de zaten durumu bilmiyor değildim. Talat Bey'e güvenmiyordum. Ama askerlikten çekilemezdim. Bunu anlatamıyordum. Ticaret ve siyaset bana göre değildi.

Bursa'dan döndüğümde mutlu haberi aldım. Enver Paşa Bağdat'tan dönmüştü. Derhal görüşmek üzere Harbiye Nezareti'ne gittim. Hemen makama çıkardılar. Enver Paşa'ya, "Sizi bugüne kadar bekledim. Halep'teyken bana vaat etmiştiniz, benim tümen komutanlığı işim ne oldu?" diye sordum. Enver Paşa çok meşguldu, ama bana " Personel İşleri Müdürü Şevket Bey'i gör, seni bir yere tayin eder" dedi.

Derhal Şevket Bey'e gittim, ama atamamı yapmadı. Beni bir iki gün de oyaladı. Son olarak, bu kez kavga etmek üzere yanına gittim. Bana, "Harbiye Nazırı Enver Paşa terfiiniz için bir şey söylemedi, benim böyle bir atamadan haberim yok" dedi. Öfkeden çıldırmak üzereydim. Ancak Şevket Bey'le tartışmaya gerek yoktu.

Tekrar Enver Paşa'ya gitmeye karar verdim.

Hırsla makamına çıktım. Burnumdan soluyordum:

"Bana tümen kumandanlığı vereceğinizi söylediniz. En zor gününüzde yanınızda olan kimdi? Sizi şu makama oturtan kimdir? Ne çabuk unuttunuz bunları?"

Enver Paşa bu çıkışımı beni iyice yıkan bir cevapla karşıladı:

"Yakub Cemil bilmiyor musun ki ihtiyat zabitanı (yedek subay) yüzbaşılıktan yukarı çıkamaz. Bu hususta elde mevcut kanun sarihtir. Benim elimden gelen bir şey yok."

Söylediklerine inanamıyordum. Hiddetle, "Öz kardeşiniz Nuri Paşa'ya,[1] fahrî feriklik nasıl verildi?" diye sordum.

"Onunki fahrî, siz muvazzaf rütbe istiyorsunuz, bu olamaz!" dedi.

"Fahrî feriklik selahiyeti muvazzaf ferik derecesinde değil mi?" diye söylenmeye başlamıştım ki, Enver Paşa sert bir ses tonuyla sözümü kesti:

"Senin askerlikle ilişiğin kesilmiştir. Bugün yedeksubay bulunuyorsun. Yedeksubay kanununda en son terfi, yüzbaşıya kadardır. Ben ondan ilerisini yapamam. Çünkü kanun müsait değil. Ama savaş alanında çalışmak istiyorsan seni Erzurum Cephesi'ne göndereyim. İzzet Paşa'ya tavsiye edeyim. Orada istediğin gibi çalışırsın. Çalışmak istemiyorsan, git evinde otur! Sana başka bir iş buluruz."

O kadar kesin ve net konuşuyordu ki, alnımdan vurulmuşa döndüm. Söyleyecek bir söz bulamadım. Bir kelime bile söy-

---

1 Enver Paşa'nın kardeşi Nuri (Killigil) Bey, 1933 yılında İstanbul Pangaltı'da madenî eşya fabrikası kurdu. Daha sonra fabrikayı Sütlüce'ye taşıdı. Burada mühimmat üretip Silahlı Kuvvetler'e satıyordu. İkinci Dünya Savaşı'nda Almanlarla ilişkiye girdi. 2 mart 1949 tarihinde fabrikasında patlama oldu. 27 işçiyle beraber Nuri Bey de öldü.

lemeden, soğuk bir selam vererek makam odasından çıktım.

Bunca zaman beni aldatmış, oyalamıştı demek. Belki de alay bile ediyordu arkamdan. Kanunda değişiklik yapamazmış! Ama istedikleri zaman her türlü kanun değişikliği yapıyorlardı. Anlaşıldı ki artık bana ihtiyacı yoktu. Öyle ya, artık istediğini almıştı, ordu bütünüyle elindeydi. Silahşora ihtiyacı kalmamıştı!..

Bu ruh halinde eve gitmek istemedim. Sapancalı Hakkı'nın yazıhanesine uğradım. Bürodaki koltuklardan birine çöktüm. Kolum kanadım kırılmıştı. Öfke içindeydim.

Enver Paşa bizim sırtımızdan bu makamlara gelmişti. Şimdi kanun diyordu, mevzuat diyordu. Bizim omuzlarımıza basarak yükselmişti. Şimdi başını çeviriyor, bizi tekmeliyordu.

Sapancalı Hakkı, "Yakub Cemil, şimdi böyle lafların sırası değil, sen aklı başında bir adamsın. Haydi kalk, evine git. Üzülme, bakalım, ne yapacaksak düşünürüz. Başka gün gel, konuşalım" gibi sözler sarf etti.

Ben de dedim ki:

"Arkadaş Babıâli'yi basmasaydık, Nâzım Paşa'yı vurmasaydım, İttihat ve Terakki asla iktidara gelemezdi. Her şeyi ben yaptım, Enver'in Harbiye nazırı olması da benim eserimdir. Talat'ın gizli mukavemetine rağmen Said Halim Paşa'yı gidip tehdit eden ben değil miydim? Benden bir rütbeyi esirgiyorlar. Kafamı kızdırıyorlar, vallahi bir gün, hükûmeti yeniden devireceğim."

Sonra kapıyı vurup çıktım.

Yolda yürürken, Babıâli'ye baskın yapmayı düşündüm. Daha önce yapmamış mıydık sanki?..

Eve gittim, sabahı zor ettim, fikrimi arkadaşlara söylemeliydim. Erken saatte evden çıktım, üzerimdeki Teşkilatı Mahsusa üniformasını da giymedim. Artık sivilim. Ama yine de silahlarımı kuşandım.

Sapancalı Hakkı fikrimi duyunca küplere bindi:

"Sen ne halt ediyorsun ha! Sen de, ben de artık asker değiliz. Böyle saçma şeyler konuşma! Vuracağım, kıracağım diyorsun. Başımızı belaya mı sokacaksın? Git evine otur, ben Enver Paşa'yla konuşur, lazım gelen şeyleri temin ederim. Benim haberim olmadan sakın ha hiçbir şeye teşebbüs etme!"

Sapancalı Hakkı'ya birkaç gün bekleyeceğime söz verdim. İstanbul'da günler geçmez olmuştu. Kendi kendime gezinip duruyorum. İşi kan dökmeden halletmek için, Enver Paşa'nın bana terfiimi vermesini sağlayacak makamlarla görüşmeye başladım. Mutlaka bir komutan olarak cepheye gitmeliydim. Orada yapacağım pek çok iş vardı. Bir rütbenin benden esirgenmesini anlamıyordum. İttihat ve Terakki genel merkezine gittim ama kimsenin destek olmaya niyeti yoktu. Zaten biliyordum ki beni sevmiyorlar. Umudum iyice kırılmaya başladı.

Ben İstanbul'dan cephelere gitmek için can atarken, bütün cephelerde durum kötüye gidiyordu.

Erenköy'deki evimden Eminönü'ne vapurla gidip gelirken, milletin savaşa son verilmesi isteğinin her geçen gün artmakta olduğunu gördüm, duydum. İttihat ve Terakki'nin en son duymak isteyeceği sözlerdi bunlar. Bunlar muhalefetin sözleriydi. Hükûmet âciz haldeydi. Barış propagandası, savaş aleyhtarlığı, hükûmetin tahammülünün olmadığı konulardı.

Acaba Enver Paşa böyle yola getirilebilir miydi? Barışa evet der miydi?

Kafamda yeni oluşan bu düşüncelerimi anlatmak için yine Sapancalı Hakkı'nın bürosuna gittim. İzmitli Mümtaz, Hüsrev Sami ve Yenişehirli Nail beyler bürodaydı. Onlara "Ben artık İtilafçı oldum!" dedim.

Hep birden ayağa kalktılar:

"Nasıl İtilafçı?"

"Yani İtilaf devletleri taraftarı oldum! Bu Almanlardan hayır yok! Bu savaştan bir şey çıkmayacak. İtilaf devletleriyle anlaşmalı ve hemen barış yapılmalı. Benim temas ettiğim kimseler hep bu fikirde..."

Sapancalı Hakkı Bükreş'te başından geçen bir olayı anlattı:

"Ben Romanya'dayken Fransız ve İngilizlerin bizimle barış yapmak istediklerine şahit oldum. Hatta Fransız ve İngiliz elçiliklerinden bazı kişiler, -Fransız Mösyö Mouton ve İngiliz Sefareti Müsteşarı Mr. Bennet- bana hükûmet ve genel merkez nezdinde aracı olmamı istediler. Enver Paşa'yla ilişkimi bildikleri için beni arabulucu seçmişlerdi herhalde. Onu ikna edeceğimi sanıyorlardı. Fakat ben reddettim. Bunlar, propaganda mıydı, yoksa ciddi bir teşebbüs müydü, bence malum değil."

Hemen araya girdim, "Bak gördün mü" dedim, "benim düşüncem ne kadar doğruymuş..."

Sapancalı Hakkı'ya yapılan teklif kafamda yeni fikirlerin de oluşmasını sağladı. Hükûmeti yerinden oynatmak mümkün olabilirdi. Fikrimi kimseye söylemeden yazıhaneden çıkıp eve gittim.

Kardeşim Mehmed Hüsnü'yü çağırdım. Dedim ki:

"Şimdi genel merkeze git, devletin bu savaştan bir hayır görmeyeceği muhakkak. Ben tekli barış yapmak için teşebbüs edeceğim. Razı olmazlarsa, hükûmeti devireceğim! Git anlat, ne diyeceklerini öğren, bana gel, söyle!"

İttihat ve Terakki Cemiyeti genel merkezinde kardeşim Mehmed Hüsnü'yle alay etmişler. Başta Maliye Nazırı Cavid Bey olmak üzere, bu arkadaşlar, Almanların yanında savaşa girmemize karşı çıkmamışlar mıydı? Peki o halde ne değişmişti?

Sapancalı Hakkı'nın yanına, büroya gittim yeniden. Moralim çok bozuktu. Bende gelişen düşünceleri dinledikçe Sapancalı Hakkı'nın sinirleri bozuldu. "Bak Yakub Cemil, senin işin siyaset değil, savaşmak. Biliyorsun ki seni, beni, hepimizi mahvetmek için fırsat kolluyorlar. Onun için son derece dikkat etmek lazım. Derhal aleyhimize plan kurarlar, biz harekete geçmeden, bizi mahvederler. Peşimize onca hafiye taktılar, amaçları böyle bir iş yüzünden bizden kurtulmak. Bunların eline böyle kozlar verme, özellikle sana anlattığım Romanya'daki temaslarımdan hiç kimseye bir şey söyleme!" dedi.

Sapancalı Hakkı'nın uyarıları hiç bitmedi. Tedirginliğini anlamaya imkân yoktu. Neden korkacaktım ki? Ben genel merkezi yola getirmesini bilirdim!

Hemen Kara Kemal'i aradım. Hasta olduğunu söyledi ama aceleyle Memduh Şevket (Esendal) Bey'i bizim eve gönderdi.

Düşüncelerimi anlattım. Masaya yaydığım "Memaliki Osmaniye" haritası üzerinde, sınırları göstererek, tekli barışın yapılması gerektiğini söyledim.

Memduh Şevket gittikten sonra bu kez Kara Kemal beni telefonla aradı. Görüşmek üzere beni İttihat ve Terakki'nin Nuruosmaniye kulübüne çağırdı.

İki saat sonra oradaydım.

Kara Kemal'in Talat Bey'e her duyduğunu aktardığını biliyordum. Ama dostça bir gülümsemeyle beni selamlaması içimi biraz rahatlattı. Düşüncelerimi ona da açtım. Tekli barış fikrime çok destek verdi.

Konuşmanın bir yerinde, "İtilaf devletleri bizimle barış yapmak isterler mi? Acaba yabancılarla görüşmüş bir arkadaş var mı?" diye sorduğunda Sapancalı Hakkı'dan bahsetmedim. "Şimdi söyleyemem" diye geçiştirdim.

Bana Harbiye Müsteşarı Mahmud Kâmil Paşa'yı görmemi, askerlerin fikrini de almamı önerdi. Mahmud Kâmil Paşa'yı ziyaret edip durumu anlattım. Bana "Ya öyle mi? Hele dur bakalım, biraz düşünelim. Sen şimdi evine git. Rahatına bak!" dedi. Anlattıklarımdan hiç etkilenmişe benzemiyordu.

Tam eve giderken bir de sadrazamın fikrini alayım istedim. Sadrazam Said Halim Paşa beni hemen huzura kabul etti. Düşüncelerimi anlattım. Sadrazam beni sadece dinledi. Bir şey söylemedi. Bana Talat Bey'le görüşmemi önerdi.

Bir gün sonra tesadüfen, Talat Bey ile Damat Selahaddin Âli Bey'i Erenköy yöresinde bir at gezintisi yaparken gördüm. Yanlarına gidip yeni düşüncelerimi bir çırpıda söyledim.

Talat Bey, "Hakkın var! Fakat Enver Paşa'ya kim laf anlatacak? O barışa katiyen yanaşmaz" dedi.

Artık Talat Bey'i düşman gibi görmüyordum. Bana çok sıcak davranıyordu. İstanbul'da birkaç kez daha karşılaştık, o da barış yanlısıydı!

Arkadaşlarım, Talat Bey'in Enver Paşa'yla aynı düşünceyi paylaştığını, barış yanlısı gözüktüğünü, bizi yok etmek için fırsat kolladığını, bizim yaptığımız her şeyi aleyhimize kullandığını söylüyorlardı. Ben buna katılmıyordum.

Talat Bey elinden geleni yapıyor ama Enver Paşa Almanların yanından ayrılmıyordu. Bence işin özeti buydu. Artık kaybedecek zamanım yoktu. Düğmeye basmaya karar verdim.

Son bir hafta beni destekleyen arkadaşlarla müzakerede bulundum. Sapancalı Hakkı'yı telefonla aradım ve onu öğle yemeğine Abdullah Efendi Lokantası'na davet ettim.

Sapancalı Hakkı geldi. Ona dedim ki:

"Bizim arkadaşların İstanbul'a gelmelerine lüzum yok, biz seninle her şeyi başaracağız."

Sapancalı Hakkı anlamadı. O zaman ona, darbe yapacağımı ve bana destek olacak kişileri anlattım. Hepimiz tekli barış istiyorduk.

Sapancalı Hakkı hiddetten kızardı. Öfkeyle konuşmaya başladı:

"Sen deli misin? Bu görüştüklerinin hepsi bizim aleyhimizde kişiler. Sen de aleyhimize hareket etmeleri için ipucu vermişsin. Bunların hepsi bu fırsattan yararlanarak bizi yok etmeye çalışacaklar! Sen hükûmeti devireceğini söylüyorsun. Mademki bu fikrini bunlara söylemişsin, kimi devireceksin? Zaten hükûmet dediğin bunlar değil mi?"

"Bunların ne önemi var? Ben hepsini mahvederim" dedimse de sakinleşmedi.

"Bunlar barış isteseler sana ne ihtiyaçları var, kendileri yaparlar, Allah'tan belanı arıyorsun" dedi ve gitmek üzere ayağa kalktı.

İnzibat Bölük Komutanı Nevzad Bey ile Harp Divanı Başkanı Nafiz Beyin yaveri Murad Bey'in de geleceğini, onlarla görüşmesini istedim. Ama beklemeden gitti. Tam giderken kapıda karşılaştılar, selam bile vermedi.

Ben Sapancalı Hakkı'nın hırçınlığına rağmen kısa bir süre sonra hazırlıklarımı tamamladım.

Babıâli'ye baskın tarihini arkadaşlarla belirledik: 13 temmuz 1916.

Planımız şuydu: Babıâli Caddesi'ndeki Meserret Oteli'nde toplanacağız. Oradan çıkıp Babıâli'ye yürüyeceğiz ve hükûmeti devireceğiz.

Ve beklediğimiz gün geldi.

İnzibat Bölük Komutanı Nevzad Bey ve Harp Divanı Başkanı Nafiz Bey'in yaveri Murad Bey köylerden eli silahlı kişileri toplayıp getirdiler. Otellere yerleştirdik, rahat etmelerini sağladım. Hatta Nevzad Bey maiyetinde bulunan inzibat erlerinden 10 kişiyi de getirmişti.

O sırada duydum ki, İstanbul'da Babıâli'yi ikinci defa basacağımı bilmeyen kalmamıştı. Hatta gerekirse kendi komuta arkadaşlarımı bile çekinmeden öldüreceğim konuşuluyormuş. Hiçbir şeyden korkmadan, elimi kolumu sallayarak dolaşıyordum.

Arkadaşlara son talimatları vermek için Meserret Oteli'ne girdim. İstanbul'un varlıklı kişilerinden, mahalleden arkadaşım Yenişehirli Ali Haydar ve Yüzbaşı Ahmed'le (Maçka) karşılaştım. Onlara durumu anlattım. Ali Haydar Bey'in gözleri yerinden fırladı. Sonra bana, "Sen deli misin? Bir defa etrafına bak! Hafiyeler, polisler her tarafı sarmışlar. Otel kuşatılmış halde. Senin bir şeyden haberin yok" dedi.

Herkesi tepelerim, kimin umrunda hafiyeler, polisler...

Hazırlıklar bitti. Dinlenmek için komuta odasına çekildim. Silahımla beraber yatağa uzandım ki, kapı hışımla açıldı. Ali Haydar Bey Sapancalı Hakkı'yı aramış, baskını haber vermişti. Daha ben ağzımı açmadan Sapancalı Hakkı hiddetle bağırmaya başladı:

"Sen galiba adam akıllı delirdin! Bir defa pencereden aşağıya bak, nasıl muhasarada olduğunuzu görürsün. Bana anlattığın ve sana taraftar gözüken kimselerin hepsi bizim aleyhimizdedir. Bizi mahvetmek istiyorlar! Şimdi, bu senin deliliğin yüzünden ya burada basılacağız yahut yukarıda bekliyorlar ki tam Babıâli'nin önünde bizi tutsunlar, suçüstü halinde yakalasınlar!"

Onun sert ve fırsat vermeyen konuşması karşısında susup kaldım. Sadece, "Eski arkadaşlara telgraf çek gelsinler. O zaman vazgeçerim" dedim. "Tamam" dedi. Baskından şimdilik vazgeçtiğimizi yeni ekibime duyurdum.

Darbeyi erteleyişimin üzerinden iki gün geçmişti ki, yıllardır birlikte olduğumuz silahşor bazı arkadaşlar İstanbul'a geldiler. Sapancalı Hakkı beni aradı. Yazıhanesine gittim. İzmitli Mümtaz Bey de oradaydı.

Sapancalı Hakkı bana, "Enver Paşa seni istiyor, bugün hemen git. Öyle sanıyoruz ki artık istediğin oluyor" dedi.

İnanamadım. Demek tümen komutanı oluyordum. Kalkıp ikisine de sarıldım.

Heyecandan artık yanlarında daha fazla kalamadım. Günlerdir bu sözleri duymak için neler yapmamıştım. Hükûmeti bile devirmeye karar vermiştim. Tam umudumu kestiğim bir anda istediğim göreve gelebileceğimi öğrenmek inanılmayacak kadar güzeldi. Hemen Enver Paşa'nın yanına, Harbiye Nezareti'ne kadar neredeyse koşarak gittim.

Enver Paşa beni bekletmeden huzuruna aldı. Soluk soluğaydım. Ter içinde kalmıştım.

Enver Paşa babacan tavrıyla konuşmaya başladı. Önce, son günlerde yaptığım hareketin çocukluk olduğunu ve bir kez daha böyle şeylere kalkışmamam gerektiğini sert ve öfkeli bir sesle söyleyerek, "Sen benden mutlaka bir görev istiyorsun, öyle mi? Seni İran'a göndereceğim. Orda yeni bir teşkilat, tümen değil, kolordu yetkisinde olacak. Şimdi seni oraya tayin ediyorum. Teşkilatı burada yap, müsteşara emir verdim. Teşkilatın için ne lazımsa ondan iste, sana her şeyi verecektir. Burada tutuklulardan, gönüllülerden büyük bir kıta topla! Yirmi gün izinde hazırlığını yap ve hemen buradan İran'a hareket et!" dedi.

Tümen komutanlığına çoktan razıyken, kolordu yetkisini almak, yeniden cepheye gitmek inanılacak gibi değildi. Neşe ve coşkuyla Enver Paşa'nın iki eline birden sarıldım. Odadan çıkmamla Sapancalı Hakkı'nın yazıhanesine varmam bir oldu. Yerimde duramıyordum. İzmitli Mümtaz da orada beni bekliyordu.

Arkadaşlara müjdeli haberi verdim.

Hemen göreve başladım. Yeni bir Teşkilatı Mahsusa müfrezesi kuracaktım, hem de kolordu düzeyinde!

Enver Paşa'nın talimatı üzerine Müsteşar Mahmud Kâmil

Paşa'yı ziyaret ettim. Önce İstanbul'da teşkilatı kuracak, daha sonra karargâhı Afyonkarahisar'a nakledecektik. Oradan İran'a hareket edecektik. Hüsrev Sami Bey de yardımcım olmuştu. Kolorduyu sadece mahkûmlardan oluşturmayacaktık. İzmir, Afyonkarahisar ve diğer bölgelerden de asker kaçaklarını toplayacaktık.

Görevime dört elle sarılmıştım.

Karargâhımı Meserret Oteli'nin 13 ve 14 numaralı iki odasına kurdum.

Önce subay kadrosunu düzeltmek için uğraşmaya başladım. İstediğim zabit arkadaşı seçmem konusunda serbest bırakıldığımdan, çok rahat çalışıyordum. Asker kaçakları geldikçe onları disipline sokuyor, hemen talimlere başlatıyordum.

Silah, erzak, her türlü ihtiyacı temin için uğraşıp duruyordum. Fakat gelenlerin sayısı o kadar arttı ki, Bekirağa Bölüğü'nün[2] koğuşları yetmez oldu. Koğuşların hepsi daha önce dolduğundan bana çok az bir yer verilmişti. Bunun üzerine Harbiye Nezareti'nin Mercan tarafındaki kapısı yanında bulunan iki dükkâna da hiçbir yerden izin almadan askerlerimi yerleştirdim. Sirkeci otellerini de doldurmuştuk. Askerlere, yer bulamadıklarında dükkânlarda oturabileceklerini söyledim.

Fedaîler, ikmalin yetersizliği nedeniyle eski püskü giysilerle dolaşıyorlardı. Çeteci tipli bir haldeydiler. Anadolu'nun çeşitli yerlerinden gelen bu kabadayı kılıklı kişiler görenlere korku salıyordu. Bu durum diğer dükkân sakinlerini rahatsız etmeye başladı. Ancak bu şikâyetlere ne benim, ne de askerlerimin aldırdığımız vardı. Bizim için önce vatan geliyordu. Kılık kıyafet kimin umurundaydı.

Daha önce de, Kafkas Cephesi'ne giderken Bekirağa Bölüğü'nü karargâh yapmıştım. Bana verilen cephaneleri, bombaları, silahları bölüğün odalarına koymuştum. O zaman da her an bir patlama olacak diye birçok kişi tedirgin

---

2 Şimdiki İstanbul Üniversitesi'nin bulunduğu eski Harbiye Nezareti avlusunun arka tarafındaki binanın adı.

olmuştu. Mesela, Harp Divan Heyeti bunlar arasında görev yapmak zorunda kalmıştı.

İttihat ve Terakki'nin İstanbul teşkilatının başında Kara Kemal vardı. Talat Bey'e yakınlığını belirtmiştim. Onun bizi çok yakından izlediği söyleniyordu. İzlesin bakalım, Küçük Efendi!

Benim derdim başkaydı, 20 gün geçmiş, henüz kolorduyu kurup yola çıkamamıştım. Süreyi geçirdikçe iyice huzursuzlaşıyordum. Enver Paşa'ya verdiğim sözü yerine getirememenin hüznü de vardı. Ne yapıp edip bir an önce hazırlıkları bitirmeliydim.

Sanki beni oyalıyorlardı. Enver Paşa'nın emrine rağmen Harbiye Nezareti Müsteşarı Mahmud Kâmil Paşa istediğim cephaneyi vermekte zorluk çıkarıyordu.

Yine bir gün, Harbiye Nezareti Levazım Şubesi reisi, ihtiyaç listesinin Teşkilatı Mahsusa dairesinden onaylanmasını istedi. Tesadüfen, Başkan Hüsamettin Bey, Merkez Kumandanlığı inzibat subayı Nevzad'ın odasında oturuyordu. Hemen yanlarına gidip uzun listeyi Hüsamettin (Ertürk) Bey'in önüne koyarak, imzalamasını istedim. "Bu iş böyle ayaküstü olmaz, daireye buyrun, orada tetkik ederiz" deyince kafamın tası attı. Çektim tabancamı, "Sana da çok yüz vermişler, ben Yakub Cemil'im nerede istersem bu listeyi orada tasdik edersin" dedim.

Araya Nevzad Bey girip bizi ayırdı. Çok sinirlenmiştim. Nevzad bıraksa, adamı kesinlikle vuracaktım!..

O kadar uğraştım, sonunda malzemeleri temin etmeye başladım. Rahatlamıştım, yola çıkmamıza birkaç gün kalmıştı.

Bir gün müfrezenin başında son hazırlıkları yaparken, bir inzibat memuru geldi. Merkez Komutanı Cevad Bey'in görüşmek istediğini söyledi. Böyle sıkışık bir zamanda yine önemsiz bir iş için çağrıldığımı düşündüm.

Yazın son günleriydi, hava çok sıcaktı.

Merkez Komutanlığı, Harbiye Nezareti'nin Beyazıt Meydanı'na bakan büyük cümle kapısının yanındaki köşklerden birinde bulunuyordu.

Meydanda birçok subay ve inzibat memuru vardı. Onların arasından geçtim ve Miralay Cevad Bey'in odasına girerek onu selamladım.

"Beni çağırtmışsınız" dedim.

Cevad Bey net ve soğuk bir sesle, "Evet, Yakub Cemil Bey, Başkomutan Vekili ve Harbiye Nazırı Paşa Hazretleri'nden (Enver Paşa) aldığım emir üzerine bu dakikadan itibaren tutuklu bulunuyorsunuz. Dışarıda sizi bekleyen inzibat subaylarından birine kendinizi teslim ediniz!" dedi.

O birkaç saniyeyi nasıl geçirdim bilmiyorum. Aklıma neden tutuklandığım değil, birden silahlarım geldi.

Yıllardır askerlik yapıyordum ve üst rütbeden gelen bir emre boyun eğilmesi gerektiğini biliyordum. Sadece silahımı düşündüm. Teneffüs ettiğim hava yaşamımda ne kadar önemliyse, silah da benim için oydu. Yıllarca savaşmış, çarpışmış, öldürmüş, ölümle burun buruna gelmiştim. Elimden silah, bomba, mermi eksik olmamıştı. Bir an bile silahsız gezdiğimi bilmem. Silahımı teslim etmem gerekecekti, ancak silah benim için şerefti, namustu.

Allah'tan silahımı istemediler.

Gerek arkadaşım Miralay Cevad Bey'in, gerekse inzibat subayının silahımı istememesi beni çok duygulandırdı. Eğer silahımı istemiş olsalardı, hayatımda ilk defa bu derece ağır bir hakarete maruz kalacaktım.

İnzibat subayı beraber gideceğimizi söyledi, birkaç kişi daha ona katıldı. Hep beraber Bekirağa Bölüğü'ne doğru ilerlemeye başladık.

Bir kolordu başında cephede savaşmaya gitmek için hazırlanırken kendimi birdenbire Bekirağa Bölüğü'nün karanlık ve rutubetli hücresinde buluverdim. Yıllarca ne mücadelelerin altından kalkmıştım. Şimdi ise anlamadığım bir nedenle, istediğim mevkiye kavuşmuşken, böyle kötü bir muameleye tabi tutuluyordum.

Peki ne olmuştu? Neden böyle apar topar tutuklanmıştım.

Tüm gelişmeleri hücre komşularımdan ve beni seven askerlerden öğrendim.

Benim hemen arkamdan Sapancalı Hakkı, Hollanda'ya gitmek üzere bindiği Sirkeci İstasyonu'ndaki trenden indirilerek tutuklanmıştı. Treni beş dakika rötar yapmamış olsa kurtulabilecekti. O da bana yakın bir başka hücreye konulmuştu. Orası da kuşkum yok ki havasız, karanlık ve rutubetliydi. Demir parmaklıklı pencereden sadece Süleymaniye Camii'nin kubbelerini görebiliyorduk.

İkimizin odasının kapısında birer nöbetçi vardı.

Hüsrev Sami'nin İzmir'de bizim Teşkilatı Mahsusa müfrezesine asker yazarken yakalanıp getirilmesi için, İzmir Valisi Rahmi Bey'e yazı gönderilmiş ama o komployu anladığı için aldırış etmemişti. Bunun üzerine Hüsrev Sami bir yalanla İstanbul'a çağrılmış ve Galata'da vapurdan çıkarken yakalanmıştı. O da şaşkındı herhalde. Ancak Hüsrev Sami Bey hemen serbest bırakıldı.

İzmitli Mümtaz'a ise kimse dokunamıyordu. "Enver Paşa'nın yaverliğini yaptığı için çekiniyorlar" bilgisi geldi kulağıma. Bence korktukları bir olay daha vardı; Makedonya'da Binbaşı Arnavut Sedat Bey'i nasıl vurduğunu iyi biliyorlardı!

Tutuklamalar devam ediyordu.

Ne olduğunu yavaş yavaş anlamaya başlıyordum.

Benden yana olan ve Meserret Oteli'ndeki olaya karışan herkes Bekirağa Bölüğü'ne getirilmeye başladı. İnzibat Bölük Komutanı Nevzad Bey, Harp Divanı Başkanı Nafiz Bey'in yaveri Murad, Yenibahçeli Ali Haydar Bey, Yahya Kaptan ve maiyetindeki dört kişi, Üsküplü İsmail Hakkı Bey, Satvet Lütfi Bey ve niceleri...

O günlerde, Kara Kemal, Doktor Nâzım ve Doktor Bahaeddin Şakir üçlüsünün Enver Paşa'yı yalan yanlış sözlerle doldurduğunu, Talat Bey dışında kimse bilmiyordu. Üçü, Meserret Oteli'ndeki olayı anlatıp eklemişlerdi:

Güya o gün gücümüz az olduğu için darbeyi ertelemişiz. Şimdi kolordu seviyesinde bir gücümüz olmuş. Bu kolorduyla Babıâli'ye yürüyüp darbe yapacakmışız!

Yalanın biri bin paralıktı. Enver Paşa'ya suikast yapmaları için, Enver Paşa'nın Harbiye Nezareti'ndeki makamına her gün gittiği yol üzerindeki Bakırcılar Çarşısı içindeki iki dükkâna yerleştirmişim!

Ellerindeki uydurma polis raporlarını da Enver Paşa'ya vermişlerdi.

Ne yazık ki Enver Paşa bunlara inanmıştı.

Sapancalı Hakkı ile benim tutuklanmamdan sonra Başkomutanlık Vekâleti'nden Sıkıyönetim Mahkemesi'ne şu emir yollanmıştı:

"Meserret Oteli'nde toplanarak hükûmeti devirmeye teşebbüs eden Yakub Cemil Bey ve arkadaşları hakkında soruşturma açılmasını emreylerim.

                    Başkomutan Vekili ve Harbiye Nazırı Enver"

Soruşturma heyeti hemen oluşturuldu. Soruşturma heyeti başkanı Rıza Bey'di ve ayrıca heyette üç yüzbaşı, bir teğmen, bir de Adliye Nezareti tarafından seçilmiş Müstantik (sorgu yargıcı) Vehbi Bey bulunuyordu. Soruşturma heyeti Harp Divanı'na verilen veya bu divanca çağrılan sanıklara ait ilk tahkikatı yapar, müstantik işi görürdü.

Harp Divanı Başkanı Miralay Nafiz Bey'di. Harp Divanı savcılığını Nihad Bey, başyardımcılığını Cemil Bey, savcı yardımcılığını da Reşid Bey yapıyordu.

Yazıhaneleri Karakaş Hanı'ndaydı.

Apteshaneye gidip gelirken görüyordum; koridorda üç adımda bir süngülü asker vardı. Silahlarım hâlâ belimdeydi. İlk gece yatağıma bile girmedim. Hücrenin ortasında duran sandalyede ayak ayak üstüne atarak oturdum.

Gözüme uyku girmedi. Böyle bir muamele bana neden lâyık görülmüştü? Öfkeden çıldırmak üzereydim.

Sabah oldu. Soruşturma için kimse beni çağırmadı. Yargılanabilmem için mutlaka ifadem alınmalıydı. İlk benim çağrılmam gerekirken kimsenin buna cesaret edemediği ortadaydı. Silahlarım üzerimde olduğundan korkuyor olmalıydılar.

İkinci günü de sandalyede geçirmeye kararlıydım. Yatağıma girmek istemiyordum. Silahımı almamalarından dolayı arkadaşlara minnet duyuyordum, ama artık onu kolayca vermeye niyetim de yoktu.

Yemek de yemiyordum. Çünkü beni zehirleyebilirlerdi.

Gecenin ilerleyen vaktinde kapım hafifçe vuruldu. Beni yargılayacak olan Harp Divanı Başkanı Nafiz Bey içeri girdi. Şaşırdım. Ama hayatımın hiçbir döneminde bu kadar öfkeli olduğumu hatırlamıyorum. Nafiz Bey sıcak bir gülümsemeyle içeri girmişti ama ben çoktan ayağa kalkmış, yapılacak bir saldırıya hazır bir savunma pozisyonu almıştım. Onu gülümseyen bir yüzle görünce sakinleştim.

Karşılıklı oturduk. Havadan sudan konuşmaya başladık. Her an tetikte bekliyordum. Nafiz Bey'in silah konusunda beni ikna etmek ya da elimden bir yolla silahımı almak için geldiğini sanıyordum.

Tam bu sırada Nafiz Bey elini cebine daldırdı. Ondan hızlı davranarak iki kaşının ortasına silahımın namlusunu dayadım. Korkudan titremeye başladı.

"Aman Yakub Bey ne yapıyorsun? Terledim, gözlüğüm buğulandı, camını silmek için cebimden kâğıt çıkarıyordum. Üstümde tabanca filan yok. Merak etme" dedi titreyen sesiyle.

Doğru söylediği halinden belliydi. Hemen tabancayı cebime koydum. Gözlüğünü alarak sildim. Kısa bir süre sonra Nafiz Bey odadan ayrıldı. Gecenin kalanını da sandalye üzerinde geçirdim.

Silahımı bugün de alamamışlardı.

Sonradan öğrendim ki, Müstantik Vehbi Bey, Nafiz Bey'e silahımı teslim etmem için beni ikna etmek üzere hücreye gitmesini rica etmiş. O da bu yüzden odama gelmiş, ama silahımı kolayca teslim etmeyeceğimi anlamıştı.

Ertesi gün artık iyice yorulmuştum. Gergindim. Kırk sekiz saattir gözlerimi kırpmamıştım bile! Boğazıma tek lokma koymamıştım.

Her sabah apteshaneye gitmem gerekiyordu.

Apteshaneye gidip gelirken iki inzibat eri beni arkamdan

takip ediyordu. Her gidiş gelişimde süngülü askerler beni selamlardı. Onlara selamlayarak karşılık verirdim.

O sabah da aptesthaneye gitmek için hücreden çıktım. Dönerken, tam hücreye yaklaşmıştım ki, süngülü inzibatların arkasından güçlü kuvvetli üç asker çıktı. Ömer Çavuş önden, Pehlivan Ömer ile Ali Ahmed arkadan üzerime çullandılar. O kadar yorgun anımda böyle ani baskınla karşılaşınca silahıma bile davranacak vakit bulamadan yere yıkıldım. Üçü birden kollarımı yakalamışlardı.

Yiğit ve cesur çocuklar beni yere yapıştırdılar. İşte bizim böyle askerlere ihtiyacımız vardı. Onların zarar görmesini istemediğimden, bağırdım:

"Aman dikkat edin! Namluda kurşun vardır, bir kaza çıkmasın."

Cephede düşmana böyle yiğitlerle karşı konulabilir ancak. Beni alt etmeyi başaracak cesaret onlarda vardı.

Hem şarjörlerine, hem namlularına kurşun sürülmüş üç otomatik silahımı kazasız belasız aldılar. Beni ayağa kaldırdılar. Askerlere döndüm ve "Aferin! Hükûmetimi böyle görmek isterim!.." dedim. şaşırdılar, herhalde kızacağımı sanıyorlardı!

Hiçbir zaman silahımı vermek istemedim. Her zaman onları yanımda taşımış, hiç ayrılmamıştım. Ama hükûmetimin görevi, tutuklu bir kişiden bu silahları almaktı. Bunu da büyük bir başarıyla yapmışlardı. Bekirağa Bölüğü İnzibat Subayı İhsan ve Vasfi Bey'i yaptıkları bu plandan dolayı kutladım. Buradan çıktığımda ikisini de yanıma alacağımı söyledim.

Hücreye dönünce, evden gelen ama iki gündür giymediğim temiz çamaşırlarımı giydim. Artık gözüm gibi koruduğum silahlarım gitmişti. Korumam gereken silahım kalmayınca yatağa girdim. Uyumamam için bir neden kalmadı. Zaten çok uykum vardı. Hemen uyumuşum. Kaç gündür uykusuz olduğumu bildiklerinden olacak, silahlarımı aldıkları halde uyandırıp sorguya almadılar. Ne kadar, kaç saat uyudum, bilmiyorum.

Sabah, beklediğim gibi, beni sorguya almak üzere nöbetçiler geldi. İstintak (sorgu) odasına girdim. İlk dikkatimi çeken odanın ortasına konan büyük bir masa oldu. Masanın başında Müstantik Vehbi Bey bulunuyordu. Ben karşılarında bulunan sandalyeye oturdum. Vehbi Bey'e dönerek, "Bana bak müstantik! Ben İttihat ve Terakki'nin birinci dereceden üyesi ve fedaîsiyim. Halbuki sen üçüncü derecede bir İttihatçısın. Sen beni nasıl yargılayabilirsin?" dedim!

"Ben o dediğin İttihat ve Terakki'nin teşkil ettiği hükûmet adına ve kanunî yetkimle şimdi seni sorguya çekmek durumunda bulunuyorum ve bu hususta hükûmetten de emir aldım. Şu halde şimdi ben, birinci derecedeyim. Sen beşinci dereceye düşmüş bir mevkidesin!

Bak Yakub Bey, burası soruşturma heyetidir, doğru konuşalım! Beni başka türlü muamele yapmaya mecbur etme" diye yanıt verdi Müstantik Vehbi Bey hazretleri!

Olay sahiden ciddiydi anlaşılan...

Sorgu, Meserret Oteli'ndeki toplantıyı sormakla başladı. Ben de olan biten her şeyi anlattım:

"Ben seferberlik ilanından beri İttihat ve Terakki hükûmetinin ve genel merkezin takip ettiği politikayı beğenmiyorum. Bildiğiniz gibi İttihat ve Terakki kongrelerinde ve sırası geldikçe arkadaşlarımla beraber genel merkeze muhalefet ediyorum. Bunlar gizli değil. Hakkım olan tümen komutanlığı ile yarbaylık rütbesine yükseltilmediğim için Enver Paşa'ya, Müsteşar Mahmud Kâmil Paşa'ya müracaat ettim. Talat Bey ve arkadaşları beni çekemedikleri ve benim aleyhimde bulundukları için Enver Paşa'yı doldurmak suretiyle onun benim hakkımdaki teveccühünü zayıflattılar.

Memleketin durumunu Balkan Savaşı zamanındaki vaziyetten daha hafif görmüyorum. O halde vaktiyle nasıl Babıâli'yi basarak memleketi kurtarmayı başarmışsak, şimdi de bir tekli barış yaparak vatanı felaketten muhafaza etmek mümkündür. Bugünkü hükûmet, barışa yanaşmak istemiyor. Kabineyi değiştirmek lazımdır. Babıâli'yi basınca Enver Paşa'yla karşı karşıya kalacaktım. Burada onunla vuruşacaktık! Bu takdirde Allah ya ona verecekti ya bana. Yani ikimizden birimiz ölecek, birimiz kalacaktık!

Beni Meserret'ten çıkıp Babıâli'ye karşı yürümeye teşvik eden Sapancalı Hakkı'dır. Daha doğrusu onun bana anlattıklarıdır. Romanya'ya gittiği zaman oradaki İtilaf devletlerinin elçileriyle görüşmüş. Avrupalıların bizimle barış yapmayı istediklerini dinlemiş. Bunun üzerine barış çarelerini bulmaya karar vermiş. Bana da bu fikri açtı, ben de bunun üzerine harekete geçtim. Fakat Meserret Oteli'ne gelip bizi dağıtan da Sapancalı Hakkı'dır."

Sorgu sırasında anlatmadıklarım da vardı.

Enver Paşa'nın bana kolordunun başına geçmem yetkisini verdikten sonra bu baskından vazgeçtiğimi söylemedim. Zaten onlar da sormamışlardı.

Müstantik Vehbi Bey söylediklerim üzerine şunu sordu:
"Bu dediklerini Hakkı Bey'in yüzüne karşı da söyleyebilir misin?"
"Hay hay hepsini söylerim."

Bu sözüm üzerine, aradan çok kısa bir süre geçtikten sonra Sapancalı Hakkı'yı odaya aldılar.

Sapancalı Hakkı odaya girip sandalyeye oturmasıyla, istintak heyetinin ilk sorusu bana yöneldi:
"Biraz önce, 'Beni teşvik eden Hakkı Bey'dir' demiştiniz. O sözlerinizi burada tekrar ediniz de Hakkı Bey de dinlesin."
Ben hiç duraksamadan söylediklerimi tekrarladım. Sonra Sapancalı Hakkı'yı yüreklendirmek için, "Hakkı, bunda ne var? Saklanacak bir şey yok. Bunların ne önemi var? Çekinme, söyle!" dedim.

Müstantik Vehbi Bey benim söylediklerimi tekrarlayarak, bunların doğru olup olmadığını Sapancalı Hakkı'ya sordu.

Sapancalı Hakkı, "Evet, vaktiyle Romanya'da kaldığım günlere dair söyledikleri doğrudur. Yalnız benim sözlerimi yanlış anlamış. Tekli barış yapmak gereğinden ben ona söz etmedim, o bana bahsetti. Hatta kendisi bana şurada burada barış ihtiyacından bahsedildiğini ve kendisinin de buna taraftar olduğunu söylediği zaman, ben ona, 'Ben Romanya'dayken bu kabil propagandalar yapılmaktaydı. Burada da bir yabancı elçiliğin bu iş için çalıştığını sanıyorum. Fakat bunlar çok ciddi görüşmeler değil. Böyle bir propagandaya katılmayasın' dedim ve kendisine nasihat ettim.

O zaman Yakub Cemil Bey bana, 'Hayır öyle değil, ben İttihat ve Terakki genel merkeziyle temas ettim, evvela Memduh Şevket Bey'le konuştum. Sonra Nuruosmaniye kulübünde Kara Kemal'le görüştüm, daha sonra Harbiye Nezareti Müsteşarı Mahmud Kâmil Paşa'yı gördüm. Sadrazam Said Halim Paşa'yla ve en son olarak Talat Bey'le de tekli barış etrafında temas ettim' dedi. Bu zatların hepsinin esas itibariyle kendisinin fikrini uygun bulduklarını söyledi. Ben de kendisine, 'Mademki bu zatların hepsi savaşa son vererek bir tekli barış yapmaya taraftar imişler, senin benim itiraz ve müdahalemize ne hacet var?' dedim. Barıştan söz eden ben değilim, bana bunları söyleyen kendisidir! Şimdi lütfen sorunuz, adlarını saydığım bu zatlarla görüşmemiş midir?" diye yanıt verdi.

Bu kez soru bana yöneltildi. "Anlatılanlar doğru mu?" diye Müstantik Vehbi Bey sordu. Ben hiç beklemeden, "Evet doğrudur, Sadrazam Said Halim Paşa, Dahiliye Nazırı Talat Bey ve Harbiye Nezareti Müsteşarı Mahmud Kâmil Paşa'yı gördüm ve fikrimi onlara da açtım. Hepsi de bana hak verdi" dedim.

Benim sakınmadan verdiğim her cevap karşımdakileri hayrete düşürüyordu. İşlenen suçun cezası idam, biliyordum. Ama ben hiçbir şeyi gizlemeden anlatıyordum. Net, açık ne olduysa söylüyordum. Sorular geldikçe daha da coşarak cevap vermeye başladım.

Benim sorgumdan sonra İzmitli Mümtaz soruşturma heyeti huzuruna alındı. Tutuklanmamıştı ama sorguya getirilmişti. Ne kadar vakur gözüküyordu.

İzmitli Mümtaz olaylarla ilgili sorulara şu yanıtı verdi:

"Yakub Cemil'in yaptığı görüşmeleri duyduktan sonra onu çağırdım ve nasihat ettim: 'Bu tekli barış teşebbüsü fikri senin kafandan doğmuş değildir. Kardeşim Yakub Cemil, seni kandırıyorlar. Fakat bilmelisin ki seni de bizimle beraber ipe gönderecekler! Sen bu fikrinde ısrar edersen, kurtulacak değilsin' dedim. Ona, şayet Babıâli'ye saldırıya geçerse orada beni ve arkadaşlarımı karşısında göreceğini anlattım. Nihayet kendi de beni tasdik etti. Bu olaydan sonra cepheye gitmeye memur edilince, Hakkı Bey'in yazıhanesine geldi, kendisinin felaketten kurtulduğunu söyledi ve bana teşekkür ederek boynuma sarıldı. Yola çıkacağı sırada, şimdi tutuklanmış olmasına hayret ediyorum. Meserret Oteli toplantısı bir buçuk ay önceki olaydır. Bu olayın altında başka oyunlar vardır.

Babıâli'ye 200 metre mesafede bulunan Meserret Oteli'ndeki toplantıyı haber alan hükûmet burasını kendi memurlarıyla sardırdığı, gözetlettiği ve hatta Babıâli önünde de silahlı kuvvet bulundurduğu halde neden derhal bu toplantı dağıtılarak, Yakub Cemil ve arkadaşlarını hemen tutuklanmamışlar ve bugünkü kovuşturmaya daha o gün tabi tutulmamışlardır? Hem Yakub Cemil Bey'i, hem bizi mahvetmek için nasıl tertipler yapıldığı sayın heyetiniz tarafından daha iyi takdir edilip soruşturulabilir."

Bu arada soruşturma heyeti Babıâli Baskını sırasında Enver Paşa'yı vurup vurmayacağımı sorduğunda, vuracağımı söylememe rağmen, Bakırcılar'daki dükkâna bu maksatla bir müfreze yerleştirip yerleştirmediğimin üzerinde çok durmuyordu. Onlar sormasa da ben söyledim; ayağa kalkarak, "Enver Paşa'ya suikast için böyle bir müfrezeyi Bakırcılar'daki dükkâna yerleştirmedim, bunu ortaya atan sahtekârdır" dedim.

Akşam olmak üzereydi, yarın devam edileceği söylenerek soruşturmaya son verildi. Getirildiğim gibi, ellerim kelepçeli hücreye götürüldüm.

Bu başıma gelenler benim ne uykumu ne de iştahımı engelledi. Yemekler güzeldi, durmadan yiyordum. Uykusuzluk da çekmiyordum. Enver Paşa'ya duyduğum sevgi ve saygı hiç eksik olmamıştı. Cezam idam da olabilirdi, ama beni asacaklarını hiç zannetmiyorum. O kadar alçalacaklarını hiç sanmıyorum.

Yine de Enver Paşa'ya mektup yazmaya karar verdim.

Özellikle, artık eskisi gibi hiçbir istek ve emel peşinde koşmayacağımı, hiçbir makam, rütbe talep etmeyeceğimi yazdım. Serbest kalmak istiyordum. Enez'de bir çiftliğe giderek savaşın sonuna kadar bu çiftlikte oturmama müsaade edilmesini yahut mutlaka ölmem isteniyorsa düşmanla vuruşarak ölmem için hangisi olursa olsun bir cepheye gönderilmeyi, vatan için hayatımı vermeye hazır olduğumu ve bu da münasip değilse arzu edilen uzak bir yere sürülmeyi talep ettim.

Cevap yazmaya tenezzül etmedi. Belki de mektuplarım eline ulaşmadı, bilmiyorum!

Zevcem Nevver Hanım'ın beni ziyarete gelmek istediği söylendi. "Hamiledir, gelip üzülmesin" dedim. Kısa bir süre sonra bir çocuğum daha olacaktı. Bu arada kızım burnumda tütüyordu...

Yalnız temiz iç çamaşırı istedim. Eğer idam edilirsem giymeyi düşünüyorum. Altıma kaçırmayacağımı görsünler isterim! Ölüme bayramlıklarımı giyerek gitmek isterim!

5 eylül 1916.

Geceyarısı saat ikiyi biraz geçiyordu. Hücrenin kapısı iki kez vuruldu. Hemen fırladım. Yıllardır cephede kalmanın verdiği çeviklikle kapıyı açtım. "İdam cezamı infaz etmek için mi geldiler?" diye aklımdan geçti. Ama birden karşımda "Küçük Efendi" Kara Kemal'i gördüm. Onu görmek bana moral verdi.

"Ooo, buyrun! Ne haber?" dedim

Kara Kemal, Harp Divanı Başkanı Nafiz Bey'le birlikte içeriye girdiler. Birine yatağı, ötekine odanın tek sandalyesini gösterdim. Ben de yatağın ucuna oturdum.

Küçük Efendi Kara Kemal Bey dertleşmek için geldiğini söyledi. "Benim gibi bir adamla derleşmek mi, ne münasebet..." dedim, "benimle kim görüşse o zarar görür".

Kara Kemal çok önemli bilgiler verecek bir yüz ifadesiyle ifadeyle bana, "Yakub Cemil Bey, burada dört duvar arasında kapanmış kalmışsın. Dışarıda dönen entrikaları bilmiyorsun. Biz Talat Bey'le durumu uzun uzadıya tartıştık. Nihayet seninle görüşmeye, karşı karşıya bulunduğun büyük tehlikeyi sana anlatmaya karar verdik" dedi.

Bana kendilerini tehlikeye atarak nasıl gizli geldiklerini ve Enver Paşa'nın asla bu durumdan haberdar olmaması gerektiğini tembihledi ve asıl konuya girdi:

"Sorguda önce 'Beni teşvik eden Sapancalı Hakkı'dır' dedin. Sonra Hakkı'yla yüzleştirilince evvelki sözünü unuttun. Buna karşılık, tekli barış için bana, Talat Bey'e ne suretle müracaat ettiğini lüzumsuz yere anlatıp, durdun..."

Sözünü keserek, "Yalan mı söyledim? Sizlere gelip müracaat etmedim mi? Yoksa bundan korkarak mı buraya kadar geldin?" dedim. Sesimin tonu Kara Kemal'i korkutmuştu.

Bunun üzerine Kara Kemal onu yanlış anladığımı söyledi ve sonra ekledi:

"Babıâli'yi basıp da Enver Paşa'yla vuruşacağını söylediğin günden beri, Enver Paşa'nın sana karşı olan hiddeti, kini bir kat daha arttı. Seni bir türlü affetmeye yanaşmıyor. Enver Paşa seni asmak istiyor, anlıyor musun? Fakat buna karşılık da İzmitli Mümtaz'ı, Sapancalı Hakkı'yı, Hüsrev'i tutmak istiyor. Sen görmüyorsun İzmitli Mümtaz ve Hüsrev Sami elini kolunu sallaya sallaya dolaşıyor."

Şaşırdım ama kendimi toparladım. "Ben böyle olduğunu zannetmem. Fakat olabilir! Beni asar ötekini tutar! Ben buradan ne yapabilirim? Arkadaşları da benimle beraber zorla ölüme sürükleyecek değilim ya!" dedim.

Kara Kemal, "Biz ne senin, ne de arkadaşlarının ölümünü isteyenlerden değiliz. Maksadım, onlara bir şey yapılmak istenmezken, senin kurtulmaklığının çaresini bulmaktır" dedi.

"Nasıl çare?" dedim.

Kara Kemal, "Kolayı var. Sen bu suçta yalnız kalmakla, bütün kabahatleri üzerine almakla kendini güç duruma sokuyorsun! Halbuki öteki arkadaşlarının da suçtaki katkılarını meydana çıkarırsan, o zaman iş değişir, sen de bu ağır beladan kurtulursun" dedi. Bunları düşünmemi ve olaylarda yalnız olmadığımı arkadaşlarımın da bana destek verdiğini anlatmam gerektiğini söyledi.

Tabiî ki o gece hücremde, Talat Bey, Kara Kemal, Doktor Nâzım, Doktor Bahaeddin Şakir'in Cemiyet'in merkez binasında bir araya gelerek toplantı yaptıklarını, Enver Paşa'nın artık kendilerinden kuşkulandığını bildiklerinden, bir çıkış yolu bulmaya çalıştıklarını nerden bilebilirdim.

Enver Paşa yakın fedaîlerinin bir oyuna gittiğini öğrenirse, başlarına ne geleceklerini iyi biliyorlardı. Ama yine de biliyorlardı ki, biz fedaîler hayatta olduğumuz sürece her istediklerini rahat yapamayacaklardı. Öyle ya, seferberlik ilan edilmeseydi genel merkezi basıp hepsini alaşağı edecektik. Aslında amaçları biz fedaîlerden kurtulmaktı.

Kara Kemal'in bu oyunun bir parçası olarak hücreme geldiğini nerden bilebilirdim.

Ama şans o gece bana gülmüştü.

Çünkü gece apteshaneden dönen Sapancalı Hakkı, Kara Kemal'i hücreme girerken görmüştü. Benim hücredeki ışığı ve hararetli konuşmaları duyunca, odanın yarı cam olan kapısından gizlice uzanmış ve içeride konuşan Kara Kemal'i ve yanındaki Harp Divanı Başkanı Nafiz Bey'i iyice tanımıştı.

O da şaşırmıştı. Haklıydı. Dışarıdan bir kimseyle görüşmesi yasak olan tutuklunun geceyarısı bu şekilde ziyaret edilmesi hayret vericiydi.

Ve sabah Sabancalı Hakkı, İzmitli Mümtaz'ı hücresine çağırarak durumu anlatınca o da şaşkına dönmüştü. Böylece Enver Paşa'nın hemen olayları duyması mümkün olmuştu.

Enver Paşa bu olayın peşini bırakmayacaktı. Enver Paşa, İzmitli Mümtaz'dan sonra beni ziyarete gelen Harp Divanı Başkanı Nafiz Bey'le görüşmüş ve artık gerek Merkez Komutanı Cevad Bey'e gerekse Kara Kemal'e güvenemeyeceğini kesin olarak anlamıştı. Bu olayın hemen sonrasında Talat Bey ziyaretine geldiğinde de ona bağırıp çağırmıştı. Ama Talat Bey akıllıydı, "Bir iki kişi yüzünden koskoca Cemiyet'i mi parçalayacaksın? Cemiyet arasına kin tohumları mı serpiştireceksin? Bunca yıllık dostluğumuzu bozmaya ne gerek var?" diyerek onu yatıştırmıştı.

Enver Paşa'nın yanında hiç çekinmeden, "Canım ne yapalım? Bu meseleyi bitirmek için bir sizden gider, bir de bizden. Bir Yakub Cemil'i asarsız, bir de bizden birini" demiş. Ben yine de böyle konuştuğuna inanmıyorum.

Talat Bey partilileri ilk kez Enver Paşa'nın huzurunda, "siz-biz" diye ayırıyor ve olayların arkasındaki komplosunu gizlemiyordu. Ancak yapılan konuşmanın sonunda Talat Bey, Enver Paşa'nın hiddetinden çekinerek geri adım atınca ve gözleri yaşaracak kadar tedirgin olunca, Enver Paşa da eski arkadaşının daha fazla üstüne gitmeyecekti.

Orduyu kendisi kontrol ediyordu ama fırka ile Cemiyet Talat Bey'in elindeydi. Talat Bey politikayı iyi biliyordu. Yoksa muhalefet Enver Paşa'yı hemen alaşağı ederdi. İkisi de birbirine muhtaçtı.

Ama Enver Paşa fedailerine de ihtiyaç duyuyordu. Biliyordu ki bu siyasetin ne getireceği belli olmazdı.

Talat Bey'e diyor ki: "Benim acilen Almanya'ya gitmem gerekiyor, ben dönene kadar hiçbir şey yapmayın."

Bunu söylediği tarih 7 eylül.

Yedi gün sonra dönecekti Enver Paşa. Demek ki en azından yedi gün içinde asılmayacaktım. Eh, bu da az bir şey değil!

Ancak benimkisi boş bir umuttu. Enver Paşa'nın bu sözüne rağmen soruşturma hızlandırılacaktı.

Bir kez daha soruşturma için heyetin huzuruna alındım. Bu kez, "Meserret olayı başarıyla sonuçlansaydı kimlere hükûmette yer verecektin?" sorusu soruldu. Daha önce bu soruyu yanıtsız bırakmıştım. Ama bu kez Kara Kemal'in dediklerini de düşününce bir hükûmet yaratmaya karar verdim. "Kafamda birkaç kabine vardı" dedim.

Detaylar verdim: sadrazam olarak, Bahriye Nazırı ve 4. Ordu Kumandanı Cemal Paşa'yı yahut Anafartalar kahramanı Mustafa Kemal Paşa'yı yahut da Sofya Elçisi Fethi (Okyar) Bey'i düşünüyordum!

Mustafa Kemal üzerinde özellikle duruyorlardı.

Enver Paşa ve Talat Bey'in Mustafa Kemal'le sevişmediklerini biliyordum. Özellikle Enver Paşa ile Mustafa Kemal birbirlerini çok kıskanıyorlardı.

Mustafa Kemal'i bazen sadrazam, bazen Enver Paşa'nın yerine başkomutan vekili ve Harbiye nazırı yapacağımı kendisine de söylemiştim. Babıâli'yi basmayı düşündüğüm günlerde, Çanakkale Cephesi'nden yeni döndüğünde yanına gidip

Enver Paşa'yı da, Talat Bey'i de devireceğimi, kendisini Harbiye nazırı yapacağımı söylemiştim. O da tıpkı bizim Sapancalı Hakkı gibi, Talat Bey ekibinin bana oyun oynadıklarını söyleyerek, ikazda bulunmuştu.

Soruşturmada, İzmitli Mümtaz, Murad ve Nevzad beylerin benim Babıâli'ye yürümem durumunda yanımda yer alıp almayacakları soruldu yine. Ben bu kez yanımda yer alacaklarından emin olduğumu söyledim. Kara Kemal'in isteğine uyup ifademi değiştirmiştim.

Akşama doğru soruşturmaya son verildi ve ben yine hücreme döndüm. Bursa'ya kaplıcalara gittiğimde otelinde kaldığım Satvet Lütfi Bey de yanımdaki hücrelerden birine konmuştu. Olayla ilgisi yoktu aslında. Sadece barış yanlısı olması nedeniyle tutuklanmıştı.

Artık yavaş yavaş sonumun geldiğini düşünmeye başladım. Anladım ki beni öldürmeden bırakmayacaklardı.

Sabah tekrar sorguya çağrıldığım haberi geldi. Yeniden sorgu heyetinin karşısına alındım.

Burada bir olayı anlatmam lazım. Sorgu yerine götürülürken ellerim kelepçeli olarak sürekli askerlerin içinden geçiriliyorum. İstiyorlardı ki bu manzara karşısında yıkılıp kalayım. Onların inadına askerlerin içinden bir komutana yakışır mağrur bir ifadeyle yürüyüp geçiyordum.

Müstantik Vehbi Bey bıkmadan usanmadan sorup duruyordu. Bu kez yine kuracağım kabineyi sormaya başladı. Hiç durmadan kabineyi nasıl kuracağımı, kimlerin dahil olacağını, arkadaşlarımdan kimlerin beni bu iş için tahrik ettiğini, tekli barış sonucu hangi sınırlar içinde ülkenin kalmasını başarabileceğimi, sormaya başladı.

Sürekli ayrıntılar üzerinde duruyor, olayı iyice deşiyordu. Ağzımdan çıkan her şeyi hiç kaçırmadan yazdırmaya çalışıyordu. O kadar bunaldım ki, Vehbi Bey'e dönerek, "Müstantik, sana bir şey söyleyeceğim. Her dediğimi kâğıda geçirtiyorsun. Fakat şimdi söylediklerimi yazdırma!" dedim.

"Hele anlat bakalım... Ne diyeceksin?" dedi.

"Bir arkadaşım kendini hayat sigortasına geçirmek istemiş; doktora muayenesini yaptırmış; sigorta şirketinde bütün muamelesi bitmiş. Sigorta memuru kâğıdı imza edip vermek için arkadaşımın adını, yaşını, babasını, ikametgâhını sorduktan sonra 'Sanatın nedir?' sorusuna, bizim arkadaş da 'İttihatçıyım!' deyince, sigorta memuru, 'O halde muameleniz bitirilemez; sizi sigorta edemem, çünkü bizim kumpanya sehpaya çekilmesi muhakkak olanları sigorta etmez! Halbuki siz İttihatçısınız, İttihatçılar ecelleriyle ölmezler, mutlaka salıncağa binerler!' demiş" diye anlattım.

Müstantik ciddi bir tavırla sordu:
"Ne demek istiyorsun?"
"Galiba sen de beni salıncağa bindireceksin! Bu sorularından öyle anlıyorum. Fakat sana bir şey söyleyeyim Müstantik, ben ve Murad şişmanız, ipe pek yakışmayacağız, ama Nevzad uzundur, iyi gelecek!" dedim.

Sorgu yargıçlığının on iki gün devamlı çalışarak hazırladığı soruşturma raporu sonunda tamamlandı. Artık başıma ne geleceği belliydi. Her cümlem bu kadar ayrıntılı rapora geçtiğine göre beni hangi sonun beklediğini iyice anlamış oldum. Ne sordularsa anlattım, beni asmak için başka bir şey aralamalarına gerek kalmamıştı...

Benim Meserret Oteli'nde yaptığım toplantı öncesi konuştuğum, Sadrazam Said Halim Paşa, Dahiliye Nazırı Talat Bey, Müsteşar Mahmud Kâmil Paşa tekli barış teşebbüsü arzusunda olduklarını soruşturmada ifade etmekten kaçınmışlardı. Doktor Nâzım Bey, Kara Kemal ve Memduh Şevket (Esendal) Bey ise tamamen aleyhime konuşmuşlardı. Doktor Bahaeddin Şakir Bey ise benden çok Sapancalı Hakkı'yı suçlamıştı.
Dosyalarımız hazırlandı.
Bana ve Nevzad Bey'e idam, diğerlerine kürek cezası verildi.
"... İçlerinden Yakub Cemil ve Nevzad ve Murad ve İsmail Hakkı ve Ali Haydar beylerle Yahya Kaptan ve adları bilinen öteki şahısların bu hareketleri yazıldığı gibi, Meserret Oteli'nde toplanıp, Babıâli'yi basarak ve Vekiller Heyeti'ni öldür-

TEŞKİLAT'IN İKİ SİLAHŞORU 261

mek ve dağıtmak suretiyle hükûmeti devirmeye kalkışmaktan ibaret ve buna münhasır ve bu itibarla suçları Ceza Muhakemeleri Usulü Kanunu'nun 58. Maddesi'yle işbu maddenin 2. ekine uygun olarak ağır cezayı gerektiren işlerde bulunmuş olduğundan bunlardan Yakub Cemil ve Nevzad beylerin bu madde ve bu ekin birinci fıkrasına ve Murad ve İsmail Hakkı ve Ali Haydar beylerle Yahya Kaptan ve adları bilinen kimselerin işbu madde ve ekin son fıkrasına göre Ceza Muhakemeleri Usulü Kanunu'nun 128. Maddesi gereğince yargılanmaları İstanbul Sıkıyönetim Mahkemesi'nde yapılmak üzere cinayet suçuyla yargılanmaları gerektiğine..."

Harp Divanı Savcılığı hazırlanan soruşturma raporunu üç gün inceledi ve sonunda iddianamesini hazırladı.

Ve yargılama süreci başladı.

Saat öğlen bir sıralarında, süngülü nöbetçiler hücreme geldiler. Çıktım. Baktım diğer arkadaşlar da aynı şekilde hücrelerinden çıkarılıyor. Hep beraber, kalabalık bir grup halinde yargılanacağımız mahkemeye doğru yürümeye başladık.

Yargıçlar heyeti karşısına çıktık. At nalı gibi yan yana dizildik. Önce teker teker kimliklerimizi tespit ettiler.

Mahkeme heyeti Satvet Lütfi Bey'in beraatini, diğer hepimizin cezalandırılmasını istiyordu.

Bana sorgulama sırasındaki aynı soruları tekrar sordular. Ben de yeniden anlattım. Hakkımda uygulanmak istenen madde ölüm cezası olmasına rağmen çekinmeden, Babıâli'yi nasıl basacağımızı, vekilleri korkutacağımı, Enver Paşa'yla vuruşacağımı, İtilaf devletleriyle anlaşacağımı ifade ettim.

Sonra Harp Divanı Başkanı Nafiz Bey'e dönerek, "Sen akıllı bir arkadaşsın Nafiz Bey! Memleketi kurtarmak için başka çare var mı söyle? Sen de bu fikirdesin ya, elinden bir şey gelmiyor! Mamafih buradan çıkınca gene yapacağım budur!" dedim.

Kendisini kuracağım kabinede Adliye nazırı olarak göstermiştim. O da ben böyle konuşunca sinirlendi ve masaya hafif ve sinirli bir halde eliyle darbeler vurmaya başladı.

Duruşma sırasında konuşmalar öyle asabımı bozdu ki, bir ara, "Allah aşkına, Satvet Lütfi'yi dışarı atın! O bizden değildir" dedim. "İttihat ve Terakki'nin bu çirkin halini görmesin" diye bağırdım. Cemiyet'in ileri gelenleri benim idamımı isterken ben yine İttihat ve Terakki'yi düşünüyordum.

İttihat ve Terakki Cemiyeti'ne girerken yemin etmiştik, ihanetin sonucu ölümdü. Kuruluşundan bugüne kadar hiç kimse ihanette bulunmamıştı. Aramıza bir casus bile sızamamıştı.[3] Ve ben mahkemede hâlâ bir yabancının yanında Cemiyet işlerini konuşmak istemiyordum. Satvet Lütfi arkadaşımdı ama bizden değildi. Hürriyet ve İtilaf Fırkası'nın önemli isimlerindendi. Bizim Cemiyet'e muhalif Prens Sabahaddin'in dostuydu ve bir dönem özel kâtipliğini yapmıştı. Zaten davaya onu da katmalarının nedeni bu ilişkisiydi.[4]

Yargılama 24 saatte sonuçlandı.

Sapancalı Hakkı, Hüsrev Sami ve Nail Kastamonu'ya sürgüne gönderildi.[5] Yaver Murad'ın ademi mesuliyetine, Yüzbaşı Nevzad'ın kıtasının değiştirilmesine, Yahya Kaptan ve diğerlerinin beraatine karar verildi.

Bana gelince; bazı üyeler ile Nafiz Bey idamımı istiyorlardı. Başkanvekili Salih Muammer Bey ile bazı üyeler ise idamıma karşı çıkıyorlardı.

Ve heyet hakkımda çoğunlukla karar aldı...

Soruşturma heyeti, "Bakanları öldürmek ve hükûmeti devirmeye cesaret etmek" suçu iddiasında bulunmuşken, Harp Divanı, Savaş Hıyaneti Kanunu'nun 14. Maddesi'nin 6. fıkrasına uyarak idamıma hükmetmişti.

Öyle veya böyle, ne önemi vardı, sonuçta idama mahkûm edilmiştim.

3 İttihat ve Terakki'nin önde gelen fedaîlerinden biri de Silahçı Tahsin'dir. Asıl adı Mehmed Tahsin'di. O da ele avuca sığmaz bir kişiydi. Adı bazı faili meçhul cinayetlere karıştı. İttihat ve Terakki kendisinden bıkmıştı. Verilen "gizli bir vazifeyi" açıkladığı iddiasıyla ölüme mahkûm edildiği iddia edildi. Ölüsü bulunamadı.

4 Satvet Lütfi (Tozan), Prens Sabahaddin ve Ali Rıza beylerle birlikte İkinci Meşrutiyet'ten üç yıl önce Cemiyeti İnkılabiye örgütünü kurmuştu. Amaçları II. Abdülhamid'i tahttan indirip yerine Şehzade Burhaneddin Efendi'yi geçirmekti. Ademi merkeziyetçi bu örgütün destekçileri arasında Namık Zeki de (Aral) vardı. Yani, Rahşan Ecevit'in babası. Satvet Lütfi'nin daha sonraki yıllarda İngiliz istihbaratıyla çalıştığı belgelenecekti.

5 Daha sonra bu ekibi dağıttılar; Hüsrev Sami Yozgat'a, Nail Eskişehir'e gönderildi. Sapancalı Hakkı sürgüne gittiği Kastamonu'dan 19 aralık 1916 tarihinde jandarma kıyafeti giyerek kaçtı, Ankara'ya sığındı.

11 eylül 1916.

Günlerden pazartesi...

Hücremde ordan oraya yürüyorum.

Benim içeri atılıp yargılanmam İttihat ve Terakki Cemiyeti içinde tartışmalara, endişelere neden olmuştu. 1889 yılında İttihat ve Terakki'yi kuran dört kişiden biri olan Ankara Valisi Doktor Reşid, Talat Bey'e telgraf çekmişti. Demişti ki:

"Biz hâlâ inkılap devrindeyiz. İnkılaplardan ve hususiyle Fransız İnkılabı Kebiri'nden efal ve harekâtımız için bir dersi ibret almalı ve inkılap ricalinin avakıbını unutmamalıyız. Jakobenlerin ihtilaf ve iftirakı inkılabın en necip evlatlarını yutmuş ve Napolyon hâkimiyet ve istibdadını doğurmuştur. Danton'un düşen başı Fransa'nın meşrutiyet ve hürriyetini yarım asır müddet için alıp götürmüştür. İhvan arasında bir anlaşmazlık olmuşsa bir aile erkân ve efradı gibi birleşelim. Haricî düşmanlarımızı sevindirmemek ve bu ecnebi düşmanlara fırsat vermemek için ani, makul ve müessir bir tedbir ve hareket lazımdır."[6]

Talat Bey'in verdiği cevabı tahmin edersiniz herhalde:

"İstanbul'da ikilik yoktur. Efradı Cemiyet'ten Yakub Cemil'in fırka kumandanı olmamaktan mütevellit infialinden istifade ile münferit bir sulh akdi cereyanı tevlit edilmek istenilmiş ve Yakub Cemil'in bir aralık bu fikri benimseyerek icrasına teşebbüs ettiği ve maiyetinde bulundurduğu çete efradından bazılarını bu maksatla teslih ettiği ahiren Divanıharp'çe tahakkuk ederek idama mahkûm olmuştur..."[7]

Talat Bey'in beni idama mahkûm ettirdiğini biliyordum.

Ne yapalım, "takdiri ilahî!"

Ancak kişi ümitlenmeden de yapamıyor.

Sonucu bilmemenin verdiği sinirlilik çöktü üstüme.

Hücremde dolanıp duruyorum...

---

6 Doktor Reşid Diyarbakır valiliği döneminde Ermeni Tehcir olayının başlıca faillerinden biri olarak itham edilip Bekirağa Bölüğü'ne kondu. Ünlü Bekirağa Bölüğü'nden ilk kaçan kişi o oldu. İtilaf devletleri İstanbul'u ayağa kaldırdı. Hükûmet Doktor Reşid'i yakalamak için elinden geleni yaptı. 25 ocak 1919 tarihinde Beşiktaş'ta çevresi polis tarafından sarıldı. Doktor Reşid ağzına tabanca sıkarak intihar etti.

7 Yazışmanın ayrıntısı için bkz: *Tarih ve Toplum,* cilt 19, sayı 111, mart 1993.

Tan yeni yeni ağarıyor.

Süleymaniye Camii'nin heybetli kubbelerini seyrediyorum. Sabah ezanı henüz bitmişti ki, hücremin kapısının hafifçe vurulduğunu duydum.

Hapishane Müdürü İsmail Hakkı Bey, yumuşak bir sesle, yukarıdan beklediklerini söyledi. İdam edileceğim artık kesindi.

İsmail Hakkı'ya sağ elimle kendi boğazımı sıkar gibi yaparak, "Hakkıcığım böyle mi?", silahın tetiğine dokunur gibi şahadetparmağımı oynatarak, "Yoksa böyle mi?" diye sordum.

İsmail Hakkı mütevazı bir ifadeyle, hiçbir malumatı olmadığını söyledi, sadece yukarıdan istenildiğimi tekrarladı.

Artık son dakikalarımı yaşadığımı anladım.

İsmail Hakkı'dan aptes almak için müsaade istedim. Koridordaki musluğa gidip, kollarımı sıvadım. Ellerimi, kollarımı, ağzımı yıkadım, aptes aldım. Son dualarımı yaptım. Temiz iç çamaşırlarımı giydim.

Ve hücreden çıktım.

Ellerime kelepçe takmadılar.

Tökezlemeden, başım yukarıda, dimdik yürüyorum. Her yer nöbetçilerle dolu, kasvetli, sessiz bir hava bölüğün üzerine çökmüş. Kimse yüzüme bakamıyor.

Yüzlerce nöbetçinin dolaştığını görünce dayanamadım.

"Silahsız bir adam için bu kadar kalabalığa ne lüzum gördünüz?"

Cevap veren olmadı. Sessizlik insanın içini ürpetiyor.

Dış kapıya yaklaştığımızda arabanın hazır olduğunu gördüm. İtfaiye Bölüğü kasaturalarını silaha takmış, süvari kıtası da kılıçlarını kınından çıkarmıştı. Kılıçların ışıltıları altında arabanın kapısını kendim açtım ve hızla içiri girdim.

Bu "tören" bir an önce bitsin istiyorum. Herkesin işi vardır, meşgul etmeyeyim.

Savcı Yardımcısı Reşid ve Hapishane Müdürü İsmail Hakkı beyler bir başka arabaya bindiler. Benim arabamın yanında, at üstünde, soruşturma üyelerinden Veli, İnzibat Bölük Komutanı İhsan beyler geliyorlardı. Arabayı bir süvari bölüğü önden, bir diğer süvari bölüğü de arkadan koruyordu.

Haliç kıyısını izleyerek Eyüp'e doğru ilerliyoruz. Deniz kızıl kızıl tüm güzelliğiyle parlıyordu.

Eyüp'e geldiğimizde yol üzerinde bir karpuz sergisi gördüm. Karpuz alınmasını İhsan Bey'den rica ettim. Beni kırmadı. Son lokmamı arabanın içinde iştahla yuttum.

Enver Paşa, cezanın infazı için Talat Bey'e kendisinin beklenmesini sıkı sıkı tembih etmişti. Talat Bey'i yakından tanıdığı için, bir oldubittiyle karşılaşmak istemiyordu anlaşılan.

Tabiî Talat Bey beni şaşırtmamıştı. Enver Paşa'yı beklemeden, mazbatanın hazırlanmasını emretmişti. Gelen evrakı da vakit kaybetmeden Merkez Komutanlığı aracılığıyla Harbiye Nezareti'ne göndermişti. Enver Paşa yurtdışında olduğu için Harbiye Nezareti'ne de, Dahiliye nazırı olarak kendisi vekâleten bakıyordu. Kararı hemen onaylamıştı.

Gereğinin yapılması için evrakı hemen Merkez Komutanlığı'na da göndermişti.

Merkez Komutanı Cevad Bey cezanın kürck cezasına çevrilmiş şekliyle onaylanacağını beklerken, aynen onaylandığını görünce yanlışlık olduğunu düşünüp Harbiye Nezareti'ne istirhamname yazarak bu durumun düzeltilmesini istiyor.

Söylediklerine göre Merkez Komutanı Cevad Bey diyor ki:

"Yakub Cemil Bey'in Meşrutiyet'in ilanı günlerinde fedakârca hizmetleri görülmüş ve Meşrutiyet'ten sonra ortaya çıkıp Meşrutiyet'i yok etme amacı güden hareketleri etkisiz kılmakta da büyük yararlılığı görülmüş olmasından dolayı bu cihet kendisi hakkında takdiri hafifletme sebebi teşkil ettiği gibi bu zatla birlikte aynı suçtan dolayı sanık olan öteki kimselerin kısmen beraat etmesi, kısmen de cezadan affedilmiş olması suretiyle ceza dışı kalmalarından anlaşıldığına göre adı geçen Yakub Cemil Bey'in sözü edilen eylemlerinin tek başına yapılması da ayrıca kanunî hafifletici sebeplerden bulunduğundan, yüksek Nezaret makamları uygun gördükleri takdirde idam cezasının ömür boyu küreğe çevrilmesi suretiyle hükümlünün affa mazhar kılınmasına atıfet buyurulması arz olunur."[8]

8 İlgili yazı: Dersaadet (İstanbul) Merkez Komutanlığı İdarei Örfiye Kalemi, numara 2616, tarih 28.6.1332. Kaynak: Mustafa Ragıp Esatlı, *İttihat ve Terakki*, Hürriyet Yayınları, mayıs 1975.

Zabit çocuklar söylemiyordu ama ben anlıyordum, Talat Bey yazıyı görünce hiddetlenmiştir. İdamımın acele yapılmasını emretmiştir.

Güneş yavaş yavaş kendini göstermeye başlıyor. Haliç kıyılarını seyretmek hep hoşuma gitmiştir.

Silahtarağa Köprüsü'nü geçip, Kâğıthane Köprüsü'nün gerisinde bir sırtın önünde durduk. O güne kadar ağzıma sigara koymamıştım. Ama arabada bizim zabitlerden bir tane istedim. Onca kez ölümle burun buruna yaşamış, silah, kan hayatımdan eksik olmamıştı. Ama hiçbir zaman tütüne ihtiyaç duymamıştım. Şimdi ise bayağı iyi gelmişti.

Araba durdu.

Ağzımda sigara olmasına rağmen ellerim cebimde indim arabadan. Bir sigara daha isteyip yaktım.

Bir manga silah çatmış asker gördüm. Demek beni bekliyorlardı. Karşılarında bir kazık var. Bir de kenarda bir piyade bölüğü. Şimdiye kadar görmediğim tedbir alınmıştı benim için. Ne gereği varsa...

Bir sigara daha istedim.[9]

Sigaramı içerken Savcı Yardımcısı Reşid Bey idam fermanını okumak isteyince sözünü kestim:

"İstemez... İstemez... Okumayınız! Ben idamımın sebebini biliyorum, hacet yok. Fakat şunu söyleyeyim ki, memleketimi felaketten kurtarmaya çalıştım. Memleketi mahvedenlerin yakın zamanda benim akıbetime uğrayacaklarını görürsünüz!.."

Bir vasiyetimin, aileme tebliğ edilecek bir sözüm olup olmadığını sordular.

"Param malım yok ki sana söyleyecek lafım olsun. Çoluk çocuğuma Cemiyet ve arkadaşlarım bakar. İttihat ve Terak-

9 Cemal Süreya, Yakub Cemil'in yaşamında ilk kez sigara içmesini *Sevda Sözleri* adlı kitabında şiirselleştirmiştir:
"Yakup Cemil'in
Kurşuna dizilmeden hemen önce
Üst üste içtiği
Ömründeki ilk üç sigara..."

ki benim ailemi ne aç bırakır, ne çıplak!" Benim bir tek ailem vardı: İttihat ve Terakki!

Müftü de dinî telkine başlamıştı ki ona da izin vermedim:

"Zahmet etme Hocam, ben Allah'a karşı görevimi yaptım, sana lüzum yok!"

Cebimdeki altın saatle parmağımdaki yüzüğü çıkardım ve eşime vermelerini istedim. İttihat ve Terrakki'ye dua ettim.

"Askerleri benim yüzümden bekletmek, işgal etme doğru değildir" diyerek kazığa doğru ilerledim. Arkamı dayadım. Yüzümü müfrezeye çevirdim.

Ellerimi ve gözlerimi bağlatmak istemiyordum.

"Söz veriyorum, bulunduğum noktadan kımıldamam, ölüme gözlerim açık olarak gitmek isterim!" dedim.

Kabul etmediler.

Ellerimi ve gözlerimi bağlamak üzereyken, kurşuna dizecek müfrezenin subayına, "Subay Efendi, görevini iyi yap ve yaptır! Hükûmetin' emrini unutma! Kalbime nişan alın. Yoksa bu kalp kolay kolay durmaz. Başka söyleyecek bir şey kalmadı" dedim.

"Yaşasın İttihat ve Terakki" diye bağırdım.

Sonra keskin bir düdük sesi ve hemen ardından patlayan on dört tüfek...

Zor nefes alıyordum... Yanı başımda bir sürü fısıldaşma...

Sonra, sonrası karanlık...

Torun "Yakub Cemil"in
sonsözü

Dedem Yakub Cemil'in vücuduna on dört kurşun saplanmıştı.

Belki efsanedir, bilmiyorum; kalbi yarım saat sonra durmuş, yani yarım saat can çekişmiş Kâğıthane sırtlarında. Dediği çıkmış, kalbi öyle hemen teslim olmamıştı.

Son nefesini verdiğinde 36 yaşındaydı.

Dedem Yakub Cemil'in kurşuna dizilmesi İstanbul'da duyulunca söylentiler çıkıyor. Güya dedem, Enver Paşa'yı vurup yaralamış, Harbiye Nazırı Enver Paşa da tedavi için Almanya'ya gitmişti. Bu nedenle Yakub Cemil idam edilmişti.

Bir başka söylentiye göre, Yakub Cemil'in vücudundan sızan kanlar toprağa, "önce vatan" yazmıştı!

Ben özellikle İzmir kampından döndükten sonra dedem Yakub Cemil'le ilgili - daha doğrusu - İttihat ve Terakki Cemiyeti'yle ilgili çok kitap okudum. Aslında sonra anladım ki, dedemi değil kendimi araştırıyordum! Kişiliğimi, çocukluğumdan beri dedemle özdeşleştirmiştim.

Dedem Yakub Cemil'i araştırmak benim için tutkuya dönüştü diyebilirim. Dedem Kâğıthane sırtlarında idam edildiğinde hakkında neler neler söylenmişti.

Örneğin, hükûmet söylentilerin önüne geçebilmek için ertesi gün kendisine yakın bazı gazetelerde Merkez Komutanlığı'nın tebliğini yayınlattı:

"Yedek Binbaşı Yakub Cemil Bey hak etmediği ve kanunun kabul edemeyeceği bir rütbe ve memurluğun kendisine verilmemesinden ve bu görevi alabilmek için başvurduğu yerlerde isteğinin yerine getirilmemesinden duyduğu küskünlük ve kırgınlıkla..." diye uzayıp giden tebliğde, hükûmet aleyhine çalışmasından, Meserret Oteli'ndeki toplantılara kadar her ayrıntı anlatılıyordu.

Tebliğ şöyle sona eriyordu:

"İstanbul Sıkıyönetim Mahkemesi'nde verilen kararın yerine getirilmesi Zatı Şahane'nin iradeleri cümlesinden bulunmuş ve fermanı gereğince idam hükmü Askerî Ceza Kanunu'nun 16. Maddesi'nde tarif edilen şekilde dün sabah saat 7'de Kâğıthane yakınında usule göre yerine getirilmiştir."

Öldüğünü göstermek için bir iki kare fotoğrafı çekiliyor. Ne bileyim, belki de Talat Paşa emin olmak istiyordu! Çünkü o dönemde birçok kişi Yakup Cemil'in idam edilmesine karşı çıkıyordu.

Cenazesini Gülhane'ye götürüyorlar.

"Gelin cenazenizi alın" diye kardeşi Mehmed Hüsnü'ye haber gönderiyorlar.

Mehmed Hüsnü, "Siz kurşuna dizdiniz, siz gömün!" diye tepki gösteriyor.

Cenazeyi kimse almayınca, naaşı sessizce Topkapı mezarlığına götürülüp defnediliyor.

İttihat ve Terakki hükûmeti, aylar sonra "savaş hainliği" suçlusu Yakub Cemil'in dört kişilik ailesine "Hidematı Vataniye (Vatan Hizmeti) tertibinden 33'er kuruş maaş bağlıyor! Yani dedem, "Hıyaneti Vataniye" değil, "Hidematı Vataniye" için ölmüştü!

Size bir başka ilginç anekdot anlatayım:

Dedem Yakub Cemil'in idamı üzerinden iki yıl geçmiştir. Meclis savaş yenilgisinin sorumlusunu aramaktadır.

Sadrazam Said Halim Paşa, Birinci Dünya Savaşı sonrasında Meclisi Mebusan'ın 5. Şubesi'nde ifade vermektedir (9 kasım 1918).

Komisyon üyesi Basra Mebusu Hilmi Bey sorar:

"Yakub Cemil meselesi, galiba zamanı âlinizde olmuştu. İşittiğimize göre bu mesele, siyasî bir şekilde tezahür etmiş ve güya İtilaf devletleri sulh akdi için bir teşebbüste bulunmuş. Babıâli'nin bundan haberi var mıdır? Yoksa bu askerî bir mahiyette mi olmuştur?"

Said Halim Paşa yanıtlar:

"Malumu âliniz Yakub Cemil mecnunun biri idi ve bu meseleden hükûmetin haberi yoktur."

Bu yanıt üzerine komisyon üyesi Ertuğrul (Bilecik) Mebusu Şemsettin Bey[1], "Demek ki bu iş sırf askerî idi. Fakat bir adam payitahtta kurşuna dizilir de, hükûmetin haberi olmaz olur mu?" diye sorar.

Araya başka sorular giriyor ve komisyon dedem Yakub Cemil'in idamının perde arkasını sadrazamdan öğrenemiyor. Belki de fazla üzerinde durmuyorlar, kim bilir!

Bir anekdotta Bekirağa Bölüğü'nden;

İstanbul'a giren İtilaf devletleri, İttihat ve Terakki'nin önde gelen isimlerini, bir dönem dedem Yakub Cemil'in kaldığı Bekirağa Bölüğü'ne dolduruyor.

Yakub Cemil'in "ruhu" mu dolaşıyor bilinmez, ama ittihatçıların Bekirağa Bölüğü'ndeki sohbetlerinde Yakub Cemil ismi sık sık telaffuz ediliyor. Çoğunlukla kızdıkları kişiler hakkında, "Ah, Yakub Cemil şimdi yaşıyor olsaydı!.." lafını kullanıyorlar.

Mesela, İtilaf devletleri zabitleri İstanbul sokaklarında Türk askerlerine çok kötü davranıyor, bazen sövüyorlardı.

İttihat ve Terakki'nin önemli ismi Mıthat Şükrü (Bleda) Bey'in, "Yani şimdi bizim padişah denilen herif bizim zabitlere sövmek serbesttir mi demiş! Bu ne utanmazlıktır ki böyle bir emir verilmiştir" demesi üzerine, araya –ileride Cumhuriyet yönetiminin İçişleri bakanlığını yapacak– Şükrü (Kaya) Bey giriyor:

"Mithat Bey, biz galiba bir hata işledik. O Babıâli baskınından sonra o işi bitirecektik. Talat Bey, Yakub Cemil'in yolunu kesmeyecekti. Yakub Cemil Bey Saray'a gidip işi kö-

---

1 Şemsettin Günaltay; 1949-1950 yıllarında başbakanlık yaptı.

künden bitirecekti. Herhalde bugünü görseydi Talat Bey, kesinlikle izin verirdi. İşte o zaman ne güzel olurdu."

Birkaç gün sonra aynı olayı bu kez Kara Kemal şöyle anlatır arkadaşlarına:

"Yakub Cemil'in dışarı fırladığını gören Enver Paşa, 'Ne oluyor Yakub Cemil Bey?' diye sordu. O da dedi ki: 'Saray'a gidiyorum. Ya bu iş kökünden biter yahut ben biterim.' Enver Paşa sert bir emirle Yakup Cemil'i durdurdu."

Mithat Şükrü Bey de şöyle konuşur:

"Bunu Merkezi Umumî'de konuşmuştuk. Talat Paşa biraz kızmıştı. Kızdığı esas yapılmak istenene değil, zamanına ve şeklineydi. Şekli başka olurdu, peki o zaman Saray'ın yerine ne konacaktı? Tam bir yolu bulunmuş değildi. Herkes Yakub Cemil'i hep 'silaha sarılan adam' diye bilirdi. Lakin aklı da çalışırdı. Zamanın meselelerini iyi bilirdi. Etrafına korku salması yürekliliğinden, inanmışlığındandı. Fakat öyle bir kaderi yaşadı."

Bence, dedem Yakub Cemil, Saray mensuplarını değil, o günkü kabineden İttihat ve Terakki düşmanı bazı nazırları öldürmek istiyordu. Ancak aradan kısa bir zaman geçmesine rağmen dedem Yakub Cemil'in yaptıkları arkadaşları tarafından da abartılmaya başlanmıştı bile. Belki de günah çıkarmak istiyorlardı!

Ne olursa olsun; dedem Yakup Cemil ve arkadaşlarını düşünüyorum da Cumhuriyet daha böyle bir kuşak yetiştiremedi.

Hepsi vatanseverdi. İdealistti. İyi niyetliydiler.

Her cepheye yetişmeye çalıştılar.

Ateş çemberini her geçtiklerinde arkadaşlarını feda ettiler. Dönüp geriye bakmadılar. Bakacak zaman bulamadılar.

Onlar ömrünü çoktan tamamlamış bir imparatorluğu yaşatmak için canlarını feda etmekten geri durmadılar.

Koca bir imparatorluğun yıkılmasına neden oldukları gibi, yeni bir cumhuriyetin kurulmasında da emekleri yok muydu? Bunu kim inkâr edebilir?

Sorgulandılar, yargılandılar, sürgün edildiler, kaçtılar, suikasta kurban gittiler.

Ve idam edildiler.

Bir gün bile kahretmediler.

Sonuçta hayatta kalmayı sadece bir avucu becerebildi.

Gerçek bir kaybedenlerin öyküsü...

Gelelim bana, Torun Yakub Cemil'e...

Sorularınızı duyar gibi oluyorum:

"Danimarka'da neler oldu? Danimarka'dan sonra ne yaptınız?"

Danimarka ve sonrasının bana kalmasını istiyorum.

Artık benim sözüm bitti.

Tarihe karşı görevimi yaptığımı düşünüyorum.

Teşkilatı Mahsusa'nın ilk başkanı Kuşçubaşı Eşref anılarını yazıp yıllarca iki sandıkta sakladı. Öleceğini hissedince, yazılmamasına karar verip hepsini yaktı.

Benim de yaşamımın bir bölümünü yaktığımı kabul edin...

Sadece son olarak şunu söyleyim, ben aslında Yakub Cemil'in değil, kardeşi Mehmed Hüsnü'nün torunuyum. Yakub Cemil benim büyük amcam, yani dedemin ağabeyi. Ama bizim ailede Yakub Cemil'i herkes aile büyüğü olarak görür ve dede der. Ben üçüncü kuşağım, dördüncü kuşak, örneğin benim çocuklarım da, Yakub Cemil'e dede diye hitap eder. Sanıyorum bundan sonra gelenler de geleneği bozmaz.

Yakub Cemil'in iki kızı, büyük halalarım Cemile ve Ülker hiç evlenmediler.

Neden evlenmedikleri konusunda aile içinde birçok görüş vardır. Ama bunlar bence önemsiz konulardır.

Dedemin kuşağında doğal olarak bugün yaşayan kimse yok. Hatta çocuklarının bile çoğu öldü. Sanıyorum bir Dr. Bahaeddin Şakir'in kızı Gülseren Hanım ile Cevad Tayyar Eğilmez'in oğlu İsmail Hakkı hayattalar. Biz üçüncü kuşağız...

Siz bu kitabı okurken, ben hayatımı idame ettirmek için hâlâ koşuşuyor olacağım. Devletten küçük bir "gazi maaşı" alıyorum. Sağ olsun, tanıdık bir büyükelçimiz aracılığıyla iş buldum.

Adımın, fiziğimin ne olduğunun hiçbir önemi yok. Bir gün yolda giderken kafanızı kaldırıp yanınızda yürüyen adama bakın, belki benimdir!..

Son söz; bu ülke üç beş çapulcunun yaptıklarıyla dimdik ayakta durmuyor, bunu herkesin bilmesini istedim. Konuşmak zorundaydım, konuştum, hepsi bu...

Yazarın sonsözü yerine

Ermeni silahşor Arşavir Şıracıyan anlatıyor:[1]

Birinci Dünya Savaşı başladığında on dört yaşındaydım. Annem ve babam, atalarımın tümü gibi Türk topraklarında doğmuştur. Çocuk sayılacak yaşta yetim kaldıktan sonra, annem, kız kardeşim ve erkek kardeşimle beraber Türklerin İstanbul adını verdiği, Constantinople'de Boğaz'ın Avrupa yakasındaki Pera'da yaşamaktayım.

(...)

Savaşın ilanından sonra yavaş yavaş siyasî durumun farkına varmaya ve Ermenilerin önünde duran problemler üzerine erişkinlerin yaşamakta olduğu endişeleri paylaşmaya başladım. Evimiz İhtilalci Ermeni Federasyonu liderlerinin toplantı mahalline dönüşmüştü. Bir kenarda oturarak saatler boyunca bu insanların günün meselelerini tahlil ve mütalaa etmelerini dinledim.

Bir müddet sonra aynı kişiler beni köşemden çıkartarak, silahların nakledilmesi ve saklanması vazifesini bana vermeye karar verdiler.

(...)

---

1 Arşavir Şıracıyan'ın anılarını *The Legacy* adıyla Boston'daki Hairenik Cemiyeti yayımlamıştır. Kastaş Yayınları mayıs 1997 tarihinde bu kitabı, *Bir Ermeni Teröristin İtirafları* adıyla dilimize çevirmiştir. Biz anıların çok kısa bir özetini veriyoruz.

Bana verilen vazîfeyi ifa etmek amacıyla genç bir Türk hamal kılığında dolaşırdım.

(...)

1919 yılında, Ermeni günlük gazetesi *Djagadamard*'ın yayınlandığı apartmanda bir infaz bürosu kurulmuştu. Bu büro İttihat ve Terakki yöneticileriyle Ermeni hainleri gıyaplarında yargılayarak ölüme mahkûm etmişti.

(...)

İnfaz bürosu ilk başarılarını kaydetmeye başlamıştı bile. Ermenilerin isim listelerini hazırlayıp Siyasî Polis Müdürü Reşad Bey'e veren Mösyö Haroutounian kurşunlanarak öldürüldü. Gazeteci Chavarch Missakian'ı polise ispiyon eden Bulgar casusu Vladimir de aynı şekilde temize havale edildi.

(...)

Sonunda bana da görev verildi. Ermeni haini Vahe İhsan'ı, 27 mart 1920 günü vurdum. İlk kurşunum alnını ıskalayarak onu boğazından yaraladı. İkinci kurşunum İhsan'ın koluna saptandı. Artık silah kullanmayacağımı anlar anlamaz kaçmaya başladı. Onu kovalarken ardından iki el daha ateş ettim. Bütün sokak panik halindeydi. Yayalar çığlık çığlığa saklanacak yer arıyordu. Bu arada İhsan yere düştü, başını taşa çarptı. Üçüncü ve dördüncü kurşunlarım ona isabet etmişti.

(...)

Daha sonra öğrendiğime göre koruma görevlisi Osman kaçmadan önce beni teşhis etme fırsatı bulmuştu. Hakkımda bir tevkif müzekkeresi tanzim olunmuştu. Genç Ermeni Cumhuriyetimize gitmem gerekiyordu. Sonunda memleketim Ermenistan'ı görecektim.

(...)

Üç ay boyunca Ermenistan'ı bir uçtan ötekine kat ettim. Ardından, günün birinde Erivan'a çağrıldım.

(...)

Teşkilat beni Roma'ya yollamaya karar vermişti. Aralarında eski Sadrazam Said Halim Paşa'nın bulunduğu İttihat ve Terakki Partisi'nin eski idarecileri bu başkentte lüks içerisinde yaşıyorlardı.

(...)

Talimatlarını beklemek üzere öncelikle Marsilya'ya gitmem gerekmekteydi. Arkadaşlarım bana Avrupalıymışım gibi giyinmemi tavsiye ettiler.

(...)

Bahsedilen bu şahsın fotoğrafları bizde mevcuttu. Her gece yatmadan önce uzun uzun bu resimlere bakarak yüzünü hatırlamaya çalışıyordum. Üzerime almış olduğum vazifeyi yerine getirmek için yanıp tutuşuyordum.

(...)

5 aralık 1921, Roma.

Sabah banyo yaptıktan sonra tıraş oldum ve bütün vücudumu kolonyayla ovdum. İç çamaşırlarımdan kafamdaki geniş kenarlı, siyah renkli artist şapkasına varıncaya dek tüm giysilerim yep yeniydi. Elbiselerime balayına çıkmaya hazırlanan bir damadın gösterdiği itinayı gösteriyordum. Bir gece öncesinden silahımı temizleyip kurşunlarımı saymıştım.

(...)

Önce gelen kupa arabasının sesini duydum. Hemen akabindeyse yeleleri rüzgârda dalgalanarak üzerime doğru gelen atları gördüm. Heyecandan titremeye başlamıştım. Said Halim Paşa ile korumasını arabanın içinde görebiliyordum.

Karşı kaldırıma geçerek orada beklemeye karar vermiştim. Bana kalırsa burası harekete geçmek açısından ideal yerdi. Kararsız adımlarla atların ayakları altında ezilmeme ramak kala, karşıdan karşıya geçmeye muvaffak oldum ve araba tam önüme geldiği anda ani bir hareketle kollarımı kaldırdım. Atlar bir anda şaha kalktılar. Bu anlık duraksamadan yararlanarak basamağına atlamak üzere arabaya doğru koştum. Kaymama rağmen bir elimle arka dayanağı yakalamayı başardım. Varlığımdan hâlâ habersiz olan paşanın koruması, arabacıya atların neden şaha kalktığını soruyordu. Aynı anda Said Halim Paşa bana doğru döndü ve göz göze geldik. Yalvaran bir sesle, korumasına, "Yaren" diye seslendi.

Bu Osmanlı İmparatorluğu'nun eski sadrazamının son sözü oldu. Tabancamın namlusunu sağ şakağına doğrulttuğumda duyduğu dehşet gözlerinden okunmaktaydı. Tetiği çektim. Bir tek kurşun kâfi geldi. Boğuk bir sesle arabanın döşemesine yığıldı. Başı neredeyse ayaklarıma değiyordu.

(...)

Hepimizin de aynı zamanda takma ad olarak kullandığımız lakaplarımız vardı. Pırıl pırıl parlayan kara gözleri Arşak'a "Yıldırım" takma adını kazandırmıştı. Arşak ayrıca üzerinde gece gündüz bir hançer taşımaktaydı.

Şahan Natali'ye ise özenli giysileri, uzun saçları, küçük ayakları ve kasılarak yürüyüşünden ötürü "Damat" derdik. O sıralar "Mehmed Ali" adı altında bir Türkmüşçesine yaşayan Hratch Papazyan ise zarif tavırları nedeniyle "Avrupalı" olarak adlandırılıyordu. Bana da, yerimde duramadığım için "Cıva" diyorlardı.

(...)

17 nisan 1922, Berlin.

Uğurlu olarak kabul ettiğim yakasız beyaz gömleğimi daha önceden de giymiştim. Vahe İhsan'ı öldürdüğüm gün üzerimde işte bu gömlek vardı. Said Halim Paşa suikastında da bu gömleği giymekteydim. Gömleği kendi ellerimle yıkıyordum. Tabancam kumaş üzerinde pas rengi bırakmıştı. Bu gömlek sanki sihirli bir zırh, bir tılsım gibiydi. Bugün de işte üzerimde bu gömlek vardı.

(...)

Önce kadınlar dışarı çıktılar: Cemal Azmî'nin karısı, kızı ve annesiyle büyük oğlunun nişanlısı. Ardından Cemal Azmî ile onun koluna girmiş olan Doktor Bahaeddin Şakir geliyorlardı. Önemli bir konuyu tartışıyorlarmış gibi bir halleri vardı. Kuşkusuz biraz önceki toplantının kritiğini yapmaktaydılar. Onların arkasından ise Doktor Bahaeddin Şakir'in hanımı ile Talat Paşa'nın dul karısı geliyordu. Türkler, bulunduğumuz yerden dört blok kadar uzakta Kurfürstendamm Caddesi yakınlarında bulunan Cemal Azmî'nin evinin yolunu tutmuşlardı. Karşı kaldırımda sokağın köşesine doğru bir ağacın gölgesine sinmiş beklemekteydik. Onları gözümüzü bile kırpmadan izliyorduk.

(...)

Savage marka Amerikan tabancası olan revolverimi çekerek Türklerin üzerine atıldım. Grubun dışında beklemekte olan Talat'ın dul karısı geldiğimi gördü ve üzerime atladı. Kadın olduğuna bakmaksızın sol elimle kendisine bir darbe indirdim. Bir çığlık atarak yere düştü. Cemal Azmî o esnada bana doğru dönmüştü. Çok yakınımda duruyordu. Silahı-

mın namlusunu hafifçe sol tarafa doğru çevirerek sol gözü-
nün altına doğru nişan aldım ve tetiği çektim. Yere yığılıver-
di. O esnada elini cebine sokmakta olan Doktor Bahaeddin
Şakir'e doğru hızla yöneldim. Tabancamın namlusunu gör-
düğü zaman "Ah ah ah!" diye haykırdı. Bu korkmuş hali
hıncımı daha da artırdı. Alnına nişan alarak "Ah tabiî!" diye
bağırdım. Kurşun hedefine ulaşmayarak sol yanına isabet
etti. Hâlâ ayakta duruyordu. Bu arada Aram yetişti. Elinde-
ki Mauser'i Doktor Bahaeddin Şakir'in alnına doğrultarak
tetiği çekti. Yerde yatmakta olan katil arkadaşının üzerine
düştüğünü gördüm...

(...)

Cesetlerin üzerine eğilmiş hüngür hüngür ağlayan karıla-
rına zerre kadar acımadım. Kocaları ve çocukları katledilen
Ermeniler için bir damla olsun gözyaşı dökmüşler miydi?

(...)

Kim kimdir

Abdülhamid II (İstanbul 1842-ay.y.1918), padişah (1876-1909). Kardeşi V. Murad'ın yerine tahta geçti. 23 aralık 1876'da Birinci Meşrutiyet'i ilan etti, ancak 13 şubat 1878'de Osmanlı-Rus Savaşı'nı bahane ederek Meclis'i dağıttı. Bundan sonraki otuz üç yıl süresince ülkeyi mutlakıyet rejimiyle idare etti. 1908'de İttihat ve Terakki Cemiyeti'nin zoruyla meşrutiyeti geri getirmeye mecbur kaldı. Eski gücünü kazanmak için 31 Mart Ayaklanması'ndan yararlanmaya çalıştığı iddiasıyla tahttan indirilerek Selanik'e gönderildi. 1912'de İstanbul'a geri getirildi. Hayatının son yıllarını geçirdiği Beylerbeyi Sarayı'nda öldü.

Ahmed İzzet Paşa soyadı *Furgaç*, sadrazam (Naslic, Manastır 1864-İstanbul 1937). 1884'te Harbiye'den mezun oldu. 1891-1894 yılları arasında Almanya'da Liman von Sanders'le birlikte çalıştı. 1908 Devrimi'nden sonra Genelkurmay başkanlığına getirildi. 1910-1911 yılları arasında Yemen'de görev yaptı ve 1912 yılında Balkan Savaşı'na katıldı. 1913'te Mahmud Şevket Paşa'nın öldürülmesinden sonra, Harbiye nazırlığı görevine getirildi. 1914'te bu görevini Enver Paşa'ya devretti. Birinci Dünya Savaşı'nda, Enver Paşa'nın Sarıkamış bozgunundan sonra Kafkasya Cephesi komutanı olarak görev aldı (1916). İttihat ve Terakki döneminin bitmesiyle 1918'de Talat Paşa'nın yerine sadrazam oldu. Bu görevi fazla uzun sürmedi. 1918-1920 arasında birçok hükûmette görev yaptı. Millî Mücadele'ye katılmadı.

Ahmed Samim gazeteci (Prizren 1884-İstanbul 1910). Galatasaray Sultanî'sinde ve Robert Kolej'de okudu. *İtilaf* ve *Cidal* gazetelerinin ve Yorgaki Molla Hrinos adlı bir Rum'un sahibi bulunduğu *Sadayı Millet*'in başyazarlığını yaptı (1909-1910). 9 haziran 1910 tarihinde faili meçhul bir cinayete kurban gitti.

Ahmed Tevfik Paşa, sadrazam (İstanbul 1845-ay.y. 1936). 1862'de Harbiye'den süvari mülazımı olarak mezun oldu. 1865'te istifa ederek Babıâli'nin Tercüme Bürosu'nda çalışmaya başladı. Roma (1872), Viyana (1873), Atina (1875) elçiliklerinde görev aldı, 1885'te Berlin'e büyükelçi tayin edildi. Avrupa'nın hemen bütün merkezlerinde elçilik kâtipliği, konsolosluk, müşteşarlık vazifeleri gördü. Hariciye nazırı (1895), İkinci Meşrutiyet'ten (1908) sonra da Âyan Meclisi üyesi oldu. Saray'a bağlıydı ve İttihatçı aleyhtarıydı. 14 nisan 1909'da sadrazam tayin edildi. Sadrazamlığı 21 gün sürdü. Londra büyükelçiği yaptı (1909-1914). Savaştan sonra, 1919'da, iki kabine kurdu. Osmanlı İmparatorluğu'nun son sadrazamı (kasım 1920) olarak tarihe geçti.

Akgöl (Eyüp Sabri) asker ve siyaset adamı (Ohri 1876-Ankara 1950). Harbiye mümtaz sınıfından 1896'da mezun oldu. 1897 yılında Hayri Paşa'nın yaverliğine atandı, yaralandı, takdirname aldı, terfi etti. Fransa'ya gitti. Makedonya'da eşkıya takibiyle vazifeliyken İttihat ve Terakki'ye girdi. Cemiyet'in asker kanadının ön şahsiyetlerindendi. Ohri'de kolağası rütbesindeyken, 1908 Ayaklanması'nın liderlerinden biri oldu. Başında bulunduğu Ohri Millî Taburu'yla dağa çıktı; Niyazi ve Enver beylerle "hürriyet kahramanı" olarak büyük şöhrete erişti. İttihat ve Terakki Merkezi Umumî üyeliğine seçildi (1909). Cemiyet dağılana (ekim 1918) kadar bu görevi devam ettirdi. Cumhuriyet Dönemi'nde Büyük Millet Meclisi'nde mebusluk yaptı.

Atatürk (Mustafa Kemal) Türkiye Cumhuriyeti'nin kurucusu ve ilk cumhurbaşkanı (Selanik 1881-İstanbul 1938). 1902'de Harp Okulu'nu, 1905'te kurmay yüzbaşı olarak Harp Akademisi'ni bitirdi. 1907'de İttihat ve Terakki Cemiyeti'ne üye oldu. 1909'da 31 Mart Ayaklanması'nı bastırmak üzere Hareket Ordusu'yla İstanbul'a geldi. 1911'de İtalyanlarla savaşmak üzere gönüllü olarak Trablusgarp'a gitti. Aynı yıl binbaşılığa yükseltildi. 1913'te Sofya ataşe militerliğine atandı.1914'te yarbaylığa yükseldi.1915'te Arıburnu muharebeleri dolayısıyla altın liyakat madalyası verildi. Aynı yıl albaylığa yükseldi. 1916'da Çanakkale Savaşı'ndaki üstün başarılarından dolayı yine altın liyakat madalyası aldı. Mirlivalığa yükseldi. 30 ekim 1918'de Yıldırım Ordular Grubu komutanlığına getirildi. 19 mayıs 1919'da karargâhıyla birlikte Samsun'a çıktı. 9 temmuzda bir genelgeyle istifa ettiğini, kutsal millî gaye için çalışmak üzere artık milletin sinesinde bir ferdi mücahit olarak bulunduğunu, orduya, valilere ve millete ilan etti. 1920'de Meclis'i toplamak amacıyla bütün illerde seçim yapılmasını istedi. 23 nisan 1920'de TBMM açıldı. Başkanlığa seçildi. 10 mayıs 1921'de Müdafaai Hukuk Grubu'nu kurdu. 5 ağustosta 3 ay süreyle başkomutan olarak görev aldı. 19 eylülde Gazi unvanı ile müşir (mareşal) rütbesi verildi. 1 kasım 1922'de TBMM'ce saltanat kaldırıldı. Ocak 1923'te Latife Hanım'la evlendi. 24 temmuzda Lozan Antlaşması imzalandı. 29 ekim 1923'te Cumhuriyet ilan edildi. 1924'te halifelik kaldırıldı. 14 haziran 1926'da kendisine suikast yapılacağı öğrenildi. 1927'de askerlikten emekli oldu. 1928'de Latin harfleri esaslı yeni Türk alfabesini tanıtmak amacıyla yurt gezisine çıktı. 1934'te soyadı kanunu kabul edildi ve Gazi Mustafa Kemal'e Atatürk soyadı verildi. 22 ocak 1938'de ilk siroz teşhisi kondu. 10 kasım 1938'de öldü.

Azmi Bey siyaset adamı (? 1866-Berlin 1922). 1891'de Mülkiye'yi bitirdi. İhtilalden önce Selanik'te Hukuk Mektebi'nin müdürüydü. İttihat ve Terakki Cemiyeti'nin başta gelen üyeleri arasında yer aldı. 1908'de Preveze'den mebus seçildi. Ocak 1909'da istifa etti ve Hüdavendigâr'a (Bursa) vali tayin edildi. Çorum mebusu olarak yeniden Meclis'e girdi (1914). Trabzon valiliği yaptı. Bir süre sonra, Konya'ya vali tayin edildiği için istifa etti. 1918'de Avrupa'ya kaçtı. Berlin'de Ermeniler tarafından öldürüldü.

Bahaeddin Şakir tıp ve siyaset adamı (? 1877-Berlin 1922). İttihat ve Terakki Cemiyeti'nin önemli kişilerindendi. İhtilalci faaliyetlerinden ötürü Erzincan'a sürüldü. Mısır ve Paris'e kaçtı. Ahmed Rıza'yla çalıştı. *Şûrayı Ümmet* gazetesini çıkardı. İhtilalden sonra ne mebus, ne de nazır oldu, Cemiyet'in iç örgütünde görev aldı, merkezi umumî üyeliği (1912-1918) yaptı. Teşkilatı Mahsusa'nın siyasî bölüm şefiydi. Savaştan sonra Berlin'e kaçtı. Bakü Konferansı'na katıldı (1920). Ermeniler tarafından öldürüldü.

Bleda (Mithat Şükrü) siyaset adamı (Selanik 1874-İstanbul 1956). Selanik eşrafından Şükrü Bey'in oğludur. Mülkiye'yi bitirdi. Paris'te ihtisas yaptı ve bu sırada Ahmed Rıza Bey grubuyla tanıştı. Talat Bey'in Selanik'e gelmesiyle Avrupa'dan döndü. İttihat ve Terakki Cemiyeti'nin iç grubunda çok önemli bir yeri oldu. Selanik Maarif Müdürlüğü'nde muhasebecilik yaptı. Sonradan adı İttihat ve Terakki Cemiyeti olan Osmanlı Hürriyet Cemiyeti'ni kurdu (1906). İhtilalci faaliyetleri yüzünden Avrupa'ya kaçmak zorunda kaldı, Cemiyet'in Cenevre kolunda çalıştı. Serez (1908), Drama (1912), Burdur (1916 ara seçimleri)) mebusu, fırkanın merkezi umumî üyesi ve kâtibi umumîsi (1917-1918) oldu. Birinci Dünya Harbi yenilgisiyle İngilizler tarafından Malta'ya sürüldü. Dönüşünden sonra siyaset dışında kaldı. 1926'da İzmir Suikastı'yla ilişkili görülerek tutuklandı, beraat etti. Eski dostu Mustafa Kemal'in emri üzerine 1935'te Sivas mebusu seçildi. Masondu.

Cavid Bey maliyeci ve siyaset adamı (Selanik 1875-Ankara 1926). Selanikli bir tüccarın oğludur. Hüseyin Cahit Yalçın'ın Mülkiye'den sınıf arkadaşıydı. Bu ilişkileri hayat boyu sürdü. 1896'da Mülkiye'den mezun oldu. Ziraat Bankası'nda ve Maarif Nezareti'nde çalıştı. 1902'ye kadar devlet memurluğunu sürdürdü, bu tarihte görevinden ayrılarak Selanik' e döndü. İttihat ve Terakki Cemiyeti'ne girdi. İhtilalden sonra 1908 ve 1912'de Selanik'ten, 1914'te Çanakkale'den mebus seçildi. Birçok kabinede Maliye ve Nafia nazırlığı yaptı, aynı zamanda Mülkiye'de ders verdi. İttihat ve Terakki'nin dağılmasından sonra (1918) siyasetten çekildi, 1919'da İsviçre'ye gitti. Türkiye'ye döndükten sonra İzmir Suikastı'na karıştığı iddiasıyla idam edildi. Masondu.

Cebesoy (Ali Fuat) asker ve siyaset adamı (İstanbul 1883-ay.y.1968). Dedesi 1877-1878 Osmanlı-Rus Savaşı'nda başkumandan olan Mehmed Ali Paşa, babası Millî Mücadele'nin ilk Nafia vekili İsmail Fazıl Paşa'dır. Erzincan Askerî Rüştiyesi'nde, İstanbul'da Saint-Joseph Fransız Lisesi'nde okudu. Harp Okulu'na girdi, 1905'te kurmay yüzbaşı olarak Harp Akademisi'nden mezun oldu. Mustafa Kemal'in Harbiye'den sınıf arkadaşıydı. Makedonya'da eşkıya takibinde bulundu. 1918'de mirliva oldu. Millî Mücadele'ye katıldı. 1920-1921'de Moskova büyükelçiliği yaptı. 1924'te Terakkiperver Cumhuriyet Fırkası'nın kurucuları arasında yer aldı. Mustafa Kemal'e suikast teşebbüsü iddiasıyla 1926'da tutuklandı. Aklandı. Babası gibi Nafia vekilliği yaptı (1939-1943). TBMM başkanlığı görevinde bulundu (1947-1950). Yayımlanmış altı eseri var.

Cemal Paşa *Büyük Cemal Paşa* da denir, asker, devlet adamı (Midilli 1872-Tiflis 1922). Enver, Talat, Cemal üçlüsünün en yaşlı üyesi olarak ün yaptı. 1893'te Harbiye'yi, 1895'te kurmay yüzbaşı rütbesiyle Harp Akademisi'ni bitirdi. Selanik'te 3. Ordu'ya atandı. 1906'da İttihat ve Terakki Merkezi Ümumî üyesi oldu. Üsküdar kaymakamlığı, İşkodra askerî valiliği görevlerinde bulundu. Albaylığa terfi etti. Adana (1909) ve Bağdat (1911) valisi, Konya İhtiyat Kuvvetleri kumandanı (1912) olarak görev yaptı. Balkan Savaşı'na katıldı. İstanbul şehremini (1913), Nafia ve Bahriye nazırı oldu. Birinci Dünya Savaşı'nda 4. Ordu komutanlığı ve Suriye valiliği görevlerini üstlendi. Bozgunla sonuçlanan Kanal Harekâtı'nın başında bulundu. 2 kasım 1918'de Almanya'ya kaçtı. Tiflis'te Ermeniler tarafından öldürüldü.

Çetinkaya (Ali) *Kel Ali* de denir, asker ve siyaset adamı (Afyon 1878-İstanbul 1949). Harp Okulu'nu bitirdi. İlk görevi Arnavutluk sınırında karakol komutanlığı oldu. 1911'de Derne'de Mustafa Kemal'le birlikte İtalyanlara karşı çarpıştı. Makedonya, Irak, Kafkasya cephelerinde bulundu. Malta sürgünleri listesine alınarak Türkiye'den uzaklaştırıldı. Müdafaai Hukuk Grubu yönetim kurulunda görev aldı. Ayvalık'ta Yunanlılara karşı direniş cephesi kurdu. TBMM çatısı altında meslektaşı Deli Halid Paşa'yı vurarak öldürdü. Suçsuz bulundu. İstiklal Mahkemesi Başkanlığı yaptı. 1926'da Atatürk'e suikast düzenledikleri iddiasıyla birçok arkadaşı-

nın idamına karar verdi. Bayındırlık (1934) ve Ulaştırma ba-
kanlığı (1939-1940) yaptı.

Derviş Vahdetî gazeteci ve din adamı (Lefkoşa 1869-İstanbul
1908). Lefkoşa Medresesi'nde din öğrenimi gördü. 1890'da
İstanbul'a geldi. Cer hocası olarak Anadolu'yu gezdi. Şeyhü-
lislam olan Tokatlı Mustafa Sabri Efendi'nin kurduğu
Cemiyeti İttihadiyei İlmiye'ye girdi ve kısa zamanda devrin
din şahsiyetlerini çatısı altında toplayan kuruluşun başlıca
liderlerinden oldu. İttihatı Muhammedî Cemiyeti'ni kurdu.
Volkan gazetesini yayımlamaya başladı. 31 Mart Ayaklan-
ması'nın başlıca tertipçilerindendi. Hurşid Paşa Divanı har-
bince aslî suçlu görülüp Beyazıt Meydanı'nda asıldı.

Emmanuel Karasu Yahudi kökenli siyaset adamı (öl. Trieste
1934). Hukuk Mektebi'ni bitirdi. "Macedonia Risorta" adlı
mason locasının üstadı âzamıydı. İttihat ve Terakki'nin Se-
lanik kolunda çalıştı, hareketin mason localarınca korun-
masını sağladı. İhtilalden sonra, yabancı, özellikle İngiliz yo-
rumcular tarafından, İttihat ve Terakki'nin liderlerinden ve
"habis ruhlarından" biri olarak nitelendirildi. Ancak, sanıldı-
ğı kadar etkili olamadı. Selanik (1908 ve 1912) ve İstan-
bul'dan (1914) mebus seçildi. 1919'da İtalya'ya kaçtı, İtalyan
vatandaşı olarak Trieste'ye yerleşti.

Enver Paşa asker ve devlet adamı (İstanbul 1881-Balcuvan,
Tacikistan 1922). İttihat ve Terakki'nin meşhur üçlüsünün
en genci olmakla birlikte en ünlü üyesiydi. Küçük bir devlet
memurunun oğlu olarak dünyaya geldi. Annesi Ayşe Ha-
nım, Babası Hacı Ahmed Paşa'dır. 1902'de Harp Akademi-
si'nden kurmay yüzbaşı olarak mezun oldu. 3. Ordu'ya ta-
yin edildi. Eşkıya takibinde yararlılık gösterdi. Manastır'da
İttihat ve Terakki Cemiyeti'ne girdi (1906). 1907'de kurmay
binbaşı oldu. İkinci Meşrutiyet'in ilanı için Manastır Millî Ta-
buru'yla birlikte dağa çıktı. Bu olaydan sonra şöhreti "Kah-
ramanı Hürriyet" olarak bütün ülkeye yayıldı. 1908 Ayak-
lanmasının liderlerinden biri olarak ün yaptı. İhtilalden son-
ra, merkezi umumî üyesi oldu. "Suavi" takma adını kullan-
dı. 31 Mart Ayaklanması başladığında (1909), ataşe militer
olarak bulunduğu Berlin'den Türkiye'ye dönerek Yeşilköy'de
Hareket Ordusu'na katıldı. Libya'da (1911) ve Balkanlar'da

(1913) savaştı. Onu zirveye çıkaran olayların içinde Babıâli Baskını önemli bir hareket noktası oldu. Liva komutanlığına (tuğgeneral) terfi etti. Harbiye nazırı oldu (1913). Orduda ıslahata girişti. 1914'te mirliva ordu. Naciye Sultan'la evlendi. Mahpeyker, Türkân, Ali ve Sultan adında çocukları vardı. 1918'de Osmanlı ordusunun savaştan yenik çıkması üzerine, diğer İttihatçı liderlerle birlikte ülke dışına çıktı. Türkistan'da Bolşeviklere karşı savaşırken öldü. Oğlu Ali Enver Hava Kuvvetleri'nde yüzbaşıydı. Ordudan ayrıldı, Avustralya'daki bir uçak kazasında 1971 yılında öldü.

Fehim Paşa II. Abdülhamid'in yaveri ve başhafiyesi (İstanbul-1873-Bursa 1908). II. Abdulhamid'in sütkardeşi, çocukluk arkadaşı ve esvapçıbaşısı olan İsmet Bey'in oğludur. Saray'da büyüdü. Harbiye'de sınıfı mahsustan 1894'te yüzbaşı olarak mezun oldu. Beş senede albaylığa yükseltildi. Mevkiini muhafaza için önüne geleni jurnal etti. Meşrutiyet'in ilanından sonra ülkeyi terk etme hazırlığı içindeyken Yenişehir kazasında tanındı ve halk tarafından linç edildi.

Filibeli Hilmi asker ve siyaset adamı (Filibe ?-Ankara 1926). Kariyeri İttihat ve Terakki fedaîlerinin birçok yönden tipik bir örneğidir. İttihat ve Terakki'nin en eski üyelerinden biriydi. 1909'da Hareket Ordusu'nda yer aldı. Teşkilatı Mahsusa'da görev yaptı. Cemiyet'in müfettişi oldu. 1918'de İttihat ve Terakki Cemiyeti tarafından ulusal hareketi başlatmak üzere Ardahan'a gönderildi. Birinci Millet Meclisi'nde Ardahan mebusuydu. Mustafa Kemal Paşa'ya düzenlenen İzmir Suikastı'nın düzenleyicilerinden olduğu gerekçesiyle yargılanıp asıldı.

Halaskâr Zabitan Grubu İttihat ve Terakki'ye karşı bazı subaylar tarafından kurulan cunta. Belli başlı elemanları Tevfik (Burunsuz), Satvet Lütfi, Dr. Rıza Nur, Melami Şeyhi Terlikçi Salih'tir. Grubun gayesi, İttihat ve Terakki istibdadını yıkmak ve orduyu siyasetten uzaklaştırmaktı. 1912 yılında harekete geçtiler. Şûrayı Askerî reisliğine, bu kanalla da padişaha sunulan bir beyannameyle İttihat ve Terakki hükûmetini istifaya zorladılar. Said Paşa istifa etti. İktidar partisi grubun yeni kabine hakkındaki fikrini sordu. Halaskâr Grup da kabinede Nâzım Paşa'nın Harbiye nazırı olarak, Kâmil Paşa'nın da herhangi bir vazifeyle bulunmalarını şart koştu ve bu suretle "Büyük Kabine" adı verilen Gazi Ahmed Muhtar Paşa Kabinesi kuruldu. Büyük Kabine'nin iktidara geçmesinden kısa bir süre sonra Balkan Harbi başladı. Harp devam ederken Babıâli Baskını gerçekleşti. İktidar tekrar İttihat ve Terakki'nin eline geçti.

Hasan Fehmi gazeteci (? 1866-İstanbul 1909). Osmanlı Ahrar Fırkası'na üye oldu. Ahmed Rıza'nın Paris'te çıkardığı *Meşveret* gazetesinde çalıştı. İhtilalden sonra, İttihat ve Terakki aleyhtarı yayınlar arasında sözünü en esirgemeyen gazete olan *Serbesti*'yi çıkardı. 7 nisan 1909'da Galata Köprüsü üzerinde öldürüldü. Bu olay, 31 Mart Ayaklanması'nın başlangıcı oldu.

Hürriyet ve İtilaf Fırkası siyasî parti. İkinci Meşrutiyet'in en buhranlı safhasında, 1911 yılında kuruldu. Fırka ayrı bulunan muhalifleri birleştirdi. İlk reisi Damat Ferid Paşa'dır. Fırkanın amacı, memlekette çokpartili liberal temsilî meşrutiyeti kurmak, İttihat ve Terakki'nin siyaset tekelini frenlemek hatta kaldırmaktı. Fırka doktrini iki esaslı fikir üzerine kuruluydu: Osmanlıcılık ve ademi merkeziyet prensibi. *Teşkilat, Takdirat, Teminat, Merih* gazeteleri yayın organlarından bazılarıydı. Sadrazam Mahmud Şevket Paşa suikastı üzerine bazı elemanları, İttihat ve Terakki hükûmeti tarafından Sinop'a sürüldü. Ancak hükûmet fırka hakkında fesih kararı vermedi. Hürriyet ve İtilaf Fırkası mütareke dönemine kadar etkisiz kaldı. Bu arada Paris'e kaçan yöneticileri Millî Muhalefet Fırkası'nı kurdular. 1919 yılında yeniden faaliyete geçildiğinde Miralay Sadık Bey ve Mustafa Sabri Efendi arasında çıkan anlaşmazlık fırkayı ikiye böldü. Fırkanın bu dönemdeki en önemli gazetesi *Mesuliyet* oldu. Meşrutiyet'in son seçimine (1919) katılmadı. Damat Ferid Paşa'nın sadareti Tevfik Paşa'ya terk etmesiyle fırka kapandı.

Hüseyin Hilmi Paşa sadrazam (Midilli 1855-Viyana 1922). Babıâli'de görev aldı, İmparatorluğun değişik bölgelerinde devlet memuru olarak çalıştı. Liberal ve becerikli bir idareci niteliğiyle tanındı. Özellikle Rumeli genel müfettişi olarak (1903-1908) ün yaptı. İttihatçılar tarafından sevilirdi. İhtilalden sonra nazırlık (dahiliye, 1908-1909; adliye, 1912) ve sadrazamlık (1909-1910) görevlerinde bulundu. Viyana büyükelçiliğine atandı (1914-1918). Mütareke'den sonra Türkiye'ye dönmesi İttihatçılarla olan ilişkisinden ötürü yasaklandı.

Hüseyin Hüsnü Paşa asker ve siyaset adamı (İstanbul 1852-ay.y.1926). 31 Mart Ayaklanması'nda (1909) isyancılara karşı yürüyen Hareket Ordusu'nun komutanlığını yaptı. Bu görevini Yeşilköy'de Mahmud Şevket Paşa'ya devretti. Sıkı disiplin taraftarı olması ve profesyonel asker kimliğiyle tanındı. Ordu ile politikanın birbirine karışmasına şiddetle karşıydı. 1914'teki temizleme faaliyetinde ordudan atılan yüksek rütbeli subaylar arasında bulunmamakla birlikte, savaş sırasında faal bir görev almadı. Türkiye İşçi Partisi Genel Başkanı Mehmet Ali Aybar'ın dedesidir.

İbrahim Hakkı Paşa sadrazam (İstanbul 1863-Berlin 1918). Mülkiye'yi bitirdi (1882). Hükûmet memurluğu ve hukuk müderrisliği görevlerinde bulundu. Her iki alanda da gösterdiği başarıdan ötürü kısa zamanda önemli yerlere geldi. İhtilalden sonra çok kısa süre Dahiliye ve Maarif nazırlığı yaptı (1908-1909). Romanya büyükelçiliğine atandı (1909-1910). Sadrazam oldu (1910-1911). Berlin büyükelçiliğiyle görevlendirildi (1915). Alman-Türk Antlaşması'nı imzaladı (1917). Âyan Meclisi üyesi (1917), Brest-Litovsk'ta tam yetkili temsilci (1918) oldu.

İnönü (İsmet) asker ve devlet adamı, Türkiye'nin ikinci cumhurbaşkanı (İzmir 1884-Ankara 1973). 1907 yılı içinde İttihat ve Terakki Cemiyeti'ne girdi. 1908'de ihtilal patladığında 31 Mart Ayaklanması'nda Hareket Ordusu'na katıldı. Hayatının en önemli başarılarından birini Yemen'de barışı sağlayarak elde etti. 1912'de binbaşı, 1914'te yarbay oldu. Tümen komutanlığı, kolordu komutanlığı ve Garp Cephesi komutanlığı yaptı. Yunan ve Çerkez Ethem kuvvetlerine karşı mücadele etti. Mudanya Mütarekesi görüşmelerini yürütmek üzere Mustafa Kemal tarafından görevlendirildi. Lozan Konferansı'na giden heyete başkan seçildi ve Dışişleri bakanlığına, Lozan'dan döndüğünde de başbakanlığa getirildi (1923). Atatürk'ün ölümünden sonra cumhurbaşkanı seçildi. Türkiyc'yi İkinci Dünya Savaşı'na sokmadı. 1960'tan sonra başbakanlık ve ana muhalefet partisi liderliği de yaptı. Atatürk'ün yanına, Anıtkabir'e gömüldü.

İsmail Canbulat asker ve siyaset adamı (İstanbul 1880-İzmir 1926). İttihat ve Terakki'nin asker kanadının ilklerindendi. Talat Paşa'nın çok güvendiği kişiler arasındaydı. İzmit mebusu (1912), polis şefi (1914). İstanbul valisi (1915) ve İstanbul şehremini (1916), İsveç büyükelçisi (1918) ve Dahiliye nazırı (1918) oldu. Malta'ya sürüldü. 1924'te Terakkiperver Cumhuriyet Fırkası kurucuları arasında yer aldı. Mustafa Kemal Paşa'ya düzenlenen İzmir Suikastı'yla ilgili görülerek İstiklal Mahkemesi'nce asıldı. Masondu.

İttihadı Muhammediye Cemiyeti *İttihadı Muhammedî Fırkası* olarak da bilinir, 5 nisan 1909'da İstanbul'da kurulup, kısa süre sonra kapanan dinci siyasî dernek. Derviş Vahdetî tarafından kuruldu. Bu örgütün yayın organı *Volkan* gazetesiydi. Kesin üyesi belli değildi. Saidi Nursî'nin de aralarında bulunduğu kurucu üyelerinin büyük çoğunluğu dervişler, dinî görevliler ve alaylı askerlerden oluşuyordu. İslamcı bir ideolojiye sahip örgüt Kuran ve şeriatın üstünlüğünü sağlamak, Müslümanların sosyal ve politik etkinliklerini artırmak amacını güdüyordu. Osmanlı Meclisi'nde üyesi yoktu. Osmanlı Ahrar Fırkası'yla yakın ilişkileri vardı. 31 Mart Ayaklanması'ndan bir hafta önce kurulan örgüt isyanda önemli rol üstlendi. Ayaklanmanın bastırılmasından sonra varlığı sona erdi; üyelerinin bir kısmı idam edildi.

Kamçıl (Atıf) asker ve siyaset adamı (Çanakkale 1882-? 1947). Manastır Askerî Rüştiye ve İdadisi'nde okudu. 1903'te Harbiye'yi bitirdi. 4. ve 3. Ordu'da vazife aldı. Eşkıya takibinde başarı gösterdi. Nişancılığıyla meşhurdu. Ali Fethi (Okyar) Bey'in aracılığıyla İttihat ve Terakki'ye girdi. Fedaîler grubunda vazife aldı. Şemsi Paşa'yı vurdu. Meşrutiyet'in ilanından sonra mesleğinde kaldı. Balkan Savaşı'nda yaralandı. Cumhuriyet'ten sonra Çanakkale milletvekili olarak Meclis'e girdi.

Kâmil Paşa sadrazam (Lefkoşa 1832-Larnaka 1913). Mısır'daki Harp Akademisi'nde eğitim gördü. Oxford'u bitirdi. Mısır Valisi Abbas'ın hizmetinde tercümanlık yaptı. Osmanlı devlet memurluğuna girerek, imparatorluğun çeşitli bölgelerinde görev aldı; Halep (1869) ve Kosova (1877) valiliği, evkaf nazırlığı (1880), sadrazamlık (1885) yaptı. 1891'den sonra İngilizlere karşı beslediği aşırı dostluk yüzünden itibarını yitirdi, ancak İngilizler sayesinde sürgün ve benzeri cezalardan kurtuldu. İngilizler tarafından desteklenmesi, aynı zamanda İttihatçılar arasında liberalizm taraftarı olarak tanınmasına yol açtı. İhtilalden sonra izlediği İngilizci siyaset, Büyük Avrupa devletlerine tanıdığı imtiyazlar ve bu arada İtilafçılarla olan ilişkisi, onun İttihat ve Terakki'yle çatışmasına sebep oldu. Babıâli baskınıyla sadrazamlığına son verildi.

Karabekir (Kâzım) asker ve siyaset adamı (İstanbul 1882-Ankara 1948). Babası Mehmed Emin Paşa'dır. 1902'de Harp Okulu'nu, 1905'te Harp Akademisi'ni (birincilikle) bitirdi. 3. Ordu emrine verildi. Kıta hizmetlerini tamamladıktan sonra Manastır Mıntıka Erkânıharbiyesi'nde görev aldı. Bulgar, Rum çeteleriyle çarpıştı. Manastır Gizli İhtilal Komitesi'ne girdi. Harp Okulu'nda öğretim üyeliği yaptı. 1907'de Edirne İttihat ve Terakki Cemiyeti üyesi oldu. 1908'den sonra Edirne'de 2. Ordu'da görev yaptı. 31 Mart Olayı üzerine Hareket Ordusu'yla İstanbul'a geldi. Balkan ve Çanakkale savaşlarına katıldı. 1918'de mirliva oldu. 1919'da Doğu Anadolu'daki 9. Ordu komutanlığına atandı. Ordusu direniş hareketinin belkemiğini oluşturdu. 1924'te Terakkiperver Cumhuriyet Fırkası'nın kurucuları arasında yer aldı. İzmir Suikastı davasında tutuklandı, aklandı. 1926'da emekli oldu. Mustafa Kemal'in ölümünden sonra siyasete döndü. 1946'da Millet Meclisi başkanlığına seçildi. Evliydi ve üç çocuğu vardı. Bektaşîydi.

Kara Kemal *İaşeci Kemal* de denir, asıl adı *Ahmed Kemal*, siyaset adamı, örgütçü (İstanbul 1868-ay.y.1926). İttihat ve Terakki'nin esnaf teşkilatını kurdu. Birinci Dünya Savaşı'nda iaşe nazırlığında bulundu. İttihatçıların tevkifi sırasında yakalanmamak için Aksaray'da bir evde saklandı ve yakalanacağını anlayınca o evin kümesinde intihar etti.

Kuşçubaşı Eşref soyadı *Sencer*, istihbaratçı (İstanbul 1873-Salihli 1964). II. Abdülhamid'in kuşçubaşısı Hacı Mustafa Bey'in oğludur. Kuleli Askerî Lisesi'nde okudu. İhtilalci bir örgüte katıldığı için Edirne'ye sürgün edildi. Üç yıl Edirne'de kaldıktan sonra liseye döndü. Gizli örgüte üye olduğu gereçekçesiyle 1897'de babasının Sultan Aziz ve II. Abdülhamid'in kuşçubaşısı olmasından dolayı en hafif cezayla Hicaz'a sürüldü. Orada kardeşleriyle birlikte Arap İhtilalci Cemiyeti'ni kurdu. Tutuklandı. Taif zindanından prangadan kurtularak kaçtı. 1907 başında değişik kılık ve adlarla bütün Arabistan'ı dolaştı. 1907'de İttihat ve Terakki Cemiyeti'ne katıldı. En ünlü fedaîlerden biriydi. Teşkilatı Mahsusa'nın ilk başkanı oldu. 1917'de İngilizler tarafından esir edildi. Arapça'nın her lehçesini mükemmel konuşuyordu. Cumhuriyet'ten sonra 150'likler listesine alınıp sürgüne gönderildi. 1938'de affedildi. Vefatından bir süre önce hatıra ve dokümanlarını Salihli'deki çiftliğinde yaktı.

Kut (Halil) *Halil Paşa* da denir, asker (İstanbul 1882-ay.y. 1957). Enver Paşa'nın kendinden küçük amcası. İttihat ve Terakki Cemiyeti ile Teşkilatı Mahsusa'nın fedaîsiydi. Değişik cephelerde savaştı. Tümgeneralliğe kadar terfi etti. 1916'da Alman Komutan Von der Goltz'un ölümünden sonra Irak'taki Osmanlı kuvvetlerini yönetti. Savaştan sonra Türk milliyetçilerinin temsilcisi olarak Moskova'ya gitti. Cumhuriyet'ten sonra Türkiye'ye döndü. Mustafa Kemal'e, "Orduda bir vazifeye mi tayin edeceksiniz, yoksa serbest kalmamı mı istiyorsunuz?" diye sordu. Mustafa Kemal Paşa, "İki gün sonra size yanıt vereyim" dedi. İki gün sonra Çankaya'ya davet ettiği Halil Bey'e, "Serbest kalmanızın daha yararlı olacağını düşünüyorum" dedi. Halil Bey bu tarihten sonra ne siyasetle ne de askerlikle ilgilendi.

Mahmud Şevket Paşa sadrazam (Bağdat 1856-İstanbul 1913). Basra Mutasarrıfı Süleyman Bey'in oğludur. 1882'de Harbiye'den mezun oldu. Dokuz yıl Almanya'da kaldı. 1905'te ferik oldu. Konya valiliği yaptı. İhtilal sırasında (1908) Kosova valisiydi. Daha sonra 3. Ordu'ya komuta etti. Hareket Ordusu komutanı olarak 31 Mart Ayaklanması'nı bastırdıktan sonra harbiye nazırı ve 1., 2., 3. orduların müfettişi oldu, imparatorluğun en güçlü kişisi haline geldi. İttihat ve Terakki Cemiyeti'ne girmedi, ancak hoşgörü gösterdi. 1912'de İtilafçılar görevine son verdi. Ocak 1913'teki İttihatçı darbesinden sonra sadrazam ve Harbiye nazırı yapıldı. Bir suikast sonucu öldürüldü.

Mehmed Said Paşa sadrazam (Erzurum 1838-İstanbul 1914). Bir süre Erzurum'da memurluk yaptıktan sonra 1859'da İstanbul'a geldi. Damat Celaleddin Paşa'nın himayesinde yükseldi. II. Abdülhamid'in birinci kâtibi (1876), Ticaret ve Dahiliye nazırı ve 1879'da sadrazam oldu. İhtilale (1908) kadar, Saray politikasının olağan kaypaklığına uygun olarak, kâh parladı, kâh gözden düştü. 22 temmuz 1908'de yedinci kez sadrazam oldu. Önceleri İttihatçılara karşı düşmanca davrandıysa da, kısa zamanda onlarla anlaştı.

Menteşe (Halil) siyaset adamı (Milas 1874-ay.y. 1948). İstanbul ve Paris'te hukuk öğrenimi gördü. Paris'te İttihat ve Terakki Cemiyeti'ne girdi ve muhtemelen, İzmir'de Dr. Nâzım'la birlikte ihtilal için çalıştı. 1908, 1912 ve 1914'te Menteşe mebusu seçildi. Nisan 1911'de Talat Paşa'nın yerine Dahiliye nazırı oldu. Mayıs 1912'den ağustos 1912'ye kadar Meclisi Mebusan başkanlığı yaptı. Mayıs 1914'te ikinci kez (ekim 1915'e kadar) ve ekim 1918'de üçüncü kez (kasım 1918'e kadar) bu görevde bulundu. Şûrayı Devlet başkanı (haziran 1913-mayıs 1914), Hariciye nazırı (ekim 1915-şubat 1917) oldu. Mayıs 1916'dan itibaren Adliye nazırlığını vekâleten yönetti. Adliye nazırlığına atandı ve vekâleten Şûrayı Devlet başkanlığına getirildi (şubat 1917). Mart 1919'da tutuklandı ve Malta'ya sürüldü. 1922'de Türkiye'ye döndü. İzmir'den bağımsız milletvekili seçilinceye kadar (1931-1946) siyasal hayatın dışında kaldı. İttihat ve Terakki Cemiyeti içinde Talat Paşa'ya çok yakın oluşuyla tanındı.

Nâzım Bey *Doktor Nâzım* ve *Selanikli Nâzım* da denir, siyaset adamı (Selanik 1870-İzmir 1926). İstanbul'da Askerî Tıbbiye'de okurken gizli İttihadı Osmanî Cemiyeti'ne üye oldu (1889). Hakkında soruşturma açılınca Paris'e kaçtı. Öğrenimini Paris'te tamamladı, burada Ahmed Rıza'yla birlikte çalıştı. 1902'de Paris'te toplanan Birinci Jön Türk Kongresi'ne katıldı. 1907'de İttihat ve Terakki'ye girdi ve en aktif üyelerinden biri oldu. İttihat ve Terakki tarafından Selanik'e davet edildi. Selanik'e 1908 İhtilali'nden önce gizlice ve hoca kıyafetiyle geldi. Cemiyet'in Paris ve Selanik kolları arasında bağlantı sağladı. Makedonya Grubu'yla birleşmesine aracılık yaptı. Sonra İzmir'e geçerek orada Yakub Ağa takma adıyla bir tütüncü dükkânı açtı. İttihat ve Terakki'nin Ege teşkilatını kurdu. Başta İsmet (İnönü) Bey olmak üzere subaylar arasında çalıştı. Anadolu'da İttihatçı propagandası yaptı. 1908 İhtilali patlak verince, II. Abdülhamid'in İzmir'den Selanik üzerine sevk ettiği askerî birliklerin arasına sızmanın yolunu buldu. Meşrutiyet'in ilanından sonra, perde arkasında çalışmaya devam etmeyi tercih etti, Selanik Belediye Hastanesi baştabibi olarak kaldı. İttihat ve Terakki Merkezi Umumîsi'nin sürekli üyesiydi. 1911'e kadar Cemiyet'in genel sekreterliğini yaptı. 1918'de (ağustos-ekim) Maarif nazırı olarak kabineye girdi. Mustafa Kemal'e karşı hazırlanan İzmir Suikastı'yla ilişkisi olduğu gerekçesiyle asıldı.

Nâzım Paşa asker ve devlet adamı (İstanbul 1858-ay.y.1913). Harbiye'yi bitirdikten sonra askerî öğrenimine Fransa'da devam etti. 1901'e kadar Makedonya, Yemen ve Hicaz'da hizmet gördü. II. Abdülhamid tarafından Bağdat'a sürüldü. 1908'de Edirne'deki 2. Ordu'ya kumandan tayin edildi. İstanbul garnizon kumandanı oldu (nisan 1909). 31 Mart Ayaklanması'ndan sonra Bağdat'a vali olarak gönderildi (nisan 1910-şubat 1911). İttihat ve Terakki iktidardan düştükten sonra Harbiye nazırlığı görevine getirildi (1912-1913). Babıâli Baskını sırasında Yakub Cemil tarafından tabancayla vurularak öldürüldü.

Noradunkyan (Gabriel) Ermeni asıllı devlet adamı (İstanbul 1852-?). Sultan Aziz'in fırıncıbaşısı Mikael Noradunkyan'ın oğludur. Galatasaray Lisesi'ni ve Mülkiye'yi bitirdi. Babıâli Hariciye Kalemi'ne girdi ve kısa sürede burada müdür oldu. Tevfik Paşa Kabinesi'nde Hariciye, Hüseyin Hilmi Paşa Kabinesi'nde Ticaret ve Nafia nazırı oldu. 31 Mart Ayaklanması'ndan sonra kurulan Ahmed Tevfik Paşa Kabinesi'nde yerini muhafaza etti. Gazi Ahmed Paşa Kabinesi'nde yine Hariciye nazırı oldu.

Okyar (Ali Fethi) asker ve siyaset adamı (Pirlepe 1880-İstanbul 1943). Kurmay yüzbaşı olarak Harp Akademisi'ni bitirdi (1903). İttihat ve Terakki Cemiyeti'ne girdi (1906). Tahttan indirilen II. Abdülhamid'in Selanik'e götürülmesi görevini üstlendi. 1908 Devrimi'nden sonra ataşe militer olarak Paris'e gönderildi (1910). 1911'de İttihat ve Terakki Fırkası kâtibi umumîsi oldu. 1912'de askerlikten ayrıldı, ancak yine de Trablusgarp Cephesi'nde (1911-1912) çarpıştı. Manastır (1912) ve İstanbul (1914) mebusu seçildi. Sofya elçiliği görevinde bulundu (1915). Birinci Dünya Savaşı'ndan sonra 1918'de Hürriyetperver Avam Fırkası'nı kurdu. İngilizlerce tutuklandı. 1920'de Millî Mücadele'ye katıldı. TBMM'de mebusluk yaptı. İçişleri bakanı oldu (1923). Başbakanlık görevinde bulundu (kasım 1924-mart 1925). Paris büyükelçiliğine atandı (1925-1930). 1930'da Serbest Fırka'yı kurarak partinin genel başkanı oldu. 1933'te Konya milletvekili olarak TBMM'ye girdi. Londra büyükelçiliği (1931-1939) ve Adalet bakanlığı (1939-1941) yaptı.

Orbay (Rauf) asker ve siyaset adamı (İstanbul 1881-ay.y.1964). Bir Osmanlı amiralinin oğludur. Deniz Harp Okulu'nu bitirdi. Denizciliğin bütün kademelerinde hizmet gördü. 1908'de Sisam Adası'nda çıkan isyanı bastırdı. Trablusgarp Harbi'nde deniz yoluyla ikmali sağladı. 1913'te Hamidiye zırhlısı komutanı olarak ulusal bir kahraman oldu. Birinci Dünya Savaşı'nda donanmada ve Teşkilatı Mahsusa fedaîsi olarak İran'da görev yaptı. Müşir İzzet Paşa Kabinesi'nde Bahriye nazırlığı görevinde bulundu. Brest-Litovsk ve Mondros antlaşmalarında Osmanlı heyetinin üyesiydi. Mayıs 1919'da ulusal direnişi örgütlemek üzere Anadolu'ya geçti. Hareketin liderlerinden biri ve son Osmanlı Mebusan Meclisi'nde mart 1920'ye kadar milliyetçilerin başıydı. Bu tarihte Meclis'in kapatılması üzerine Malta'ya sürüldü. Yurda dönüşünden sonra Ankara'ya giderek TBMM'de yer aldı. Nafıa vekilliği (1921-1932) ve başbakanlık (1922-1923) yaptı. 1923'ten itibaren Cumhuriyet Halk Fırkası içinde Mustafa Kemal ve İsmet paşaların siyasetlerine karşı muhalefetin liderliğini üstlendi. 1924'te Terakkiperver Cumhuriyet Fırkası'nı kurdu. 1926'da İzmir Suikastı'nın arkasındaki "beyin" olmakla suçlandı ve gıyaben 10 yıl hapis cezasına çarptırıldı. 1926'dan 1936'ya kadar yurtdışında yaşadı. 1939'da yine siyasî hayata girdi. Daha sonra Londra büyükelçisi oldu (1942-1944).

Osmanlı Ahrar Fırkası İttihat ve Terakki'ye muhalefet etmek üzere kurulan ilk siyasî parti (14 eylül 1908-30 ocak 1910).

Fırkaya mensup ve yardımcı olanlar arasında, Prens Saba-
haddin, eski Sadrazam Kâmil Paşa, Şerif Paşa, Hasan Feh-
mi Efendi, Mevlanzade Rifat, gazeteci Ali Kemal vardı. Kirkor
Zöhrap, Dr. Rıza Nur, Ahmed Samim fırkanın üyeleri
arasındaydı. Damat Salih Paşa da fırkaya ilgi gösterdi. İlk
seçimlerde hiçbir mebusluk kazanamayan fırka, İstanbul
dışında hiçbir yerde şube de açamadı. Malî durumu daima
çok zayıf kaldı. Kuruluşundan bir buçuk yıl sonra, Nureddin
Ferruh Bey fırkanın faaliyetlerine son verildiğini bildiren be-
yannameyi yayınladı.

Osmanlı İttihat ve Terakki Cemiyeti cemiyet ve siyasî parti.
Adı ilk olarak 1889'da duyuldu. Askerî Tıbbiye öğrencileri
tarafından kuruldu. İstibdat rejimine karşı bir cemiyetti.
Birkaç yıl sonra II. Abdülhamid ülke içindeki örgütü etkisiz
duruma getirdi. Bir iç dinamik simgesi olan asıl İttihat ve Te-
rakki Cemiyeti 1906'da Selanik'te 3. Ordu subaylarının giri-
şimiyle kuruldu. İlk kurucuları 10 kişiydi. 1907 yılında Pa-
ris örgütüyle anlaştı ve önce "Terakki ve İttihat", sonra "İtti-
hat ve Terakki" adını aldı. Merkezi Selanik sayılıyordu. Ör-
gütlenmesi Makedonya'yla sınırlı kalmadı. Din, mezhep,
millet farkı gözetmeksizin imparatorluğun her yerine kök
saldı. İttihat ve Terakki önce Osmanlıcılığı benimsedi, sonra
Türkçü ve Türkleştirici bir politika izledi. 31 Mart'ta Hareket
Ordusu tarafından yok olmaktan kurtarıldı ve Cemiyet, da-
ha fazla ordu hiyerarşisini kendi yapısında yansıtmaya baş-
ladı.1908-1918 arasında iktidarda kaldı. Cemiyet'in son
kongresi 1918 yılında yapıldı. İttihat ve Terakkicilerin
yurtdışında fırka kuracakları söylendi ancak beklenen ol-
madı. *Rumeli, İttihat ve Terakki, Hürriyet, Şûrayı Ümmet,
Tanin* gibi Cemiyet'e ait ve bağlı gazeteler vardı.

Ömer Naci asker ve siyaset adamı (? 1880-Kerkük 1916).
1902'de Harbiye'den teğmen olarak mezun oldu. Serveti Fü-
nun hareketine katıldı. İttihat ve Terakki Cemiyeti'nin ilk ü-
yelerindendi. Paris'e, Kafkasya'ya, sonra da İran'a (1907)
kaçmak zorunda kaldı; tutuklandı, hapsedildi. İhtilalden
(1908) sonra İttihatçıların araya girmeleriyle serbest bırakıl-
dı. Cemiyet içinde hayli nüfus sahibiydi. Trablusgarp (1911)
ve Balkan (1912) savaşlarına katıldı. İkinci Meclis'te Kırkki-

lise (Kırklareli) mebusu olarak bulundu. İttihat ve Terakki'nin merkezi umumî üyeliğine seçildi (1910-1912). Babıâli Baskını'nı düzenleyenlerin başındaydı. İran Cephesi'nde, tifüs hastalığından öldü.

Prens Sabahaddin siyaset adamı ve toplumbilim kuramcısı (İstanbul 1878-Colombier, Neuchâtel 1948). Babası Damat Mahmud Paşa (1855-1903), 1899'da oğlu Sabahaddin ve Lütfullah'la birlikte Paris'e kaçtı. Babasının ölümünden sonra, Jön Türkler içindeki hizbin başına geçti ve "Teşebbüsi Şahsî ve Ademi Merkeziyet Cemiyeti"ni kurdu. İtilafçıların ideoloğu, İttihatçı aleyhtarlarının lideriydi. 1908'de İstanbul'a döndü. Beraberinde babasının kemiklerini getirdi. Hiçbir zaman açıktan açığa liberallere liderlik etmedi, perde arkasında kalmayı tercih etti. Ama Mahmud Şevket Paşa'nın öldürülmesi üzerine muhalefeti tasfiyeye giden İttihat ve Terakki'den kurtulmak için kadın kıyafetiyle İngiliz bandıralı Victoria gemisine binerek İstanbul'dan kaçtı (1913). Türkiye Cumhuriyeti'nin kuruluşundan sonra Osmanlı hanedanına mensup olduğu için yurda girmesi yasaklandı.

Resneli Niyazi *Kolağası Niyazi* de denir, asker (Resne 1873-Avlonya 1913). 1896'da Harbiye'den teğmen olarak mezun oldu. 1897 Yunan Savaşı'nda ün kazandı. Rütbesi yükseldi. 1903 yılından 1908 yılına kadar 3. Avcı Taburu'nda Bulgar komitacılara karşı savaştı. Temmuz 1908'de hürriyet kahramanlarından biri oldu. Ordunun harekete geçmesi kararlaştırılınca emrindeki 400 kişilik Resne Millî Taburu'yla dağa çıktı. Meşrutiyet'in geri getirilmesine yol açan ayaklanmanın lideri olarak ün yaptı. Bir süre hayli reklamı yapıldı, kendisinden "Kahramanı Hürriyet" olarak söz edildi, adı bir savaş gemisine verildi. Resneli Niyazi askerî görevine geri döndü. Hareket Ordusu'yla İstanbul'a geldi (1909). Cemiyet içinde önemli bir rol oynamadı. Çiftliğine çekildi. Arnavutluk'ta kan davası nedeniyle hasımları tarafından öldürüldü.

Said Halim Paşa sadrazam (Kahire 1863-Roma 1921). Kavalalı Mehmed Ali Paşa'nın torunu ve Halim Paşa'nın oğludur. Tahsilini Avrupa'da yaptı. Mısırlı bir prens olmasına rağmen hayatının büyük kısmını İstanbul'da geçirdi. II. Abdülhamid, Kavalalı ailesinin fertlerini devlete bağlamak siyasetini

takip ettiği için kendisini 1888'de paşalık rütbesiyle Şûrayı
Devlet azalığına getirdi. 1908'den sonra İstanbul'a geldi. Ye-
niköy Belediye Dairesi reisi oldu. (Buradaki güzel yalısı, Bo-
ğaz'ın en güzel yapılarından biriydi; 1995'te yandı.) Arapça,
İngilizce, Fransızca bilirdi. *İslamlaşmak* adıyla Fransızca
yazdığı kitap, Mehmed Âkif Ersoy tarafından Türkçe'ye çev-
rildi. 1912'de Şûrayı Devlet başkanlığına getirildi. İttihat ve
Terakki Cemiyeti kâtibi umumîsi, 1913'te ikinci kez Şûrayı
Devlet başkanı, üç gün sonra Hariciye nazırı, Mahmud Şev-
ket Paşa'nın suikast sonucu öldürülmesinden sonra da sad-
razam oldu.

Birinci Dünya Harbi'nin çıktığı günlerde, Almanya'yla ittifak
yapılmış olmasına rağmen savaşa girilmesine karşıydı. İsti-
fa etti, fakat Sultan Reşad'ın ısrarıyla yerinde kaldı. 1917
şubatında bu görevden istifa etti, yerine Talat Paşa geçti,
Âyan azalığına döndü. Mondros Mütarekesi'nden sonra Mal-
ta'ya sürüldü (1919). İkinci İnönü zaferinden sonra İngiliz-
lerle yapılan anlaşma gereği Malta sürgünleri serbest bırakı-
lınca Damat Ferid hükûmetine güvenmediğinden önce İsviç-
re'ye daha sonra İtalya'ya gitti. Roma'da bir Ermeni militan
tarafından öldürüldü. Naaşı İstanbul'a getirildi, Sultan
Mahmud Türbesi'nin bahçesinde babasının mezarının yanı-
na gömüldü.

Sapancalı Hakkı asker ve siyaset adamı (Sapanca 1882-
ay.y.1952). Halep'ten göç etmiş bir Türkmen ailesinin çocu-
ğuydu. Babası koyun ticaretiyle uğraşıyordu. Babası vefat e-
dince annesi Beşiktaş Askerî Rüştiyesi'ne yazdırdı. Edirne
Askerî İdadîsi'nden sonra girdiği Harp Okulu'ndan 1903'te
mezun oldu. 3. Ordu'ya katıldı. İttihat ve Terakki'ye girdi.
Hakkında yakalama emri çıkınca Karadağ'a kaçtı. 1908 İh-
tilali'yle hürriyetine kavuştu. İşkodra'da Cemiyet'in sorumlu
sekreteri olarak çalıştı. Birçok cephede savaştı. Mustafa Ke-
mal'in yakın arkadaşıydı. Ticarete atıldı. Yakub Cemil'le bir-
likte yargılandı. Kastamonu'ya sürgün edildi. Kaçtı. *İstiklal*
gazetesini çıkardı.

Süleyman Askerî asker (Prizren 1884-Basra 1915). Vehbi
Paşa'nın oğludur. 1902'de Harp Okulu'nu bitirdi. 1908'den
önce İttihat ve Terakki Cemiyeti üyesi oldu. 1909-1911 ara-

sında Bağdat'ta jandarma komutanı olarak görev yaptı. 1912'de Trablusgarp'ta Mustafa Kemal'in, 1913'te Enver Bey'in komutasındaki 10. Kolordu kurmayında çalıştı. Edirne'nin kurtarılmasında ve onun ardından Batı Trakya'daki çete savaşında önemli rol oynadı. Garbî Trakya Muvakkat Türk Hükûmeti'nin başkanlığını yaptı. 1914'te Basra valisi tayin edildi. İngilizlere karşı savaşmak üzere Teşkilatı Mahsusa müfrezesi kurdu, savaştı ama yenildi. Yenilgiyi hazmedemedi, intihar etti.

Şemşi Paşa asker (d. Tiran 1858). Çok genç yaşta gönüllü olarak 1877-1778 Osmanlı-Rus Savaşı'na katıldı, iki defa yaralandı. 1897 Yunan Savaşı'ndaki büyük cesaretiyle II. Abdülhamid'in güvenini kazanarak neferlikten paşalığa kadar yükseldi. Çok cesur oluşu ve padişaha mutlak sadakatiyle tanındı. İmza yerine "Şemsi Şemso" kazılı mühür kullanırdı. Meşrutiyet hareketini bastırmakla görevlendirildi. Teğmen Atıf tarafından öldürüldü.

Talat Paşa sadrazam (Edirne 1874-Berlin 1921). Kırcaali'nin Çepheli köyünden Ahmed Vasıf Efendi ile Hürmüz Hanım'ın oğludur. Annesi ve babası Türkmen'dir. Muhalifleri Kıptî (Çingene) olduğunu iddia etmişler ve bu iddialarını Larousse Universel'in 1932 baskısındaki bilgiye dayandırmışlardı. Ancak biyografici İbrahim Alaettin Gövsa bunun Taşnak komitacısı, Van mebusu Vahan Papazyan'ın oğlu Arakel Papazyan tarafından yazıldığını tespit etmiştir. Yoksul bir ailedendi, sınırlı eğitim gördü. Edirne Posta Telgraf İdaresi'ne girdi ve Musevî Alyans İsrail Mektebi'ne Türkçe öğretmeni oldu. Mektebin müdürü Mösyö Lupa'nın kızından Fransızca öğrendi. 1890'dan sonra istibdat idaresi aleyhine çalışmaya başladı ve bu nedenle tevkif edildi. Edirne tevkifhanesinde 25 ay kaldı. 1899 şubat ayında, Kadir gecesi sebebiyle affedildi. Selanik'e sürüldü. Mason locasına girdi. Hukuk tahsili gördü.

1906'da Osmanlı Hürriyet Cemiyeti'ni kurdu. Devrim sonrasında İttihat ve Terakki Cemiyeti'nin en önemli üyelerinden biri oldu. İlk Mebusan Meclisi de dahil bütün İttihat ve Terakki dönemi meclislerinde Edirne mensubu olarak yer aldı. 10 mart 1911'de evlendi. Talat Paşa, eşi dolayısıyla Namık Kemal'in akrabasıydı. Babıâli Baskını'ndan sonra, 1913-

1917 yılları arasında Dahiliye nazırlığı, 1917-1918 yıllarında sadrazamlık yaptı. Cemiyet'in dağılması üzerine bu görevinden istifa etti (1918) ve 2-3 kasım 1918 cumartesi gecesi Alman Sefareti'nin Loreley adlı gemisiyle Almanya'ya kaçtı. 15 mart 1921'de Berlin'de, İran'ın Salmas şehrinde doğan Ermeni komitacı Sogomon Tayleryan tarafından tabancayla vurularak öldürüldü. 1944'ün şubat ayında naaşı vatana getirildi ve mücadele arkadaşlarından çoğunun yattığı Hürriyeti Ebediye Şehitliği'ne konuldu. Masondu. Bektaşîydi.

Topal Tevfik suikastçı (öl. İstanbul 1913). Sadrazam Mahmud Şevket Paşa'nın suikastına karıştı. Divanıharp önünde, Mahmud Şevket Paşa'yı neden öldürdüğü sorulduğunda, "Bana, bu paşanın Ruslarla anlaşıp İstanbul'u onlara vereceği anlatıldı. Bir de gizli mektubunu okudular" dedi. Kendisinin okuma yazması yoktu. Kumarbazdı. İdam edildi.

Uşaklıgil (Halit Ziya) romancı ve öykücü (İstanbul 1866-ay.y.1945). İttihat ve Terakki Cemiyeti üyesiydi. İzmir'de *Nevruz,* İstanbul'da *Serveti Fünun* (1896) dergilerini çıkardı. Devlet memurluğunda bulundu, Reji İdaresi'nde çalıştı. İhtilalden sonra üniversitede estetik ve yabancı diller dersleri verdi. Padişaha (Mehmed Reşad) birinci kâtip tayin edildi (1909). Diplomatik görevlerle Avrupa'da bulundu (1913-1914). Anılarını *Saray ve Ötesi* (3 cilt, İstanbul, 1940-1942) adlı kitapta anlattı.

Ürgüplü Mustafa Hayri din ve siyaset adamı (Ürgüp 1867-İstanbul 1927). İhtilalden (1908) sonra bütün Meclis'lerde Niğde'den mebus seçildi. İttihat ve Terakki Cemiyeti üyesi oldu (1908-1917). Adliye (1911) ve Evkaf (1911-1912 ve 1913-1914) nazırlığı görevlerinde bulundu.

Yalçın (Hüseyin Cahit) gazeteci ve siyaset adamı (Balıkesir 1874-İstanbul 1957). 1896'da Mülkiye'yi bitirdi. Öğretmenlik, gazetecilik, çevirmenlik, yazarlık yaptı. İhtilalden sonra İttihat ve Terakki Cemiyeti'ne girdi. Her üç Meclis'te de İstanbul mebusu olarak bulundu. Hüseyin Kâzım'la birlikte Cemiyet yanlısı bir gazete olan *Tanin*'i çıkardı. Meclisi Mebusan'ın başkanvekili (1914-1916) ve başkanı (1916-1918) oldu. Örgüt içinde Talat Paşa'nın en yakınlarındandı. 1919'da

İngilizler tarafından tutuklandı ve Malta'ya sürüldü. Anadolu'ya döndükten sonra tekrar *Tanin*'i yayımladı. Hükûmetin siyasetini eleştirdiği için iki kez tutuklandı ve 1925'te Çorum'a sürüldü. Mustafa Kemal'in ölümünden sonra, İstanbul ve Kars milletvekili olarak TBMM'de bulundu (1939-1950). 1948'den itibaren Cumhuriyet Halk Partisi'nin yayın organı *Ulus*'un başyazarlığını yaptı. 1954'te bu kez Demokrat Parti yönetimi tarafından tutuklandı ve iki yıl hapse mahkûm edildi. Edebiyat ve gazetecilik alanlarındaki çalışmalarını ölümüne kadar sürdürmüştür.

Yenibahçeli Şükrü asıl adı *Ahmet Şükrü Oğuz,* asker ve siyaset adamı (İstanbul 1881-ay.y.1953). Ağabeyi Nail ile kendisine "Hanımın Oğulları" derlerdi. Babası Kaymakam Dr. Ahmed Bey'dir. Annesi Çerkez'di. Teşkilat-ı Mahsusa'nın fedaîsiydi. Ağabeyi Nail'le birlikte birçok cephede bulundu. Ankara'daki ulusal güçlere silah, cephane ve adam kaçıran Karakol Cemiyeti'nin de elemanıydı. Kocaeli ve İstanbul yöresinde Kuvayı Milliye'yi örgütledi. İlk TBMM'ye İstanbul milletvekili seçildi (1920). Mustafa Kemal'e karşı oluşan (1922) ikinci grupta yer aldı. Yeniden milletvekili seçilemedi (1923). Ağabeyi Nail, Atatürk'e İzmir'de suikast düzenlenmesi olayına adı karıştığından idam edildi. Yenibahçeli Şükrü'nün üvey oğlu Türkiye Sosyalist Partisi'nin kurucusu Burhan Oğuz'dur.

Ziya Gökalp asıl adı *Mehmed Ziya,* yazar ve toplumbilimci (Diyarbakır 1876-İstanbul 1924). Öğrenimini tamamlamak için Diyarbakır'dan İstanbul'a geldi (1896) ve Veteriner Fakültesi'ne girdi. İhtilalci faaliyetlerinden ötürü tutuklanarak Diyarbakır'a gönderildi (1897). 1908'de çıkardığı *Dicle* adlı küçük gazeteyle dikkati çekti. İhtilalden sonra İttihat ve Terakki Cemiyeti'nin Diyarbakır örgütü temsilcisi olarak 1909 Kongresi'ne katılmak üzere Selanik'e gitti. Merkezi umumî üyeliğine seçildi ve 1918'e kadar bu görevde kaldı. Talat Paşa'nın yakını olarak tanındı. Felsefe öğretmenliği yaptı, dergiler çıkardı. 1919'da Müttefikler tarafından tutuklanarak Malta'ya sürüldü. 1921'de yurda döndüğünde Kemalistler tarafından hayli soğuk karışlandı. Daha sonra Kemalistlerle arası düzeldi. 1923'te Diyarbakır milletvekili olarak Meclis'e girdi. Sekiz kitabı yayımlandı.

Kaynakça

Ahmad, Feroz, *İttihat ve Terakki*, Kaynak Yayınları, 3. baskı, 1986.

Ahmad, Feroz, *İttihatçılıktan Kemalizme*, Kaynak Yayınları, kasım 1985.

Akçam, Taner, *Ermeni Tabusu Var mı?*, Su Yayınları, ağustos 2000.

Akşin, Sina, *Jön Türkler, İttihat ve Terakki*, İmge Kitabevi, 2. baskı, kasım 1998.

Akyol, M. Cihat, *Kontrgerilla*, Şafak Matbaası, 1990.

Ansiklopedik Siyasi Terimler ve Örgütler Sözlüğü, Güvenlik ve Yargı Muhabirleri Derneği Yayınları, 1993.

Artuç, İbrahim, *Balkan Savaşı*, Kastaş Yayınları, kasım 1988.

Atatürk'ün Bütün Eserleri, 1. cilt, Kaynak Yayınları, 2. baskı, 1999.

Avcıoğlu, Doğan, *Milli Kurtuluş Tarihi*, 3. cilt, İstanbul Matbaası, 1974.

Aydemir, Şevket Süreyya, *Enver Paşa*, 1., 2., 3. cilt, Remzi Kitabevi, 5. baskı, 1993.

Aydemir, Şevket Süreyya, *Tek Adam*, 1., 2., 3. cilt, Remzi Kitabevi, 13. baskı, 1994.

Aydemir, Şevket Süreyya, *İkinci Adam*, 1., 2., 3. cilt, Remzi Kitabevi, 7. baskı, 1993.

"Bahaeddin Şakir'in Anıları", *Milliyet* gazetesi, 4 nisan 1934-31 aralık 1934.

Bayrak, M. Orhan, *İstanbul Tarihi*, İnkılap Kitabevi, 1996.

Bulut, Faik, *İttihat Terakki'de Milliyetçilik, Din ve Kadın Tartışmaları*, 2 cilt, Su Yayınları, mayıs 1999.

Cebesoy, Ali Fuat, *Sınıf Arkadaşım Atatürk,* Temel Yayınları, 2000.

Cemal Paşa, *Hatıralar; İttihat Terakki ve Birinci Dünya Savaşı,* Selek Yayınları, 1959.

Cemil, Arif, *Teşkilat-ı Mahsusa,* Arba Yayınları, kasım 1997.

Criss, Bilge, *İşgal Altında İstanbul,* İletişim Yayınları, 3. baskı, 2000.

Çavdar, Tevfik, *İttihat Terakki,* İletişim Yayınları, temmuz 1991.

Çitlioğlu, Ercan, *Yedekteki Taşeron; ASALA-PKK,* Ümit Yayıncılık, 2. baskı, mart 1998.

Çölaşan, Emin, *Tarihe Düşülen Notlar,* Ümit Yayıncılık, 2. baskı, aralık 2000

Dinamo, Hasan İzzettin, *Kutsal İsyan,* 5 cilt, Tekin Yayınevi, 1990.

Dirik, Orhan, *Babam General Kâzım Dirik ve Ben,* Yapı Kredi Yayınları, haziran 1998.

Emiroğlu, Kudret, *Anadolu'da Devrim Günleri,* İmge Kitabevi, mart 1999.

Eronat, Canan, *Ertuğrul Süvarisi Ali Bey'den Ayşe Hanım'a Mektuplar,* Yapı Kredi Yayınları, aralık 1995.

Ertürk, Hüsamettin, *İki Devrin Perde Arkası,* Pınar Yayınevi, 1964.

Esatlı, Mustafa Ragıp, *İttihat ve Terakki,* Hürriyet Yayınları, mayıs 1975.

Genelkurmay Askeri ve Staretejik Etüt Başkanlığı, *Belgelerle Ermeni Sorunu,* Askeri Tarih Yayınları, 1992.

Grigoriantz, Alexandre, *Kafkasya Halkları* (çev. Doğan Yurdakul), Sabah Kitapları, temmuz 1999.

Halil Menteşe'nin Anıları, Hürriyet Yayınları, kasım 1986.

Hiçyılmaz, Ergun, *Teşkilat-ı Mahsusa'dan MİT'e,* Varlık Yayınları, 1990.

Hiçyılmaz, Ergun, *Başverenler Başkaldıranlar,* Altın Kitaplar, ocak 1993.

Hiçyılmaz, Ergun, *Osmanlıdan Cumhuriyete Gizli Teşkilatlar,* Altın Kitaplar, kasım 1994.

Hiçyılmaz, Ergun, *Teşkilat-ı Mahsusa,* Kamer Yayınları, 1996.

Kabacalı, Alpay, *Doğmayan Hürriyet ve Yarıda Kalan İhtilal,* Cem Yayınevi.

Kabacalı, Alpay, *Türkiye'de Siyasal Cinayetler,* Altın Kitaplar, nisan 1993.

Karabekir, Kâzım, *Enver Paşa ve İttihat Terakki,* Tekin Yayınları, 1990.

Karabekir, Kâzım, *Paşaların Hesaplaşması*, Emre Yayınları, eylül 1992.

Karakoyunlu, Yılmaz, *Üç Aliler Divanı*, Doğan Kitapçılık, 2. baskı, mayıs 2000.

Karatamu, Selahattin-Toker, Hülya, *Türk Silahlı Kuvvetleri Tarihi*, 3. cilt, 6'ıncı kısım (1908-1920), Genelkurmay Askeri Tarih ve Stratejik Etüt Başkanlığı Yayınları, 1996.

Kocahanoğlu, Osman Selim, *İttihat Terakki'nin Sorgulanması ve Yargılanması*, Temel Yayınları, 1998.

Koloğlu, Orhan, *Avrupa'nın Kıskacında Abdülhamit*, İletişim Yayınları, 1998.

Kutay, Cemal, *Talat Paşa'nın Gurbet Anıları*, 1., 2., 3. cilt, Kültür Matbaası, 1983.

Kutay, Cemal, *Yazılmamış Tarihimiz, Seçmeler 1*, Aksoy Yayıncılık, ekim 1999.

Leskovikli, Mehmet Rauf, *İttihat ve Terakki Ne İdi*, Arba Yayınları, kasım 1991.

Meram, Ali Kemal, *Padişah Anaları*, Toplumsal Dönüşüm Yayınları, 5. baskı, 1998.

Oğuz, Burhan, *Yaşadıklarım Dinlediklerim*, Simurg Yayınları, 2000.

Okyar, Osman - Seyitdanlıoğlu, Mehmet, *Fethi Okyar'ın Anıları*, Türkiye İş Bankası Kültür Yayınları, ağustos 1997.

Ortaylı, İlber, *Osmanlı İmparatorluğu'nda Alman Nüfuzu*, Kaynak Yayınları, mart 1983.

Öymen, Örsan, *Bir İhtilal Daha Var*, Milliyet Yayınları, eylül 1986.

Özakman, Turgut, *Atatürk, Kurtuluş Savaşı ve Cumhuriyet Kronolojisi*, Bilgi Yayınevi, haziran 1999.

Pehlivanlı, Hamit, *Askeri Polis Teşkilatı*, Genelkurmay Basımevi, 1992.

Petrosyan, Yuriy Aşatoviç, *Sovyet Gözüyle Jöntürkler* (çeviren Mazlum Beyhan ve Ayşe Hacıhasanoğlu), Bilgi Yayınevi, nisan 1974.

Ramsaur, E. E., *Jön Türkler ve 1908 İhtilali* (çeviren Nuran Ülken), Sander Yayınları, 1972.

Resneli Niyazi'nin Anıları, bugünkü dile çeviren İhsan Ilgar, Çağdaş Yayınları, 1975.

Sakaoğlu, Necdet, *Bu Mülkün Sultanları*, Oğlak Yayınları, 2. baskı, aralık 1999.

Sorgun, Taylan, *Mütareke Dönemi ve Bekirağa Bölüğü*, Kamer Yayınları, 1998.

Süreya, Cemal, *Sevda Sözleri*, Can Yayınları, 1990.

Süreyya, Mehmet, *Sicil-i Osmani; Osmanlı Ünlüleri*, 6 cilt, Kültür Bakanlığı-Tarih Vakfı ortak yayını, nisan 1996.

Şakir, Ziya, *Mahmut Şevket Paşa*, Muallim Fuat Gücüyener tarihi eserler serisi, No. 18, İstanbul, 1956.

Şıracıyan, Arşavir, *Bir Ermeni Teröristin İtirafları*, Kastaş Yayınları, mayıs 1997.

Şimşir, N. Bilal, *Malta Sürgünleri*, Bilgi Yayınevi, 2. baskı, nisan 1985.

Şimşir, N. Bilal, *Şehit Diplomatlarımız*, 2 cilt, Bilgi Yayınevi, aralık 2000.

Tansu, Samih Nafiz, *İttihat ve Terakki İçinde Dönenler*, İnkılap Kitabevi, 1960.

Tanzimattan Cumhuriyete Ansiklopedisi, 6 cilt, İletişim Yayınları, 1985.

Tevetoğlu, Fethi, *Ömer Naci*, Başbakanlık Kültür Müsteşarlığı Yayınları, 1973.

Tevfik, Ebüzziya, *Yeni Osmanlılar Tarihi*, Hürriyet Yayınları, mart 1973.

Tevfik, Rıza, *Biraz da Ben konuşayım*, İletişim Yayınları, şubat 1993.

Timur, Taner, *Türkler ve Ermeniler*, İmge Kitabevi, ekim 2000.

Tinayre, Marcelle, *Tinayre'nin Günlüğü; Osmanlı İzlenimleri ve 31 Mart Olayı* (çeviren Engin Sunar), Aksoy Yayıncılık, ekim 1998.

Topuz, Hıfzı, *Eski Dostlar*, Remzi Kitabevi, temmuz 2000.

Topuzlu, Cemil, *80 Yıllık Hatıralarım*, İ.Ü. Cerrahpaşa Tıp Fakültesi Yayınları, 1982.

Troçki, Leon, *Balkan Savaşları* (çeviren Tansel Güney), Arba Yayınları, eylül 1995.

Tunaya, Tarık Zafer, *İttihat Terakki, Bir Çağın, Bir Kuşağın, Bir Partinin Tarihi*, İletişim Yayınları, 2000.

Tunaya, Tarık Zafer, *Türkiye'de Siyasal Partiler (1859-1952)*, Arba Yayınları, 2. baskı, kasım 1992.

Yalçın, Soner, *Beco; Behçet Cantürk'ün Anıları*, Su Yayınları, 7. baskı, şubat 2000.

Yalçın, Soner - Yurdakul, Doğan, *Bay Pipo*, Doğan Kitapçılık, 24. baskı, ocak 2001.

Yalçın, Soner - Yurdakul, Doğan, *Reis; Gladio'nun Türk Tetikçisi*, 16. baskı, Su Yayınları, ocak 2001.

Yalçın, Soner, *Binbaşı Ersever'in İtirafları*, Kaynak Yayınları, 16. baskı, 2000.

Yavi, Ersal, *Türkler, Ermeniler, Kürtler*, Yazıcı Yayınevi, ocak 2001.

Yılmaz, Mustafa, *Milli Mücadelede Yeşil Ordu*, Kültür ve Turizm Bakanlığı Yayınları, 1987.

Yurdakul, Doğan - Erdinç Cengiz, *Çetele*, Ümit Yayınevi, 1999.

Zürcher, Erik Jan, *Milli Mücadelede İttihatçılık* (çeviren Nüzhet Salihoğlu), Bağlam Yayınları, 2. baskı, ekim 1995.

Dergiler

Aktüel, sayı 481, yıl 2000.

"Ali Münif Beyin Hatıraları, İttihadcıların Babıâli Baskını", *Hayat Tarih Mecmuası*, sayı 8-11; eylül, ekim, kasım, aralık 1969.

Bayraktar, Bayram, "Subayların Siyaset Yapmasını Engellemeye Yönelik Uygulamalar", *Toplumsal Tarih*, sayı 72, aralık 1999.

Çavuşoğlu, Şeref, "Benim Gördüğüm Babıâli Baskını", *Yakın Tarihimiz* dergisi, cilt 1, sayı 7, 12 nisan 1962.

"Fuat Balkın'ın Hatıraları, İlk Türk Komitacı", *Yakın Tarihimiz* dergisi, cilt 4, sayı 48, 24 ocak 1963.

"Galip Paşa'nın Hatıraları, 31 Mart Vakası", *Hayat Tarih Mecmuası*, sayı 7, ağustos 1966.

2000'e Doğru dergisi, 15-21 mayıs 1988.

Mehmetefendioğlu, Ahmet, "Yakup Cemil Olayına İlişkin İki Belge", *Tarih ve Toplum*, cilt 19, sayı 111, mart 1993.

Mehmetefendioğlu, Ahmet, "Sapancalı Hakkı'nın Kastamonu'dan Kaçması Olayı", *Tarih ve Toplum*, cilt 19, sayı 114, haziran 1993.

Öztuna, Yılmaz, "50 Yıl Önce 1. Dünya Savaşına Girmiştik", *Hayat Tarih Mecmuası*, sayı 1, şubat 1965.

"Rauf Orbay'ın Hatıraları", *Yakın Tarihimiz* dergisi, cilt 2, sayı 24, 9 ağustos 1962.

Gazeteler

Hürriyet
Milliyet
Sabah
Radikal

Dizin

A

Abalıoğlu, Yunus Nadi, 152
Abas, Hiram, 11
Abdullah Cevdet, 108
Abdülaziz, 102
Abdülhamid II, 19, 24, 28, 35-37, 69, 110, 126, 134, 137, 197
Abdülmecid, 69
Agopyan, Agop, 52, 57, 58, 99, 156, 158
Ağar, Mehmet, 183
Ahmed Tevfik Paşa, 214
Ahmed Samim, 71
Aka Gündüz, 108, 235
Akgöl, Eyüp Sabri, 20, 30, 66, 164, 169, 179, 182, 184
Aksoy, Dursun, 123
Akşin, Sina, 29
Alanson, Mazhar, 40
Albay Fuat Bey, 163
Ali Haydar Bey, 218, 242, 247, 261
Ali Kemal, 145
Ali Rıza Paşa, 71
Âliye Hanım, 167
Arafat, Yaser, 78
Aral, Namık Zeki
Aram, 279
Arı, Tecelli, 150

Arnavut Ali, 34
Atatürk, Mustafa Kemal, 26, 31
Aybar, Mehmet Ali, 68
Aydemir, Talat, 151
Aykaç, Fazıl Ahmet, 71
Aznavour, Charles, 152

B

Bahaeddin Şakir, 116, 122, 182, 200, 202-204, 211, 233, 247, 257, 260, 278, 279
Bakkalbaşı, Selçuk, 150
Balcıoğlu, Beşir, 145
Bandırmalı Şükrü, 106
Baron Vangenheim, 181
Bayraklı, Üzeyir, 120
Bayur, Yusuf Hikmet, 139
Bleda, Mithat Şükrü, 130, 271
Bölükbaşı, Rıza Tevfik, 36
Bulca, Fuat, 103

C

Cafer Tayyar, 22
Cantürk, Behçet, 126

Carım, Taha, 223
Cavid Bey, 108, 167, 181, 239
Cebesoy, Ali Fuat, 28, 68
Celile Hanım, 68
Cemal, Hasan, 31
Cemal Azmî, 116, 211, 234, 278
Cemal Paşa, 122, 258
Cemal Süreya, 266
Cemayel, Beşir, 92
Cemil Paşa, 175
Cemile Hanım, 151, 152, 273
Cevad Abbas, 101
Cevdet Bey, 63
Cimcoz, Salah, 108
Cinnah, Muhammed Ali, 184
Cirit, Oktar, 95
Codoroğlu Hamid, 204
Conker, Nuri, 101, 103, 184

Ç

Çağlayangil, İhsan Sabri, 227
Çatlı, Abdullah, 116
Çelik, Oral, 120
Çerkez Ethem, 98
Çerkez Reşid, 171
Çetinkaya, Ali, 212
Çolpan, Yılmaz, 150
Çubuk, Ali, 81
Çubuk, Şevket, 81

D

Dalan, Bedrettin, 12
Deli Fuad Paşa, 170
Deli Halid, 197
Demirciyan, Karen, 149
Derviş Vahdetî, 66
Dikran, Leon, 95, 97, 99
Dinamo, Hasan İzzettin, 13
Dirik, Kâzım, 142
Dirik, Orhan, 142

Doktor Abidin Bey, 135
Doktor Reşid, 263
Dukakinzade Feridun, 178
Duran, İsmail, 190, 191

E

Ecevit, Bülent, 214
Ecevit, Rahşan, 262
Edare Hanım, 20, 151
Ekmekçiyan, Levon, 74, 75, 88, 116
Emir Arslan Bey, 65
Emmanuel Karasu, 28, 163
Emrillah Barkın, 184
Enver Paşa, 13, 151, 172-182, 196, 199, 201, 213-218, 231-241, 243-248, 251, 252, 254-259, 265, 269, 272
Erbeyli, Ahmet, 123
Erçetin, Kenan, 120
Erez, İsmail, 157, 223
Ergun, Enver, 158
Eriş, Alaeddin, 192
Erkan, Ünal, 75
Erolat, Canan, 103
Ersever, A. Cem, 12
Ersoy, Mehmed Âkif, 80
Ertürk, Hüsamettin, 132, 245
Esatlı, Mustafa Ragıp, 20, 265
Esendal, Memduh Şevket, 196, 239, 240, 253, 260
Esensoy, Ahmet Tevfik, 120
Ethem Basri Bey, 197
Evren, Kenan, 89
Eymür, Mehmet, 116

F

Filibeli Halim Cavid, 22
Franz-Ferdinand von Habsburg, 179

G

Galustiyan, Viktor, 119
Gazi Osman Paşa, 168
Gökay, Fahrettin Kerim, 192
Gurriaran, José Antonio, 122
Gümülcineli İsmail Hakkı, 162
Günaltay, Şemsettin, 271
Günyol, Metin, 120
Gürvit, Erkan, 75, 89

H

Hacikyan, Hacik, 89
Hasan Fehmi, 72
Hasan Rami Paşa, 36
Hayriye Hanım, 115, 116
Henze, Paul B., 223
Hitler, Adolf, 214
Hüseyin Hilmi Paşa, 24, 107
Hüseyin Hüsnü Paşa, 68

İ

İbrahim Hakkı Paşa
İhsan, Vahe, 276, 278
İkbal, Muhammed, 184
İnan, Arı, 214
İnönü, İsmet, 28, 178
İsmail Canbulat, 29, 108
İsmail Hakkı bey, 162, 247, 264, 265
İsmail Mahir Paşa, 37, 38, 137
İzmitli Mümtaz, 59, 101, 131-133, 136, 137, 139, 164, 165, 168, 176, 179, 181, 184, 198, 214

K

Kamacı Emin, 68
Kamçıl, Atıf, 32

Kâmil Paşa, 71, 107, 110, 129-131, 137-141, 162, 169, 179, 210, 211, 240, 244, 245, 251, 253, 260
Karabekir, Kâzım, 68, 142
Karaca, Muammer, 142
Kara Kemal, 130, 132, 166, 234, 239, 240, 245, 247, 253, 255-260, 272
Karanlık, Rafet, 120
Karasu, Bilge, 28
Karay, Refik Halit, 164
Kara Yusuf Paşa, 67
Karekin, Mesrop, 89
Kesebir, Şakir, 196
Killigil, Nuri, 236
Kızıldoğan, Hüsrev Sami, 104, 165, 168, 179, 182, 234, 235, 238, 244, 247, 256, 262
Köknel, Özcan, 51
Kuneralp, Necla, 145
Kuneralp, Sinan, 145
Kuneralp, Zeki, 145
Kuşçubaşı Eşref, 164, 171, 184, 273
Kuşçubaşı Sami, 184
Kutay, Cemal, 17, 31, 72

L

Liman von Sanders, 178

M

Mabeyinci İzzet Paşa, 36
Maçka, Ahmet, 242
Madaryan, Mıgırdıç, 125
Mahmud Kâmil Paşa, 210, 211, 240, 244, 245, 251, 253, 260
Mahmud Şevket Paşa, 16, 68, 130, 141-145, 161-163, 165, 168

Mehmed II, 69
Mehmed V, 69, 141
Mehmed Nâzım, 146
Mehmet Ali Ağabey, 39, 49, 74, 115-117, 119, 121, 123-128, 147-150, 152-159, 186-189, 191
Melkonyan, Monte, 99
Memduh Paşa, 36, 141, 142
Menteşe, Halil
Mıhçıoğlu, Cahide, 127
Midhat Paşa, 35
Mihaylovski, 23
Mikaelyan, Hristofer, 126
Mimar Muzaffer Bey, 69
Miraç, Yaşar, 186
Miralay Nafiz Bey, 248
Missakian, Chavarch, 276
Moralı, Reşat, 150
Morell, David, 225
Murad Bey, 241, 242
Mussolini, Benito
Mustafa Hayri Efendi. 201
Mustafa Necib, 22, 29, 30, 34, 60, 61, 132, 133, 136, 137
Mustafa Suphi, 164
Mustafa Şevket Efendi, 32
Mülazım Hilmi, 34, 59
Mülazım Muhiddin, 65
Münire Sultan, 162
Müşir İbrahim Paşa, 131

N

Naciye Sultan, 151
Nafiz Bey, 135, 136, 241, 242, 247-249, 254, 257, 261, 262
Nail Bey, 65, 238
Namık Kemal, 35, 115
Natali, Şahan, 278
Nâzım Bey, 27, 29, 72, 137, 182, 260
Nâzım Hikmet, 68

Nâzım Paşa, 32, 65, 130, 137-139, 141, 144, 237
Nazik Hanım. 20
Neşet Bey, 105
Nevver Hanım, 151, 255
Nikolay II, 29, 201
Nizameddin Efendi, 108
Noradunkyan, Gabriel, 109, 129
Nuri Bey, bkz. Conker, Nuri

O

Okday, İsmail Hakkı, 145, 162, 214, 246, 260, 261, 264, 272
Okyar, Ali Fethi, 32, 177
Orbay, Kâzım, 217
Orbay, Rauf, 177
Osman Fuad Efendi, 214
Osman Hidayet Paşa, 33

Ö

Öcalan, Abdullah, 185
Ömer Naci, 60, 63, 101, 102, 105, 177, 234, 235
Ömer Seyfeddin, 134, 234, 235
Önal, Ergün, 186, 187
Özal, Turgut, 158
Özdemir, Cüneyt, 17
Özen, Cemal, 150
Özen, Erdoğan, 158
Özkan, Şemsi, 192
Özmen, Galip, 51, 89
Özmen, Neslihan, 51
Özmen, Sevil, 51

P

Pamukçu, İsmail, 158
Papazyan, Hratch, 278
Pastırmacıyan, Karakin, 38, 207

Pehlivan Ömer, 250
Prens Sabahaddin, 262
Princip, Gavrilo, 181

R

Resneli Niyazi, 12, 13, 28, 30, 31, 33, 68, 110, 142, 176
Reşid Bey, 266
Rıza Nur, 145
Ruso, Nesim, 163
Ruşenî Bey, 182

S

Sahip Molla, 108
Said Halim Paşa, 116, 237, 240, 253, 260, 270, 271, 276-278
Sandanski, 30
Sapancalı Hakkı, 214, 234, 235, 237, 238, 241-243, 248, 252
Saral, Cevdet, 75
Saranov, Boris, 22
Sarkisyan, Vasgen, 149
Sarkisyan, Zohrap, 75
Saydam, Refik, 101
Sayın, Niyazi, 110
Selim Sami, 198
Sertel, Zekeriya, 9, 65
Seryaver Eşref Bey
Silahçı Tahsin, 72, 264
Simitko, Askar, 60
Soydan, Mahmut, 32
Stange Bey, 202-204, 206
Sterling, Clarie, 223
Sudanlı Hasan, 80-82, 90, 92, 95, 97, 99
Süelkan, Bora, 116
Süleyman Askerî, 213, 218, 233
Süleyman Nazif, 108

Ş

Şehzade Burhaneddin Efendi, 167, 262
Şehzade Süleyman Efendi, 106
Şener, Mehmet, 120
Şeyh Şamil, 197, 198
Şıracıyan, Arşavir, 116, 275
Şükrü Paşa, 168

T

Tahsin Paşa, 36
Talat Paşa, 31, 72, 278
Tarcan, Selim Sırrı, 36
Tayleryan, Sogomon, 126
Togay, Asaf, 37
Topal Tevfik, 162
Topalyan, Murat, 40
Topçu İhsan, 164, 165, 168, 176, 179, 235
Toranyan, Ara, 119, 122, 123, 126, 128, 147, 152, 153, 155, 157- 159
Tozan, Satvet Lütfi, 235, 247, 257, 261, 262
Troçki, Lev, 111
Tunalıgil, Daniş, 223
Tunaya, Tarık Zafer, 20

U

Ulunay, Refii Cevad, 164
Ulviye Sultan, 214

Ü

Ülker Hanım, 273
Ümit, Tarık, 183
Ürgüplü Mustafa Hayri, 201
Ürgüplü, Suat Hayri, 201

V

Vahideddin, 214
Vladimir, 276

W

Wilhelm II, 24

Y

Yahya Kaptan, 247, 260-262
Yalçın, Feza K., 17
Yalçın, Hüseyin Cahit, 65, 106,
   177

Yalçın, Şiar, 167
Yener, Talip, 150
Yenibahçeli Nail, 22, 198
Yenibahçeli Şükrü, 22, 198
Yıldırım, Rifat, 120
Yılmaz Ağabey, 39, 40
Yönder, Işık, 158
Yönder, Şadiye, 158
Yurdakul, Doğan, 11
Yurdakul, Mehmet Emin
Yusuf Şetvan, 184
Yücel, Can, 103
Yücel, Hasan Âli, 103

Z

Ziya Gökalp, 130, 166, 177

İçindekiler

11 Giriş

19 Makedonya'da dede Yakub Cemil

39 Atina'da torun "Yakub Cemil"

59 İran'da dede Yakub Cemil

73 Beyrut'ta torun "Yakub Cemil"

101 Trablusgarp'ta dede Yakub Cemil

115 Avrupa'da torun "Yakub Cemil"

129 Babıâli'de dede Yakub Cemil

147 Paris'te torun "Yakub Cemil"

161 Batı Trakya'da dede Yakub Cemil

185 Ankara'da torun "Yakub Cemil"

195 Kafkasya'da dede Yakub Cemil

219 İzmir'de torun "Yakub Cemil"

231 Kâğıthane sırtlarında dede Yakub Cemil

269 Torun "Yakub Cemil'in sonsözü

275 Yazarın sonsözü yerine

281 Kim kimdir?

303 Kaynakça

309 Dizin